不动产登记原理与实务

刘守君 著

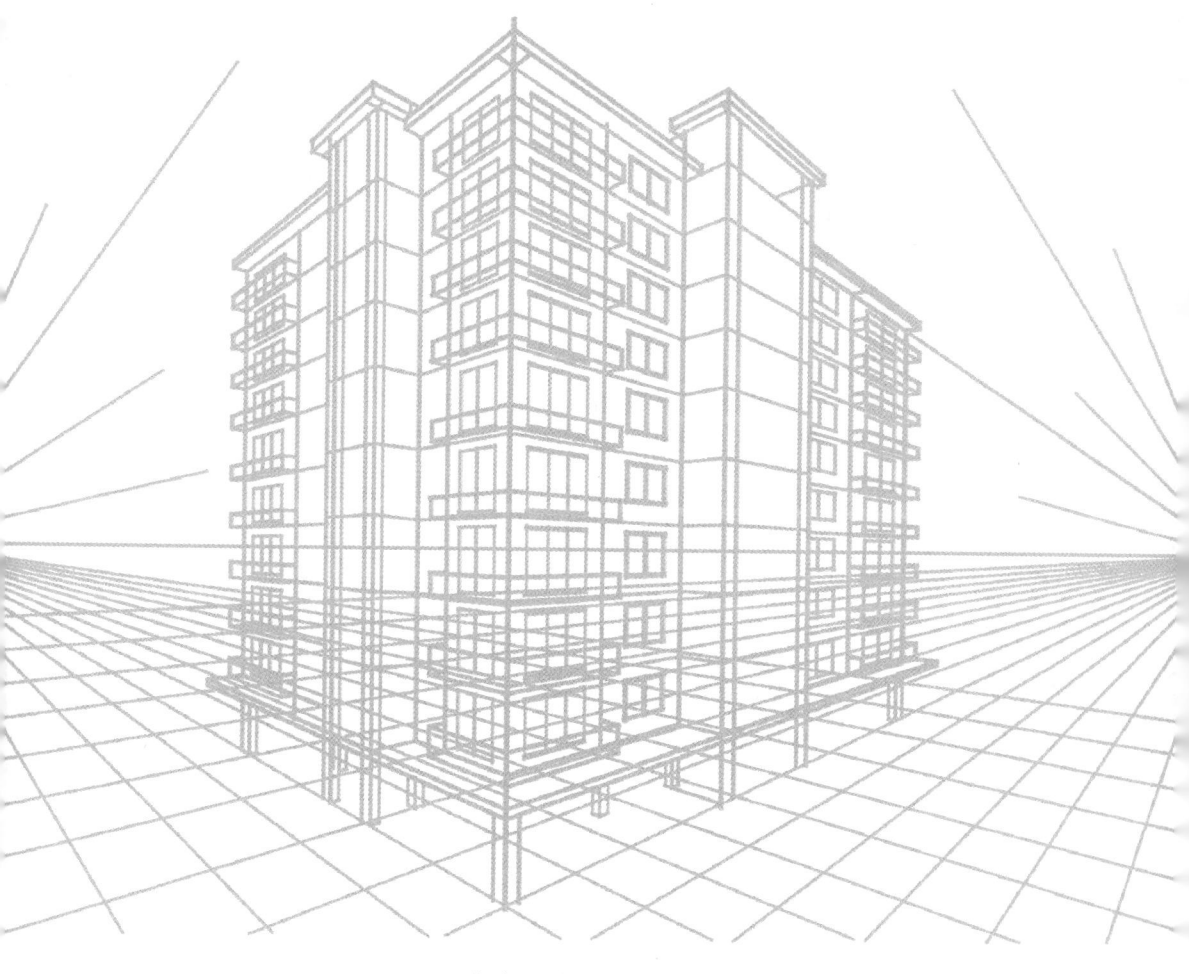

西南交通大学出版社
·成都·

内容简介

本书立足于不动产登记实务的需要，在介绍不动产登记的原理的基础上，具体介绍了不动产物权登记和其他法定事项登记，以期让读者通过阅读本书，在较短的时间内系统了解、掌握从事不动产登记实务应当具备的原理和实务知识，为其不动产登记实务工作提供指导、参考，及时、正确地处理不动产登记实务中的相关问题。

图书在版编目（CIP）数据

不动产登记原理与实务 / 刘守君著. —成都：西南交通大学出版社，2024.1
ISBN 978-7-5643-9545-2

Ⅰ.①不… Ⅱ.①刘… Ⅲ.①不动产 – 产权登记 – 研究 – 中国 Ⅳ.①D923.24

中国国家版本馆 CIP 数据核字（2023）第 216118 号

Budongchan Dengji Yuanli yu Shiwu
不动产登记原理与实务

刘守君　著

责 任 编 辑	孟秀芝
封 面 设 计	何东琳设计工作室
出 版 发 行	西南交通大学出版社 （四川省成都市二环路北一段 111 号 西南交通大学创新大厦 21 楼）
发行部电话	028-87600564　028-87600533
邮 政 编 码	610031
网　　　址	http://www.xnjdcbs.com
印　　　刷	四川煤田地质制图印务有限责任公司
成 品 尺 寸	170 mm × 230 mm
印　　　张	26.25
字　　　数	364 千
版　　　次	2024 年 1 月第 1 版
印　　　次	2024 年 1 月第 1 次
书　　　号	ISBN 978-7-5643-9545-2
定　　　价	78.00 元

图书如有印装质量问题　本社负责退换
版权所有　盗版必究　举报电话：028-87600562

前 言
PREFACE

不动产登记是一项以处理具体的不动产登记个案为主要内容的工作，为此，很多不动产登记实务人员注重对不动产登记案例解析、剖析或不动产登记实务问答类文章、材料的学习、研究，而忽视了对不动产登记原理的学习、研究。笔者认为，不动产登记实务人员通过对不动产登记案例解析、剖析或不动产登记实务问答类文章、材料的学习、研究，可以借鉴他人处理不动产登记实务问题的经验、做法，可以学习他人处理不动产登记实务问题的思维、理念，从而提高自己处理不动产登记实务问题的技巧、能力，无可厚非。但不动产登记原理是从不动产登记实务中总结、提炼出来的通用知识，对不动产登记实务有重要的指导、指引作用。如果不动产登记实务人员有扎实的不动产登记原理知识，就会对不动产登记形成较为全面、系统的认识，面对纷繁复杂的不动产登记实务个案时，可以以不变应万变，适时、准确地解决问题，既能保证不动产登记的质量，也能提高不动产登记的工作效率。因此，加强对不动产登记原理的学习、研究也是不动产登记实务人员的重中之重。

笔者立足于不动产登记实务的需要，根据自己研习不动产登记原理的认识、体会和与广大不动产登记实务人员的交流、探讨中提炼出来的经验、做法，结合自己二十余年的房屋登记经历撰写了这本《不动产登记原理与实务》。本书共二十三章，采用总分的结构撰写，即第一章至第十章介绍不动产登记的原理，第十章至第二十三章具体介绍不动产物权登记和其他法定事项登记。本书撰写中沿袭了笔者一贯的在引用法条和法学家、不动产登记专家的经典论述和人民法院的生效判例的前提下，说法理、讲实务、谈体会、提建议的写作方式，以期让读者通过阅读本书，在较短的时间内系统了解、掌握从事不动产登记实务应当具备的原理和实务知识，在此基础上，正确理解、适用不动产登记的法律、法规、规章和政策的相关规定，及时、正确地处理不动产登记实务中的相关问题。同时，谨以此书抛砖引玉，期盼更多、更好的有关不动产登记理论的著作出现。当然，本书的结构安排、内容阐述等方方面面可能不尽如人意，出现谬误更是在所难免，敬请专家、学者和不动产登记实务界的朋友们指正！

本书在撰写过程中得到了我亲爱的妻子范晓容女士的真情陪伴和倾心相助，谨以此书向她致敬。谨以此书与我的四川大学生物治疗国家重点实验室的博士研究生女儿刘默涵同学共勉，祝她快乐、健康、阳光、课题研究顺利并学业有成。

刘守君
二○二三年十月，犍为

主要法律规范性文件缩略语

1.《中华人民共和国民法典》——《民法典》
2.《中华人民共和国城市房地产管理法》——《房地产管理法》
3.《中华人民共和国土地管理法》——《土地管理法》
4.《中华人民共和国民事诉讼法》——《民事诉讼法》
5.《中华人民共和国行政诉讼法》——《行政诉讼法》
6.《中华人民共和国公证法》——《公证法》
7.《中华人民共和国拍卖法》——《拍卖法》
8.《中华人民共和国仲裁法》——《仲裁法》
9.《中华人民共和国海域使用管理法》——《海域使用管理法》
10.《中华人民共和国村民委员会组织法》——《村民委员会组织法》
11.《中华人民共和国农村土地承包法》——《农村土地承包法》
12.《中华人民共和国森林法》——《森林法》
13.《中华人民共和国防洪法》——《防洪法》
14.《中华人民共和国公司法》——《公司法》
15.《中华人民共和国个人独资企业法》——《个人独资企业法》
16.《中华人民共和国合伙企业法》——《合伙企业法》
17.《中华人民共和国物权法》——《物权法》
18.《中华人民共和国监察法》——《监察法》
19.《中华人民共和国行政强制法》——《行政强制法》
20.《中华人民共和国行政处罚法》——《行政处罚法》
21.《中华人民共和国行政复议法》——《行政复议法》

目 录
CONTENTS

第一章　不动产登记概说/...1
　　第一节　不动产登记的定义/...1
　　第二节　不动产登记的原则/...5
　　第三节　不动产登记的性质和目的/...12

第二章　不动产登记的实施主体和启动主体/...18
　　第一节　不动产登记的实施主体/...18
　　第二节　不动产登记的启动主体/...20

第三章　不动产登记的客体/...36
　　第一节　不动产的自然状况/...37
　　第二节　不动产物权/...51
　　第三节　其他法定事项/...81

第四章　不动产单元/...88
　　第一节　不动产单元的定义/...88
　　第二节　不动产单元的设定/...91
　　第三节　不动产单元的代码编制/...96

第五章　不动产登记簿/...101
　　第一节　不动产登记簿的编制/...101
　　第二节　不动产登记簿的法律效力/...103
　　第三节　不动产登记簿应当记载的内容/...107

第四节　不动产登记簿的重建、补造/…109

第六章　不动产登记类型/…112

第一节　学理上的不动产登记类型/…112
第二节　行政法规规定的不动产登记类型/…121
第三节　我国台湾地区的两种不动产登记类型/…131

第七章　顺位/…135

第一节　顺位的定义/…135
第二节　顺位的确定、变更和消灭/…137
第三节　顺位的意义/…143

第八章　不动产登记的一般程序/…144

第一节　启动/…144
第二节　受理/…160
第三节　审核/…174
第四节　登簿/…196

第九章　缮制颁发不动产权属证书/…200

第十章　不动产登记资料管理/…205

第一节　不动产登记资料的归档保管/…205
第二节　不动产登记资料的查询利用/…208

第十一章　集体土地所有权登记/…222

第一节　首次登记/…222
第二节　变更登记/…238
第三节　转移登记/…242
第四节　注销登记/…245

第十二章　国有建设用地使用权及地上房屋所有权登记/…249

第一节　首次登记（一）/…249
第二节　首次登记（二）/…252
第三节　变更登记/…260
第四节　转移登记/…266

第五节 注销登记/…274

第十三章 宅基地使用权及地上房屋所有权登记/…280

第一节 首次登记/…280
第二节 变更登记/…283
第三节 转移登记/…288
第四节 注销登记/…291

第十四章 集体建设用地使用权及地上房屋所有权登记/…295

第一节 首次登记/…295
第二节 变更登记/…298
第三节 转移登记/…301
第四节 注销登记/…305

第十五章 土地承包经营权、土地经营权及地上林木所有权登记/…309

第一节 首次登记/…309
第二节 变更登记/…312
第三节 转移登记/…317
第四节 注销登记/…323

第十六章 国有农用地使用权及地上林木所有权登记/…328

第一节 首次登记/…328
第二节 变更登记/…331
第三节 转移登记/…332
第四节 注销登记/…335

第十七章 居住权登记/…338

第一节 首次登记/…338
第二节 变更登记/…340
第三节 注销登记/…342

第十八章　地役权登记/...345
　　第一节　首次登记/...345
　　第二节　变更登记/...347
　　第三节　转移登记/...350
　　第四节　注销登记/...352

第十九章　海域使用权及海域内的房屋等定着物所有权登记/...355
　　第一节　首次登记/...355
　　第二节　变更登记/...359
　　第三节　转移登记/...363
　　第四节　注销登记/...369

第二十章　抵押权登记/...374
　　第一节　首次登记/...374
　　第二节　变更登记/...377
　　第三节　转移登记/...383
　　第四节　最高额抵押权确定登记/...387
　　第五节　注销登记/...390

第二十一章　不动产预告登记/...393
　　第一节　设立登记/...393
　　第二节　变更登记/...396
　　第三节　转移登记/...398
　　第四节　注销登记/...399

第二十二章　更正登记与异议登记/...402
　　第一节　更正登记/...402
　　第二节　异议登记/...403

第二十三章　查封登记与预查封登记/...406

参考文献/...410

第一章　不动产登记概说

第一节　不动产登记的定义

什么是不动产？按《不动产登记暂行条例》第二条第二款规定，不动产，是指土地、海域以及房屋、林木等定着物。据此可知，不动产，是指依自然性质或者法律规定不可移动的有体物，包括土地、海域及附于其上的建筑物、构筑物、林木等定着物[①]。那么，什么是不动产登记？关于不动产登记的定义，行政法规有明确的规定。学理上，学者们基于不同的认识，也给出了相应的定义。

一、行政法规规定的不动产登记的定义

按《不动产登记暂行条例》第二条第一款规定，不动产登记，是指不动产登记机构依法将不动产权利归属和其他法定事项记载于不动产登记簿的行为。其中，不动产是指不动产的坐落、界址、面积、用途等，即不动产的自然状况；权利归属是指不动产物权的设立、变更、转移和消灭等权利的变动状况；其他法定事项是指在不动产上依法记载的查封、异议等限制、解除限制、提示类事项。此定义中的要素有实施不动产登记的主体（不动产登记机构）、不动产登记的客体（不动产的自然状况、权利状况和其他法定事项）和承载不动产登记的物质基础（不动产登记簿）。但《不动产登记暂行条例》规定的不动产登记的定义中，没有明确表明不动产登记的启动主体，也没有表明不动产登记的目的。

---

① 梁慧星：《中国民法典草案建议稿附理由：总则编》，法律出版社 2004 年版，第 125 页。

二、学理上关于不动产登记的定义简介

有学者认为，不动产登记是根据登记申请人的请求对不动产物权的设定、移转依据法定的程序在专门的登记机关进行登记[①]。此定义中的要素有实施不动产登记的主体（专门的登记机关）、不动产登记的启动主体（申请人）、不动产登记的客体（不动产物权）、不动产登记的方式（进行登记）。但此定义中关于不动产登记的启动主体的表述中只有申请人，没有嘱托机关和依职权启动不动产登记时的登记机构，也没有关于不动产登记的物质基础（登记簿）和不动产登记目的的表述。

也有学者认为，不动产登记是专门机关依据法定程序将不动产或者不动产权利记载或不记载于特定簿册上，进而产生特定法律结果的现象，其中，专门机关被称为"不动产登记机关"，特定簿册被称为"不动产登记簿"[②]。此处"产生特定法律结果"，笔者认为有积极的结果和消极的结果。积极的结果是指不动产或不动产权利被依法记载在登记簿上后，不动产或不动产权利产生相应的法律效力，不动产登记的目的实现。消极的结果是指不动产或不动产权利因不满足法定的登记要求而被登记机构决定不予记载于登记簿上，不动产或不动产权利没有产生相应的法律效力，不动产登记的目的没有实现。此定义中的要素有实施不动产登记的主体（不动产登记机关）、不动产登记的客体（不动产或不动产权利）、承载不动产登记的物质基础（不动产登记簿）和不动产登记的目的（产生特定的法律结果）。但此定义中没有明确不动产登记的启动主体。

还有学者认为，不动产登记是指不动产登记机构依当事人的申请、有关国家机关的嘱托或依法定职权，将不动产登记的自然状况、权利状况及其他依法应当登记的事项记载于不动产登记簿而加以公示的活

[①] 王利明：《物权法教程》，中国政法大学出版社2003年版，第73页。
[②] 李昊、常鹏翱、叶金强、高润恒：《不动产登记程序的制度建构》，北京大学出版社2005年版，第3页。

动[1]。此定义中的要素有实施不动产登记的主体（不动产登记机构）、不动产登记的客体（不动产的自然状况、权利状况和其他法定事项）、不动产登记的启动主体（申请登记的当事人、有关国家机关、登记机构自身）、承载不动产登记的物质基础（不动产登记簿）。笔者认为，由于不动产物权是记载在登记簿上的重要内容，不动产物权是公开的、对世的权利，其设立、变更、转移和消灭需要一种特定的方式来向不特定的社会公众公示，以便于拟与之交易的人查询、知晓，抉择是否与之交易，这种特定的公示方式就是不动产登记，因此，不动产登记是不动产物权设立、变更、转移和消灭的公示方式或手段。简言之，不动产登记是以国家行为支持的物权公示手段[2]。据此可知，公示只是不动产登记得以具体落实的方式，或者说公示是不动产登记向不特定的社会公众展示的方式，而不是不动产登记的目的。因此，此定义没有明确不动产登记的目的。

三、本书观点

笔者认为，准确定义不动产登记，深刻理解不动产登记的含义，对依法实施不动产登记具有重要的现实意义。因此，不动产登记的定义：一是应当包括实施不动产登记的主体。如前所述，不动产登记是以国家行为支持的物权公示手段，既然是一种手段，这种手段就应当有实施主体，没有实施主体，就没有该手段存在的前提，且实施这种手段的主体是代表国家的公权机关或组织，即不动产登记机构。二是应当包括不动产登记的客体。不动产登记是不动产物权和其他法定事项的公示手段，公示的对象当然是不动产物权和其他法定事项。《民法典》第一百一十四条第二款规定，物权是权利人依法对特定的物享有直接支配和排他的权利，包括所有权、用益物权和担保物权。据此可知，不动产物权是在不动产这种物上设立的权利，无物则无物权可言，因此，物和物权是不

---

[1] 程啸：《不动产登记法研究》，法律出版社 2011 年版，第 41 页。
[2] 梁慧星：《中国民法典草案建议稿附理由：物权编》，法律出版社 2004 年版，第 14 页。

可分割的，不动产登记的客体包括承载不动产物权的不动产、在该不动产上设立的物权和其他法定事项。三是应当包括不动产登记的启动主体。在不动产登记实务中，《不动产登记暂行条例实施细则》第二条第一款规定，不动产登记应当依照当事人的申请进行，但法律、行政法规以及本实施细则另有规定的除外。按该实施细则第十七条、第十九条规定，不动产登记可以依不动产登记机构自身的法定职权和有权的国家机关的嘱托登记文书启动。据此可知，不动产登记的启动方式有：依申请人的申请启动、登记机构自身依法定职权启动、依有权的国家机关的嘱托登记文件启动。即不动产登记程序不能自行启动。因此，要启动不动产登记，就必须有启动主体，不动产登记的启动主体有有权的国家机关、登记机构自身和申请人。四是应当包括承载不动产登记的物质基础。不动产登记是物权公示手段，在什么地方公示，或者说公示手段的支撑是什么？当然是在登记机构编制并掌管的不动产登记簿上公示。登记机构将不动产和不动产物权及其他法定事项等内容记载在不动产登记簿上后，展示在不特定的社会公众面前的是看得见的不动产和不动产物权及其他法定事项的信息，因此，不动产登记簿是承载不动产登记的物质基础。五是应当包括不动产登记的目的。不动产登记是不动产物权和其他法定事项的公示手段，就应当有公示的目的，无目的的公示无任何意义。不动产登记启动主体启动不动产登记的目的，就是要使不动产物权和其他法定事项的设立、变更、转移和消灭产生法律上的效力。登记机构实施不动产登记的目的，就是要将不动产和不动产物权及其他法定事项的设立、变更、转移和消灭情况如实、即时地记载在登记簿上，以明确不动产物权和其他法定事项的归属、存在情况，以维护不动产交易安全，保护不动产权利人的合法权益。因此，笔者认为，不动产登记，是指不动产登记机构依当事人的申请、有权的国家机关的嘱托或依登记机构自身的法定职权，将不动产的自然状况、权利状况及其他法定事项依法记载在不动产登记簿上以产生特定法律结果的行为。

第二节 不动产登记的原则

不动产登记的原则，是登记机构实施不动产登记、启动主体启动不动产登记时的依据和应当遵守的准则。不动产登记的原则在登记机构实施不动产登记、启动主体启动不动产登记的具体依据不明确或欠缺时，可以指导登记机构、不动产登记启动主体在不违反法律、法规、规章和政策的前提下，灵活、变通地处理实施登记、启动登记时的困难。因此，不动产登记的原则在登记机构实施不动产登记、启动主体启动不动产登记时具有重要的价值。不动产登记的原则主要有依申请登记原则、属地登记原则、依法原则与稳定连续原则、一体登记原则、连续登记原则、审查原则等。

一、依申请登记原则

在不动产登记实务中，《不动产登记暂行条例实施细则》第二条第一款规定，不动产登记应当依照当事人的申请进行，但法律、行政法规以及本实施细则另有规定的除外。据此可知，《不动产登记暂行条例实施细则》的规定确立了不动产登记的依申请登记原则。

1. 登记机构依当事人的申请办理不动产登记是原则

《民法典》第二百二十一条规定，当事人申请登记，应当根据不同登记事项提供权属证明和不动产界址、面积等必要材料。质言之，一般情形下，不动产登记是依申请行政行为。依申请行政行为，是指行政主体只有在行政相对人提出申请后才能实施的行政行为[①]。据此可知，一般情形下，不动产登记应当依当事人的申请启动，当事人不申请，不动产登记不启动，登记机构更不能主动为当事人办理不动产登记。概言之，不动产登记以依当事人的申请启动为原则。

[①] 王连昌、马怀德等：《行政法学》，中国政法大学出版社2002年版，第110页。

2. 登记机构依有权的国家机关的嘱托和登记机构依其自身职权直接办理不动产登记为例外情形

前述"但法律、行政法规另有规定的除外"是指依申请启动不动产登记原则的例外情形：一是指登记机构按照有权的国家机关的嘱托登记文书办理不动产登记，即嘱托登记。所谓嘱托登记，是指登记机构按照有权的国家机关的嘱托登记文书要求在登记簿上记载不动产、不动产物权和其他法定事项的不动产登记类型。如《民事诉讼法》第二百五十一条规定，在执行中，需要办理有关财产权证照转移手续的，人民法院可以向有关单位发出协助执行通知书，有关单位必须办理。据此可知，人民法院在案件执行中发出协助执行通知书，要求登记机构办理因转移、查封等产生的不动产登记的，登记机构必须办理。此外，人民检察院要求办理查封登记的查封决定书、税务机关以不动产抵税的协助办理权属变更登记的文书等，也是嘱托启动不动产登记的有效材料。二是指登记机构按照法律、法规、规章或政策的授权，自行启动、办理的不动产登记，即依职权登记，也称径为登记，如按《不动产登记暂行条例实施细则》第八十一条规定，不动产登记机构发现不动产登记簿记载的事项错误的，可以依职权予以更正登记。所谓依职权登记（径为登记），是指登记机构根据法律、法规、规章或政策的规定授予的职权启动、办理的不动产登记。

3. 当事人应当按照法律的规定申请不动产登记

"不动产登记应当依照当事人的申请进行"，表明不动产登记不是强制性的，是否申请不动产登记，由当事人依自己的意思决定，但申请登记时，必须遵守法律、法规、规章和政策的规定，即当事人申请不动产登记时，应当按照法律、法规、规章和政策的规定向登记机构提交登记申请材料，同时，协助、配合登记机构完成其履行不动产登记职责的行为，如接受登记机构的相关询问、协助登记机构实地查看申请登记的不动产等。

二、属地登记原则

《民法典》第二百一十条第一款规定，不动产登记，由不动产所在地的登记机构办理。《不动产登记暂行条例》第七条第一款、第三款规定，不动产登记由不动产所在地的县级人民政府不动产登记机构办理；直辖市、设区的市人民政府可以确定本级不动产登记机构统一办理所属各区的不动产登记。国务院确定的重点国有林区的森林、林木和林地，国务院批准项目用海、用岛，中央国家机关使用的国有土地等不动产登记，由国务院国土资源主管部门会同有关部门规定。据此可知，我国的不动产登记以属地管理为原则，以级别管理为例外，即一般情形下，县、市行政区域范围内的不动产登记由该行政区域范围内的不动产登记机构办理，这是原则。但国务院确定的重点国有林区的森林、林木和林地，中央国家机关使用的国有土地等不动产登记，由国务院自然资源主管部门办理，这是原则之外的例外情形。概言之，国务院确定的重点国有林区的森林、林木和林地以及中央国家机关使用的国有土地等不动产虽然位于某县、某市的行政区域范围内，但其登记管辖权由国务院自然资源主管部门行使，该不动产所在县、市的登记机构不得对其行使登记管辖权。若该不动产所在县、市的登记机构对其行使登记管辖权的，属于对上越权行政。除国务院确定的重点国有林区的森林、林木和林地以及中央国家机关使用的国有土地等之外的不动产登记，由所在县、市行政区域范围内的不动产登记机构办理，若国务院自然资源主管部门办理之，则属于向下越权。与属地登记管辖对应的是当事人启动不动产登记时，一般情形下，应当向不动产所在地县、市行政区域范围内的登记机构申请、嘱托启动。当然，以申请、嘱托方式启动国务院确定的重点国有林区的森林、林木和林地以及中央国家机关使用的国有土地等不动产登记的，应当向国务院自然资源主管部门申请、嘱托。

三、稳定连续原则

《不动产登记暂行条例》第四条第二款规定，不动产登记遵循严格管理、稳定连续、方便群众的原则。据此可知，稳定连续是《不动产登记暂行条例》的规定确立的不动产登记原则。

稳定连续原则，主要指不动产登记的开展始终处于稳定、连续的状态，无论是登记机构调整，还是登记程序改变，必须要有登记机构承办不动产登记事宜。对登记程序改变前已经受理的不动产登记申请，适用原来的程序继续办理。登记程序改变后，则按新的程序受理不动产登记申请并办理不动产登记。不能因登记机构的调整或登记程序的改变而影响不动产登记的稳定、连续。

四、一体登记原则

在不动产登记实务中，《不动产登记暂行条例实施细则》第二条第二款规定，房屋等建筑物、构筑物和森林、林木等定着物应当与其所依附的土地、海域一并登记，保持权利主体一致。据此可知，一体登记是《不动产登记暂行条例实施细则》的规定确立的不动产登记原则，即房屋等建筑物、构筑物和森林、林木等定着物应当与其所依附的土地、海域一并登记。一体登记原则的具体体现有：一是地上、海域范围内的建筑物、构筑物和其他定着物所有权主体与相应的土地使用权、海域使用权权利主体一致；二是地上、海域范围内的建筑物、构筑物和其他定着物随地、随海处分或受限制时，地、海随地上、海域范围内的建筑物、构筑物和其他定着物处分或受限制。

1. 地上、海域范围内的建筑物、构筑物和其他定着物所有权主体与相应的土地使用权、海域使用权权利主体一致

《民法典》第三百五十五条规定，建设用地使用权转让、互换、出资或者赠与的，应当向登记机构申请变更登记。该法第三百五十六条规定，建设用地使用权转让、互换、出资或者赠与的，附着于该土地上的建筑物、构筑物及其附属设施一并处分。该法第三百九十七条规定，以建筑物抵押的，该建筑物占用范围内的建设用地使用权一并抵押。以建设用地使用权抵押的，该土地上的建筑物一并抵押。抵押人未依据前款规定一并抵押的，未抵押的财产视为一并抵押。据此可知，《民法典》的规定确立了建筑物、构筑物所有权权利主体与其占用范围内的建设用地使用权权利主体一致的原则。

按《森林法》第十五条规定，林地和林地上的森林、林木的所有权、使用权，由不动产登记机构统一登记造册，核发证书。质言之，《森林法》的规定确立了地上林木所有权权利主体与相应的林地使用权权利主体一致的原则。

《海域使用管理法》第二十九条第二款规定，海域使用权终止后，原海域使用权人应当拆除可能造成海洋环境污染或者影响其他用海项目的用海设施和构筑物。据此可知，海域使用权终止后，海域使用权人应当拆除自己建造并享有所有权的用海设施和构筑物。笔者据此认为，《海域使用管理法》的规定确立了在海域使用权有效期内，建造在海域范围内的用海设施和构筑物所有权权利主体与该海域使用权权利主体一致的原则。

在不动产登记实务中，如果申请登记的内容存在地上、海域范围内的建筑物、构筑物和其他定着物所有权的权利主体与相应的土地使用权、海域使用权的权利主体不一致的情形，则违反上述相关法律规定，登记机构应当作不予受理处理。如果已经受理的，则作不予登记处理。因此，不动产登记必须遵循地上、海域范围内的建筑物、构筑物和其他定着物所有权的权利主体与相应的土地使用权、海域使用权的权利主体一致的原则。

2. 地上、海域范围内的建筑物、构筑物和其他定着物随地、随海处分或受限制时，地、海随地上、海域范围内的建筑物、构筑物和其他定着物处分或受限制

地上、海域范围内的建筑物、构筑物和其他定着物随地、随海处分或受限制时，地、海随地上、海域范围内的建筑物、构筑物和其他定着物处分或受限制,是对地上、海域范围内的建筑物、构筑物和其他定着物所有权的权利主体与相应的土地使用权、海域使用权的权利主体一致原则的遵循和具体落实。

建设用地使用权、海域使用权转移、抵押、被放弃、被查封的,该地上、海域范围内的建筑物、构筑物和其他定着物的所有权随之转移、抵押、被放弃、被查封,由此产生的转移登记、抵押权登记、注销登记、查封登记应当同时一并办理,即登记机构在办理建设用地使用权、海域使用权的转移登记、抵押权登记、注销登记、查封登记时,无须当事人另行申请或有权的国家机关另行嘱托,应当同时办理并完成该地上、海域范围内的建筑物、构筑物和其他定着物的所有权的转移登记、抵押权登记、注销登记、查封登记。

建筑物、构筑物和其他定着物所有权转移、抵押、被放弃、被查封的,其占用范围内的建设用地使用权、海域使用权随之转移、抵押、被放弃、被查封,由此产生的转移登记、抵押权登记、注销登记、查封登记也应当同时一并办理,即登记机构在办理建筑物、构筑物所有权的转移登记、抵押权登记、注销登记、查封登记时,无须当事人另行申请或有权的国家机关另行嘱托,应当同时办理并完成其占用范围内的建设用地使用权、海域使用权的转移登记、抵押权登记、注销登记、查封登记。

五、连续登记原则

在不动产登记实务中,《不动产登记暂行条例实施细则》第二十四条规定,不动产首次登记,是指不动产权利第一次登记。未办理不动产首次登记的,不得办理不动产其他类型登记,但法律、行政法规另有规定的除外。据此可知,连续登记是《不动产登记暂行条例实施细则》的规定确立的不动产登记原则。所谓不动产登记的连续登记原则,是指一般情形下,不动产的相关内容未经首次登记记载在登记簿上的,以该内容为基础产生的变更登记、转移登记、注销登记、抵押权登记、更正登记、预告登记等后续登记,登记机构不得办理。具体体现有:不动产所有权(集体土地所有权，房屋等建筑物、构筑物所有权，森林、林木所有权）、用益物权（国有建设用地使用权、集体建设用地使用权、宅基地使用权、土地承包经营权和土地经营权、国有农用地使用权、居住权、地役权、海域使用权）、担保物权（一般抵押权、最高额抵押权和在建建筑物抵押权）等不动产物权未办理首次登记的，当事人基于此不动产所有权、用益物权、担保物权申请的变更登记、转移登记、注销登记、更正登记、异议登记等后续登记，登记机构不得办理。其中，居住权登记以房屋所有权已经登记为前提，地役权登记以房屋所有权、国有建设用地使用权、集体建设用地使用权、宅基地使用权、土地承包经营权和土地经营权、国有农用地使用权已经登记为前提，担保物权登记以房屋等建筑物（构筑物）所有权、森林（林木）所有权、国有建设用地使用权、集体建设用地使用权、土地承包经营权和土地经营权、国有农用地使用权、海域使用权已经登记为前提。

但是，在不动产登记实务中，也存在不动产在未经首次登记的前提下后续不动产登记也应当办理的情形。如《民法典》第二百二十一条第一款规定，当事人签订买卖房屋的协议或者签订其他不动产物权的协议，为保障将来实现物权，按照约定可以向登记机构申请预告登记。预告登记后，未经预告登记的权利人同意，处分该不动产的，不发生物权效力。质言之，所谓预告登记，指为保全一项以将来发生不动产物权为目的的请求权的不动产登记。而且预告登记的本质特征是使被登记的请求权具有物权效力，纳入预告登记的请求权，对后来发生的与该项请求权内容相同的不动产物权的处分行为，具有排他的效力，以确保将来只发生该请求权所期待的法律效果[①]。据此可知，预告登记只是一种临时性的债权保全措施，不产生物权效果。如处于正在建造状态但已经依法预售的商品房的内容尚未经首次登记记载在登记簿上，此情形下，当事人申请的预购商品房预告登记，在满足预告登记要求的情形下，登记机构也应当办理，但该预购商品房预告登记并不产生将房屋所有权转移给

---

① 梁慧星：《中国民法典草案建议稿附理由：物权编》，法律出版社2004年版，第38页。

购房人的结果。此为法律规定的连续登记原则的例外情形。

六、审查原则

《民法典》第二百一十二条规定："登记机构应当履行下列职责：（一）查验申请人提供的权属证明和其他必要材料；（二）就有关登记事项询问申请人；（三）如实、及时登记有关事项；（四）法律、行政法规规定的其他职责。申请登记的不动产的有关情况需要进一步证明的，登记机构可以要求申请人补充材料，必要时可以实地查看。"质言之，登记机构对当事人的不动产登记申请负有审查的责任。换言之，审查是《民法典》的规定确立的不动产登记原则。不动产登记审查，是指登记机构对基于申请人的申请、有权的国家机关的嘱托和登记机构自身依法定职权启动的不动产登记进行检查、核对、比较、分析后，向申请人作出是否受理其不动产登记申请、是否核准其申请的不动产登记的决定，或作出向嘱托机关（有权的国家机关）提出审查建议、应嘱托机关（有权的国家机关）的嘱托完成不动产登记的决定，或对自身依法定职权启动的不动产登记作出进一步审查、不予登记、完成登记的决定的行为。

第三节 不动产登记的性质和目的

不动产登记的性质，即不动产登记是一种什么行为。明确不动产登记的性质，便于不动产登记的实施主体明白自己在干什么、该怎样干，便于让不动产登记的启动主体明白自己将要启动是什么、该怎样启动。

不动产登记的目的，即不动产登记的完成要达到的法律结果。明确不动产登记的目的，便于不动产登记的实施主体明白自己实施的不动产登记将产生什么样的法律结果，便于不动产登记的启动主体明白自己启动的不动产将要达到的法律结果是什么，与自己的诉求是否相符等。

一、不动产登记的性质

关于不动产登记的性质，有观点认为不动产登记是民事行为，也有观点认为不动产登记是行政许可行为，还有观点认为不动产登记是行政确认行为。不动产登记究竟是什么行为？

1. 不动产登记不是民事行为

从前述不动产登记的定义可知，不动产登记记载的主要内容是不动产物权，不动产物权是当事人享有的民事权利，那么，不动产登记是否是民事行为呢？据笔者查询，法律没有关于民事行为的规定，笔者根据自己对民法的研习体会认为，民事行为是指平等的民事主体在参与民事活动时实施的产生特定法律结果的行为。但是，《不动产登记暂行条例》第六条规定，国务院国土资源主管部门负责指导、监督全国不动产登记工作。县级以上地方人民政府应当确定一个部门为本行政区域的不动产登记机构，负责不动产登记工作，并接受上级人民政府不动产登记主管部门的指导、监督。据此可知，在国家层面，由国土资源部（即现时的自然资源部）负责指导、监督全国的不动产登记工作。在地方层面，由县级以上人民政府在本行政区域内确定一个不动产登记机构，具体负责本行政区域内的不动产登记工作。一般情形下，县级以上人民政府确定其自然资源管理机关为本行政区域内的不动产登记机构。质言之，不动产登记是由作为县级以上人民政府组成部门的行政机关根据法定职权实施的行为。换言之，不动产登记不是登记机构参与民事活动时实施的行为，即不动产登记不是民事行为。那么，不动产登记是否是行政许可行为呢？

2. 不动产登记不是行政许可行为

行政行为是指行政机关行使行政职权作出的直接产生法律效果的行为[1]。据此可知，如前所述，一般情形下，负责本行政区域内的不动产登记是县级以上人民政府自然资源管理机关的职权，且县级以上人民政府自然资源管理机关是本行政区域内唯一的不动产登记机构，不动产登记机构实施不动产登记的目的：一是使非基于法律行为设立、变更、

---

[1] 马怀德：《行政法学》，中国政法大学出版社2007年版，第97页。

转移和消灭的不动产物权和其他法定事项，通过登记簿的记载，向不特定的社会公众公示该不动产物权和其他法定事项的设立、变更、转移和消灭情况；二是使基于法律行为设立、变更、转移和消灭的不动产物权和其他法定事项通过登记簿的记载产生法律上的效果，同时，通过登记簿的记载，向不特定的社会公众公示该不动产物权和其他法定事项的设立、变更、转移和消灭情况。因此，不动产登记是一种行政行为。行政行为中的行政许可是最常见最普遍的行政行为之一，那么不动产登记是行政许可行为吗？

按《行政许可法》第二条规定，行政许可，是指行政机关根据公民、法人或者其他组织的申请，经依法审查，准予其从事特定活动的行为。质言之，行政许可的结果是使作为行政相对人的公民、法人或者其他组织获得其申请的从事特定活动的权利或资格。不动产登记的结果却是使作为行政相对人的自然人、法人和非法人组织设立、变更、转移和消灭的不动产物权和其他法定事项产生法律效力。据此可知，行政许可的结果与不动产登记的结果大相径庭，不动产登记不是行政许可行为。那么，不动产登记属于何种行政行为呢？笔者认为，不动产登记属于行政确认行为。

3. 不动产登记是行政确认行为

行政确认是行政机关对相对人的法律地位、法律关系或者有关法律事实进行甄别、认定、证明并予以宣告的具体行政行为[1]。具体行政行为指行政机关及工作人员、法律法规授权的组织、行政机关委托的组织或个人在行政管理过程中，依法行使行政职权针对特定人就特定事项所实施的影响相对人权利义务的一次性法律行为[2]。法定的不动产登记机构，根据其收取的登记申请材料及履行实地查看不动产、询问申请人等不动产登记职责时获取的材料、信息，进行综合查验，对当事人的不动产登记申请是否满足登记要求，是否准予登记予以确认。对满足登记要

---

[1] 王连昌、马怀德：《行政法学》，中国政法大学出版社2002年版，第159页。
[2] 马怀德：《行政法学》，中国政法大学出版社2007年版，第102页。

求的不动产登记申请，将其申请登记的设立、变更、转移和消灭的不动产物权和其他法定事项记载在登记簿上，予以公示，使其产生相应的法律结果，且不动产登记是自记载于登记簿上时起终结的一次性行为。因此，不动产登记属于行政确认行为。那么，不动产登记是否确认不动产物权的归属呢？

4. 不动产登记与确权行为

《土地管理法》第十四条第一款、第二款规定："土地所有权和使用权争议，由当事人协商解决；协商不成的，由人民政府处理。单位之间的争议，由县级以上人民政府处理；个人之间、个人与单位之间的争议，由乡级人民政府或者县级以上人民政府处理。当事人对有关人民政府的处理决定不服的，可以自接到处理决定通知之日起三十日内，向人民法院起诉。在土地所有权和使用权争议解决前，任何一方不得改变土地利用现状。"据此可知，其中的"土地所有权和使用权争议，由当事人协商解决；协商不成的，由人民政府处理"和"当事人对有关人民政府的处理决定不服的，可以自接到处理决定通知之日起三十日内，向人民法院起诉"表明：当事人对土地所有权和使用权产生争议且无法协商解决时，可以通过人民政府的处理确认土地所有权和使用权的归属，人民政府确认土地所有权和使用权的归属后，当事人不服的，可以请求人民法院判决确认土地所有权和使用权的归属，或请求人民法院撤销人民政府的确认决定的，由人民政府重新确认土地所有权和使用权的归属。概言之，土地所有权和使用权归属的确认权由人民政府和人民法院行使，作为人民政府职能部门的不动产登记机构无权确认土地所有权和使用权的归属。申言之，不动产权属的确认属于人民政府和人民法院的职责，不动产登记机构作为人民政府的职能部门行使的是不动产物权和其他法定事项的记载行为，即不动产确权行为与不动产记载行为是两种不同的行为。概言之，不动产登记不是不动产权属确认行为，换言之，作为行政确认行为的不动产登记不对不动产物权的归属作确认，即不动产登记不确权。

二、不动产登记的目的

如前所述，登记机构实施不动产登记和当事人申请不动产登记、嘱托机关嘱托不动产登记的目的，就是使设立、变更、转移和消灭的不动产物权和其他法定事项记载在登记簿上，以产生特定的法律效果。这个目的的具体体现：一是明确不动产物权的归属；二是维护不动产交易安全；三是保护不动产权利人的合法权益。

1. 明确不动产物权的归属

《民法典》第二百一十四条规定，不动产物权的设立、变更、转让和消灭，依照法律规定应当登记的，自记载于不动产登记簿时发生效力。该法第二百一十六条规定，不动产登记簿是物权归属和内容的根据。据此可知，一般情形下，不动产物权的权利主体、权利内容以登记簿上的记载为准。由于在不动产物权的设立、变更、转移和消灭中，包括不动产权利主体变动和不动产权利内容变动，这些变动记载在登记簿上后，不动产权利主体和权利内容得以明确、固定，因此，也可以说，一般情形下，不动产物权的设立、变更、转让和消灭情况，以登记簿上的记载为准。进行不动产登记，就是该权利获得法律承认的过程[1]。概言之，通过不动产登记记载在登记簿上的不动产物权归属和内容，是经过法律承认的，具有社会的普遍的信服力。

2. 维护不动产交易安全

《民法典》第二百一十六条规定，不动产登记簿是物权归属和内容的根据。质言之，不动产登记簿记载的内容具有公信力。不动产物权登记的公信力，指登记机关在登记簿册上所做的不动产物权登记，具有使社会公众信其正确的法律效力。基于登记簿册的登记的公信力，即便登记有错误或有遗漏，因相信登记正确而与登记名义人（登记簿上所记载的物权人）进行交易的善意第三人，其所得的利益也受法律保护[2]。据

---

[1] 梁慧星：《中国民法典草案建议稿附理由：物权编》，法律出版社2004年版，第13页。
[2] 陈华彬：《物权法》，法律出版社2004年版，第160页。

此可知，拟与登记簿上记载的不动产进行交易的人，一般情形下，通过对登记簿的查询，可以获取相关不动产的真实、合法、有效的信息，便于其抉择是否交易，且基于对登记簿的信赖产生的交易受法律保护。换言之，作为不动产登记结果表现形式的不动产登记簿记载的内容具有的公信力，是维护不动产交易秩序的基础。

3. 保护不动产权利人的合法权益

按《民法典》第二百零五条规定，调整物的归属是制定该法的物权编的目的之一。该法第二百一十六条规定，不动产登记簿是物权归属和内容的根据。据此可知，当事人申请不动产物权和其他法定事项登记，旨在寻求国家公权力的保护，即经过登记簿的记载，将不动产物权和其他法定事项的归属、存在情况确定下来，以达到定分止争的目的。但当事人申请登记的不动产物权和其他法定事项，是基于民事活动取得或设立的，登记机构应当依照法定职权判定、确认可否登记，依照法定程序实施登记，才能保障当事人记载在登记簿上的不动产物权和其他法定事项合法、真实、有效，才能为拟与登记簿上记载的不动产进行交易的人提供合法、真实、有效的信息，切实维护交易秩序、保障交易安全，从而将保护当事人的合法权益落到实处。

第二章　不动产登记的实施主体和启动主体

如前所述，不动产登记是一种以产生特定法律效果为目的的行政确认行为，既然是行政确认行为，就应当有行政主体和行政相对人。行政主体，是指依法享有国家行政权力，以自己名义实施行政管理活动，并独立承担由此产生的法律责任的组织[1]。行政相对人，是指在行政法律关系中与行政主体相对应一方的公民、法人和其他组织[2]。行政法律关系是指基于行政法律规范的确认和调整而在行政关系当事人之间形成的权利义务关系[3]。因此，在不动产登记实务中，行政主体是不动产登记机构，即不动产登记的实施主体。行政相对人是不动产登记的启动主体，即行政相对人依法启动不动产登记后，在不动产登记进行的过程中，登记机构、启动主体各自享有相应的权利并承担相应的义务，彼此间的行政法律关系建立。

第一节　不动产登记的实施主体

《不动产登记暂行条例》第六条规定，国务院国土资源主管部门负责指导、监督全国不动产登记工作。县级以上地方人民政府应当确定一个部门为本行政区域的不动产登记机构，负责不动产登记工作，并接受上级人民政府不动产登记主管部门的指导、监督。据此可知，在国家层面，由国土资源部（即现时的自然资源部）负责指导、监督全国的不动产登记工作。在地方层面，由县级以上人民政府在本行政区域范围内确

---

[1] 王连昌、马怀德：《行政法学》，中国政法大学出版社 2002 年版，第 47 页。
[2] 王连昌、马怀德：《行政法学》，中国政法大学出版社 2002 年版，第 86 页。
[3] 王连昌、马怀德：《行政法学》，中国政法大学出版社 2002 年版，第 26 页。

定唯一一个不动产登记机构,具体负责本行政区域范围内的不动产登记工作。一般情形下,县级以上人民政府确定其自然资源管理机关为本行政区域范围内的不动产登记机构。上一级人民政府的不动产登记机构与下一级人民政府的不动产登记机构之间是监督与被监督、指导与被指导的关系,不存在行政隶属关系。

在工作实务中,如前所述,市、县人民政府的自然资源管理机关是该市、县行政区域范围内的不动产登记机构。设区的市的不动产登记机构的设置:一是由市人民政府的自然资源管理机关统一负责市辖区范围内的不动产登记;二是仍然由市人民政府的自然资源管理机关统一负责市辖区范围内的不动产登记,但委托各区人民政府的自然资源管理机关具体负责各自行政区域范围内的不动产登记;三是由各区人民政府的自然资源管理机关负责各自行政区域范围内的不动产登记,市人民政府的自然资源管理机关负责监督、指导各区人民政府自然资源管理机关的不动产登记工作。不管采用何种模式,一个市、县的行政区域范围内只能有一个不动产登记机构。一个设区的市的行政区域范围内,在市一级只能有一个不动产登记机构,市辖区的行政区域范围内也只能有一个不动产登记机构。

在不动产登记实务中,一般情形下,不动产登记由县级以上人民政府的自然资源管理机关设立的不动产登记中心具体承办,但不动产登记中心不是不动产登记机构,其在办理不动产登记过程中作出的受理或不予受理决定、登记或不予登记决定、公告、不动产登记资料查询或不予查询等行为,均须以作为不动产登记机构的县级以上人民政府自然资源管理机关的名义实施,不得以不动产登记中心的名义实施。概言之,县级以上人民政府的自然资源管理机关才是法定的不动产登记的实施主体,该自然资源管理机关设立的不动产登记中心只是代其承办不动产登记具体事务的机构。

第二节　不动产登记的启动主体

如前所述，不动产登记的启动主体有申请人、有权的国家机关、登记机构自身。

一、申请人

《民法典》第二百零九条第一款规定，不动产物权的设立、变更、转让和消灭，经依法登记，发生效力；未经登记，不发生效力，但是法律另有规定的除外。该法第二百一十一条规定，当事人申请登记，应当根据不同登记事项提供权属证明和不动产界址、面积等必要材料。《不动产登记暂行条例》第十四条规定："因买卖、设定抵押权等申请不动产登记的，应当由当事人双方共同申请。属于下列情形之一的，可以由当事人单方申请：（一）尚未登记的不动产首次申请登记的；（二）继承、接受遗赠取得不动产权利的；（三）人民法院、仲裁委员会生效的法律文书或者人民政府生效的决定等设立、变更、转让、消灭不动产权利的；（四）权利人姓名、名称或者自然状况发生变化，申请变更登记的；（五）不动产灭失或者权利人放弃不动产权利，申请注销登记的；（六）申请更正登记或者异议登记的；（七）法律、行政法规规定可以由当事人单方申请的其他情形。"据此可知，一般情形下，不动产登记申请人是通过在民事活动中行使权利，履行义务，或基于生效的法律文书、行政文件、行政合同等设立、变更、转移和消灭不动产物权和其他法定事项的自然人、法人或者非法人组织。

（一）自然人

自然人是因出生而取得民事主体资格的人[1]。笔者据此认为，自然人是指单个的有血有肉的具有生命的人，自然人是民事法律关系的主体之一。

---

[1] 彭万林：《民法学》，中国政法大学出版社 2002 年版，第 41 页。

《民法典》第十七条规定，十八周岁以上的自然人为成年人。不满十八周岁的自然人为未成年人。据此可知，以十八周岁为分界线，自然人分为成年人与未成年人。按该法第十八条至第二十二条规定，一般情形下，成年人为完全民事行为能力人。八周岁以上的未成年人为限制民事行为能力人，不满八周岁的未成年人为无民事行为能力人。不能辨认自己行为的成年人为无民事行为能力人，不能完全辨认自己行为的成年人为限制民事行为能力人。八周岁以上不能辨认自己行为的未成年人为无民事行为能力人。概言之，有生命的自然人，无论是成年人还是未成年人，无论是完全民事行为能力人还是限制民事行为能力人，抑或无民事行为能力人，都可以是不动产登记的申请人，都可以成为不动产登记簿上记载的不动产物权和其他法定事项的权利主体。

（二）法人

《民法典》第五十七条规定，法人是具有民事权利能力和民事行为能力，依法独立享有民事权利和承担民事义务的组织。该法第六十一条第一款规定，依照法律或者法人章程的规定，代表法人从事民事活动的负责人，为法人的法定代表人。据此可知，法人是基于法律的规定创设的相对于自然人的民事法律关系的主体，法人是组织。法人的法定代表人是代表法人参加民事活动的自然人。简言之，法人不是"人"，是组织，法人的法定代表人才是"人"。

《民法典》第六十一条第二款规定，法定代表人以法人名义从事的民事活动，其法律后果由法人承受。据此可知，法定代表人以法人的名义参与的民事活动，即法人参与的民事活动，法定代表人在该民事活动中行使权利履行义务产生的后果归法人。换言之，法定代表人以法人名义实施的行为即法人的行为，由此产生的后果归法人。如海域使用权抵押合同的抵押人是某法人，但该抵押合同只有其法定代表人的签名，而没有盖某法人的公章，表明：抵押合同上的抵押人是某法人，该抵押合同上没有盖某法人的公章，但有该法人的法定代表人的签名，显示该抵押合同是法定代表人以某法人的名义签订的,基于此抵押合同产生的后果归某法人,而不归其法定代表人。在不动产登记实务中,登记机构办理基于合同、协议等民事法律行为产生的不动产登记时,提交的合同、协议等登记原因材料是以法人的名义办理的,但上面没有法人的公章,却有其法定代表人的签名的,此原因材料可以用作办理不动产登记的证据材料,基于此原因材料设立、变更、转移和消灭的不动产物权的权利主体是法人。

《民法典》第五十八条第二款规定,法人应当有自己的名称、组织机构、住所、财产或者经费。法人成立的具体条件和程序,依照法律、行政法规的规定。据此可知,法人有自己的独立财产或经费,且成立的条件须遵守法律、行政法规的规定。如前所述,法人是组织,法人的法定代表人是自然人,即法人与其法定代表人是平等的两种不同的民事主体,因此,法人的财产不是其法定代表人的财产,法定代表人的财产也不是法人的财产,简言之,法人、法定代表人是两种可以独立享有财产权的民事主体。在不动产登记实务中,若将法人名下的不动产登记到其法定代表人名下,或者将法定代表人名下的不动产登记到法人名下,属于不动产的权利主体变动,适用转移登记,至于转移登记原因,由当事人约定。

按《民法典》第一编第三章规定,法人分为营利法人、非营利法人和特别法人。

1. 营利法人

《民法典》第七十六条规定,以取得利润并分配给股东等出资人为目的成立的法人,为营利法人。营利法人包括有限责任公司、股份有限公司和其他企业法人等。据此可知,营利法人主要指有限责任公司、股份有限公司等以营利为主要目的的企业法人。简言之,营利法人主要指企业法人。《民法典》第七十七条规定,营利法人经依法登记成立。该法第七十八条规定,依法设立的营利法人,由登记机关发给营利法人营业执照。营业执照签发日期为营利法人的成立日期。按《市场主体登记管理条例》第二条、第五条、第二十一条规定，企业法人属于市场主体，县级以上人民政府市场监督管理机关为其登记机关，经登记机关审核准予登记的企业法人，方可领取营业执照。据此可知，经县级以上人民政府市场监督管理机关核准登记并持有营业执照的企业法人，才是依法成立的营利（企业）法人。

2. 非营利法人

《民法典》第八十七条规定，为公益目的或者其他非营利目的成立，不向出资人、设立人或者会员分配所取得利润的法人，为非营利法人。非营利法人包括事业单位、社会团体、基金会、社会服务机构等。据此可知，非营利法人是相对于营利法人而言，主要指事业单位、社会团体等以公益为目的或不以营利为主要目的的非企业法人。基于不动产登记实务，笔者主要介绍事业单位法人、社会团体法人和民办非企业单位法人。

（1）事业单位法人。

《民法典》第八十八条规定，具备法人条件，为适应经济社会发展需要，提供公益服务设立的事业单位，经依法登记成立，取得事业单位法人资格；依法不需要办理法人登记的，从成立之日起，具有事业单位法人资格。《事业单位登记管理暂行条例》第二条规定，事业单位，是指国家为了社会公益目的，由国家机关举办或者其他组织利用国有资产举办的，从事教育、科技、文化、卫生等活动的社会服务组织。该暂行条例第三条第一款和第二款规定，事业单位经县级以上各级人民政府及其有关主管部门批准成立后，应当依照本条例的规定登记或者备案。事业单位应当具备法人条件。该暂行条例第八条规定，登记管理机关应当自收到登记申请书之日起 30 日内依照本条例的规定进行审查，作出准予登记或者不予登记的决定。准予登记的，发给《事业单位法人证书》。该暂行条例第五条第一款规定，县级以上各级人民政府机构编制管理机关所属的事业单位登记管理机构（以下简称登记管理机关）负责实施事业单位的登记管理工作。该暂行条例第十一条规定，法律规定具备法人条件、自批准设立之日起即取得法人资格的事业单位，或者法律、其他行政法规规定具备法人条件、经有关主管部门依法审核或者登记，已经取得相应的执业许可证书的事业单位，不再办理事业单位法人登记，由有关主管部门按照分级登记管理的规定向登记管理机关备案。县级以上各级人民政府设立的直属事业单位直接向登记管理机关备案。据此可知，事业单位法人，是指国家为了社会公益目的，由国家机关举办或者其他组织利用国有资产举办的，从事教育、科技、文化、卫生等活动的社会服务组织。事业单位法人依法设立的凭证，是经事业单位登记管理机关登记并颁发的《事业单位法人证书》，或者事业单位登记管理机关出具的备案证明。一般情形下，事业单位登记管理机关是指县级以上人民政府机构编制管理机关或其所属的事业单位登记管理局。

（2）社会团体法人。

《民法典》第九十条规定，具备法人条件，基于会员共同意愿，为公益目的或者会员共同利益等非营利目的设立的社会团体，经依法登记成立，取得社会团体法人资格；依法不需要办理法人登记的，从成立之日起，具有社会团体法人资格。《社会团体登记管理条例》第二条第一款规定，社会团体，是指中国公民自愿组成，为实现会员共同意愿，按照其章程开展活动的非营利性社会组织。该条例第三条规定，成立社会团体，应当经其业务主管单位审查同意，并依照本条例的规定进行登记。社会团体应当具备法人条件。该条例第六条第一款规定，国务院民政部门和县级以上地方各级人民政府民政部门是本级人民政府的社会团体登记管理机关（以下简称登记管理机关）。该条例第十二条第一款规定，登记管理机关应当自收到本条例第十一条所列全部有效文件之日起60日内，作出准予或者不予登记的决定。准予登记的，发给《社会团体法人登记证书》。据此可知，社会团体法人，是指中国公民自愿组成，为实现会员共同意愿，按照其章程开展活动的非营利性社会组织。经县级以上人民政府民政机关登记并领取了《社会团体法人登记证书》的组织，才是依法成立的社会团体法人。

（3）民办非企业单位法人。

《民办非企业单位登记管理暂行条例》第二条规定，民办非企业单位，是指企业事业单位、社会团体和其他社会力量以及公民个人利用非国有资产举办的，从事非营利性社会服务活动的社会组织。该暂行条例第三条规定，成立民办非企业单位，应当经其业务主管单位审查同意，并依照本条例的规定登记。该暂行条例第五条第一款规定，国务院民政部门和县级以上地方各级人民政府民政部门是本级人民政府的民办非企业单位登记管理机关。该暂行条例第十二条规定，准予登记的民办非企业单位，由登记管理机关登记民办非企业单位的名称、住所、宗旨和业务范围、法定代表人或者负责人、开办资金、业务主管单位，并根据其依法承担民事责任的不同方式，分别发给《民办非企业单位（法人）登记证书》《民办非企业单位（合伙）登记证书》《民办非企业单位（个体）登记证书》。据此可知，民办非企业单位法人，是指企业事业单位、社会团体和其他社会力量以及公民个人利用非国有资产举办的，从事非营利性社会服务活动的具有法人资格的社会组织。经县级以上人民政府民政机关登记并领取了《民办非企业单位（法人）登记证书》的从事非营利性社会服务活动的社会组织，才是依法成立的民办非企业单位法人。

（4）其他非营利法人。

《民法典》第五十八条第三款规定，设立法人，法律、行政法规规定须经有关机关批准的，依照其规定。据此可知，其他依法成立的非营利法人，应当持有相关登记管理机关颁发的登记证明或有关国家机关准予其成立的批准文件。

3. 特别法人

按《民法典》第九十六条规定，特别法人主要有机关法人、农村集体经济组织法人、城镇农村的合作经济组织法人、基层群众性自治组织法人。

（1）机关法人。

《民法典》第九十七条规定，有独立经费的机关和承担行政职能的法定机构从成立之日起，具有机关法人资格，可以从事为履行职能所需要的民事活动。据此可知，机关法人是指从事国家行政管理活动的组织。《地方各级人民代表大会和地方各级人民政府组织法》第六十一条规定，省、自治区、直辖市、自治州、县、自治县、市、市辖区、乡、民族乡、镇设立人民政府。该法第七十九条第一款、第三款规定，地方各级人民政府根据工作需要和优化协同高效以及精干的原则，设立必要的工作部门。省、自治区、直辖市的人民政府的厅、局、委员会等工作部门和自治州、县、自治县、市、市辖区的人民政府的局、科等工作部门的设立、增加、减少或者合并，按照规定程序报请批准，并报本级人民代表大会常务委员会备案。《地方各级人民政府机构设置和编制管理条例》第九条规定，地方各级人民政府行政机构的设立、撤销、合并或者变更规格、名称，由本级人民政府提出方案，经上一级人民政府机构编制管理机关审核后，报上一级人民政府批准。据此可知，地方各级人民政府是依法设立的机关法人。经上一级人民政府批准成立从事国家行政管理活动的县级以上地方各级人民政府的行政部门，才是依法设立的机关法人。

（2）农村集体经济组织法人、城镇农村的合作经济组织法人。

《民法典》第九十九条第一款规定，农村集体经济组织依法取得法人资格。该法第一百条第一款规定，城镇农村的合作经济组织依法取得法人资格。据此可知，农村集体经济组织虽然是特别法人，在《土地管理法》《农村土地承包法》《村民委员会组织法》等法律、法规中也有提及，但只是概念性地提及，对农村集体经济组织，法律、行政法规没有定义性或定性性的规定。按《村民委员会组织法》第二条和第二十八条规定，村民委员会、村民小组分别是村、村民小组的农村村民自治组织，代表本级农民集体管理财产。乡（镇）人民政府则是我国宪法规定的基层政权，不是集体经济组织。笔者据此认为，由村民小组、村、乡（镇）等以农民集体资产组建的农民专业合作社或其他生产经营性组织才是农村集体经济组织。《农民专业合作社登记管理条例》第三条规定，农民专业合作社经登记机关依法登记，领取农民专业合作社法人营业执照，取得法人资格。因此，经登记机关登记并领取了农民专业合作社（农村集体经济组织）法人营业执照或其他法人登记证明的，才是依法成立的农民专业合作社法人（农村集体经济组织法人）。申言之，依法成立的城镇合作经济组织法人也应当持有相应的法人营业执照或其他法人登记证明。

（3）基层群众性自治组织法人。

《民法典》第一百零一条第一款规定，居民委员会、村民委员会具有基层群众性自治组织法人资格，可以从事为履行职能所需要的民事活动。据此可知，法律规定的基层群众性自治组织法人是指城镇居民委员会、农村村民委员会。

① 城镇居民委员会。

《城市居民委员会组织法》第二条规定，居民委员会是居民自我管理、自我教育、自我服务的基层群众性自治组织。该法第四条第二款规定，居民委员会管理本居民委员会的财产，任何部门和单位不得侵犯居民委员会的财产所有权。该法第六条第二款规定，居民委员会的设立、撤销、规模调整，由不设区的市、市辖区的人民政府决定。据此可知，城镇居民委员会是可以享有财产权利的基层群众性自治组织，可以成为登记簿上记载的不动产物权和其他法定事项的权利主体。持有不设区的市（县）、市辖区的人民政府同意设立的批文的城镇居民委员会，才是依法成立的城镇居民委员会。

② 农村村民委员会。

按《农村村民委员会组织法》第二条和第二十八条规定，村民委员会、村民小组分别是村、村民小组的农村村民自治组织，代表本级集体经济组织管理财产。按该法第三条第二款、第三款规定，村民委员会的设立、撤销、范围调整，由乡、民族乡、镇的人民政府提出，经村民会议讨论同意，报县级人民政府批准。村民委员会可以根据村民居住状况、集体土地所有权关系等分设若干村民小组。据此可知，村民委员会、村民小组只是代表本级农民集体管理财产，不是代表本级农民集体享有财产权的民事主体，因此，村民委员会、村民小组不能成为登记簿上记载的不动产物权和其他法定事项的权利主体。持有县级人民政府准予设立的批文的村民委员会，才是依法成立的村民委员会。持有村民委员会准予设立的证明的村民小组，才是依法成立的村民小组。

4. 法人类型变换

法人类型变换，主要指此法人通过合法方式转换成另一种类型的法人的情形。简言之，从此种类型的法人变换成彼种类型的法人。

《公司法》第二条规定，公司是指依照本法在中国境内设立的有限责任公司和股份有限公司。该法第三条规定，公司是企业法人，有独立的法人财产，享有法人财产权。公司以其全部财产对公司的债务承担责任。该法第九条第一款规定，有限责任公司变更为股份有限公司，应当符合本法规定的股份有限公司的条件。股份有限公司变更为有限责任公司，应当符合本法规定的有限责任公司的条件。据此可知，有限责任公司与股份制公司是《公司法》规定的两种不同类型的企业法人，且《公司法》对此两种企业法人的设立条件分别做了规定。因此，如果有限责任公司变更为股份有限公司，或者股份有限公司变更为有限责任公司，属于法人类型的变换，即从此法人变换为彼法人。笔者认为，有限责任公司变更为股份有限公司，是有限责任公司将其法人财产入股到股份有限公司并成为该股份有限公司的法人财产。股份有限公司变更为有限责任公司，是股份有限公司将其法人财产入股到有限责任公司并成为该有限责任公司的法人财产。申言之，在不动产登记实务中，因法人类型变换产生的不动产登记，是因不动产物权和其他法定事项在两个不同的法人间转移产生的不动产登记，即属于因不动产权利主体变动产生的不动产登记，应当适用转移登记。

此外，常见的法人类型变换还有国有企业、集体企业、非法人组织改组设立为公司等。

因此，笔者认为，法人类型是否发生变换，应当以法人登记证明或法人设立批文上载明的法人类型是否发生变动为准。如果法人登记证明或法人设立批文上载明的法人类型变动的，则法人类型发生变换，否则不然。如：股份有限公司的营业执照上载明的企业类型为"股份公司"，变更为有限责任公司后，营业执照上载明的企业类型为"有限责任"。

5. 法人的分支机构

《民法典》第七十四条第一款规定，法人可以依法设立分支机构。据此可知，法人可以依法设立分支机构。但是，法人的分支机构是否具有民事权利能力呢？笔者认为，法人的分支机构不具有民事权利能力。

（1）法人的分支机构不具有民事责任能力。

民事责任是指民事主体违反民事义务时应当承担的法律后果。民事责任以财产责任为主，但不限于财产责任[1]。据此可知，民事主体以其依法享有权利的财产作为承担民事责任的主要方式。换言之，如果民事主体没有独立的财产权利，就没有承担民事责任的能力。《民法典》第七十四条第二款规定，分支机构以自己的名义从事民事活动，产生的民事责任由法人承担；也可以先以该分支机构管理的财产承担，不足以承担的，由法人承担。据此可知，法人的分支机构以其名义从事民事活动产生民事责任时，民事责任由设立该分支机构的法人承担，或先行以该分支机构管理的法人的财产承担，即法人的分支机构没有独立的用以承担民事责任的财产权利，换言之，法人的分支机构没有民事责任能力。

（2）法人的分支机构不具有民事权利能力。

民事权利能力不是民事权利本身，而是享有民事权利的前提[2]。分公司在营业执照核准的范围内参与与其经营活动直接相关的民事法律

---

[1] 王利明：《民法学》，复旦大学出版社2004年版，第126页。
[2] 佟柔、周大伟：《佟柔中国民法讲稿》，北京大学出版社2008年版，第139页。

关系，是基于公司法人内部的组织关系，获得公司法人的授权所为[①]。申言之，法人的分支机构代理法人参与民事法律关系，由此产生的权利义务归法人，即分支机构参与民事法律关系取得的财产权利归法人。表明分支机构不能独立享有财产权利，即分支机构不能享有民事权利中最基本的财产性权利，换言之，分支机构不具有享有民事权利的资格，不符合民事主体具有民事权利能力的基本要求，故分支机构不具有民事权利能力。

概言之，法人的分支机构没有独立的用以承担民事责任的财产权利，即不能享有民事权利中最基本的财产性权利，换言之，法人的分支机构不具有享有民事权利的资格，不符合民事主体具有民事权利能力的基本要求，故分支机构不具有民事权利能力。在不动产登记实务中，分支机构不能作为登记簿上记载的不动产物权和其他法定事项的权利主体。

至于历史上造成的将不动产物权和其他法定事项登记在法人的分支机构名下的事实，鉴于不动产登记的公信力，笔者认为，应当本着尊重历史、面对现实、遵守法律的原则予以处理。

①若当事人不申请将不动产由分支机构名下变动到法人名下的，登记机构应当维持登记现状，但在分支机构因处分不动产申请转移登记、抵押权登记、注销登记（因放弃权利申请注销登记的情形）时，由于分支机构没有独立的财产权利，具体到不动产，即分支机构不享有不动产物权和其他法定事项产生的权益，不动产物权和其他法定事项产生的权益属于法人，应当要求作为申请人的分支机构提交法人准予处分的书面材料，以确保处分合法，从而确保登记簿上记载的转移登记、抵押权登记或注销登记合法。

②若当事人申请将不动产由分支机构名下变动到法人名下的，如前所述，法人是真实的不动产权利人，但分支机构却是登记簿上记载的不动产权利人，表明登记簿的记载与实际情况不同一，即登记簿的记载错

[①] 梁慧星：《民法总论》，法律出版社2001年版，第217页。

误。《民法典》第二百二十条第一款规定，权利人、利害关系人认为不动产登记簿记载的事项错误的，可以申请更正登记。在不动产登记实务中，《不动产登记暂行条例实施细则》第七十九条规定，权利人、利害关系人认为不动产登记簿记载的事项有错误，可以申请更正登记。据此可知，当事人可以申请将不动产物权和其他法定事项由分支机构名下更正登记到法人名下。

6. 法人的清算

《民法典》第六十八条规定："有下列原因之一并依法完成清算、注销登记的，法人终止：（一）法人解散；（二）法人被宣告破产；（三）法律规定的其他原因。法人终止，法律、行政法规规定须经有关机关批准的，依照其规定。"据此可知，一般情形下，法人在完成清算后申请注销登记且注销登记被核准的，法人才终止。换言之，法人未经注销登记不消灭。因此，法人虽然处于清算阶段，但其未经注销登记，法人资格仍然存在、存续，可以作为登记簿上记载的不动产物权和其他法定事项的权利主体。简言之，处于清算阶段的法人可以作为登记簿上记载的不动产物权和其他法定事项的权利主体。

（三）非法人组织

《民法典》第一百零二条规定，非法人组织是不具有法人资格，但是能够依法以自己的名义从事民事活动的组织。非法人组织包括个人独资企业、合伙企业、不具有法人资格的专业服务机构等。该法第一百零三条规定，非法人组织应当依照法律的规定登记。设立非法人组织，法律、行政法规规定须经有关机关批准的，依照其规定。据此可知，非法人组织，是指基于法律的规定创设的个人独资企业、合伙企业等不具有法人资格但可以依自己的名义从事民事活动的民事主体。非法人组织的成立应当经过登记或有权机关的批准。非法人组织分为营利性的非法人组织和非营利性的非法人组织。

1. 营利性的非法人组织

营利性的非法人组织，主要指以营利为主要目的的不具有法人资格的企业。在不动产登记实务中，常见的营利性的非法人组织主要有个人独资企业、合伙企业等。

（1）个人独资企业。

《个人独资企业法》第二条规定，独资企业，是指依照本法在中国境内设立，由一个自然人投资，财产为投资人个人所有，投资人以其个人财产对企业债务承担无限责任的经营实体。该法第五条规定，国家依法保护个人独资企业的财产和其他合法权益。该法第十二条规定，登记机关应当在收到设立申请文件之日起十五日内，对符合本法规定条件的，予以登记，发给营业执照。该法第十三条规定，个人独资企业的营业执照的签发日期，为个人独资企业成立日期。据此可知，依法成立的个人独资企业，是由投资人个人投资的经过企业登记机关登记并领取营业执照的非法人组织。个人独资企业是可以享有财产权的非法人组织。在不动产登记实务中，个人独资企业可以是登记簿上记载的不动产物权和其他法定事项的权利主体。

（2）合伙企业。

《合伙企业法》第二条第一款规定，合伙企业，是指依照本法在中国境内设立的由各合伙人订立合伙协议，共同出资、合伙经营、共享收益、共担风险，并对合伙企业债务承担无限连带责任的营利性组织。该法第十六条规定，企业登记机关应当自收到申请登记文件之日起三十日内，作出是否登记的决定。对符合本法规定条件的，予以登记，发给营业执照。该法第十七条规定，合伙企业的营业执照签发日期，为合伙企业成立日期。该法第十九条规定，合伙企业存续期间，合伙人的出资和所有以合伙企业名义取得的收益均为合伙企业的财产。据此可知，依法成立的合伙企业，是指合伙人基于合伙协议成立的以营利为主要目的，且经过企业登记机关登记并领取营业执照的非法人组织。合伙企业是可以享有财产权的非法人组织。在不动产登记实务中，合伙企业可以是登记簿上记载的不动产物权和其他法定事项的权利主体。

2. 非营利性的非法人组织

非营利性的非法人组织，主要指提供公益服务或不以营利为主要目的的不具有法人资格的民办非企业组织。

《民办非企业单位登记管理暂行条例》第五条规定，国务院民政部门和县级以上地方各级人民政府民政部门是本级人民政府的民办非企业单位登记管理机关。按该暂行条例第八条第一款第（四）项规定，民办非企业单位应当有与其业务活动相适应的合法财产。该暂行条例第十二条规定，准予登记的民办非企业单位，由登记管理机关登记民办非企业单位的名称、住所、宗旨和业务范围、法定代表人或者负责人、开办资金、业务主管单位，并根据其依法承担民事责任的不同方式，分别发给《民办非企业单位（法人）登记证书》《民办非企业单位（合伙）登记证书》《民办非企业单位（个体）登记证书》。据此可知，依法成立的民办非企业组织须持有县级以上人民政府民政机关核发的《民办非企业单位（合伙）登记证书》。申言之，依法设立并存在的非营利性的非法人组织须持有县级以上人民政府民政机关核发的《民办非企业单位（合伙）登记证书》，此《民办非企业单位（合伙）登记证书》也是非营利性的非法人组织作为不动产登记申请人的身份证明。

非法人组织的其他相关情况参见本节法人部分的阐述。

此外，《国务院关于批转发展改革委等部门法人和其他组织统一社会信用代码制度建设总体方案的通知》（国发〔2015〕33号）附《法人和其他组织统一社会信用代码制度建设总体方案》第二条第（二）项之1规定，一个主体只能拥有一个统一代码，一个统一代码只能赋予一个主体。主体注销后，该代码将被留存，保留回溯查询功能。该方案第三条第（四）项规定，各有关部门应尽快完成现有机构代码向统一代码过渡。短期内难以完成的部门可设立过渡期，在2017年底前完成。有特殊困难的个别领域，最迟不得晚于2020年底。在过渡期内，统一代码与现有各类机构代码并存，各登记管理部门尽快建立统一代码与旧注册登记码的映射关系，保证信息在全国统一信用信息共享交换平台等实现互联共享，同时对本方案实施前已设立的法人和其他组织换发统一代码，逐步完成存量代码和登记证（照）转换。未转换的旧登记证（照）在过渡期内可继续使用。过渡期结束后，组织机构代码证和登记管理部门的旧登记证（照）停止使用，全部改为使用登记管理部门发放、以统一代码为编码的新登记证（照）。按《法人和其他组织统一社会信用代码编码规则》(GB 32100—2015) 3.5 条规定，统一社会信用代码是每一个法人和其他组织在全国范围内唯一的、终身不变的法定身份识别码。据此可知，统一社会信用代码是法人、非法人组织的唯一的、终身不变的法定身份代码，且该身份代码可以在全国统一信用信息共享交换平台等实现互联共享。2020 底以后，法人、非法人组织全部改为使用登记管理部门发放、以统一代码为编码的新登记证（照）。据笔者调查，2020 底以后，法人、非法人组织的登记部门已向其颁发《社会统一信用代码登记证书》，如县级以上党委的机构编制委员会办公室为机关法人颁发《社会统一信用代码登记证书》，县级以上人民政府事业单位登记管理局为事业单位法人颁发《社会统一信用代码登记证书》，县级以上人民政府民政机关为社会团体法人、非营利性社会服务机构颁发《社会统一信用代码登记证书》等。据此可知，持有《社会统一信用代码登记证书》的法人、非法人组织也是依法成立、存续的法人、非法人组织。

二、代理人、监护人

在不动产登记实务中，按《不动产登记暂行条例实施细则》第十一条和第十二条规定，无民事行为能力人、限制民事行为能力人应当由其监护人代为申请不动产登记。当事人可以委托代理人向不动产登记机构申请不动产登记。据此可知，申请人的代理人和申请人中的无民事行为能力人、限制民事行为能力人的监护人，可以代其申请不动产登记。代理人须持有有效的代理合同、委托书等代理手续。监护人须持有有效的监护人资格证明。代理人、监护人代申请人申请不动产登记时，不动产登记申请书（表）上的申请人是依法设立、变更、转移和消灭不动产物权和其他法定事项的当事人，但代理人、监护人应当在代理人、监护人处签名（章），申请人无须再在不动产登记申请书（表）上签名（章）。

三、嘱托不动产登记的国家机关

在不动产登记实务中，《不动产登记暂行条例实施细则》第十九条第二款规定："有下列情形之一的，不动产登记机构直接办理不动产登记：（一）人民法院持生效法律文书和协助执行通知书要求不动产登记机构办理登记的；（二）人民检察院、公安机关依据法律规定持协助查封通知书要求办理查封登记的；（三）人民政府依法做出征收或者收回不动产权利决定生效后，要求不动产登记机构办理注销登记的；（四）法律、行政法规规定的其他情形。"据此可知，有权嘱托登记机构办理不动产登记的国家机关主要有人民法院、人民检察院、监察机关、人民政府、公安机关，此外，其他依法享有嘱托权的机关，也可以嘱托登记机构办理不动产登记，如县级以上人民政府的税务机关嘱托登记机构办理因不动产抵税产生的转移登记，规划机关嘱托登记机构办理因没收违法建造物产生的首次登记，乡（镇）人民政府嘱托登记机构办理因收回宅基地使用权产生的注销登记等。

四、登记机构自身

登记机构根据法律、法规、规章和政策的规定赋予的职权可以启动不动产登记，如按《不动产登记暂行条例实施细则》第十七条规定，登记机构可以依职权办理不动产更正登记、不动产注销登记。在不动产登记实务中，需要依职权办理的不动产登记启动前，登记机构应当作出依职权办理相关不动产登记的书面决定，该决定应当载明依职权办理不动产登记的理由、依据，以此作为依职权启动不动产登记的证据。

第三章　不动产登记的客体

不动产登记的客体，也称不动产登记的内容。在不动产登记实务中，不动产登记的内容有哪些呢？有不动产的自然状况、不动产物权和其他法定事项。

土地、建筑物、构筑物、海域、林木等不动产，是承载记载在登记簿上的不动产物权和其他法定事项的物质实体，因此，不动产的自然状况应当先行记载在登记簿上，为后续的不动产物权和其他法定事项的记载建立前提。

《不动产登记暂行条例》第五条规定："下列不动产权利，依照本条例的规定办理登记：（一）集体土地所有权；（二）房屋等建筑物、构筑物所有权；（三）森林、林木所有权；（四）耕地、林地、草地等土地承包经营权；（五）建设用地使用权；（六）宅基地使用权；（七）海域使用权；（八）地役权；（九）抵押权；（十）法律规定需要登记的其他不动产权利。"据此可知，可以依法在登记簿上记载的不动产物权有：一是集体土地所有权，房屋等建筑物、构筑物所有权，森林、林木所有权等所有权。二是国有建设用地使用权，集体建设用地使用权，宅基地使用权，土地承包经营权，地役权，海域使用权等用益物权。此外，按《民法典》第三百四十一条、第三百六十八条规定，土地经营权、居住权也是可以在登记簿上记载的不动产用益物权。《民法典》第一百一十六条第一款规定，物权的种类和内容，由法律规定。《土地管理法》第十二条规定，土地的所有权和使用权的登记，依照有关不动产登记的法律、行政法规执行。依法登记的土地的所有权和使用权受法律保护，任何单位和个人不得侵犯。在不动产登记实务中，按《不动产登记暂行条例实施细则》第五十二条规定，以承包经营以外的合法方式使用国有农用地的国有农场、草场，以及使用国家所有的水域、滩涂等农用地进行农业生产，申请人可以申请国有农用地的使用权登记。据此可知，土地使用权是法律规定的可以在登记簿上记载的不动产物权种类，《不动产登记暂行条例实施细则》规定的申请人可以申请登记的国有农用地的使用权，是对法律规定的土地使用权种类的具体落实，即国有农用地使用权也是法律规定的可以记载在登记簿上的不动产用益物权。概言之，可以在登记簿上记载的不动产用益物权有国有建设用地使用权，集体建设用地使用权，宅基地使用权，土地承包经营权和土地经营权，国有农用地使用权，海域使用权，地役权，居住权。三是抵押权，包括一般抵押权、最高额抵押权、在建建筑物抵押权等。

按《民法典》第二百二十条、第二百二十一条规定，更正登记、异议登记、预告登记是可以在登记簿上记载的事项。在司法实务中，《最高人民法院、国土资源部、建设部关于依法规范人民法院执行和国土资源房地产管理部门协助执行若干问题的通知》（法发〔2004〕5号）第三条第一款规定，查封登记、预查封登记是可以在登记簿上记载的内容。在不动产登记实务中，按《不动产登记暂行条例实施细则》第二十二条规定，补证、换证是可以在登记簿上记载的事项。概言之，可以在登记簿上记载的法定事项有更正登记、异议登记、预告登记、查封登记、预查封登记、补证、换证等。

第一节　不动产的自然状况

《民法典》第二百一十一条规定，当事人申请登记，应当根据不同登记事项提供权属证明和不动产界址、面积等必要材料。按《不动产登记暂行条例》第十八条第（一）项规定，对申请人申请不动产登记时提交的不动产界址、空间界限、面积等材料与申请登记的不动产状况是否一致进行查验属于登记机构的职责。申言之，不动产的界址、空间界限、结构、幢、层、套（间）、用途、面积等自然状况属于登记簿上记载的内容。

一、宗地的自然状况

不动产登记簿上对宗地的自然状况的记载主要有坐落、面积、用途、权利设定方式、建筑容积率、建筑密度、建筑限高、位置说明和四至描述等。

1. 宗地坐落

记载划拨用地决定、土地出让合同、土地承包经营权合同等有效的土地使用权登记原因材料上载明的宗地坐落，或记载县级以上人民政府地名管理、住房与城乡建设、交通运输、水利等行政机关依法出具的地名证明文件上载明的宗地坐落。宗地坐落主要包括街道名称、门牌号。

2. 宗地面积、用途

记载划拨用地决定书、土地出让合同、土地承包经营权合同等有效的土地使用权登记原因材料上载明的宗地面积、用途。

关于宗地的面积，按划拨用地决定书、土地出让合同、土地租赁合同等有效的土地使用权登记原因材料上的载明准确记载地上宗地面积、地表宗地面积、地下宗地面积。

关于宗地的用途，记载划拨用地决定书、土地出让合同、土地承包经营权合同等有效的土地使用权登记原因材料上载明的用途，也可以按照《土地利用现状分类》(GB/T 21010—2017)上划定的二级类用途记载（参见表3-1至表3-4[①]）。涉及林地的，可以在附记栏记载《森林资源规划设计调查技术规程》(GB/T 26424—2010)上划定的用途（参见表3-5[②]）。

表 3-1　土地利用现状分类和编码表（一）

一级类		二级类		含　义
编码	名称	编码	名称	
04	草地			指生长草本植物为主的土地
		0401	天然牧草地	指以天然草本植物为主，用于放牧或割草的草地，包括实施禁牧措施的草地，不包括沼泽草地

[①] 参见《土地利用现状分类》(GB/T 21010—2017)。
[②] 参见《森林资源规划设计调查技术规程》(GB/T 26424—2010)，《林地分类》(LY/T 1812—2021)。

第三章 不动产登记的客体

续表

一级类		二级类		含义
编码	名称	编码	名称	
04	草地	0402	沼泽草地	指以天然草本植物为主的沼泽化的低地草甸、高寒草甸
		0403	人工牧草地	指人工种植牧草的草地
		0404	其他草地	指树木郁闭度<0.1，表层为土质，不用于放牧的草地
05	商服用地			指主要用于商业、服务业的土地
		0501	零售商业用地	以零售功能为主的商铺、商场、超市、市场和加油、加气、充换电站等的用地
		0502	批发市场用地	以批发功能为主的市场用地
		0503	餐饮用地	饭店、餐厅、酒吧等用地
		0504	旅馆用地	宾馆、旅馆、招待所、服务型公寓、度假村等用地
		0505	商务金融用地	指商务服务用地，以及经营性的办公场所用地，包括写字楼、商业性办公场所、金融活动场所和企业厂区外独立的办公场所；信息网络服务、信息技术服务、电子商务服务、广告传媒等用地
		0506	娱乐用地	指剧院、音乐厅、电影院、歌舞厅、网吧、影视城、仿古城以及绿地率小于65%的大型游乐等设施用地
		0507	其他商服用地	指零售商业、批发市场、餐饮、旅馆、商务金融、娱乐用地以外的其他商业、服务业用地，包括洗车场、洗染店、照相馆、理发美容店、洗浴场所、赛马场、高尔夫球场、废旧物资回收站、机动车、电子产品和日用产品修理网点、物流营业网点，及居住小区及小区级以下的配套的服务设施等用地
06	工矿仓储用地			指主要用于工业生产、物资存放场所的土地
		0601	工业用地	指工业生产、产品加工制造、机械和设备修理及直接为工业生产等服务的附属设施用地
		0602	采矿用地	指采矿、采石、采砂（沙）场、砖瓦窑等地面生产用地，排土（石）及尾矿堆放地
		0603	盐田	指用于生产盐的土地，包括晒盐场所、盐池及附属设施用地
		0604	仓储用地	指用于物资储备、中转的场所用地，包括物流仓储设施、配送中心、转运中心等
07	住宅用地			指主要用于人们生活居住的房基地及其附属设施的土地
		0701	城镇住宅用地	指城镇用于生活居住的各类房屋用地及其附属设施用地，不含配套的商业服务设施等用地
		0702	农村宅基地	指农村用于生活居住的宅基地

表 3-2　土地利用现状分类和编码表（二）

一级类		二级类		含　义
编码	名称	编码	名称	
08	公共管理与公共服务用地			指用于机关团体、新闻出版、科教文卫、公用设施等的土地
		0801	机关团体用地	指用于党政机关、社会团体、群众自治组织等的用地
		0802	新闻出版用地	指用于广播电台、电视台、电影厂、报社、杂志社、通讯社、出版社等的用地
		0803	教育用地	指用于各类教育用地，包括高等院校、中等专业学校、中学、小学、幼儿园及其附属设施用地，聋、哑、盲人学校及工读学校用地，以及为学校配建的独立地段的学生生活用地
		0804	科研用地	指独立的科研、勘查、研发、设计、检验检测、技术推广、环境评估与监测、科普等科研事业单位及其附属设施用地
		0805	医疗卫生用地	指医疗、保健、卫生、防疫、康复和急救设施等用地。包括综合医院、专科医院、社区卫生服务中心等用地；卫生防疫站、专科防治所、检验中心和动物检疫站等用地；对环境有特殊要求的传染病、精神病等专科医院用地；急救中心、血库等用地
		0806	社会福利用地	指为社会提供福利和慈善服务的设施及其附属设施用地，包括福利院、养老院、孤儿院等用地
		0807	文化设施用地	指图书、展览等公共文化活动设施用地，包括公共图书馆、博物馆、档案馆、科技馆、纪念馆、美术馆和展览馆等设施用地；综合文化活动中心、文化馆、青少年宫、儿童活动中心、老年活动中心等设施用地
		0808	体育用地	指体育场馆和体育训练基地等用地，包括室内外体育运动用地，如体育场馆、游泳场馆、各类球场及其附属的业余体校等用地，溜冰场、跳伞场、摩托车场、射击场，以及水上运动的陆域部分等用地，以及为体育运动专设的训练基地用地，不包括学校等机构专用的体育设施用地
		0809	公用设施用地	指用于城乡基础设施的用地，包括供水、排水、污水处理、供电、供热、供气、邮政、电信、消防、环卫、公用设施维修等用地
		0810	公园与绿地	指城镇、村庄范围内的公园、动物园、植物园、街心花园、广场和用于休憩、美化环境及防护的绿化用地

第三章 不动产登记的客体

续表

一级类		二级类		含义
编码	名称	编码	名称	
09	特殊用地			指用于军事设施、涉外、宗教、监教、殡葬、风景名胜等的土地
		0901	军事设施用地	指直接用于军事目的的设施用地
		0902	使领馆用地	指用于外国政府及国际组织驻华使领馆、办事处等的用地
		0903	监教场所用地	指用于监狱、看守所、劳改场、戒毒所等的建筑用地
		0904	宗教用地	指专门用于宗教活动的庙宇、寺院、道观、教堂等宗教自用地
		0905	殡葬用地	指陵园、墓地、殡葬场所用地
		0906	风景名胜设施用地	指风景名胜景点（包括名胜古迹、旅游景点、革命遗址、自然保护区、森林公园、地质公园、湿地公园等）的管理机构，以及旅游服务设施的建筑用地，景区内的其他用地按现状归入相应地类

表 3-3　土地利用现状分类和编码表（三）

一级类		二级类		含义
编码	名称	编码	名称	
10	交通运输用地			指用于运输通行的地面线路、场站等的土地，包括民用机场、汽车客货运场站、港口、码头、地面运输管道和各种道路以及轨道交通用地
		1001	铁路用地	指用于铁道线路场站的用地，包括征地范围内的路堤、路堑、道沟、桥梁、林木等用地
		1002	轨道交通用地	指用于轻轨、现代有轨电车、单轨等轨道交通用地，以及场站的用地
		1003	公路用地	指用于国道、省道、县道和乡道的用地，包括征地范围内的路堤、路堑、道沟、桥梁、汽车停靠站、林木及直接为其服务的附属用地
		1004	城镇村道路用地	指城镇、村庄范围内公用道路及行道树用地，包括快速路、主干路、次干路、支路、专用人行道和非机动车道，及其交叉口等

续表

一级类 编码	一级类 名称	二级类 编码	二级类 名称	含义
10	交通运输用地	1005	交通服务场站用地	指城镇、村庄范围内交通服务设施用地,包括公交枢纽及其附属设施用地、公路长途客运站、公共交通场站、公共停车场(含设有充电桩的停车场)、停车楼、教练场等用地,不包括交通指挥中心、交通队用地
		1006	农村道路	在农村范围内,南方宽度≥1.0 m、≤8.0 m,北方宽度≥2.0 m、≤8.0 m,用于村间、田间交通运输,并在国家公路网络体系之外,以服务于农村农业生产为主要用途的道路(含机耕道)
		1007	机场用地	指用于民用机场、军民合用机场的用地
		1008	港口码头用地	指用于人工修建的客运、货运、捕捞及工程、工作船舶停靠的场所及其附属建筑物的用地,不包括常水位以下部分
		1009	管道运输用地	指用于运输煤炭、矿石、石油、天然气等管道及其相应附属设施的地上部分用地
11	水域及水利设施用地			指陆地水域、滩涂、沟渠、沼泽、水工建筑物等用地,不包括滞洪区和已垦滩涂中的耕地、园地、林地、城镇、村庄、道路等用地
		1101	河流水面	指天然形成或人工开挖河流常水位岸线之间的水面,不包括被堤坝拦截后形成的水库区段水面
		1102	湖泊水面	指天然形成的积水区常水位岸线所围成的水面
		1103	水库水面	指人工拦截汇集而成的总设计库容≥10万 m^3 的水库正常蓄水位岸线所围成的水面
		1104	坑塘水面	指人工开挖或天然形成的蓄水量<10万 m^3 的坑塘常水位岸线所围成的水面
		1105	沿海滩涂	指沿海大潮高潮位与低潮位之间的潮浸地带,包括海岛的沿海滩涂,不包括已利用的滩涂
		1106	内陆滩涂	指河流、湖泊常水位至洪水位间的滩地;时令湖、河洪水位以下的滩地;水库、坑塘的正常蓄水位与洪水位间的滩地,包括海岛的内陆滩地,不包括已利用的滩地

第三章 不动产登记的客体

表 3-4 土地利用现状分类和编码表（四）

一级类 编码	一级类 名称	二级类 编码	二级类 名称	含 义
11	水域及水利设施用地	1107	沟渠	指人工修建，南方宽度≥1.0 m、北方宽度≥2.0 m用于引、排、灌的渠道，包括渠槽、渠堤、护堤林及小型泵站
		1108	沼泽地	指经常积水或渍水，一般生长湿生植物的土地，包括草本沼泽、苔藓沼泽、内陆盐沼等，不包括森林沼泽、灌丛沼泽和沼泽草地
		1109	水工建筑用地	指人工修建的闸、坝、堤路林、水电厂房、扬水站等常水位岸线以上的建（构）筑物用地
		1110	冰川及永久积雪	指表层被冰雪常年覆盖的土地
12	其他土地			指上述地类以外的其他类型的土地
		1201	空闲地	指城镇、村庄、工矿范围内尚未使用的土地，包括尚未确定用途的土地
		1202	设施农用地	指直接用于经营性畜禽养殖生产设施及附属设施用地；直接用于作物栽培或水产养殖等农产品生产的设施及附属设施用地；直接用于设施农业项目辅助生产的设施用地；晾晒场、粮食果品烘干设施、粮食和农资临时存放场所、大型农机具临时存放场所等规模化粮食生产所必需的配套设施用地
		1203	田坎	指梯田及梯状坡地耕地中，主要用于拦蓄水和护坡，南方宽度≥1.0 m、北方宽度≥2.0 m的地坎
		1204	盐碱地	指表层盐碱聚集，生长天然耐盐植物的土地
		1205	沙地	指表层为沙覆盖，基本无植被的土地，不包括滩涂中的沙地
		1206	裸土地	指表层为土质，基本无植被覆盖的土地
		1207	裸岩石砾地	指表层为岩石或石砾，其覆盖面积≥70%的土地

表 3-5　林种分类系统表①

林种	亚林种
（一）防护林	11．水源涵养林
	12．水土保持林
	13．防风固沙林
	14．农田牧场防护林
	15．护岸林
	16．护路林
	17．其他防护林
（二）特种用途林	21．国防林
	22．实验林
	23．母树林
	24．环境保护林
	25．风景林
	26．名胜古迹和革命纪念林
	27．自然保护区林
（三）用材林	31．短轮伐期工业原料用材林
	32．速生丰产用材林
	33．一般用材林
（四）薪炭林	41．薪炭林
（五）经济林	51．果树林
	52．食用原料林
	53．林化工业原料林
	54．药用林
	55．其他经济林

3. 建筑容积率、建筑密度、建筑限高

记载划拨用地决定书、土地出让合同等有效的建设用地使用权登记

---

① 《森林法》第八十三条第（一）项规定，森林，包括乔木林、竹林和国家特别规定的灌木林。按照用途可以分为防护林、特种用途林、用材林、经济林和能源林。笔者据此认为，林种分类系统表即林木用途分类系统表，林木用途即其占用范围内的林地用途，如林木的用途为防护林，该防护林占用范围内的林地用途为防护林用地等。

原因材料上载明的建筑容积率、建筑密度、建筑限高。

4. 位置说明、四至描述和宗地坐标

记载划拨用地决定、土地出让合同、土地承包经营权合同、土地经营权合同等有效的土地使用权登记原因材料上载明的宗地的位置说明、四至描述和宗地坐标。

二、宗海的自然状况

不动产登记簿上对宗海的自然状况的记载主要有坐落、名称、用海性质、面积、等别、占用岸线长度、用海类型、用海方式和面积、具体用途等。

1. 宗海坐落

记载用海批准文件、海域使用权出让合同等有效的海域使用权登记原因材料上载明的宗海坐落，或记载县级以上人民政府地名管理、住房与城乡建设、交通运输、水利等行政机关依法出具的地名证明文件上载明的宗海坐落。

2. 宗海名称、用海性质

记载用海批准文件、海域使用权出让合同等有效的海域使用权登记原因材料上载明的宗海名称、用海性质。其中，用海性质应当明确记载为公益性或经营性。

3. 宗海面积

记载用海批准文件、海域使用权出让合同等有效的海域使用权登记原因材料上载明的宗海海域面积。

4. 宗海等别

记载用海批准文件、海域使用权出让合同等有效的海域使用权登记原因材料上载明的宗海等别。海域使用权登记原因材料上没有载明宗海等别的，可以记载财政、海洋主管部门按规定确定的海域等别。

5. 占用岸线长度

记载用海批准文件、海域使用权出让合同等有效的海域使用权登记原因材料上载明的用海项目占用的海岸线长度。

6. 用海类型

记载用海批准文件、海域使用权出让合同等有效的海域使用权登记原因材料上载明的用海类型。海域使用权登记原因材料上没有载明用海类型的，按照《海域使用分类体系》中海域使用类型的一级类、二级类记载（参见表3-6[①]）。

表3-6 海域使用类型名称和编码表

一级类		二级类	
编码	名称	编码	名称
1	渔业用海	11	渔业基础设施用海
		12	围海养殖用海
		13	开放式养殖用海
		14	人工鱼礁用海
2	工业用海	21	盐业用海
		22	固体矿产开采用海
		23	油气开采用海
		24	船舶工业用海
		25	电力工业用海
		26	海水综合利用用海
		27	其他工业用海
3	交通运输用海	31	港口用海
		32	航道用海
		33	锚地用海
		34	路桥用海

[①] 参见《海域使用分类体系》《关于印发〈海域使用分类体系〉和〈海籍调查规范〉的通知国海管字》（〔2008〕273号）。

续表

一级类		二级类	
编码	名称	编码	名称
4	旅游娱乐用海	41	旅游基础设施用海
		42	浴场用海
		43	游乐场用海
5	海底工程用海	51	电缆管道用海
		52	海底隧道用海
		53	海底场馆用海
6	排污倾倒用海	61	污水达标排放用海
		62	倾倒区用海
7	造地工程用海	71	城镇建设填海造地用海
		72	农业填海造地用海
		73	废弃物处置填海造地用海
8	特殊用海	81	科研教学用海
		82	军事用海
		83	海洋保护区用海
		84	海岸防护工程用海
9	其他用海		

7. 用海位置说明、坐标

记载用海批准文件、海域使用权出让合同等有效的海域使用权登记原因材料上载明的宗海方位或具体位置、坐标。

8. 用海方式和面积、具体用途

记载用海批准文件、海域使用权出让合同等有效的海域使用权登记原因材料上载明的用海方式和面积、具体用途。其中，用海方式可以按照《海域使用分类体系》中用海方式的二级类记载。

三、房屋等建筑物、构筑物的自然状况

不动产登记簿上对房屋等建筑物、构筑物的自然状况的记载主要有坐落、用途、结构、总层数和所在层、建筑面积、专有建筑面积、分摊建筑面积、竣工时间等。

1. 坐落

记载土地出让合同、建设工程规划许可材料、竣工材料上载明的房屋等建筑物、构筑物坐落，或记载县级以上人民政府地名管理、住房与城乡建设、交通运输、水利等行政机关依法出具的地名证明文件上载明的房屋等建筑物、构筑物坐落。房屋等建筑物、构筑物坐落主要包括街道名称、门牌号、幢号、单元号、楼层号、房号等。

2. 用途

城镇、乡、村庄规划区范围内的房屋等建筑物、构筑物，记载建设工程规划手续、乡村建设规划手续上载明的用途，或记载建设工程规划手续、乡村建设规划手续及其所附图件上确定的房屋等建筑物、构筑物用途，如记载盖有规划审图章的建筑设计图上标注的建筑物、构筑物用途。城镇、乡、村庄规划区范围外的房屋等建筑物、构筑物，记载设计用途或权利人的实际用途。

3. 结构

城镇、乡、村庄规划区范围内的房屋等建筑物、构筑物，记载建设工程规划手续、乡村建设规划手续上载明的结构，或记载建设工程规划手续、乡村建设规划手续及其所附图件上确定的房屋等建筑物、构筑物结构。城镇、乡、村庄规划区范围外的房屋等建筑物、构筑物，记载当事人实际建造的房屋等建筑物、构筑物结构。房屋等建筑物、构筑物结构主要包括钢结构、钢和钢筋混凝土结构、钢筋混凝土结构、混合结构、砖木结构、其他结构等六类。

4. 总层数和所在层

城镇、乡、村庄规划区范围内的房屋等建筑物、构筑物，记载建设

工程规划手续、乡村建设规划手续上载明的房屋等建筑物、构筑物总层数和申请登记的房屋所在层的层数，或记载当事人按其申请建设工程规划手续、乡村建设规划手续时提交的建设工程设计方案建造的房屋等建筑物、构筑物总层数和申请登记的房屋所在层的层数。城镇、乡、村庄规划区范围外的房屋等建筑物、构筑物，记载当事人实际建造的房屋等建筑物、构筑物总层数和申请登记的房屋所在层的层数。总层数、所在层均指自然层[①]。

5. 建筑面积、专有建筑面积、分摊建筑面积

（1）建筑面积。

记载按照《房产测量规范》（GB/T 17986.1—2000）测量的房屋等建筑物、构筑物的建筑面积。区分所有建筑物的建筑面积包括专有建筑面积和分摊建筑面积。

（2）专有建筑面积。

记载按照《房产测量规范》（GB/T 17986.1—2000）测量的区分所有建筑物中权利人专有部分建筑面积。

（3）分摊建筑面积。

记载按照《房产测量规范》（GB/T 17986.1—2000）测量的区分所有的建筑物中权利人分摊的共有部分建筑面积。

6. 竣工时间

记载房屋等建筑物、构筑物的竣工证明材料上载明的竣工时间，记载方式："某年某月某日"，如 2022 年 11 月 25 日。

四、森林、林木的自然状况

不动产登记簿上对森林、林木的自然状况的记载主要有地名、主要树种、面积或株数、林种、起源、造林年度、林班或小班等。

[①] 参见《房产测量规范》（GB/T 17986.1—2000）。

1. 地名

记载森林、林木所在宗地的地名，也可以记载县级以上人民政府地名管理、住房与城乡建设、交通运输、水利等行政机关依法出具的地名证明文件上载明的地名。

2. 主要树种

记载森林、林木所在宗地上1~3种主要树木种类。

3. 面积或株数

记载按《森林资源规划设计调查主要技术规定》（GB/T 26424—2010）测量的森林、林木面积。森林、林木难以用面积准确表明的，记载零星树木、四旁树木和农田林网等的株数。

4. 林种

记载森林、林木种类，主要包括防护林、用材林、经济林、薪炭林、特种用途林等。

5. 起源

记载森林、林木是天然林或者人工林。

6. 造林年度

记载造林合同、承包宗地所在地集体经济组织或村民委员会出具的林木栽种证明等材料上载明的造林年度。

7. 林班、小班

记载按《森林资源规划设计调查主要技术规定》（GB/T 26424—2010）测量后划定的林班和小班数据。

五、无居民海岛的自然状况

不动产登记簿上对无居民海岛的自然状况的记载主要有海岛位置、海岛名称、海岛代码、用岛范围、用岛面积、用途等。

1. 海岛位置

记载有效的无居民海岛利用证明上载明的海岛的坐标，关于海岛与周边大陆、海岛的相对位置和距离的描述文字。

2. 海岛名称、海岛代码

记载有效的无居民海岛利用证明上载明的海岛名称及代码。

3. 用岛范围、用岛面积

记载有效的无居民海岛利用证明上载明的用岛范围，明确记载整岛利用或者局部利用。记载用岛的面积。

4. 用途

记载有效的无居民海岛利用证明上载明的具体用途。无居民海岛的具体用途有旅游娱乐、交通运输、工业、仓储、渔业、农林牧业、可再生能源利用、城乡建设、公共服务等。能够与《土地利用现状分类》（GB/T 21010—2017）衔接的，在附记栏同时记载二级类用途。

第二节　不动产物权

一、物权的概念

《民法典》第一百一十四条第二款规定，物权是权利人依法对特定的物享有直接支配和排他的权利，包括所有权、用益物权和担保物权。质言之，物权是指权利人依法直接支配特定物，享受其利益的排他性权利[1]。即权利人在其享有的权利范围内依法直接对特定的物行使支配权，并享受行使该支配权产生的利益，无须他人许可，也不受他人的限制和干扰，换言之，物权的权利人无须他人的协助，仅仅依靠自己的意思表示就可以对特定的物行使权利，包括对该物的处分权。支配权是物权的本质[2]。此处的他人，是指与权利人行使支配权相对应的不特定的义务

---

[1] 王利明：《民法学》，复旦大学出版社2004年版，第216页。
[2] 梁慧星：《中国民法典草案附理由：物权编》，法律出版社2004年版，第8页。

人，故物权是一种公开的对世的权利，俗称对世权。关于物权定义中的"物"，《民法典》第一百一十五条规定，物包括不动产和动产。法律规定权利作为物权客体的，依照其规定。质言之，作为物权客体的不动产、动产和权利是特定的。所谓特定，即能够明确、具体的意思。

记载在登记簿上的承载物权的不动产，其特定、具体如何体现呢？按《不动产登记暂行条例》第八条第一款规定，不动产以不动产单元为基本单位进行登记。在不动产登记实务中，按《不动产登记暂行条例实施细则》第五条规定，不动产单元，是指权属界线封闭且具有独立使用价值的空间。没有房屋等建筑物、构筑物以及森林、林木定着物的，以土地、海域权属界线封闭的空间为不动产单元。有房屋等建筑物、构筑物以及森林、林木定着物的，以该房屋等建筑物、构筑物以及森林、林木定着物与土地、海域权属界线封闭的空间为不动产单元。据此可知，为了解决登记中不动产的特定问题，不动产登记法中就产生了"登记单元"（也称"登记单位"）的概念[1]。即在不动产登记实务中，记载在登记簿上的承载物权的不动产的特定、具体，以不动产单元的方式来体现。不动产单元是由连接该不动产在地表、地上、地下空间的界址形成的权属界线围成的独立的封闭的空间，这是对申请登记的不动产的特定。对申请登记的不动产的具体，以明确该不动产所在的位置或坐落、界址、面积、用途等的方式来确定。

如前所述，可以在登记簿上记载的不动产物权包括所有权、用益物权和担保物权。

二、所有权

1. 所有权的概念

关于所有权，有学者认为，所有权是指在法律规定的范围内自由支配标的物并排除他人干涉的权利[2]。《民法典》第二百四十条规定，所有

---

[1] 程啸：《不动产登记法研究》，法律出版社2011年版，第94页。
[2] 梁慧星：《中国民法典草案建议稿附理由：物权编》，法律出版社2004年版，第66页。

第三章 不动产登记的客体

权人对自己的不动产或者动产，依法享有占有、使用、收益和处分的权利。据此可知，所有权是权利人对其物（动产或不动产）依法享有占有、使用、收益和处分的权利。比较学者的定义与法律规定的定义，学者采用抽象加概括的方式下定义，强调所有权是：其一，对物进行全面支配的物权，全面支配中已经包含了占有、使用、收益和处分；其二，权利人有权排除任何对所有权不利的侵夺、妨害或干扰。而法律规定的定义是采用具体例举的方式，仅是对所有权核心内容的明确。法律规定的定义的内涵和外延比学者的定义窄，如果就学术探讨而言，笔者赞成学者的观点，但根据物权法定的原则，在工作实务中，应当遵循《民法典》的规定，即占有、使用、收益和处分是所有权的法定内容，或称权能。具体到土地、房屋、构筑物、林木等不动产所有权上，占有是指权利人对不动产的实际掌控、持有。使用是指权利人在法律许可、经济允许、技术可行的前提下对不动产的性能和用途加以利用。收益是指权利人依法享有因自己所有的不动产而产生的利益。处分是指权利人在法律许可的前提下，依自己的意愿以转让、抵押、放弃等方式处置自己的不动产。

《民法典》第二百四十一条规定，所有权人有权在自己的不动产或者动产上设立用益物权和担保物权。用益物权人、担保物权人行使权利，不得损害所有权人的权益。据此可知，所有权与其他物权关系十分密切，其他物权都是在所有权基础上产生的，是所有权权能分离的结果[1]。所有权是最典型的物权，或物权的原型[2]。不动产所有权，是相对于动产所有权而言的物权，是以不动产为特定物的物权，是物权中所有权的具体化。不动产对大多数中国民众而言，是生活、经营的依靠，价值量巨大，属于其最重要的财产之一。按《不动产登记暂行条例》第五条第（一）项至第（三）项规定，集体土地所有权，房屋等建筑物、构筑物所有权，森林、林木所有权属于登记机构可以登记的不动产物权。在不动产登记实务中，按《不动产登记暂行条例实施细则》第四章规定，集体土地所

---

[1] 王利明：《物权法教程》，中国政法大学出版社2003年版，第33页。
[2] 王泽鉴：《民法物权：通则·所有权》，中国政法大学出版社2001年版，第149页。

有权，房屋等建筑物、构筑物所有权，森林、林木所有权属于应当先于用益物权、担保物权登记的物权。据此可知，所有权是不动产登记中最基础、最重要、最核心的内容。

2. 所有权权能的分离

所有权权能的分离，是指所有权人按自己的意思表示，依法行使其动产或不动产的占有、使用、收益和处分四项权能中的某一项或某几项，以设立相应的用益物权、担保物权的行为。《民法典》第二百四十一条规定，所有权人有权在自己的不动产或者动产上设立用益物权和担保物权。用益物权人、担保物权人行使权利，不得损害所有权人的权益。据此可知，在不动产登记实务中，根据所有权权能分离设立的可以记载在登记簿上的不动产物权主要有：① 利用处分权能设立的一般抵押权、最高额抵押权；② 利用占有、使用权能设立的居住权、国有建设用地使用权、集体建设用地使用权、宅基地使用权、土地承包经营权、土地经营权、海域使用权、地役权。

所有权权能的分离，不是所有权的某一项权能或某几项权能的分割转让，在所有权权能分离基础上设立的用益物权、担保物权并不导致相应的所有权权能的灭失。法律之所以规定所有权权能可以分离，是为了充分发挥所有权的效用，在所有权权能分离基础上设立的用益物权、担保物权一旦依法消灭，所有权权能便恢复到原来的圆满状态。

3. 所有权权能的限制

所有权权能的限制，是指依据法律的规定对权利人行使所有权的行为和行使所有权中的某一项或某几项权能进行限制。《民法典》第八条规定，民事主体从事民事活动，不得违反法律，不得违背公序良俗。据此可知，不得违反法律和违背公序良俗，是民事主体从事民事活动时应当遵守的基本原则。民事主体行使其享有的所有权，属于从事具体的民事活动，自然应当遵守此原则，此即对所有权权能的限制。在不动产登记实务中，需要在登记簿上记载的限制所有权权能的方式主要有：① 对所有权作限制的用益物权，如地役权；②人民法院或其他有权部门对所有权的查封、扣押；③依法记载在登记簿上的预告登记等。这些方式对所有权的相应权能起限制作用，如：地役权的存在，限制所有权中的占有、使用权能；预告登记的存在，限制所有权中的处分权能。故这些方式也称为所有权的负担。

4. 所有权的形态

如前所述，按《不动产登记暂行条例》第五条规定，能够在不动产登记簿上记载的所有权有集体土地所有权，房屋等建筑物、构筑物所有权，森林、林木所有权。那么，所有权的形态有哪些呢？

《民法典》第二编第五章将所有权分为国家所有权、集体所有权和私人所有权，似乎法定的所有权形态就这三种，但按《民法典》第二百六十八条规定，国家、集体和私人依法可以出资设立有限责任公司、股份有限公司或者其他企业。据此可知，所有权形态增加了有限责任公司所有权和股份有限公司所有权。该法第二百零七条规定，国家、集体、私人的物权和其他权利人的物权受法律平等保护，任何组织或者个人不得侵犯。其中的"其他权利人的物权"是个宽泛的概念。在不动产登记实务中，申请人申请登记的不动产所有权的形态主要有：

（1）国家所有权。

按《民法典》第二百四十六条规定，法律规定属于国家所有的财产，属于国家所有即全民所有。据此可知，国家所有权，是指国家对国有财产享有的占有、使用、收益和处分的权利，其本质是全民所有制在法律上的表现[1]。在不动产登记实务中，可以记载在登记簿上的国家所有权主要有直管公房所有权和国家机关、团体、企事业单位、部队的自管公房所有权以及国有森林、林木所有权等。在所有权登记中，一般情形下，直管公房所有权登记在房地产行政主管部门（住房保障部门）或国有资产经营管理机构的名下，自管公房所有权登记在管理、使用单位名下或

---

[1] 佟柔：《中国民法》，法律出版社1994年版，第249页。

县级以上人民政府的机关事务管理局名下。国有森林、林木所有权则登记在国有林场或国有农场等单位名下。实质上，这类房屋、森林、林木的所有权人是国家。

（2）集体所有权。

《民法典》第二百六十一条第一款规定，农民集体所有的不动产和动产，属于本集体成员集体所有。该法第二百六十三条规定，城镇集体所有的不动产和动产，依照法律、行政法规的规定由本集体享有占有、使用、收益和处分的权利。据此可知，集体所有权是指集体组织以及集体组织全体成员对集体财产享有的占有、使用、收益和处分的权利，它是劳动群众集体所有制在法律上的表现[1]。集体所有权包括城镇集体所有权和农民集体所有权。在不动产登记实务中，可以记载在登记簿上的集体所有权主要有农村集体土地所有权、房屋所有权、森林或林木所有权。一般情形下，城镇集体所有的房屋所有权、森林或林木所有权登记在城镇集体经济组织名下，如：房屋所有权登记在城镇街道集体企业名下等。农民集体所有的农村集体土地所有权、房屋所有权、森林或林木所有权则登记在"某乡（或村、村民小组）农民集体"名下。

（3）私人所有权。

《民法典》第二百六十六条规定，私人对其合法的收入、房屋、生活用品、生产工具、原材料等不动产和动产享有所有权。据此可知，私人所有权，是指自然人对其不动产或动产享有的占有、使用、收益和处分的权利。在不动产登记实务中，可以记载在登记簿上的私人所有权主要有房屋所有权、森林或林木所有权。

（4）联营企业所有权。

所谓联营企业，是指各投资人通过签订联营合同建立的企业组织。联营企业有两种情形：一是有法人资格的联营企业；二是非法人组织形式的联营企业。在不动产登记实务中，可以记载在登记簿上的联营企业

---

[1] 王利民、尹飞、程啸：《中国物权法教程》，人民法院出版社2007版，第189页。

所有权主要有房屋所有权、森林或林木所有权。这类所有权登记，由联营企业法人或联营的非法人企业以其法定名称申请登记。

（5）股份制公司、有限责任公司所有权。

《公司法》第二条规定："本法所称公司是指依照本法在中国境内设立的有限责任公司和股份有限公司。"该法第三条第一款规定："公司是企业法人，有独立的法人财产，享有法人财产权。公司以其全部财产对公司的债务承担责任。"据此可知，我国境内的公司只有股份制公司和有限责任公司，且都是企业法人，其拥有的不动产所有权由企业法人以其法定名称申请登记。在不动产登记实务中，可以记载在登记簿上的股份制公司、有限责任公司的不动产所有权主要有房屋所有权、森林或林木所有权。

（6）涉港澳台和涉外所有权。

涉港澳台所有权，有狭义和广义之分。狭义的涉港澳台所有权主要指我国香港特别行政区、澳门特别行政区和台湾地区的自然人、法人、非法人组织在祖国大陆依法享有的财产所有权。广义的涉港澳台所有权，是指我国香港特别行政区、澳门特别行政区和台湾地区的自然人、法人、非法人组织在祖国大陆依法享有的财产所有权，以及这些地区的自然人、法人、非法人组织在祖国大陆参股、合作、合营、联营的企业中享有的财产所有权。本书所指的是狭义的涉港澳台所有权。在不动产登记实务中，可以记载在登记簿上的涉港澳台的不动产所有权主要有房屋所有权、森林或林木所有权。

涉外所有权，也有狭义和广义之分。狭义的涉外所有权主要指外籍自然人和境外法人、非法人组织在我国依法享有的财产所有权。广义的涉外所有权，是指外籍自然人和境外法人、非法人组织在我国依法享有的财产所有权，以及这些自然人、法人、非法人组织在我国参股、合作、合营、联营的企业中享有的财产所有权。本书所指的是狭义的涉外所有权。在不动产登记实务中，可以记载在登记簿上的涉外的不动产所有权主要有房屋所有权、森林或林木所有权。

（7）其他所有权。

由于我国经济、社会快速、多元化发展，新的市场主体、经济组织时有出现，这些主体、组织在民事活动中，合法取得并享有的财产所有权也应当得到法律的保护，笔者对这些所有权形态无法预见，暂称之为其他所有权。在不动产登记实务中，可记载在登记簿上的其他不动产所有权主要有房屋所有权、森林或林木所有权。

不同形态的不动产所有权，相应的法律、法规、规章对其处置做了规定。如：按《公司法》第三十六条和第七十四条规定，股东会是有限责任公司的权力机构。有限责任公司主要资产转让由股东会决定。按该法第九十八条和第一百零四条规定，股东大会是股份制公司的权力机构。公司重大资产转让由股东大会决定。据此可知，一般情形下，无论是有限责任公司还是股份制公司，房屋所有权都是其主要或重大资产。《城市房地产转让管理规定》第三条规定，房屋买卖和以房屋作价入股均属于房屋转让。因此，有限责任公司出卖房屋所有权，或以房屋所有权作价出资（入股）的应当由其股东会、股东大会决定。

但是，《民法典》第二百一十六条第一款规定，不动产登记簿是物权归属和内容的根据。该法第二百四十条规定，所有权人对自己的不动产或者动产，依法享有占有、使用、收益和处分的权利。据此可知，记载在登记簿上的自然人、法人、非法人组织就是相应的不动产物权的权利主体，该权利主体可以依其意思表示对登记在其名下的不动产所有权作处分。按《民法典》第一百五十八条规定，民事法律行为可以附条件，但是根据其性质不得附条件的除外。附生效条件的民事法律行为，自条件成就时生效。按该法第一百六十条规定，民事法律行为可以附期限，但是根据其性质不得附期限的除外。附生效期限的民事法律行为，自期限届至时生效。按该法第四百九十条第一款规定，当事人采用合同书形式订立合同的，自当事人均签名、盖章或者按指印时合同成立。按该法第五百零二条第一款规定，依法成立的合同，自成立时生效，但是法律另有规定或者当事人另有约定的除外。据此可知，登记簿上记载的不动产物权的权利主体与他人签订的处分该不动产的合同,上面有当事人的签名或签章、指印,无约定的生效条件或生效期限的,该合同为已经生效的合同。如果约定有生效条件或生效期限的,自约定的期限届至或自约定的条件成就时起,合同方才生效。当然,如果法律、行政法规规定合同以办理批准、登记等手续为生效前提的,当事人须办理批准、登记等手续后,合同方才生效。至于法律、法规、规章规定相应形态的不动产所有权处分时,须经国有资产管理机关、股东会、职工大会等组织同意,笔者认为,这是对其处分不动产的制约性的规定,对内关系上,处分不动产应当履行这些程序,这些规定属于管理性的规定,不是关于处分不动产的合同的效力性的规定。因此,在不动产登记实务中,一般情形下,登记簿上记载的权利人与他人共同申请因处分不动产产生的转移登记、抵押权登记时,在提交生效的处分合同的情形下,当事人无须向登记机构提交国有资产管理机关、股东会、职工大会等组织同意处分的证明。

概言之,能够在不动产登记簿上记载的所有权中,集体土地所有权只有一种形态,房屋等建筑物、构筑物所有权及森林、林木的所有权则有多种形态。

5. 建筑物区分所有权

数人区分一建筑物而各有其一部分者,谓之区分所有权[①]。《民法典》第二百七十一条规定,业主对建筑物内的住宅、经营性用房等专有部分享有所有权,对专有部分以外的共有部分享有共有和共同管理的权利。据此可知,区分所有权是权利人独自享有的专有部分的所有权及与其他业主共有共用部分的所有权共同构成的特别所有权。在不动产登记实务中,一般情形下,区分所有权由权利人独自享有的专有部分的所有权、分摊享有的共有共用部位的共有权、与其他业主共同共有公共设备、设施用房的所有权(如:不分摊的小区物业管理用房等)组成。

---

① 史尚宽:《物权法论》,中国政法大学出版社2000版,第120页。

专有部分所有权，是指区分所有权人对构造上具有独立性，能独立进出，无须其他部分辅助便可独立依法使用的建筑物部分享有的所有权，即房屋所有权登记中的套内面积部分。对此，法律没有明确规定，但在行政法规和不动产登记规则中有具体规定，如：《不动产登记暂行条例》第八条第一款规定，不动产以不动产单元为基本单位进行登记。不动产单元具有唯一编码。按《不动产登记暂行条例实施细则》第五条第一款、第三款和第四款规定："《条例》第八条规定的不动产单元，是指权属界线封闭且具有独立使用价值的空间。有房屋等建筑物、构筑物以及森林、林木定着物的，以该房屋等建筑物、构筑物以及森林、林木定着物与土地、海域权属界线封闭的空间为不动产单元。前款所称房屋，包括独立成幢、权属界线封闭的空间，以及区分套、层、间等可以独立使用、权属界线封闭的空间。"其中，层、套（间）等房屋的不动产单元空间范围是指与其他层、套（间）权属分界处的墙、柱、地板、天花板水平投影的中心线以内的部分。对专有部分，权利人依法享有完整的所有权，即《民法典》第二百七十二条第一句规定的"业主对其建筑物专有部分享有占有、使用、收益和处分的权利"。

共有部分共有权，是指区分所有权人依法律规定或者相关约定，共同享有共用的建筑物部分的所有权，即《民法典》第二百七十三条第一款规定的"业主对建筑物专有部分以外的共有部分，享有权利，承担义务；不得以放弃权利为由不履行义务"。关于共有部分的范围，《房产测量规范》（GB/T 17986—2000）B3.1中规定："共有建筑面积的内容包括：电梯井、管道井、楼梯间、垃圾道、变电室、设备间、公共门厅、过道、地下室、值班警卫室等，以及为整幢服务的公共用房和管理用房的建筑面积，以水平投影面积计算。共有建筑面积还包括套与公共建筑之间的分隔墙，以及外墙（包括山墙）水平投影面积一半的建筑面积。"据此可知，区分所有权人对共有部分所有权的共有类型有按份共有和共同共有，按相关规定或约定分摊到区分所有权人名下的，属于按份共有，区分所有权人按持有份额享有权利承担义务。此情形下的按份共有，以共有人具体分摊取得的面积数据表示,属于以百分比或分数表示按份共有份额的例外情形;属于一定区域内的全体区分所有权人共同共有的部分,则按相关规定只需申请权利登记,而不分摊到各区分所有权人名下,即《不动产登记暂行条例实施细则》第三十六条规定的"办理房屋所有权首次登记时,申请人应当将建筑区划内依法属于业主共有的道路、绿地、其他公共场所、公用设施和物业服务用房及其占用范围内的建设用地使用权一并申请登记为业主共有"。全体区分所有权人对共同共有部分共同行使权利和承担义务。

专有部分的所有权和共用部分的共有权是不可分割的统一体,权利人不得分割处分,即《民法典》第二百七十三条第二款规定的"业主转让建筑物内的住宅、经营性用房,其对共有部分享有的共有和共同管理的权利一并转让"。

在不动产登记实务中,建筑物区分所有权在登记簿上的表达为:套内建筑面积、分摊建筑面积、总建筑面积。属于全体业主共同共有的所有权则登记在"某小区全体业主"名下。

三、用益物权

（一）用益物权概说

《民法典》第三百二十三条规定,用益物权人对他人所有的不动产或者动产,依法享有占有、使用和收益的权利。质言之,用益物权,指对他人的物,在一定范围内,加以占有、使用、收益的定限物权[1]。用益物权的特征主要有:

1. 相对于承载用益物权的不动产或动产,用益物权是不包含处分权的定限物权

之所以称用益物权为定限物权,其意义有二:一是系于一定范围内

---

[1] 陈华彬:《物权法》,法律出版社2004年版,第403页。

对物支配的权利。二是对所有权加以限制,乃所有权以外的他物权[①]。据此可知,用益物权系在他人所有的物上设立的他物权,不拥有对该物的所有权,其权能仅是对该物享有占有、使用、收益的权利,不享有对该物处分的权利。一般情形下,用益物权只能由非所有权人享有。如:土地承包经营权,是在集体所有的土地上设立的由承包人占有、使用、收益的用益物权。又如:海域使用权,是在国家所有的海域范围内设立的由使用权人占有、使用和收益的用益物权等。

2. 用益物权是对他人之物使用价值的利用

《民法典》第三百二十三条规定,用益物权人对他人所有的不动产或者动产,依法享有占有、使用和收益的权利。质言之,所有权兼具使用价值和交换价值。为发挥物的使用价值,得设立用益物权[②]。换言之,用益物权人支配的是物的使用价值,排除了所有权人对物的使用价值的支配,要充分行使物的使用权,须占有该物,因此,占有是用益物权最主要的表现。

3. 用益物权是一种独立的物权

用益物权的设立不从属于其他物权或债权,它是一种独立的权利,一旦依法设立,便享有独立支配物的使用价值的权利。如前所述,可以在登记簿上记载的不动产用益物权有国有建设用地使用权、集体建设用地使用权、宅基地使用权、土地承包经营权和土地经营权、国有农用地使用权、海域使用权、地役权、居住权等。

(二)建设用地使用权

1. 建设用地使用权的概念

《民法典》第三百四十四条规定,建设用地使用权人依法对国家所有的土地享有占有、使用和收益的权利,有权利用该土地建造建筑物、

[①] 王泽鉴:《民法物权:用益物权》,中国政法大学出版社2001年版,第3页。
[②] 王泽鉴:《民法物权:用益物权》,中国政法大学出版社2001年版,第3页。

构筑物及其附属设施。该法第三百六十一条规定，集体所有的土地作为建设用地的，应当依照土地管理的法律规定办理。据此可知，建设用地使用权，是指自然人、法人或其他组织依法享有的在国有或集体的土地及其上下建造或保有建筑物、构筑物及其他设施的用益物权[1]。建设用地使用权包括国有建设用地使用权和集体建设用地使用权。

2. 建设用地使用权的设立或取得方式

（1）国有建设用地使用权的设立或取得方式。

《民法典》第三百四十七条第一款规定，设立建设用地使用权，可以采取出让或者划拨等方式。该法第三百五十三条规定，建设用地使用权人有权将建设用地使用权转让、互换、出资、赠与或者抵押，但是法律另有规定的除外。据此可知，法律规定的自然人、法人或非法人组织设立或取得国有建设用地使用权的方式主要有：出让、划拨、转让、互换、出资、赠与。《土地管理法实施条例》第十七条规定："国有土地有偿使用的方式包括：（一）国有土地使用权出让；（二）国有土地租赁；（三）国有土地使用权作价出资或者入股。"据此可知，行政法规规定的自然人、法人或非法人组织设立或取得国有建设用地使用权的方式主要有：出让、租赁、作价出资或作价入股。在工作实务中，《关于加强土地资产管理促进国有企业改革和发展的若干意见》（国土资发〔1999〕433号）第三条第（三）项规定，以授权经营方式取得的土地使用权，作为企业的法人财产，可在集团公司直属企业、控股企业、参股企业之间转让、作价出资、出租。据此可知，授权经营也是法人或非法人组织设立或取得国有建设用地使用权的方式。《确定土地所有权和使用权的若干规定》第二条第一款规定，土地所有权和使用权由县级以上人民政府确定，土地管理部门具体承办。土地权属争议，由土地管理部门提出处理意见，报人民政府下达处理决定或报人民政府批准后由土地管理部门下达处理决定。据此可知，县级以上人民政府的权属确认或纠纷调处

---

[1] 王利民、尹飞、程啸：《中国物权法教程》，人民法院出版社2007年版，第316页。

决定，也是自然人、法人或非法人组织设立或取得国有建设用地使用权的方式。概言之，自然人、法人或非法人组织设立或原始取得国有建设用地使用权的方式主要有出让、划拨、租赁、作价出资或作价入股、授权经营、县级以上人民政府的权属确认或纠纷调处决定等；继受取得国有建设用地使用权的方式主要有转让、互换、出资、赠与等。

物权的原始取得，是指权利人创设一个原来不存在的物权，即权利人取得物权不以他人已经存在的具有同一内容的物权为取得前提的情形。物权的继受取得，是指权利人依法取得他人享有的物权，即权利人取得的物权以他人已经存在的物权为前提。

（2）集体建设用地使用权的设立或取得方式。

按《土地管理法》第四十四条第二款规定，在已批准的农用地转用范围内，具体建设项目用地可以由市、县人民政府批准。该法第六十条第一款规定，农村集体经济组织使用乡（镇）土地利用总体规划确定的建设用地兴办企业或者与其他单位、个人以土地使用权入股、联营等形式共同举办企业的，应当持有关批准文件，向县级以上地方人民政府自然资源主管部门提出申请，按照省、自治区、直辖市规定的批准权限，由县级以上地方人民政府批准；其中，涉及占用农用地的，依照本法第四十四条的规定办理审批手续。该法第六十一条规定，乡（镇）村公共设施、公益事业建设，需要使用土地的，经乡（镇）人民政府审核，向县级以上地方人民政府自然资源主管部门提出申请，按照省、自治区、直辖市规定的批准权限，由县级以上地方人民政府批准。该法第六十三条第三款和第四款规定，通过出让等方式取得的集体经营性建设用地使用权可以转让、互换、出资、赠与或者抵押，但法律、行政法规另有规定或者土地所有权人、土地使用权人签订的书面合同另有约定的除外。集体经营性建设用地的出租，集体建设用地使用权的出让及其最高年限、转让、互换、出资、赠与、抵押等，参照同类用途的国有建设用地执行。具体办法由国务院制定。据此可知，集体建设用地使用权的设立或取得方式主要有：县级以上人民政府批准用地、出让、出租、转让、互换、出资、赠与等。《确定土地所有权和使用权的若干规定》第二条规定，土地所有权和使用权由县级以上人民政府确定，土地管理部门具体承办。土地权属争议，由土地管理部门提出处理意见，报人民政府下达处理决定或报人民政府批准后由土地管理部门下达处理决定。据此可知，县级以上人民政府的权属确认或纠纷调处决定，也是自然人、法人或非法人组织设立或取得集体建设用地使用权的方式。概言之，自然人、法人或非法人组织设立或原始取得集体建设用地使用权的方式主要有县级以上人民政府批准用地、出让、出租、县级以上人民政府关于集体建设用地权属的确认或纠纷调处决定；继受取得集体建设用地使用权的方式主要有转让、互换、出资、赠与等。

3. 建设用地使用权与地上建筑物、构筑物登记的关系

《民法典》第三百五十六条规定，建设用地使用权转让、互换、出资或者赠与的，附着于该土地上的建筑物、构筑物及其附属设施一并处分。该法第三百五十七条规定，建筑物、构筑物及其附属设施转让、互换、出资或者赠与的，该建筑物、构筑物及其附属设施占用范围内的建设用地使用权一并处分。据此可知，法律的规定，强调的是建设用地使用权与地上建筑物、构筑物所有权互为依托、不可分离的原则，俗称"房随地走"或"地随房走"原则。在不动产登记实务中，《不动产登记暂行条例实施细则》第二条第二款规定，房屋等建筑物、构筑物和森林、林木等定着物应当与其所依附的土地、海域一并登记，保持权利主体一致。该实施细则第三十三条规定，依法取得国有建设用地使用权，可以单独申请国有建设用地使用权登记。依法利用国有建设用地建造房屋的，可以申请国有建设用地使用权及房屋所有权登记。该实施细则第四十四条规定，依法取得集体建设用地使用权，可以单独申请集体建设用地使用权登记。依法利用集体建设用地兴办企业，建设公共设施，从事公益事业等的，可以申请集体建设用地使用权及地上建筑物、构筑物所有权登记。据此可知，国有建设用地使用权、集体建设用地使用权与地上建筑物、构筑物所有权一并登记是不动产登记的原则,且国有建设用地使用权权利主体、集体建设用地使用权权利主体与地上建筑物、构筑物所有权权利主体须同一。当事人可以单独申请国有建设用地使用权、集体建设用地使用权登记的情形主要有：一是地上无建筑物、构筑物；二是地上虽然有建筑物、构筑物,但该建筑物、构筑物尚未竣工；三是地上虽然有已经竣工的建筑物、构筑物,但该建筑物、构筑物系非法建造而成（如城镇、乡、村庄规划区范围内未取得规划许可材料或未按照规划许可条件建造的建筑物）等。

（三）宅基地使用权

1. 宅基地使用权的概念

按《土地管理法》第六十二条规定,宅基地是供农村村民建造住宅的集体土地使用权。《民法典》第三百六十二条规定,宅基地使用权人依法对集体所有的土地享有占有和使用的权利,有权依法利用该土地建造住宅及其附属设施。质言之,宅基地使用权是在集体所有的土地上设立的供农村村民建造住宅及其附属设施的用益物权。

2. 宅基地使用权的设立或取得方式

按《土地管理法》第四十四条第二款规定,在已批准的农用地转用范围内,具体建设项目用地可以由市、县人民政府批准。按该法第六十二条规定,农村村民住宅用地,由乡（镇）人民政府审核批准；其中,涉及占用农用地的,依照本法第四十四条的规定办理审批手续。据此可知,在现行制度环境下,村民不以新占农用地作宅基地的,由乡（镇）人民政府审核批准。以新占农用地作宅基地的,须经县级人民政府批准。《确定土地所有权和使用权的若干规定》第二条规定,土地所有权和使用权由县级以上人民政府确定,土地管理部门具体承办。土地权属争议,由土地管理部门提出处理意见,报人民政府下达处理决定或报人民政府批准后由土地管理部门下达处理决定。据此可知,宅基地使用权权属确认,或者宅基地使用权权属纠纷调处,由县级以上人民政府负责,换言之,县级以上人民政府的权属确认或纠纷调处决定是宅基地使用权的设立或取得方式《土地管理法》第六十二条第五款规定,农村村民出卖、出租、赠与住宅后,再申请宅基地的,不予批准。据此可知,房屋占用范围内的宅基地使用权是可以随该房屋买卖、赠与的,换言之,买卖、受赠是房屋占用范围内的宅基地使用权的设立或取得方式。在司法实务中,再审法院肇庆市中级人民法院在陈某英、莫某成等诉莫A、莫B继承纠纷案中认为:本案是继承纠纷,争议焦点是讼争的宅基地是否属可继承的财产,陈某英等人对该宅基地是否有继承权的问题。讼争宅基地虽在1953年由集体分配给莫某田使用,并在1988年领取《土地使用证》,但莫某田一直未在上述土地建住宅,莫某田及其三个儿子都是另有宅基地另建房屋居住,在莫某田去世时,只是部分讼争宅基地建了临时性的猪栏、猪舍。根据《土地管理法》[①]第八条第二款"农村和城市郊区的土地,除由法律规定属于国家所有之外,属于农民集体所有;宅基地和自留地、自留山,属于农民集体所有",第十条"农民集体所有的土地依法属于村农民集体所有的,由村集体经济组织或者村民委员会经营、管理……",第六十二条"农村村民一户只能拥有一处宅基地,其宅基地的面积不得超过省、自治区、直辖市规定的标准。农村村民建住宅,应当符合乡(镇)土地利用总体规划,并尽量使用原有的宅基地和村内空闲地"以及《物权法》第一百五十三条"宅基地使用权的取得、行使和转让,适用土地管理法等法律和国家有关规定"(《民法典》第三百六十三条规定,宅基地使用权的取得、行使和转让,适用土地管理的法律和国家有关规定)的规定,我国对宅基地严格实行"一户一宅"制度,宅基地归集体所有,而宅基地使用权人可以将地上建筑物以出租、赠与、继承、遗赠的方式转移与他人,宅基地使用权也随之转移,但宅基地使用权本身不得单独转移且不能用于抵押,包括不能进行继承。[②]据此可知,人

---

① 此处的《土地管理法》系指全国人民代表大会常务委员会于2004年颁布实施的《土地管理法》。
② 《人民法院案例选》2016年第2辑总第96辑,第124页。

民法院的认为表明，净的宅基地使用权是不可以赠与、继承、遗赠的，即赠与、继承、遗赠不是净的宅基地使用权的取得方式。概言之，宅基地使用权的设立或原始取得方式主要有有批准权的人民政府（县级、乡级）批准使用、县级以上人民政府关于宅基地使用权权属的确认或纠纷调处决定等；宅基地使用权的继受取得方式主要有买卖、受赠、继承或受遗赠房屋取得该房屋占用范围内（或分摊）的宅基地使用权等。

3. 宅基地使用权与地上房屋所有权登记的关系

在不动产登记实务中，《不动产登记暂行条例实施细则》第二条第二款规定，房屋等建筑物、构筑物和森林、林木等定着物应当与其所依附的土地、海域一并登记，保持权利主体一致。该实施细则第四十条规定，依法取得宅基地使用权，可以单独申请宅基地使用权登记。依法利用宅基地建造住房及其附属设施的，可以申请宅基地使用权及房屋所有权登记。据此可知，宅基地使用权与地上房屋所有权一并登记是不动产登记的原则，且宅基地使用权权利主体与地上房屋所有权权利主体须同一。但地上无房屋或有尚未竣工的房屋时，当事人对其依法取得的宅基地使用权可以单独申请登记。在城镇、乡、村庄规划区范围内，地上虽然有已经竣工的房屋，但该房屋系因非法建造而成（如村庄规划区范围内未取得规划许可材料或未按照规划许可条件建造的建筑物）的情形下，当事人对其依法取得的宅基地使用权也可以单独申请登记。

（四）地役权

1. 地役权的概念

《民法典》第三百七十二条规定，地役权人有权按照合同约定，利用他人的不动产，以提高自己的不动产的效益。前款所称他人的不动产为供役地，自己的不动产为需役地。质言之，地役权，乃为增加一定土地之利用价值，使其支配及于他土地之权利[1]。不动产的范围，包括土

---

[1] 史尚宽：《物权法论》，中国政法大学出版社2000年版，第11页。

地和土地定着物，主要指建筑物①。需要增加价值而利用他人之地为需役地，供他人支配之地为供役地。权利人利用他人不动产设立或取得地役权的情形主要有：

（1）因供水、排水、通行利用他人不动产。

① 因供水、排水利用他人不动产。

因供水、排水利用他人不动产主要指在他人地下、地表、地上，或在他人地上房屋等建筑物、构筑物下面修建供排水沟渠、安置供排水管道，或穿越他人房屋等建筑物、构筑物安置供排水管道等情形。

② 因通行利用他人不动产。

因通行利用他人不动产主要指在他人地上修建人行、车行道路，或利用他人地上房屋等建筑物、构筑物进出等情形。

（2）因铺设电线、电缆、水管、输油管线、暖气和燃气管线等利用他人不动产。

因铺设电线、电缆、水管、输油管线、暖气和燃气管线等利用他人不动产主要指在他人地下、地表、地上，或穿行地上房屋等建筑物、构筑物，或者在地上房屋等建筑物、构筑物顶层表面铺设电线、电缆、水管、输油管线、暖气和燃气管线等情形。

（3）因架设铁塔、基站、广告牌等利用他人不动产。

因架设铁塔、基站、广告牌等利用他人不动产主要指在他人地下、地表、地上，或在地上房屋等建筑物、构筑物顶层，或在地上房屋等建筑物、构筑物外墙面架设铁塔、基站、广告牌等情形。

（4）因采光、通风、保持视野等限制他人不动产利用。

因采光、通风、保持视野等限制他人不动产利用主要指要求他人不得在其土地或地上房屋等建筑物、构筑物上设置影响自己采光、通风、保持视野的设施、设备等情形。

---

① 梁慧星：《中国民法典草案建议稿附理由：总则编》，法律出版社2004年版，第126页。

2. 地役权的设立或取得方式

《民法典》第三百七十三条第一款规定，设立地役权，当事人应当采用书面形式订立地役权合同。据此可知，一般情形下，地役权可以依合同设立，即依合同设立地役权是地役权的设立或取得方式。《民法典》第三百八十条规定，地役权不得单独转让。土地承包经营权、建设用地使用权等转让的，地役权一并转让，但是合同另有约定的除外。据此可知，地役权随土地承包经营权、建设用地使用权等需役地权利的转让而转让，即取得需役地的权利是取得地役权的方式。申言之，当事人通过继承、生效的法律文书等方式取得需役地的权利，也随之取得需役地享有的地役权。概言之，地役权的设立或原始取得方式主要是依地役权合同设立或取得；地役权的继受取得方式主要是通过取得需役地权利随之取得该需役地享有的地役权等。

3. 地役权与地上建筑物、构筑物登记的关系

在不动产登记实务中，如前所述，申请登记的地役权一般是利用他人土地、地上建筑物或构筑物提高自己土地、地上建筑物或构筑物的价值的用益物权。如：利用他人建筑物通行等。再如：限制他人在土地上建造建筑物或不得建造超过一定高度的建筑物，以提高自己建筑物观山望景的效用。按《不动产登记暂行条例实施细则》第六十四条第一款规定，不动产登记机构应当将地役权登记事项分别记载于需役地和供役地的登记簿。因此，在房屋等建筑物、构筑物上或其占用范围内的土地的地表、地下设立地役权，须记载在以供役地、需役地为基础编制的登记簿上的相应位置。

（五）土地承包经营权、土地经营权

1. 土地承包经营权、土地经营权的概念

（1）土地承包经营权的概念。

《民法典》第三百三十条规定，农村集体经济组织实行家庭承包经营为基础、统分结合的双层经营体制。农民集体所有和国家所有由农民

集体使用的耕地、林地、草地以及其他用于农业的土地，依法实行土地承包经营制度。该法第三百三十一条规定，土地承包经营权人依法对其承包经营的耕地、林地、草地等享有占有、使用和收益的权利，有权从事种植业、林业、畜牧业等农业生产。按《土地管理法》第四条第三款和第四款规定，农用地是指直接用于农业生产的土地，包括耕地、林地、草地、农田水利用地、养殖水面等。使用土地的单位和个人必须严格按照土地利用总体规划确定的用途使用土地。据此可知，土地承包经营权，是指农村家庭对农村的农民集体所有的农用地和国家所有的农用地，在不改变农业生产用途的前提下，以承包经营的方式予以利用的用益物权。土地承包经营权由土地承包权和土地经营权组合而成。按《农村土地承包法》第二十四条规定，国家对耕地、林地和草地等实行统一登记，登记机构应当向承包方颁发土地承包经营权证或者林权证等证书，并登记造册，确认土地承包经营权。土地承包经营权证或林权证等证书应当将具有土地承包经营权的全部家庭成员列入。据此可知，土地承包经营权的权利主体是农村家庭的全部家庭成员。

（2）土地经营权的概念。

《民法典》第三百三十九条规定，土地承包经营权人可以自主决定依法采取出租、入股或者其他方式向他人流转土地经营权。该法第三百四十条规定，土地经营权人有权在合同约定的期限内占有农村土地，自主开展农业生产经营并取得收益。按《农村土地承包法》第四十九条规定，以其他方式承包农村土地的，应当签订承包合同，承包方取得土地经营权。据此可知，其中的"他人"应当是指自然人、法人及非法人组织，即土地经营权人可以是自然人、法人和非法人组织。土地经营权包括：一是权利人通过出租、入股等方式从土地承包经营权人处取得的占有农村土地，自主开展农业生产经营并取得收益的用益物权，即从原土地承包经营权中分享出来的土地经营权；二是权利人通过招标、拍卖、公开协商等其他方式承包农村土地直接取得的土地经营权。

2. 土地承包经营权、土地经营权的设立或取得方式

（1）土地承包经营权的设立或取得方式。

《民法典》第三百三十三条第一款规定，土地承包经营权自土地承包经营权合同生效时设立。据此可知，土地承包经营权自土地承包经营权合同生效时起，承包人无须办理不动产登记即依法、即时享有承包地的土地承包经营权。《民法典》第三百三十四条规定，土地承包经营权人依照法律规定，有权将土地承包经营权互换、转让。未经依法批准，不得将承包地用于非农建设。该法第三百三十六条规定，承包期内发包人不得调整承包地。因自然灾害严重毁损承包地等特殊情形，需要适当调整承包的耕地和草地的，应当依照农村土地承包的法律规定办理。据此可知，土地承包经营权人可以依法将其享有的土地承包经营权通过互换、转让、调整等方式转移给他人。换言之，转移是自然人、法人或非法人组织设立或取得土地承包经营权的方式。概言之，农村土地承包经营权的设立或原始取得方式主要是基于农村土地承包合同取得或设立等；农村土地承包经营权的继受取得方式主要是基于转移（转让、互换、调整）取得等。

（2）土地经营权的设立或取得方式。

《民法典》第三百三十九条规定，土地承包经营权人可以自主决定依法采取出租、入股或者其他方式向他人流转土地经营权。按《农村土地承包法》第四十九条规定，以其他方式承包农村土地的，应当签订承包合同，承包方取得土地经营权。据此可知，土地经营权的设立或取得方式主要有：一是通过出租、入股等民事法律行为流转土地承包经营权中的土地经营权设立或取得；二是通过招标、拍卖、公开协商等其他方式承包农村土地设立或取得。

3. 土地承包经营权、土地经营权登记与地上定着物所有权登记的关系

在不动产登记实务中，《不动产登记暂行条例实施细则》第二条第

二款规定，房屋等建筑物、构筑物和森林、林木等定着物应当与其所依附的土地、海域一并登记，保持权利主体一致。该实施细则第四十七条规定，承包农民集体所有的耕地、林地、草地、水域、滩涂以及荒山、荒沟、荒丘、荒滩等农用地，或者国家所有依法由农民集体使用的农用地从事种植业、林业、畜牧业、渔业等农业生产的，可以申请土地承包经营权登记；地上有森林、林木的，应当在申请土地承包经营权登记时一并申请登记。据此可知，土地承包经营权、土地经营权与地上定着物所有权一并登记是不动产登记的原则，且土地承包经营权权利主体、土地经营权权利主体与地上定着物所有权权利主体须同一。当事人对其依法取得的土地承包经营权、土地经营权可以单独申请登记的情形主要有：一是地上无定着物；二是地上有定着物中的建筑物、构筑物（如：在承包地上建造的直接为承包土地服务的非成片的工具房、仓库），但该建筑物、构筑物尚未竣工；三是地上虽然有定着物中的建筑物、构筑物，且该建筑物、定着物已经竣工，却系非法建造而成（如：在村庄规划区范围内的承包土地上无规划手续建造的工具房、仓库）等。

（六）国有农用地使用权

1. 国有农用地使用权的概念

《民法典》第一百一十六条规定，物权的种类和内容，由法律规定。《土地管理法》第十二条规定，土地的所有权和使用权的登记，依照有关不动产登记的法律、行政法规执行。依法登记的土地的所有权和使用权受法律保护，任何单位和个人不得侵犯。在不动产登记实务中，按《不动产登记暂行条例实施细则》第五十二条规定，以承包经营以外的合法方式使用国有农用地的国有农场、草场，以及使用国家所有的水域、滩涂等农用地进行农业生产，申请人可以申请国有农用地的使用权登记。据此可知，土地使用权是法律规定的不动产物权种类，《不动产登记暂行条例实施细则》规定的申请人可以申请登记的国有农用地的使用权，是对法律规定的土地使用权的具体落实，即国有农用地使用权也是法定的可以记载在登记簿上的不动产用益物权。据此可知，国有农用地使用权，是指在国家所有的土地上依法设立的直接用于农业生产的用益物权，主要有耕地、林地、草地、农田水利用地、养殖水面等。

2. 国有农用地使用权的设立或取得方式

按《土地管理法》第十条规定，国有土地和农民集体所有的土地，可以依法确定给单位或者个人使用。《中共中央、国务院关于进一步推进农垦改革发展的意见》（中发〔2015〕33号）第三条中规定："对农垦企业改革改制中涉及的国有划拨建设用地和农用地，可按需要采取国有土地使用权出让、租赁、作价出资（入股）和保留划拨用地等方式处置。省级以上政府批准实行国有资产授权经营的国有独资企业、国有独资公司等农垦企业，其使用的原生产经营性国有划拨建设用地和农用地，经批准可以采取作价出资（入股）、授权经营方式处置。"《国务院关于全民所有自然资源资产有偿使用制度改革的指导意见》（国发〔2016〕82号）第二条中规定："对国有农场、林场（区）、牧场改革中涉及的国有农用地，参照国有企业改制土地资产处置相关规定，采取国有农用地使用权出让、租赁、作价出资（入股）、划拨、授权经营等方式处置。通过有偿方式取得的国有建设用地、农用地使用权，可以转让、出租、作价出资（入股）、担保等。"据此可知，国有农用地使用权的设立或原始取得方式主要有人民政府确认权属、划拨、出让、租赁、授权经营等。国有农用地使用权的继受取得方式主要有转让、作价出资（入股）等。

3. 国有农用地使用权与地上定着物所有权登记的关系

在不动产登记实务中，《不动产登记暂行条例实施细则》第二条第二款规定，房屋等建筑物、构筑物和森林、林木等定着物应当与其所依附的土地、海域一并登记，保持权利主体一致。据此可知，国有农用地使用权与地上定着物所有权一并登记是不动产登记的原则，且国有农用地使用权权利主体与地上定着物所有权权利主体须同一。当事人对其依法取得的国有农用地使用权可以单独申请登记的情形主要有：一是地上无定着物；二是地上有定着物中的建筑物、构筑物（如：在国有农用地上建造的直接为承包土地服务的非成片的工具房、仓库），但该建筑物、构筑物尚未竣工；三是地上虽然有定着物中的建筑物、构筑物，且该建筑物、构筑物已经竣工，却系非法建造而成（如：在村庄规划区范围内的国有农用地上无规划手续建造的工具房、仓库）等。

（七）海域使用权

1. 海域使用权的概念

《民法典》第三百二十八条规定，依法取得的海域使用权受法律保护。《海域使用管理法》第三条规定，海域属于国家所有，国务院代表国家行使海域所有权。任何单位或者个人不得侵占、买卖或者以其他形式非法转让海域。单位和个人使用海域，必须依法取得海域使用权。据此可知，海域使用权，是指自然人、法人或非法人组织依法取得的对国家所有的某特定海域持续享有占有、使用、收益的用益物权。

2. 海域使用权的设立或取得方式

《海域使用管理法》第十七条第一款规定，县级以上人民政府海洋行政主管部门依据海洋功能区划，对海域使用申请进行审核，并依照本法和省、自治区、直辖市人民政府的规定，报有批准权的人民政府批准。该法第十九条规定，海域使用申请经依法批准后，国务院批准用海的，由国务院海洋行政主管部门登记造册，向海域使用申请人颁发海域使用权证书；地方人民政府批准用海的，由地方人民政府登记造册，向海域使用申请人颁发海域使用权证书。海域使用申请人自领取海域使用权证书之日起，取得海域使用权。据此可知，自然人、法人或非法人组织申请使用海域的，须经国务院、省级人民政府及省级人民政府授予批准权的人民政府批准后，才能设立或取得海域使用权，即基于申请并被有权的人民政府批准是海域使用权的设立或取得方式。《海域使用管理法》第二十条规定，海域使用权除依照本法第十九条规定的方式取得外，也可以通过招标或者拍卖的方式取得。招标或者拍卖方案由海洋行政主管部门制订，报有审批权的人民政府批准后组织实施。海洋行政主管部门制订招标或者拍卖方案，应当征求同级有关部门的意见。招标或者拍卖工作完成后，依法向中标人或者买受人颁发海域使用权证书。中标人或者买受人自领取海域使用权证书之日起，取得海域使用权。据此可知，自然人、法人或非法人组织可以基于中标、拍卖设立或取得海域使用权，即中标、拍卖是海域使用权的设立或取得方式。《海域使用管理法》第二十七条规定，因企业合并、分立或者与他人合资、合作经营，变更海域使用权人的，需经原批准用海的人民政府批准。海域使用权可以依法转让。海域使用权转让的具体办法，由国务院规定。海域使用权可以依法继承。据此可知，自然人、法人或非法人组织享有的海域使用权，可以依法以转让等方式转移给他人。自然人可以基于继承取得被继承人享有的海域使用权。因此，转移也是海域使用权的设立或取得方式。概言之，海域使用权的设立或原始取得方式主要有经有权的人民政府（国务院、省级人民政府及省级人民政府授予批准权的人民政府）批准设立或取得，中标、拍卖设立或取得等；海域使用权的继受取得方式主要有转移（转让、继承、权利人的合并或分立）等。

3. 海域使用权与海域内的建筑物、构筑物登记的关系

在不动产登记实务中，《不动产登记暂行条例实施细则》第二条第二款规定，房屋等建筑物、构筑物和森林、林木等定着物应当与其所依附的土地、海域一并登记，保持权利主体一致。该实施细则第五十四条第一款和第二款规定，依法取得海域使用权，可以单独申请海域使用权登记。依法使用海域，在海域上建造建筑物、构筑物的，应当申请海域使用权及建筑物、构筑物所有权登记。据此可知，海域使用权与海域内的建筑物、构筑物所有权一并登记是不动产登记的原则，且海域使用权的权利主体与海域内的建筑物、构筑物所有权的权利主体须同一。当事人对其依法取得的海域使用权可以单独申请登记的情形主要有：一是海

域内无建筑物、构筑物；二是海域内虽然有建筑物、构筑物，但该建筑物、构筑物尚未竣工；三是海域内虽然有已经竣工的建筑物、构筑物，但该建筑物、构筑物系非法建造而成（如：在城镇规划区范围内的海域内无规划手续建造的房屋等建筑物、构筑物）等。

（八）居住权

1. 居住权的概念

《民法典》第三百六十六条规定，居住权人有权按照合同约定，对他人的住宅享有占有、使用的用益物权，以满足生活居住的需要。据此可知，居住权，是指权利人对他人所有的住宅享有占有、使用的权利。居住权体现的是一种生存权益，满足的是公民的基本生活需要[①]。居住权的存在，限制房屋所有权人对该房屋的占有、使用，故居住权是房屋所有权的负担。

2. 居住权的设立或取得方式

《民法典》第三百六十六条规定，居住权人有权按照合同约定，对他人的住宅享有占有、使用的用益物权，以满足生活居住的需要。据此可知，一般情形下，权利人基于居住权合同设立或取得居住权。按《民法典》第三百七十一条规定，当事人可以以遗嘱方式设立居住权。据此可知，权利人可以基于房屋所有权人的遗嘱设立或取得居住权。概言之，权利人设立或取得居住权的方式主要有居住权合同、房屋所有权人的遗嘱等。按《民法典》第三百六十九条规定，一般情形下，居住权不得转让、继承。因此，一般情形下，居住权的取得只有原始取得，无继受取得。

3. 居住权与房屋所有权登记的关系

《民法典》第三百六十六条规定，居住权人有权按照合同约定，对他人的住宅享有占有、使用的用益物权，以满足生活居住的需要。按该法第三百六十八条规定，设立居住权的，应当向登记机构申请居住权登

---

① 王利明：《物权法教程》，中国政法大学出版社2003年版，第308页。

记。居住权自登记时设立。据此可知,居住权是在他人所有的房屋上设立的一种占有、使用该房屋的用益物权,且居住权须记载于登记簿上后才产生法律上的效力。在不动产登记实务中,《不动产登记暂行条例实施细则》第二十四条第二款规定,未办理不动产首次登记的,不得办理不动产其他类型登记,但法律、行政法规另有规定的除外。据此可知,一般情形下,未办理不动产首次登记的,不得办理不动产其他类型登记。概言之,承载居住权负担的房屋所有权未登记,则居住权在登记簿上没有登记的位置。因此,居住权登记,以承载居住权负担的房屋已经完成所有权登记为前提。换言之,房屋所有权未登记的,居住权也不能登记。

四、抵押权

按《民法典》第十七章规定,抵押权分为一般抵押权和最高额抵押权。但在不动产登记实务中,抵押权包括一般抵押权、最高额抵押权和在建建筑物抵押权。

(一)一般抵押权

1. 一般抵押权的定义

《民法典》第三百九十四条第一款规定,为担保债务的履行,债务人或者第三人不转移财产的占有,将该财产抵押给债权人的,债务人不履行到期债务或者发生当事人约定的实现抵押权的情形,债权人有权就该财产优先受偿。据此可知,抵押权,是指债权人对于债务人或第三人不转移占有而供担保的财产,于债务人不履行债务时,依法享有的就该财产变价并优先受偿的权利[1]。提供担保财产的债务人或第三人为抵押人,接受担保的债权人为抵押权人。

2. 一般抵押权的设立或取得

抵押权的设立,是指权利人创设一个原来不存在的抵押权以保障自

---

[1] 王利民:《民法学》,复旦大学出版社2004版,第378页。

己债权的实现。创设抵押权主要有两种途径：一是基于当事人的约定设立，这是抵押权设立的主要途径；二是基于法律的规定直接取得，即无须办理登记，按法律的规定直接取得抵押权，俗称法定抵押权。如：《民法典》第三百八十一条规定，地役权不得单独抵押。土地经营权、建设用地使用权等抵押的，在实现抵押权时，地役权一并转让。据此可知，一般情形下，地役权不得单独抵押，但需役地上的土地经营权、建设用地使用权抵押时，作为需役地上的土地经营权、建设用地使用权的从权利的地役权随之抵押。换言之，如果抵押权人对需役地上的土地经营权、建设用地使用权享有抵押权，随之对作为需役地上的土地经营权、建设用地使用权的从权利的地役权享有抵押权，否则，在实现抵押权时，地役权不能与需役地上的土地经营权、建设用地使用权一并转让。

（二）最高额抵押权

《民法典》第四百二十条规定，为担保债务的履行，债务人或者第三人对一定期间内将要连续发生的债权提供担保财产的，债务人不履行到期债务或者发生当事人约定的实现抵押权的情形，抵押权人有权在最高债权额限度内就该担保财产优先受偿。最高额抵押权设立前已经存在的债权，经当事人同意，可以转入最高额抵押担保的债权范围。据此可知，最高额抵押权，是指债务人或第三人与抵押权人（债权人）协议在最高债权额限度内，以抵押财产对一定期间内将要连续发生的债权提供抵押担保，当债务人不履行债务或发生当事人约定的实现抵押权的情形时，抵押权人有权在最高债权额限度内就该担保财产优先受偿[1]。因此，最高额抵押权不同于一般抵押权，一般情形下，一般抵押权只为某一笔明确、具体的债权作担保，且一般抵押权的存在依附于被其担保的债权。而最高额抵押权既可以只为将来发生的债权作担保，也可以同时为已经存在的债权和将来发生的债权作担保，即最高额抵押权担保的债权是不确定的。最高额抵押权的存在不依附于被其担保的债权。

---

[1] 王利民、尹飞、程啸：《中国物权法教程》，人民法院出版社2007年版，第495页。

在实际生活中,最高额抵押已经发展成为一种广泛的适用的担保方式,主要有两个原因:其一,最高额抵押有利于维系持续的信用关系,加速资金融通;其二,最高额抵押为当事人间持续发生的债权的担保,创造了便利条件①。

最高额抵押权的设立或取得与一般抵押权的设立或取得方式相同。

(三)在建建筑物抵押权

在建建筑物抵押权,是指在正在建造的建筑物、构筑物上设立的抵押权。关于在建建筑物的判定标准,笔者认为,应当以该建筑物的基础已完工为下限,基础是建筑物不可或缺的组成部分,基础已完工,建筑物具备了最主要的组成部分,才可以称之为正在建造的建筑物。如果基础没有完工,建筑物不具备最主要的组成部分,称之为正在建造的建筑物实在有些牵强。上限应当以建筑物(房屋)的主要工程量是否完工为标准,即已经封顶且窗和进出的门齐备,水、电、气、光纤等主要项目已经完工,此情形下,建筑物(房屋)的基本功能已经具备,不再是正在建造的建筑物。概言之,建设工程是在建建筑物还是建筑物(房屋),不以其是否办理竣工验收手续为准,应当以建筑物(房屋)的主要工程量是否完工为准。

在不动产登记实务中,按《国土资源部(现自然资源部)关于启用不动产登记簿证样式(试行)的通知》(国土资发〔2015〕25号)附《不动产登记簿样式及使用填写说明》规定,被担保主债权的数额或最高债权额是登记簿上应当记载的在建建筑物抵押权的内容。质言之,在建建筑物既可以担保某笔明确、具体的债权,也可以担保最高额债权,申言之,以在建建筑物作抵押的,既可以申请一般抵押权性质的在建建筑物抵押权登记,也可以申请最高额抵押权性质的在建建筑物抵押权登记。若申请登记的在建建筑物抵押权具有一般抵押权性质,遵守法律、法规

---

① 梁慧星:《中国民法典草案附理由:物权编》,法律出版社2004年版,第351页。

和规章关于一般抵押权登记的规定；若申请登记的在建建筑物抵押权具有最高额抵押权性质，则遵守法律、法规和规章关于最高额抵押权登记的规定。因此，在建建筑物抵押权的设立或取得与相应的一般抵押权、最高额抵押权的设立或取得方式相同。

第三节　其他法定事项

不动产登记簿上记载的"其他依法应当记载的事项"，也称"其他法定事项"，是指基于法律、行政法规和规章的规定应当记载在登记簿上的除不动产自然状况、不动产物权以外的有关事项。登记簿上应当记载的其他法定事项主要有：一是限制权利人处分不动产产生的不动产登记办理的事项和纠正登记簿记载错误的更正登记办理的事项；二是对拟与登记簿上记载的不动产进行交易的人予以提醒、警示的事项；三是补充说明、备注相关事宜的事项；四是纠正登记簿上记载的内容错误的事项。

一、登记簿上记载的限制权利人处分不动产产生的不动产登记办理的事项和纠正登记簿记载错误的更正登记办理的事项

限制权利人处分不动产产生的不动产登记办理的事项和纠正登记簿记载错误的更正登记办理的事项，是指该事项记载在登记簿上后，阻却转移登记、抵押权登记、放弃权利产生的注销登记等权利人处分不动产产生的不动产登记的办理及纠正登记簿上的错误记载内容的更正登记的办理，以保护相关当事人的合法权益。登记簿上记载的限制权利人处分不动产产生的不动产登记办理的事项和纠正登记簿记载错误的更正登记办理的事项主要有查封登记、预查封登记和预告登记。

（一）查封登记和预查封登记

1. 查封登记

在司法实务中，《最高人民法院、国土资源部、建设部关于依法规

范人民法院执行和国土资源房地产管理部门协助执行若干问题的通知》（法发〔2004〕5号）第二条第一款规定，人民法院对土地使用权、房屋实施查封或者进行实体处理前，应当向国土资源、房地产管理部门查询该土地、房屋的权属。据此可知，人民法院实施查封的对象是土地使用权、房屋所有权。申言之，人民法院实施查封的对象是不动产物权。按《人民检察院刑事诉讼规则（试行）》第二百三十四条规定，人民检察院在侦查活动中发现的可以证明犯罪嫌疑人有罪、无罪或者犯罪情节轻重的各种财物和文件，应当查封或者扣押。《监察法》第四条第三款规定，监察机关在工作中需要协助的，有关机关和单位应当根据监察机关的要求依法予以协助。《国家监察委员会办公厅 自然资源部办公厅关于不动产登记机构协助监察机关在涉案财物处理中办理不动产登记工作的通知》（国监办发〔2019〕3号）第一条第一款规定，县级以上监察机关经过调查，对违法取得且已经办理不动产登记或者具备首次登记条件的不动产作出没收、追缴、责令退赔等处理决定后，在执行没收、追缴、责令退赔等决定过程中需要办理不动产转移等登记的，不动产登记机构应当按照监察机关出具的监察文书和协助执行通知书办理。按《行政强制法》第二条和第九条第（二）项规定，行政机关也可以依职权对公民、法人或者其他组织的财物实施查封等强制措施。因此，人民检察院、监察机关、行政机关等有权的国家机关都可以对不动产物权实施查封。据此可知，查封登记，是指登记机构按照国家有权机关送达或发送的嘱托办理查封登记的文书，在登记簿上对登记在被查封人名下的不动产物权作查封记载产生的不动产登记。

2. 预查封登记

在司法实务中，《最高人民法院、国土资源部、建设部关于依法规范人民法院执行和国土资源房地产管理部门协助执行若干问题的通知》（法发〔2004〕5号）第十三条规定，被执行人全部缴纳土地使用权出让金但尚未办理土地使用权登记的，人民法院可以对该土地使用权进行预查封。该通知十五条规定:"下列房屋虽未进行房屋所有权登记,人民法院也可以进行预查封:(一)作为被执行人的房地产开发企业,已办理了商品房预售许可证且尚未出售的房屋;(二)被执行人购买的已由房地产开发企业办理了房屋权属初始登记的房屋;(三)被执行人购买的办理了商品房预售合同登记备案手续或者商品房预告登记的房屋。"据此可知,人民法院实施预查封的对象是被查封人的正在建造的房屋等建筑物、构筑物或其基于合同、协议等民事法律行为建立的以取得土地使用权、房屋所有权为目的的期待权。申言之,人民法院实施预查封的对象是被查封人的正在建造的房屋等建筑物、构筑物或其基于合同、协议等民事法律行为建立的以取得不动产物权为目的的债权(期待权)。除人民法院外,人民检察院、监察机关、行政机关等有权的国家机关都可以对被查封人的正在建造的房屋等建筑物、构筑物或其基于合同、协议等民事法律行为建立的以取得不动产物权为目的的债权(期待权)实施预查封。因此,预查封登记,是指登记机构按照国家有权机关送达或发送的嘱托办理查封登记的文书,在登记簿上对被查封人正在建造的房屋等建筑物、构筑物或其基于合同、协议等民事法律行为建立的以取得不动产物权为目的的债权(期待权)作预查封记载产生的不动产登记。

3. 查封登记和预查封登记限制权利人处分不动产产生的不动产登记的办理和纠正登记簿记载错误的更正登记的办理

(1)查封登记和预查封登记限制权利人处分不动产产生的不动产登记的办理。

在司法实务中,《最高人民法院、国土资源部、建设部关于依法规范人民法院执行和国土资源房地产管理部门协助执行若干问题的通知》(法发〔2004〕5号)第二十二条第一款规定,国土资源、房地产管理部门对被人民法院依法查封、预查封的土地使用权、房屋,在查封、预查封期间不得办理抵押、转让等权属变更、转移登记手续。据此可知,有查封登记和预查封登记存在的情形下,因转让、抵押等处分被查封房屋产生的抵押权登记、转移登记，登记机构不得办理。申言之，有查封登记和预查封登记存在的情形下，因转让、抵押、放弃权利等处分被查封不动产产生的抵押权登记、转移登记、注销登记，登记机构不得办理。

（2）查封登记和预查封登记限制更正登记的办理。

在不动产登记实务中，《不动产登记暂行条例实施细则》第八十条第一款规定，不动产权利人或者利害关系人申请更正登记，不动产登记机构认为不动产登记簿记载确有错误的，应当予以更正；但在错误登记之后已经办理了涉及不动产权利处分的登记、预告登记和查封登记的除外。该实施细则第八十一条规定，不动产登记机构发现不动产登记簿记载的事项错误，应当通知当事人在 30 个工作日内办理更正登记。当事人逾期不办理的，不动产登记机构应当在公告 15 个工作日后，依法予以更正；但在错误登记之后已经办理了涉及不动产权利处分的登记、预告登记和查封登记的除外。据此可知，有查封登记和预查封登记存在的情形下，登记机构不得办理因纠正登记簿记载内容错误产生的更正登记。

（二）预告登记

所谓预告登记，指为保全一项以将来发生不动产物权为目的的请求权的不动产登记。而且预告登记的本质特征是使被登记的请求权具有物权效力，纳入预告登记的请求权，对后来发生的与该项请求权内容相同的不动产物权的处分行为，具有排他的效力，以确保将来只发生该请求权所期待的法律效果[1]。换言之，当事人申请预告登记，旨在确保预告登记权利人实现请求权（债权）的目的而最终取得不动产物权，申言之，经过预告登记的请求权具有准物权的效力。

1. 预告登记限制权利人处分不动产产生的不动产登记的办理

在不动产登记实务中，按《不动产登记操作规范（试行）》4.8.2 条之 10 规定，未经预告登记权利人书面同意，当事人处分该不动产申请

---

[1] 梁慧星：《中国民法典草案建议稿附理由：物权编》，法律出版社 2004 年版，第 38 页。

登记的，登记机构应当作不予登记处理。据此可知，有预告登记存在的情形下，未经预告登记的权利人书面同意，因转让、抵押、放弃权利等处分不动产产生的抵押权登记、转移登记、注销登记，登记机构不得办理。

2. 预告登记限制更正登记的办理

按《不动产登记暂行条例实施细则》第八十条第一款和第八十一条规定，有预告登记存在的情形下，登记机构不得办理更正登记。

登记簿上可以记载的预告登记有：预购商品房预告登记、预购商品房抵押预告登记、不动产权利转移预告登记和不动产抵押权预告登记。

二、对拟与登记簿上记载的不动产进行交易的人予以提醒、警示的事项

登记簿上记载的对拟与登记簿上记载的不动产进行交易的人予以提醒、警示的事项是异议登记。

按《民法典》第二百二十条规定，不动产登记簿记载的事项错误且权利人不同意更正的，利害关系人可以申请异议登记。在不动产登记实务中，《不动产登记暂行条例实施细则》第八十二条第一款规定，利害关系人认为不动产登记簿记载的事项错误，权利人不同意更正的，利害关系人可以申请异议登记。据此可知，异议登记是利害关系因不动产登记簿上记载的内容错误且权利人不同意更正的情形下，对该事项提出异议产生的不动产登记。

在不动产登记实务中，《不动产登记暂行条例实施细则》第八十四条规定，异议登记期间，不动产登记簿上记载的权利人以及第三人因处分权利申请登记的，不动产登记机构应当书面告知申请人该权利已经存在异议登记的有关事项。申请人申请继续办理的，应当予以办理，但申请人应当提供知悉异议登记存在并自担风险的书面承诺。据此可知，异议登记不限制权利人处分不动产产生的不动产登记的办理，只对拟与登

记簿上记载的不动产进行交易的人有提醒、警示作用，有人对拟与之进行交易的不动产存在异议，应慎重对待。

三、补充说明、备注相关事宜的事项

登记簿上记载的补充说明、备注相关事宜的事项是指补证记载和换证记载。

在不动产登记实务中，《不动产登记暂行条例实施细则》第二十二条规定，不动产权属证书或者不动产登记证明污损、破损的，当事人可以向不动产登记机构申请换发。符合换发条件的，不动产登记机构应当予以换发，并收回原不动产权属证书或者不动产登记证明。不动产权属证书或者不动产登记证明遗失、灭失，不动产权利人申请补发的，由不动产登记机构在其门户网站上刊发不动产权利人的遗失、灭失声明 15 个工作日后，予以补发。不动产登记机构补发不动产权属证书或者不动产登记证明的，应当将补发不动产权属证书或者不动产登记证明的事项记载于不动产登记簿，并在不动产权属证书或者不动产登记证明上注明"补发"字样。据此可知，不动产权属证书的换发，是指登记机构基于申请人提交的污损、破损的不动产权属证书，为其重新制作、颁发一本与原证书载明信息或与相应的登记簿载明信息同一的不动产权属证书。不动产权属证书的补发，是指在不动产权属证书遗失、灭失的情形下，登记机构根据申请人的申请，为其重新制作、颁发一本与原证书载明信息或与相应的登记簿载明信息同一的不动产权属证书。无论是换证还是补证，登记机构均须在登记簿上记载换发原因、补发原因，以备查验、考证。

四、纠正登记簿上记载的内容错误的事项

纠正登记簿上记载的内容错误的事项是指更正登记。

更正登记，是对不动产登记簿上的瑕疵记载（错误或疏漏）进行改

第三章　不动产登记的客体

正补充而进行的登记。质言之，更正登记的目的是将登记簿上记载的瑕疵内容予以修正。《民法典》第二百二十条第一款规定，权利人、利害关系人认为不动产登记簿记载的事项错误的，可以申请更正登记。不动产登记簿记载的权利人书面同意更正或者有证据证明登记确有错误的，登记机构应当予以更正。质言之，登记簿上记载的事项有错误时才产生更正登记，没有错误则不产生更正登记。即现时的法律规范将更正登记范围限于登记记载事项错误。据此可知，登记簿上记载的内容发生错误时，只能通过更正登记予以纠正，自正确的内容记载于登记簿上时起，该正确的内容生效，原错误的内容失效。

第四章　不动产单元

《不动产登记暂行条例》第八条第一款规定，不动产以不动产单元为基本单位进行登记。不动产单元具有唯一编码。据此可知，不动产单元是不动产登记的基本单位，即没有不动产单元，则不动产登记不能进行。那么，什么是不动产单元？如何设定不动产单元？

第一节　不动产单元的定义

如前所述，不动产单元，是指由不动产的平面上和空间上的权属界线围成的一个封闭的具有独立使用价值的空间，且该空间具有唯一的编码。不动产单元是特定和区分登记簿上记载的不动产的标志，是申请人申请、嘱托人嘱托启动不动产登记和登记机构实施不动产登记的技术手段。

1. 不动产单元是特定登记簿上记载的不动产的标志

《民法典》第一百一十四条第二款规定，物权是权利人依法对特定的物享有直接支配和排他的权利，包括所有权、用益物权和担保物权。该法第二百一十四条规定，不动产物权的设立、变更、转让和消灭，依照法律规定应当登记的，自记载于不动产登记簿时发生效力。据此可知，物权的客体是特定的物，所谓特定的物主要指动产、不动产[1]。不动产物权的客体则是承载该物权的特定的、具体的不动产。申言之，记载在登记簿上的承载物权的不动产必须是特定的、具体的。那么，在不动产登记实务中，记载在登记簿上的承载物权的不动产的特定、具体如何体

---

[1] 王利明、尹飞、程啸：《中国物权法教程》，人民法院出版社2007年版，第19页。

第四章　不动产单元

现呢？《不动产登记暂行条例》第八条第一款规定，不动产以不动产单元为基本单位进行登记。在不动产登记实务中，《不动产登记暂行条例实施细则》第五条第一款规定，《条例》第八条规定的不动产单元，是指权属界线封闭且具有独立使用价值的空间。据此可知，为了解决登记中不动产的特定问题，不动产登记法中就产生了"登记单元"（也称"登记单位"）的概念[1]。即在不动产登记实务中，记载在登记簿上的承载物权的不动产的特定、具体，以不动产单元的方式来体现。不动产单元是由连接该不动产在地表、地上、地下空间的界址形成的权属界线围成的独立的封闭的空间，这是对登记簿上记载的不动产的特定。而对登记簿上记载的不动产的具体是确定该不动产所在的位置或坐落、界址、面积、（地上、地下）空间范围、用途等，以达到具体记载在登记簿上的承载物权的不动产的目的。

2. 不动产单元是区分物权客体的标志

强调物权的标的为特定的物，当然是有体物，将无形财产排除在外，以此达到法律体系清晰明确的目的[2]。有体物，指具有形体、占据空间，并能够为人感知的物[3]。据此可知，有体物占据的空间是由其权属界线封闭围成的空间。换言之，有体物的权属界线是区分此物与彼物的标志。物可分为不动产和动产[4]。据此可知，有体物可分为动产与不动产。

按《不动产登记暂行条例》第二条第二款规定，不动产，是指土地、海域以及房屋、林木等定着物。该暂行条例第五条规定："下列不动产权利，依照本条例的规定办理登记：（一）集体土地所有权；（二）房屋等建筑物、构筑物所有权；（三）森林、林木所有权；（四）耕地、林地、草地等土地承包经营权；（五）建设用地使用权；（六）宅基地使用权；（七）海域使用权；（八）地役权；（九）抵押权；（十）法律规定需要登

---

[1] 程啸：《不动产登记法研究》，法律出版社2011年版，第94页。
[2] 梁慧星：《中国民法典草案建议稿附理由：物权编》，法律出版社2004年版，第7页。
[3] 梁慧星：《中国民法典草案建议稿附理由：总则编》，法律出版社2004年版，第125页。
[4] 王泽鉴：《民法概要》，中国政法大学出版社2003年版，第69页。

记的其他不动产权利。"按该暂行条例第八条第一款规定，不动产以不动产单元为基本单位进行登记。不动产单元具有唯一编码。据此可知，在不动产登记实务中，记载在登记簿上的主要是由土地、海域以及地上、地表、地下、海域范围内的建筑物（房屋）、构筑物、林木等定着物承载的相应的不动产物权。土地、海域以及地上、地表、地下、海域范围内的建筑物（房屋）、构筑物、林木等定着物是不同种类的不动产，是不同种类的有体物，土地、海域以及地上、地表、地下、海域范围内的建筑物（房屋）、构筑物、林木等定着物占据的地域、空间，分别由其权属界线封闭围成，且由登记机构赋予该权属界线封闭的空间一个唯一的编码，以明确此物非彼物。概言之，由其权属界线围成的封闭的不动产单元，是区分此不动产与彼不动产的标志。简言之，不动产单元是区分物权客体的标志，具体体现方式为土地不动产单元、海域不动产单元、房屋不动产单元及其他定着物不动产单元。在不动产登记实务中，按《不动产登记暂行条例实施细则》第五条规定，海域以宗海为不动产单元，土地以宗地为不动产单元，房屋以幢、层、套、间为不动产单元等。

3. 不动产单元是申请人申请、嘱托机关嘱托启动不动产登记和登记机构实施不动产登记的技术手段

《民法典》第二百一十六条第一款规定，不动产登记簿是物权归属和内容的根据。该法第二百一十七条规定，不动产权属证书是权利人享有该不动产物权的证明。不动产权属证书记载的事项，应当与不动产登记簿一致；记载不一致的，除有证据证明不动产登记簿确有错误外，以不动产登记簿为准。质言之，权利人享有的不动产物权及其内容，以登记簿上的记载为准，不动产权属证书是登记机构向权利人颁发的表征登记簿上记载的不动产物权及其内容的外在表征方式。但是，登记簿以什么样的形式编制？登记簿上的物权及其内容又以什么样的方式记载在登记簿上？

在不动产登记实务中,《不动产登记暂行条例实施细则》第六条规定,不动产登记簿以宗地或者宗海为单位编成,一宗地或者一宗海范围内的全部不动产单元编入一个不动产登记簿。据此可知,《不动产登记暂行条例实施细则》的规定,确立了以土地、海域为中心的不动产登记制度,其中,土地的不动产单元宗地、海域的不动产单元宗海,首先是登记簿编制的基础,其次是权利人享有的土地(集体土地)所有权、土地使用权、海域使用权被记载到登记簿上的一个登记单位。地上的房屋不动产单元及其他定着物不动产单元,只是权利人享有的定着物权利被记载到登记簿上的一个登记单位。换言之,土地不动产单元、海域不动产单元是登记簿编制的技术手段,也是登记机构实施土地使用权、海域使用权登记的技术手段。地上房屋等地上定着物不动产单元是登记机构对该不动产物权及其内容进行登记的技术手段,简言之,不动产单元是申请人申请、嘱托人嘱托启动不动产登记和登记机构实施不动产登记的技术手段。

第二节 不动产单元的设定

如前所述,不动产单元,是指由不动产的平面上和空间上的权属界线围成的一个封闭的具有独立使用价值的空间,且该空间具有唯一的编码。因此,不动产单元应当同时具备三个条件:一是有明确的界线或界址点,即具有构造上的独立性。界线,主要指由不动产权属分界处的墙、柱、分隔线(条)等构成的使不动产成为一个封闭的范围的线路。界址点,主要指固定的连接后能成为不动产权属界线且使该不动产成为一个封闭的范围的基准点,如大型商场里面固定在各个商铺四角的金属地钉等。二是能够按照法定用途独立使用,即具有使用上的独立性。所谓法定用途,一般情形下,是指县级以上人民政府的职能部门,依据法律、法规、规章和政策的规定,对不动产核定的用途。如海洋行政主管机关以批准用海文件的方式核定权利人使用的海域用途为"鲍鱼养殖";建设规划行政主管机关以建设工程规划许可证的方式核定建筑物用途为

"商住"等。所谓独立使用，是指此不动产单元无须依靠其他不动产单元，仅凭自身功能就可以满足其法定用途的要求。如某个地下车位，无须借助其他车位的进出就能满足停放汽车的法定用途等。三是要有明确、唯一的编号，好比自然人的居民身份证号码，必须是唯一、明确的由字符和数字组成的编码。

一、不动产单元的单位

在不动产登记实务中，按《不动产登记暂行条例实施细则》第五条规定，不动产单元，是指权属界线封闭且具有独立使用价值的空间。没有房屋等建筑物、构筑物以及森林、林木定着物的，以土地、海域权属界线封闭的空间为不动产单元。有房屋等建筑物、构筑物以及森林、林木定着物的，以该房屋等建筑物、构筑物以及森林、林木定着物与土地、海域权属界线封闭的空间为不动产单元。房屋，包括独立成幢、权属界线封闭的空间，以及区分套、层、间等可以独立使用、权属界线封闭的空间。该实施细则第六条规定，不动产登记簿以宗地或者宗海为单位编成，一宗地或者一宗海范围内的全部不动产单元编入一个不动产登记簿。据此可知，土地不动产单元的单位为宗地。海域不动产单元的单位为宗海。房屋不动产单元的单位为幢、层、套、间。此外，笔者认为，基于保持房屋的地上部分与地下部分的整体性、相对独立性，便于开展权籍调查和实施不动产登记，房屋的地下部分只与地上一幢房屋相连接的，地上部分与地下部分设定为一幢。房屋的地下部分与地上二幢以上的房屋相连接的，地下部分单独设定为一幢为宜。

二、不动产单元的设定

在不动产登记实务中，按《不动产登记暂行条例实施细则》第二条第二款规定，房屋等建筑物、构筑物和森林、林木等定着物应当与其所依附的土地、海域一并登记，保持权利主体一致。这既是不动产登记的原则，也是不动产单元设定时应当遵循的原则。

第四章 不动产单元

1. 土地不动产单元设定

土地上无房屋、林木等定着物的情形下,设定土地不动产单元的依据为土地出让合同、土地租赁合同、土地作价入股合同、土地授权经营批准文件、用地划拨或拨用文件、土地权属确认文件、土地承包经营合同或土地经营权合同等有效的土地使用权登记原因材料,以该土地在平面上和空间上的权属界线围成的封闭空间设定不动产单元。

2. **海域(含无居民海岛)不动产单元设定**

海域内无房屋、林木等定着物(含无居民海岛)的情形下,设定海域不动产单元的依据为取得海域使用权的批文、海域使用权出让合同等有效的海域使用权登记原因材料,以该海域在平面上和空间上的权属界线围成的封闭空间设定不动产单元。

3. **土地及地上定着物不动产单元设定**

土地及地上房屋、林木等定着物不动产单元,以房屋、林木等定着物的权属界线及其占用范围内的土地的权属界线围成的封闭空间设定。具体情形有:

(1)土地及地上房屋等建筑物、构筑物。

按《城乡规划法》第四十条规定,在城市、镇规划区内进行建筑物、构筑物、道路、管线和其他工程建设的,建设单位或者个人应当向城市、县人民政府城乡规划主管部门或者省、自治区、直辖市人民政府确定的镇人民政府申请办理建设工程规划许可证。申请办理建设工程规划许可证,应当提交使用土地的有关证明文件、建设工程设计方案等材料。该法第四十一条第一款规定,在乡、村庄规划区内进行乡镇企业、乡村公共设施和公益事业建设的,建设单位或者个人应当向乡、镇人民政府提出申请,由乡、镇人民政府报城市、县人民政府城乡规划主管部门核发乡村建设规划许可证。该法第四十二条规定,城乡规划主管部门不得在城乡规划确定的建设用地范围以外作出规划许可。按该法第四十三条第一款规定，建设单位应当按照规划条件进行建设；确需变更的，必须向城市、县人民政府城乡规划主管部门提出申请。据此可知，在城镇、乡、村庄规划区范围内，建设单位或个人必须按其申请建设工程规划许可证、乡村建设规划许可证时报送给县级以上人民政府规划行政主管机关、省级人民政府赋予规划许可权的镇人民政府的设计方案建造房屋等建筑物、构筑物，即建设单位或个人必须按照经过规划许可的设计方案建造房屋等建筑物、构筑物。在建造过程中，即使需要变更设计方案进行建造，也须经过县级以上人民政府规划行政主管机关、省级人民政府赋予规划许可权的镇人民政府的同意并取得规划许可变更手续后方可为之。申言之，按建设单位申请建设工程规划许可手续时报送给县级以上人民政府规划行政主管机关、省级人民政府赋予规划许可权的镇人民政府的设计方案，或经过县级以上人民政府规划行政主管机关、省级人民政府赋予规划许可权的镇人民政府同意变更后的设计方案建造而成的房屋等建筑物、构筑物的幢、层、套、间，才是按照规划许可的条件建造而成的，才是合法建造的房屋等建筑物、构筑物。故从法律层面上看，作为房屋等建筑物、构筑物的不动产单元的幢、层、套、间以县级以上人民政府规划行政主管机关、省级人民政府赋予规划许可权的镇人民政府采用规划许可的方式确定的为准。城镇、乡、村庄规划区范围外，作为房屋等建筑物、构筑物的不动产单元则以当事人实际建造的幢、层、套、间为准。因此，土地及地上房屋等建筑物、构筑物的不动产单元，以合法建造的房屋等建筑物、构筑物的权属界线及其占用范围内的土地的权属界线围成的封闭空间设定。

（2）土地及地上森林、林木。

土地及地上森林、林木不动产单元，以土地承包合同、造林合同、林木种植证明等合法、有效的森林、林木、林地权属证明材料为依据，且以森林、林木的权属界线及其占用范围内的土地的权属界线围成的封闭空间设定。

第四章 不动产单元

4. 海域及海域内的定着物

海域及其范围内的房屋、林木等定着物不动产单元，以该房屋、林木等定着物的权属界线及其占用范围内的海域的权属界线围成的封闭空间设定。

5. 房屋、构筑物不动产单元设定的几种具体情形

（1）上下毗邻、左右毗邻的，属于同一权利人且用途相同的若干不动产单元，可以合并设定为一个不动产单元。合并后也可以拆分为若干个不动产单元。

（2）一幢建筑物中有若干种用途的房屋时，应当基于用途、权属界线围成的封闭空间的原则分别设定不动产单元。

（3）当同一权利人在一幢房屋中拥有多套（层、间）用途相同的房屋时，可以按套（层、间）设定不动产单元，也可以将上下毗邻、左右毗邻的若干套（层、间）合并设定为一个不动产单元。

（4）地上房屋与地下储藏室连接在一起，且地下储藏室无单独的进出口的，地上房屋与地下储藏室合并设定为一个不动产单元。地上房屋与地下储藏室连接在一起，但地下储藏室有单独的进出口的，地上房屋与地下储藏室可以分别设定为不同的不动产单元。

（5）地下车库、商铺等具有独立使用价值的特定空间，或者码头、油库、隧道、桥梁、塔状物等构筑物，宜基于权属界线围成的封闭范围的原则各自独立设定定着物单元。

（6）一宗地上有多幢房屋、构筑物且不动产权利主体同一的，可以将该宗地及地上房屋、构筑物一并设定为一个不动产单元。也可以按房屋、构筑物的幢（层、套、间）设定不动产单元，但宗地作共用宗地处理。

（7）城镇、乡、村庄规划区范围内的房屋，拟通过实体（物理）分割、合并产生新的不动产单元的，须取得规划许可手续。

6. 森林、林木不动产单元设定的两种具体情形

（1）成片但不连续的森林、林木，或单株林木归同一权利人所有的，可以一并设定为一个不动产单元，也可以基于权属界线围成的封闭空间的原则以片或株为单位设定不动产单元。

（2）成片、连续的森林、林木且归同一权利人所有的，该宗地（宗海）内全部森林、林木可以一并设定为一个不动产单元。

第三节 不动产单元的代码编制

不动产单元的代码，相似于自然人的居民身份证代码，具有唯一性，即一个不动产单元代码只能使用一次，不动产单元消灭的，其代码随之消灭。不动产单元合并或分立的，因合并或分立产生的新的不动产单元应当重新编制代码，原不动产单元代码不得再使用。因此，不动产单元的代码是区分此不动产单元与彼不动产单元的符号。不动产单元代码采用七层 28 位层次码结构，由宗地（宗海）代码与地上（海域内）定着物单元代码构成（参见图 4-1[①]）。

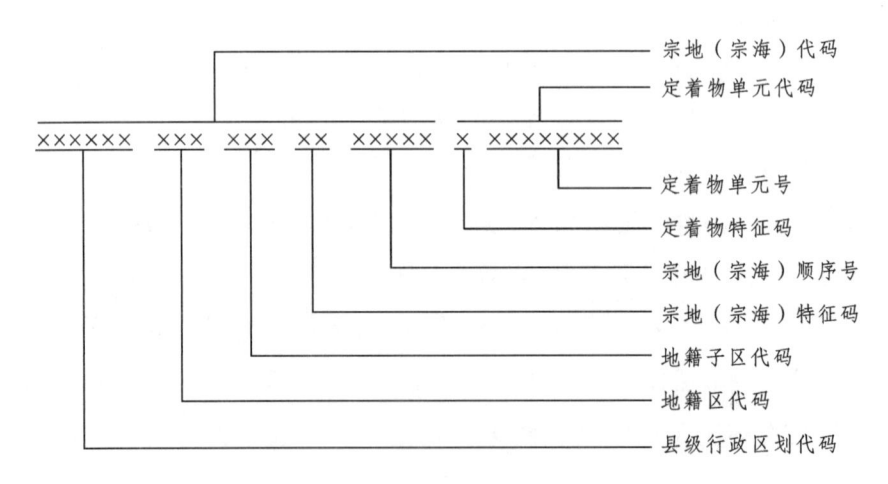

图 4-1 不动产单元代码结构图

[①] 参见《不动产单元设定与代码编制规则》（GB/T 37346—2019）8.1 条。

第四章　不动产单元

一、宗地（宗海）代码

宗地（宗海）代码依次由县级行政区代码、地籍区代码、地籍子区代码、宗地（宗海）特征码、宗地（宗海）顺序号组成。

1. 县级行政区代码

县级行政区代码，码长为6位，采用《中华人民共和国行政区划代码》（GB/T 2260）规定的行政区划代码，如四川省犍为县的行政区划代码为511123。

对于跨行政区的不动产单元，行政区划代码可采用共同的上一级行政区划代码，如四川省乐山市某经济开发区的一幢厂房跨一个区和一个县，该幢厂房的行政区划代码采用乐山市的行政区划代码为511100；不动产单元跨省级行政区的，行政区划代码可采用"860000"表示，如地处三省交界处的某国有林场的成片的连续的森林跨三个省，该片森林的行政区划代码为860000。

2. 地籍区代码[①]

地籍区代码，码长为3位，码值为000～999，不足3位时，用前导"0"补齐。

（1）地籍区代码在同一县级行政区划内应保持唯一性。

（2）地籍区代码宜在县级行政区划内从西北角开始，按照自左至右、自上而下的顺序编制。

（3）开发区、经济新区等特殊区域，可采取设置特定码段的方式，编制地籍区代码。

（4）线性地物地籍区代码可用"999"表示。

（5）整建制的乡（镇）、街道级的"飞地"，采用"飞入地"所在行政辖区的行政区划，宜在"飞入地"所在行政辖区内统一编制地籍区代码。

---

① 参见《不动产单元设定与代码编制规则》（GB/T 37346—2019）8.2.2条。

（6）依据土地出让合同等相关权源材料（登记原因材料）确定的范围内设立国有建设用地使用权宗地（地下）的，其地籍区可与地表的地籍区保持一致，地籍区代码采用地表的地籍区代码。

（7）海籍调查时，地籍区代码可用"000"表示。其中，国务院批准的项目用海、用岛地籍区代码用"111"表示。

（8）国务院确定的重点国有林区的森林、林木和林地，地籍区代码用"900"表示。

3. 地籍子区代码[①]

地籍子区代码，码长为3位，码值为000~999，不足3位时，用前导"0"补齐。

（1）地籍子区代码在同一地籍区内应保持唯一性。

（2）地籍子区代码宜在地籍区内从西北角开始，按照自左至右、自上而下的顺序编制。

（3）线性地物地籍子区代码可用"000"补齐。

（4）村（居委会、街坊）级的"飞地"，宜在"飞入地"所在地籍区内统一编制地籍子区代码。

（5）依据土地出让合同等相关权源材料（登记原因材料）确定的范围内设立国有建设用地使用权宗地（地下）的，其地籍子区可与地表的地籍子区保持一致，地籍子区代码采用地表的地籍子区代码。

（6）海籍调查时，地籍子区代码可用"000"表示。其中，国务院批准的项目用海、用岛地籍子区代码用"111"表示。

（7）国务院确定的重点国有林区的森林、林木和林地，地籍子区代码用"900"表示。

4. 宗地（宗海）特征码[②]

宗地（宗海）特征码，码长为2位。其中：

[①] 参见《不动产单元设定与代码编制规则》（GB/T 37346—2019）8.2.3条。
[②] 参见《不动产单元设定与代码编制规则》（GB/T 37346—2019）8.2.4条。

第四章　不动产单元

（1）第1位用G、J、Z表示。G表示国家土地（海域）所有权，J表示集体土地所有权，Z表示土地（海域）所有权未确定或有争议。

（2）第2位用A、B、S、X、C、D、E、F、L、N、H、G、W、Y表示。A表示土地所有权宗地，B表示建设用地使用权宗地（地表），S表示建设用地使用权宗地（地上），X表示建设用地使用权宗地（地下），C表示宅基地使用权宗地，D表示土地承包经营权宗地（耕地），E表示土地承包经营权宗地（林地），F表示土地承包经营权宗地（草地），L表示林地使用权宗地（承包经营以外的），N表示农用地使用权宗地（承包经营以外的、非林地），H表示海域使用权宗海，G表示无居民海岛使用权海岛，W表示使用权未确定或有争议的宗地，Y表示其他使用权宗地，用于宗地特征扩展。

5. 宗地（宗海）顺序号[①]

宗地（宗海）顺序号，码长为5位，码值为00001~99999，在相应的宗地（宗海）特征码后从"00001"开始按顺序编号。

二、定着物单元代码

定着物单元代码依次由定着物特征码、定着物单元号组成。

1. 定着物特征码[②]

定着物特征码，码长为1位，用F、L、Q、W表示。F表示房屋等建筑物、构筑物，L表示森林或林木，Q表示其他类型的定着物，W表示无定着物。

2. 定着物不动产单元号[③]

定着物单元号，码长为8位。

（1）定着物为房屋等建筑物、构筑物的，定着物单元在使用权宗地

[①] 参见《不动产单元设定与代码编制规则》（GB/T 37346—2019）8.2.5条。
[②] 参见《不动产单元设定与代码编制规则》（GB/T 37346—2019）8.2.6条。
[③] 参见《不动产单元设定与代码编制规则》（GB/T 37346—2019）8.2.7条。

（宗海）内应具有唯一的编号。前4位表示幢号，幢号在使用权宗地（或地籍子区）内统一编号，码值为0001~9999；后4位表示户号，户号在每幢房屋内统一编号，码值为0001~9999。其中，全部房屋等建筑物、构筑物归同一权利人所有，该宗地（宗海）内全部房屋等建筑物、构筑物可一并划分为一个定着物单元的，定着物单元代码的前5位可采用"F9999"作为统一标识，后4位户号从"0001"开始编号。每幢房屋等建筑物、构筑物的基本信息可在房屋调查表中按幢填写。

（2）定着物为森林、林木的，定着物单元在使用权宗地（宗海）内应具有唯一的编号，码值为00000001~99999999。

（3）定着物为其他类型的，定着物单元在使用权宗地（宗海）内应具有唯一的编号，码值为00000001~99999999。

（4）集体土地所有权宗地以及使用权宗地内无定着物的，定着物单元代码用"W00000000"表示。

第五章　不动产登记簿

不动产登记的目的是登记机构将不动产的自然状况、权利状况和其他法定事项记载在登记簿上，以产生相应的法律效果，得到法律的充分保护。因此，登记簿的记载是不动产登记目的实现的表现，更是向不待定的社会公众展示看得见的不动产登记信息的平台，概言之，不动产登记簿是承载不动产登记的物质基础。

第一节　不动产登记簿的编制

一、不动产登记簿的编制

《不动产登记暂行条例》第八条第二款、第三款规定："不动产登记机构应当按照国务院国土资源主管部门的规定设立统一的不动产登记簿。不动产登记簿应当记载以下事项：（一）不动产的坐落、界址、空间界限、面积、用途等自然状况；（二）不动产权利的主体、类型、内容、来源、期限、权利变化等权属状况；（三）涉及不动产权利限制、提示的事项；（四）其他相关事项。"据此可知，不动产登记簿，是指登记机构编制的记载其负责的登记区域范围内的不动产自然状况、权利状况和其他法定事项的簿册。

不动产登记簿的编制方法有两种：一为物的编制主义；二为人的编制主义。人的编制主义与物的编制主义的区别主要体现在内部划分的出发点不同。在物的编制主义中，不动产是登记簿编制的出发点与核心，是为每一个不动产建立一个登记簿簿页，进而确定各个不动产上的所有权与他物权。相反，在人的登记方法中，所有权人为出发点，是依所有权人来定不动产[①]。

[①] 程啸：《不动产登记法研究》，法律出版社2011年版，第149页。

在不动产登记实务中,《不动产登记暂行条例实施细则》第六条规定,不动产登记簿以宗地或者宗海为单位编成,一宗地或者一宗海范围内的全部不动产单元编入一个不动产登记簿。据此可知,《不动产登记暂行条例实施细则》的规定确立了以土地、海域为中心的登记模式,即以某一宗地或某一宗海为单位编制登记簿,该宗地上或该宗海海域范围内的建筑物、构筑物、林木等定着物,全部在同一个登记簿上作记载,换言之,以宗地、宗海为单位编制的登记簿,可以完整地反映该编制单位内的土地使用权或海域使用权、土地上或海域范围内的定着物所有权以及由此产生的抵押权、地役权等不动产物权和其他法定事项。比如,一个有20幢住宅楼的小区,共计1056套住宅,如果该小区占用范围内的土地为一宗地,则以该宗地为单位编制登记簿,该宗地及地上20幢房屋的土地使用权、房屋所有权及其他法定事项全部在此登记簿上作记载。20幢房屋中的1056套房屋转移登记及由此产生的抵押权登记等也在此登记簿上作记载。再如,一宗6689平方米的海域使用权,其范围内有为使用海域修建的房屋2幢、构筑物5处,则以该宗海为单位编制登记簿,该宗海及其范围内的建筑物、构筑物的海域使用权,建筑物、构筑物所有权及由此产生的抵押权等不动产物权和其他法定事项全部在此登记簿上作记载。概言之,我国的不动产登记簿以宗地、宗海为单位编成,即我国的不动产登记簿采用物的编制主义。由此编制的登记簿,能够清晰地反映不动产的自然状况、权利状况、其他法定事项及相应的设立、变更、转移、消灭等过程,且同一宗地、同一宗海范围内的所有不动产记载在一个不动产登记簿上,便于查询,有利于维护交易安全,提高交易效率。

二、不动产登记簿的介质

《不动产登记暂行条例》第九条规定,不动产登记簿应当采用电子介质,暂不具备条件的,可以采用纸质介质。不动产登记机构应当明确不动产登记簿唯一、合法的介质形式。不动产登记簿采用电子介质的,应当定期进行异地备份,并具有唯一、确定的纸质转化形式。据此可知,

第五章　不动产登记簿

不动产登记簿的介质，可以是纸介质，也可以是电子介质。由于我国幅员辽阔，社会、经济、技术状况参差不齐，是采用纸介质的不动产登记簿，还是采用电子介质的不动产登记簿，由登记机构根据自身的实际情况决定。

无论采用纸介质的登记簿，还是采用电子介质的登记簿，均须由不动产登记机构保存、保管。采用纸介质的不动产登记簿的，应当按照专业档案管理要求做好防潮、防尘、防火、防盗等保管存放工作，确保不动产登记簿的安全。采用电子介质的不动产登记簿的，还应当配置杀毒软件，适时查杀病毒，要有专门的技术人员检测电子介质登记簿记载的数据有无损害或其他危险，定期在安全的地方做好备份保管，为不动产登记簿毁损后的恢复、重建提供可靠的物质基础。

第二节　不动产登记簿的法律效力

不动产登记簿的法律效力，是指登记簿上记载的不动产的自然状况、权利状况和其他法定事项具有的法律上的功能、作用。《民法典》第二百一十六条第一款规定，不动产登记簿是物权归属和内容的根据。据此可知，不动产登记簿的法律效力主要有：一是公信力；二是具有证明基于民事法律行为设立、变更、转移和消灭的不动产物权和其他法定事项生效的效力；三是推定登记簿上记载的内容正确的效力。

一、不动产登记簿具有公信力

不动产物权登记的公信力，指登记机关在登记簿册上所做的不动产物权登记，具有使社会公众信其正确的法律效力。基于登记簿册的登记的公信力，即便登记有错误或有遗漏，因相信登记正确而与登记名义人（登记簿上所记载的物权人）进行交易的善意第三人，其所得利益也受法律保护。[①]换言之，一般情形下，不动产登记簿上记载的不动产的自

---

① 陈华彬：《物权法》，法律出版社2004年版，第160页。

然状况、权利状况和其他法定事项是正确的，因相信该正确记载的善意第三人与登记簿上记载的内容产生交易所获得的利益，应当受到法律的保护。

不动产登记簿的公信力的基础是不动产登记簿的公示性。所谓不动产登记簿的公示性，是指不动产的自然状况、权利状况和其他法定事项，通过不动产登记簿的记载，依法公开展示，供拟与登记簿上记载的不动产进行交易的人查询、知晓，为其抉择是否进行交易提供值得信赖的不动产的自然状况、权利状况和其他法定事项的信息。概言之，不公示，拟与登记簿上记载的不动产进行交易的人无处查询、知晓相关信息，也就说不上"信"，即没有公示，公信力就没有前提。基于不动产登记簿的公示性，不动产登记簿的特征主要有：

1. 唯一性

按《不动产登记暂行条例》第六条第二款规定，县级以上地方人民政府应当确定一个部门为本行政区域的不动产登记机构，负责不动产登记工作。该暂行条例第八条第二款规定，不动产登记机构应当按照国务院国土资源主管部门的规定设立统一的不动产登记簿。据此可知，县级以上人民政府确定一个部门作为本行政区域内唯一的不动产登记机构，该行政区域为其登记区域，由其负责编制的不动产登记簿也是该登记区域内唯一的不动产登记簿。因此，不动产登记簿在登记区域内具有唯一性，或者说不动产登记簿在登记区域内具有统一性。

2. 权威性

按《民法典》第二百一十二条第一款第（三）项规定，如实、及时登记有关事项是登记机构应当履行的职责。按《不动产登记暂行条例》第八条第二款规定，不动产登记机构应当按照国务院国土资源主管部门的规定设立统一的不动产登记簿。按该暂行条例第十条规定，不动产登记机构应当依法将各类登记事项准确、完整、清晰地记载于不动产登记簿。该暂行条例十二条第一规定，不动产登记机构应当指定专人负责不动产登记簿的保管，并建立健全相应的安全责任制度。据此可知，法律、行政法规规定，不动产登记簿的制作、不动产登记簿上应当记载的内容、不动产登记簿的保管均由行使国家不动产登记职权的登记机构所为，是官方所为，是国家公权力的体现，具有当然的权威性，或者称为具有典型的官方性。

3. 不动产登记的结果凭证

《民法典》第二百一十六条第一款规定，不动产登记簿是物权归属和内容的根据。在不动产登记实务中，按《不动产登记操作规范（试行）》1.7 条规定，登簿是不动产登记的终结程序。据此可知，自申请人申请登记的内容、嘱托机关嘱托登记的内容、登记机构依法定职权登记的内容被记载在登记簿上时起产生法律效力，不动产登记程序终结，换言之，申请人申请不动产登记的目的、嘱托机关嘱托不动产登记的目的、登记机构依法定职权启动不动产登记的目的实现。因此，不动产登记簿是不动产登记目的实现的凭证，即不动产登记簿是不动产登记的结果凭证。

4. 公开性

《民法典》第二百一十八条规定，权利人、利害关系人可以申请查询、复制不动产登记资料，登记机构应当提供。《不动产登记暂行条例》第二十七条规定，权利人、利害关系人可以依法查询、复制不动产登记资料，不动产登记机构应当提供。有关国家机关可以依照法律、行政法规的规定查询、复制与调查处理事项有关的不动产登记资料。在不动产登记实务中，按《不动产登记资料查询暂行办法》第二条规定，不动产登记簿属于不动产登记资料。该暂行办法第六条规定，不动产登记机构应当加强不动产登记信息化建设，以不动产登记信息管理基础平台为基础，通过运用互联网技术、设置自助查询终端、在相关场所设置登记信息查询端口等方式，为查询人提供便利。据此可知，登记簿上记载的权利人和与登记簿上记载的内容有利害关系的人，可以申请查询登记簿记载的相关内容，且登记机构应当为其查询提供方便，换言之，作为不动产登记资料的登记簿，对其上记载的权利人和与登记簿上记载的内容有利害关系的人而言，具有公开性。不动产登记簿对不动产物权的当事人及利害关系人公开，利害关系人不得以不知登记为由提起对登记权利的异议，即排除任何人以不知登记为由提起对不动产物权变动的抗辩的效力[1]。

二、不动产登记簿具有证明基于民事法律行为设立、变更、转移和消灭的不动产物权及其他法定事项已经生效的效力

《民法典》第二百一十四条规定，不动产物权的设立、变更、转让和消灭，依照法律规定应当登记的，自记载于不动产登记簿时发生效力。该法第二百二十九条规定，因人民法院、仲裁机构的法律文书或者人民政府的征收决定等，导致物权设立、变更、转让或者消灭的，自法律文书或者征收决定等生效时发生效力。该法第二百三十条规定，因继承取得物权的，自继承开始时发生效力。该法第二百三十一条规定，因合法建造、拆除房屋等事实行为设立或者消灭物权的，自事实行为成就时发生效力。据此可知，按《民法典》第二百二十九条、第二百三十条和第二百三十一条规定，当事人基于人民法院、仲裁机构的法律文书或人民政府的征收决定，基于继承，基于事实行为（合法建造、拆除房屋）等非民事法律行为设立、变更、转移和消灭的不动产物权及其他法定事项，自人民法院、仲裁机构的法律文书或人民政府的征收决定生效时起生效，自继承开始时起生效，自事实行为成就时起生效。与之对应，按《民法典》第二百一十四条规定，一般情形下，当事人基于民事法律行为设立、变更、转让和消灭的不动产物权及其他法定事项，依照法律规定应当登记的，自记载于不动产登记簿上时起发生效力。因此，一般情形下，不动产登记簿具有证明当事人基于民事法律行为设立、变更、转移和消灭的不动产物权及其他法定事项生效的效力，这是法律的规定确立的原则。当然，依我国现时的法律规定，基于民事法律行为设立、变更、转

---

[1] 梁慧星：《中国民法典草案建议稿附理由：物权编》，法律出版社2004年版，第23页。

移、消灭的地役权、农村土地承包经营权、土地经营权等不动产物权，自民事法律行为生效时起无须办理不动产登记即依法、即时产生法律效力，这是法律的规定确立的原则之外的例外情形。

三、推定登记簿上记载的内容正确的效力

登记簿上记载的不动产的自然状况、权利状况和其他法定事项等内容，来自当事人向登记机构提交的登记申请材料和登记机构通过履行询问申请人、实地查看申请登记的不动产等不动产登记职责获取的信息；来自嘱托机关向登记机构送达的嘱托登记文书及相关文书和登记机构履行核对登记簿、存档的不动产登记材料等不动产登记职责验证后的信息；来自登记机构依职权所做的不动产登记。概言之，登记簿上记载的内容经过登记机构依法查验、确认后，满足不动产登记要求的，才能够被记载在登记簿上，因此，一般情形下，记载在登记簿上的不动产的自然状况、权利状况和其他法定事项等内容，若没有确实、充分、有效的证据证明其错误的，应当推定为正确的内容。这既是登记簿的公信力得以确立的基础，也是登记簿的公信力的体现。

第三节 不动产登记簿应当记载的内容

《民法典》第二百一十六条规定第一款规定，不动产登记簿是物权归属和内容的根据。《不动产登记暂行条例》第八条第三款规定："不动产登记簿应当记载以下事项：（一）不动产的坐落、界址、空间界限、面积、用途等自然状况；（二）不动产权利的主体、类型、内容、来源、期限、权利变化等权属状况；（三）涉及不动产权利限制、提示的事项；（四）其他相关事项。"据此可知，作为不动产物权归属和内容根据的不动产登记簿，是当事人享有不动产物权的权利凭证，不动产登记簿上记载的不动产物权和内容具有真实性、合法性和有效性。为了准确、清晰、充分地记载不动产物权和内容，作为行政法规的《不动产登记暂行条例》

规定了不动产登记簿应当记载的前述内容。《民法典》第二百一十二条规定："登记机构应当履行下列职责：（一）查验申请人提供的权属证明和其他必要材料；（二）就有关登记事项询问申请人；（三）如实、及时登记有关事项；（四）法律、行政法规规定的其他职责。申请登记的不动产的有关情况需要进一步证明的，登记机构可以要求申请人补充材料，必要时可以实地查看。"据此可知，登记机构应当根据登记申请材料、登记机构履行询问申请人和实地查看申请登记的不动产等不动产登记职责形成的材料，如实、及时地在登记簿上作记载。换言之，不动产登记簿上记载的内容应当有合法、有效的证据支撑。按照法律、行政法规的规定，不动产登记簿上应当记载以下内容。

一、不动产的自然状况

（1）按宗地编制的不动产登记簿，应当记载的宗地的自然状况主要有不动产类型（土地）、坐落、面积、权利设定方式（地上、地表、地下）、空间坐标或位置说明（四至描述）、附记（对宗地基本情况进一步说明的有关信息）。

（2）按宗海编制的不动产登记簿，应当记载的宗海的自然状况主要有不动产类型（海域）、坐落、用海性质（公益、经营）、面积、等别、占用岸线、用海位置、用海方式等。有无居民海岛的，还应当记载该无居民海岛的名称和代码、海岛位置、海岛面积等。

（3）不动产登记簿上应当记载的房屋等建筑物、构筑物的自然状况主要有坐落、用途、结构、总层数和所在层数、建筑面积、专有建筑面积、分摊建筑面积、竣工时间等。

（4）不动产登记簿上应当记载的森林、林木的自然状况主要有地名、主要树种（填写森林、林木所在宗地上1~3种主要树木种类）、面积或株数、林种、起源、造林年度、林班或小班等。

（5）不动产登记簿上应当记载的无居民海岛的自然状况主要有海岛位置、海岛名称、海岛代码、用岛范围、用岛面积、用途等。

二、不动产的权利状况

不动产登记簿上应当记载的不动产的权利状况主要有：一是法律规定的不动产物权的权利主体和权利类型，如集体土地所有权人/集体土地所有权、房屋居住权人/房屋居住权等；二是不动产物权设立、变更、转移和消灭的原因或事实，如国有建设用地使用权及地上房屋所有权首次登记原因——出让/合法建造，土地承包经营权转移登记原因——继承，抵押权消灭原因——放弃权利等；三是不动产物权的主体、类型、内容、来源、期限等的变动情况，如抵押权随债权转让导致抵押权人变更、划拨取得的国有建设用地使用权转为出让取得导致权利来源变更等。

三、其他法定事项

登记簿上应当记载的其他法定事项主要有：一是限制权利人处分不动产产生的不动产登记办理的事项和纠正登记簿上记载的内容错误的更正登记办理的事项，如查封登记、预告登记；二是对拟与登记簿上记载的不动产进行交易的人予以提醒、警示的事项，如异议登记；三是补充说明、备注相关事宜的事项，如换证事项、补证事项；四是纠正登记簿上记载的内容错误的事项，如更正登记等。

第四节 不动产登记簿的重建、补造

一、登记簿的重建

按《不动产登记暂行条例》第十三条第一款规定，不动产登记簿损毁、灭失的，不动产登记机构应当依据原有登记资料予以重建。据此可知，不动产登记簿存在重建的可能。

1. 不动产登记簿重建的前提

不动产登记簿重建的前提是该登记簿因损毁、灭失而不存在。

2. 不动产登记簿重建的证据支撑

如前所述，由于登记簿记载信息来源于申请人提交的登记申请材料、嘱托机关送达或发送的嘱托登记材料和登记机构通过履行询问申请人、实地查看申请登记的不动产等不动产登记职责获取的材料，因此，不动产登记簿重建的证据支撑是登记机构存档的登记申请资料、嘱托登记材料和登记机构通过履行不动产登记职责获取的材料。当然，电子介质的登记簿重建的证据支撑是登记机构备份的电子介质的登记簿。

3. 不动产登记簿重建的标准

不动产登记簿重建的标准是重新编制一个与被损毁、灭失的登记簿记载的信息同一的登记簿。

二、登记簿的补造

自 2007 年 10 月 1 日起《物权法》实施，不动产登记簿制度得以建立。登记簿制度建立前，都是登记机构基于当事人的申请、嘱托机关的嘱托颁发国有土地使用权证、房屋所有权证、林权证等不动产权属证书，换言之，在登记簿制度建立前，不动产物权和其他法定事项没有在登记簿上登记，当事人享有不动产物权和其他法定事项的凭证是其持有的登记机构依法颁发的国有土地使用权证、房屋所有权证、林权证等不动产权属证书。登记簿制度建立后，当事人申请的、嘱托机关嘱托的满足登记要求的不动产物权和其他法定事项，都完整地记载在登记簿上，在此基础上申请、嘱托的变更登记、转移登记、注销登记、抵押权登记、异议登记、查封登记等后续登记没有障碍。如前所述，在登记簿制度建立以前申请的且满足登记要求的不动产物权和其他法定事项在登记簿上无记载，如在此基础上申请、嘱托变更登记、转移登记、注销登记、抵押权登记、异议登记、查封登记等后续登记，须将不动产物权信息和其他法定事项信息补充记载在登记簿上，否则，变更登记、转移登记、注销登记、抵押权登记、异议登记、查封登记等后续登记无法完成。笔者称此举为登记簿的补造,法律、法规、规章和政策对此虽然没有作规定,但当事人享有的不动产物权和其他法定事项在登记簿上无记载却持有登记机构依法颁发的国有土地使用权证、房屋所有权证、林权证等不动产权属证书的现象将在一定时期内存在,与现时的不动产登记簿制度不协调。因此,为了统一不动产登记簿制度,为申请人申请、嘱托机关嘱托的变更登记、转移登记、注销登记、抵押权登记、异议登记、查封登记等后续登记的及时、顺畅办理建立前提,登记簿的补造势在必行。

1. 登记簿补造的前提

登记簿补造的前提是当事人持有有效的国有土地使用权证、房屋所有权证、林权证等不动产权属证书。所谓有效的不动产权属证书:一是不动产权属证书有相应的不动产登记档案材料支撑;二是不动产权属证书虽然没有相应的不动产登记档案材料支撑,但有有效的凭证证明该不动产权属证书是由当时的相应的不动产登记机构颁发的。如某房屋所有权证没有房屋所有权登记档案材料佐证其真实性,但当事人能够提交有资质的机构出具的不动产权属证书上的公章是登记机构的公章的鉴定报告,该鉴定报告就是房屋所有权证有效性的证明等。

2. 登记簿补造的证据支撑

登记簿补造的证据支撑是登记机构保管的不动产登记档案材料或当事人提交的有效的不动产权属证书。

3. 登记簿补造的标准

登记簿补造的标准是登记机构新编制一个与登记机构保管的不动产登记档案材料或当事人提交的有效的不动产权属证书上记载的信息同一的登记簿。

第六章 不动产登记类型

不动产登记类型，是指基于启动不动产登记的原因应当适用的不动产登记种类。它有两层含义：一是申请人、嘱托机关根据不动产物权和其他法定事项设立、变更、转移和消灭的原因，应当申请、嘱托什么类型的不动产登记；二是登记机构根据申请人申请、嘱托机关嘱托不动产登记的原因和提交的登记申请材料、送达或发送的嘱托登记材料，决定适用什么类型的不动产登记。

不动产登记类型的适用，直接决定登记机构受理申请人的申请、嘱托机关的嘱托时应当收取哪些登记申请材料、嘱托登记材料，登记机构应当审查的范围和应当怎样审查，换言之，不动产登记类型适用是否正确直接决定不动产登记的程序是否合法，从而决定记载在登记簿上的不动产登记是否合法，因此，不动产登记类型的适用是否正确在不动产登记中具有重要的法律意义。

要正确适用不动产登记类型，需要从不同的角度对不动产登记类型的含义进行认识、了解。关于不动产登记类型，有学理上的分类和行政法规上的分类。

第一节 学理上的不动产登记类型

学理上的不动产登记类型的分类，是指专家、学者们在进行不动产登记理论探索和不动产登记实务研究中，为了方便进一步的理论研究，也为了指导实务，通过归纳、比较、总结出来的不动产登记类型分类。基于"法无授权不可为"的行政法原则，在不动产登记实务中，不动产登记机构不直接适用学理上的不动产登记类型处理不动产登记事宜，但通过对学理上的不动产登记类型的认识、了解，有利于更加深入地认识、了解法律上规定的不动产登记类型，从而在不动产登记实务中准确适用不动产登记类型，提高不动产登记的准确性，维护不动产登记的公信力。学理上的不动产登记类型主要有五种。

一、宣示登记和设权登记

以不动产物权是否自记载于不动产登记簿上时起生效为标准，将不动产登记分为宣示登记和设权登记。

（一）宣示登记

1. 宣示登记的概念

宣示登记，是指登记机构根据申请人的申请，将其已经依法享有的不动产物权记载在登记簿上时适用的不动产登记类型。据此可知，作为宣示登记对象的不动产物权，不以记载在登记簿上为生效条件，而是权利人已经依法享有的具有法律效力的不动产物权。

2. 宣示登记的目的

宣示登记的目的：一是权利人通过宣示登记将自己已经依法享有的不动产物权记载在登记簿上，向不特定的社会公众公示，即通过法定的不动产公示方式，向不特定的社会公众宣示该项不动产物权和内容的归属；二是通过不动产登记簿的记载，使自己已经依法享有的不动产物权得到法律的充分保护；三是权利人为自己因变更、处分该不动产物权产生的变更登记、转移登记、抵押权登记等后续登记建立前提，以保障自己充分行使物权，顺畅申请、办理相关的不动产登记。

3. 宣示登记的对象

如前所述，作为宣示登记对象的不动产物权，是权利人已经依法享有的具有法律效力的不动产物权。这类不动产物权：一是指非基于民事法律行为产生的不动产物权，具体来说即基于生效的法律文书、人民政府生效的征收决定、继承开始、事实行为的成就产生的不动产物权；二是指基于民事法律行为产生的且自该民事法律行为生效时起生效的不动产物权，即地役权、土地承包经营权、土地经营权。

（1）民事法律行为。

《民法典》第一百三十三条规定，民事法律行为是民事主体通过意思表示设立、变更、终止民事法律关系的行为。据此可知，所谓民事法律行为，是指以意思表示为要素并以设立、变更、终止民事权利义务关系为目的的行为[①]。民事法律行为是引起民事法律关系变动的主要原因之一，它遵循意思自治原则，通过意思表示来实现。所谓意思自治原则，亦称私法自治原则，其基本含义是：经济生活和家庭生活中的一切民事权利关系的设立、变更和消灭，均应取决于当事人自己的意思，原则上国家不作干预[②]。

（2）生效的法律文书。

用作宣示登记证据材料的生效的法律文书：一是指人民法院、仲裁机构作出的生效的确认不动产物权归属的判决书、裁定书、裁决书；二是指自2016年3月1日起立案产生的分割共有不动产的民事调解书、仲裁调解书[③]。

（3）人民政府生效的征收决定。

人民政府生效的征收决定，是指市、县级人民政府为了公共利益的需要，依照法律规定的权限和程序征收他人不动产的公文。关于征收决定的生效，如果征收决定中明确了生效时间或生效条件的，自该时间届至或该条件成就时起生效。如果征收决定中没有明确生效时间或生效条件的，则自征收公告发布时起生效。

[①] 梁慧星：《中国民法典草案建议稿附理由：总则编》，法律出版社2004年版，第139页。
[②] 梁慧星：《中国民法典草案建议稿附理由：总则编》，法律出版社2004年版，第9页。
[③] 参见《最高人民法院关于适用〈中华人民共和国物权法〉若干问题的解释（一）》(法释〔2016〕5号)第七条、第二十二条规定，《最高人民法院关于适用〈中华人民共和国民法典〉物权编的解释（一）》（法释〔2020〕24号）第七条、第二十一条规定。

（4）事实行为。

事实行为，是指与法律行为相对应的，无须通过民事主体的意思表示，依法直接产生相应的法律效果的行为。事实行为属于人的行为，不同于自然事实，如合法建造房屋、拆除房屋等。

（5）基于生效的法律文书、人民政府生效的征收决定、继承开始和事实行为的成就产生的不动产物权。

《民法典》第二百二十九条规定，因人民法院、仲裁机构的法律文书或者人民政府的征收决定等，导致物权设立、变更、转让或者消灭的，自法律文书或者征收决定等生效时发生效力。该法第二百三十条规定，因继承取得物权的，自继承开始时发生效力。该法第二百三十一条规定，因合法建造、拆除房屋等事实行为设立或者消灭物权的，自事实行为成就时发生效力。据此可知，权利人基于法律文书、人民政府的征收决定、继承和事实行为取得的不动产物权，无须办理不动产登记，自法律文书或人民政府的征收决定生效、继承开始、事实行为成就时起，权利人依法、即时享有该不动产物权。法律之所以作如此规定，笔者认为：

① 因人民法院、仲裁机构生效的法律文书或者人民政府生效的征收决定取得的不动产物权。

在司法实务和仲裁实务中，人民法院、仲裁机构在作出生效的法律文书前，要组织当事人进行证据交换；公开开庭审理中要组织当事人陈述自己的主张、对对方提交的证据进行质证、围绕双方争论的焦点进行辩论；开庭审理后，依据有证据证明的事实，按法律的规定予以判决、裁定、裁决，且判决、裁定、裁决结果公开，判决书、裁定书、裁决书亦须送达当事人。人民政府对当事人的不动产物权进行征收，更是按法定的程序作出征收决定，并张贴征收公告。故因人民法院、仲裁机构生效的法律文书或者人民政府生效的征收决定取得不动产物权的整个过程公开透明，已经起到了公示作用，且都出自国家公权部门的行为，具有公信力。

② 因继承取得的不动产物权。

《民法典》第二百三十条规定，因继承取得物权的，自继承开始时发生效力，该法第一千一百二十一条第一款规定，继承从被继承人死亡时开始。据此可知，自被继承人死亡时起，不放弃继承权的继承人无须办理不动产登记即依法、即时享有作为遗产的不动产物权。如果法律规定此情形下取得的不动产物权须经登记才生效，也应当由被继承人和继承人双方共同申请，即被继承人申请注销不动产物权，继承人申请设立不动产物权，但继承又必须在被继承人死亡后才能进行，死者又怎能申请登记呢？若法律不规定此情形下取得的不动产物权自继承开始时发生效力，则在被继承人死亡后，该不动产物权将在一定的期间内处于权利待定状态，会给权利确认、定分止争造成不便。因非依法律行为而发生的物权变动，一部分是根据法律直接发生的，有法律的明确规定作为根据；而法律的明确规定，具有与物权的公示同样的作用[①]。

③因合法建造的事实行为取得的不动产物权。

法律之所以规定因合法建造的事实行为取得的不动产物权无须登记，自事实行为成就时起生效，是因为合法建房要经过用地许可、规划许可、竣工验收等法定程序，而这些程序在履行中，有现场勘查、定点划定规划红线等环节，整个程序的履行是在国家公权部门的主持下公开进行，建房也是在公开状态下进行，周期一般比较长，也已经起到公示作用，具有公信力。基于此，法律规定合法建造房屋的人自房屋竣工时起无须不动产登记即依法、即时取得该房屋的所有权。

(二) 设权登记

1. 设权登记的概念

设权登记，是指登记机构根据申请人的申请，适用的将其基于民事法律行为取得的不动产物权记载在登记簿上使其产生法律效力的不动产登记类型。据此可知，作为设权登记对象的不动产物权，以记载于登记簿上为生效条件，换言之，作为设权登记对象的不动产物权，非经记载在登记簿上不产生法律效力。

[①] 梁慧星：《中国民法典草案建议稿附理由：物权编》，法律出版社2004年版，第51页。

2. 设权登记的目的

设权登记的目的：一是使权利人基于民事法律行为取得的不动产物权自记载于登记簿上时起产生法律上的效力，以得到法律的充分保护；二是通过不动产登记簿的记载，向不特定的社会公众公示，即通过法定的不动产公示方式，向不特定的社会公众宣示该项不动产物权的归属和内容；三是权利人为自己因变更、处分该不动产物权产生的变更登记、转移登记、抵押权登记等后续登记建立前提，以保障自己充分行使物权，顺畅申请、办理相关的不动产登记。

3. 设权登记的对象

如前所述，设权登记的对象是权利人基于民事法律行为取得或设立的不动产物权。《民法典》第二百一十四条规定，不动产物权的设立、变更、转让和消灭，依照法律规定应当登记的，自记载于不动产登记簿时发生效力。按该法第二百二十九条、第二百三十条和第二百三十一条规定，非基于民事法律行为取得的不动产物权，无须登记，自法律文书、人民政府的征收决定生效、继承开始和相应的事实行为成就时起产生法律效力。据此可知，一般情形下，权利人基于民事法律行为取得或设立的不动产物权，自记载于登记簿上时起产生法律效力。此处的民事法律行为，包括单方民事法律行为、双方民事法律行为和多方民事法律行为。

（1）单方民事法律行为。

单方民事法律行为，是指仅由一个意思表示或一方意思表示即成立的民事法律行为。作出意思表示的可以是多人，但最终只能是一个意思表示，或者说是一方的意思表示。单方民事法律行为，可以完全没有相对人，即使是有相对人的情形，单方民事法律行为的效力只来源于当事人的意思表示而与相对人无关[①]。如指定由某人或某些人继承不动产物权的遗嘱等。

（2）双方民事法律行为。

双方民事法律行为，是指在两个意思表示的基础上达成一致而构成

---

① 王利明：《民法学》，复旦大学出版社2004年版，第73页。

的法律行为，或者说由双方意思表示达成一致形成的法律行为。所谓达成一致，是指相互接受对方的意思表示后，指向一个方向，为了一个目的。最典型的双方民事法律行为的体现是合同或协议。

（3）多方民事法律行为。

多方民事法律行为，是指由两个以上（不含两个）一致的意思表示构成的法律行为。如两个以上（不含两个）的共有人对共有的不动产作分割的决定；委托贷款人、受托人、借款人共同签订的作为抵押权登记主合同的委托贷款合同等。

二、本登记与预告登记

以不动产登记对象是否是不动产物权为标准，将不动产登记分为本登记与预告登记。

1. 本登记

本登记，是指使不动产物权的设立、变更、转移和消灭产生法律效力的不动产登记类型。据此可知，本登记的对象是不动产物权，包括所有权、用益物权和抵押权。本登记即不动产物权登记。

2. 预告登记

所谓预告登记，即为保全一项以将来发生不动产物权为目的的请求权的不动产登记。而且预告登记的本质特征是使被登记的请求权具有物权效力，纳入预告登记的请求权，对后来发生的与该项请求权内容相同的不动产物权的处分行为，具有排他的效力，以确保将来只发生该请求权所期待的法律效果[1]。换言之，当事人申请预告登记，旨在确保预告登记权利人实现请求权（债权）的目的而最终取得不动产物权，申言之，经过预告登记的以取得不动产物权为目的的请求权（债权）具有准物权的效力。概言之，预告登记的对象是基于以取得不动产物权为目的的合

---

[1] 梁慧星：《中国民法典草案建议稿附理由：物权编》，法律出版社2004年版，第38页。

同或协议建立的债权,这种债权是一种期待在将来确定地取得不动产物权的期待权。在不动产登记实务中,预告登记主要有预购商品房预告登记、预购商品房抵押预告登记、不动产转移预告登记、不动产抵押权预告登记。

3. 预告登记转本登记

被预告登记保全的以取得不动产物权为目的的合同或协议建立的债权,在具备申请不动产物权登记的条件的情形下,权利人可以申请不动产物权登记,即申请本登记,以实现预告登记的目的,使权利人依法享有由预告登记保全的以取得不动产物权为目的的合同或协议债权转化而来的不动产物权。在不动产登记实务中,预告登记转本登记的情形主要有预购商品房预告登记转国有建设用地使用权及房屋所有权转移登记、预购商品房抵押预告登记转国有建设用地及房屋抵押权登记、不动产转移预告登记转不动产转移登记、不动产抵押权预告登记转不动产抵押权登记。

三、权利登记与事项登记

以不动产登记对象是不动产物权还是其他法定事项,将不动产登记分为权利登记与事项登记。

1. 权利登记

权利登记,是指以不动产物权为登记对象的不动产登记类型。此处的不动产物权,包括所有权、用益物权和抵押权。

2. 事项登记

事项登记,是指以依法可以在登记簿上记载的事项为登记对象的不动产登记类型,如因查封、异议产生的不动产登记等。

四、主登记与附记登记

以不动产登记是否可以独立记载在登记簿上为标准,将不动产登记分为主登记与附记登记。

1. 主登记

主登记，是指不依附于其他登记就可以独立存在于不动产登记簿上的不动产登记。主登记可以是权利登记，也可以是事项登记（如异议登记、预告登记等）。

2. 附记登记

附记登记，是指因主登记的内容发生变更导致的不动产登记。主登记的依法存在是附记登记产生的前提，即附记登记对主登记有依附性，如非村民继承宅基地使用权及地上房屋所有权的转移登记完成后，附记记载"该权利人为本农民集体原成员住宅的合法继承人"。

五、依申请登记、嘱托登记、径为登记

以不动产登记的启动方式为标准，将不动产登记分为依申请登记、嘱托登记、径为登记。

1. 依申请登记

依申请登记，是指登记机构根据申请人的申请启动的不动产登记。换言之，申请人不申请，不动产登记程序不启动。

2. 嘱托登记

嘱托登记，是指登记机构根据人民法院等国家机关依职权作出的要求办理不动产登记的公文启动的不动产登记。其中，国家机关非因职权原因需要办理不动产登记的，应当向登记机构申请不动产登记。非国家机关无权嘱托登记机构办理不动产登记。

3. 径为登记

径为登记，也称依职权登记，是指登记机构根据法律、法规、规章或政策的规定授予的职权直接启动的不动产登记。

第二节 行政法规规定的不动产登记类型

按《不动产登记暂行条例》第三条规定，不动产登记的类型有首次登记、变更登记、转移登记、注销登记、更正登记、异议登记、预告登记、查封登记等。

一、首次登记

在不动产登记实务中，《不动产登记暂行条例实施细则》第二十四条规定，不动产首次登记，是指不动产权利第一次登记。据此可知，不动产首次登记，是指登记机构将权利人依法取得或设立的不动产物权第一次记载在登记簿上的不动产登记。不动产首次登记适用于不动产物权登记，即首次登记不仅指所有权首次登记，也包括地役权、抵押权等用益物权、担保物权首次登记。

二、变更登记

1. 广义的变更登记

学理上，关于物权的变更有广义和狭义两重含义[1]。广义的物权变更，包括物权主体、内容、客体的变化[2]。比如，有学者认为，房地产变更登记可分为房地产权利的变更登记和登记事项的变更登记。房地产权利的变更登记是指房地产权利移转、分割、合并、设定和增减时所为的变更登记。房地产登记事项的变更登记有房地产权利人更名登记和住址变更登记、房地产地址变更登记、使用用途变更登记和更名登记及房地产权证书的换领和补发登记等[3]。

现行法律规范关于物权变更登记的规定，有体现广义的物权变更理论的。按《房地产管理法》第六十一条第三款规定，房地产转让或者变

---

[1] 王利明、尹飞、程啸：《中国物权法教程》，人民法院出版社2007年版，第71页。
[2] 王利明、尹飞、程啸：《中国物权法教程》，人民法院出版社2007年版，第71页。
[3] 李昊、常鹏翱、叶金强、高润恒：《不动产登记制度程序的制度构建》，北京大学出版社2005年版，第329~330页。

更时，应当向县级以上地方人民政府房产管理部门申请房产变更登记。质言之，按《房地产管理法》的规定，房地产变更登记包括房地产物权转让和变更产生的登记，换言之，房地产物权的权利主体、权利内容和权利客体的变化，均适用变更登记。据此可知，《房地产管理法》的规定体现了广义的物权变更理论。申言之，不动产物权的权利主体、权利内容和权利客体的变化，均适用变更登记。

2. 狭义的变更登记

学理上，狭义的物权变更，不包括物权主体的变化，主要指物权内容和客体的变化①。因此，不动产物权变更登记，主要指登记簿上记载的不动产物权的权利内容，或作为权利客体的不动产的自然情况变化产生的不动产登记。

现行法律规范关于物权变更登记的规定，也有体现狭义的物权变更理论的。按颁布实施于《房地产管理法》之后的《民法典》第二百零九条规定，不动产物权的设立、变更、转让和消灭，自记载于登记簿上时生效。据此可知，《民法典》的规定明确区分了不动产物权的变更和转让，且一般情形下，不动产物权的变更和转让须经登记后才生效。因此，《民法典》的规定，体现了狭义的物权变更理论。申言之，在不动产物权登记中，不动产物权的变更适用变更登记，不动产物权的转让适用转移登记。

3. 不动产登记实务中适用狭义的变更登记

在不动产登记实务中，《不动产登记暂行条例实施细则》第二十六条规定："下列情形之一的，不动产权利人可以向不动产登记机构申请变更登记：（一）权利人的姓名、名称、身份证明类型或者身份证明号码发生变更的；（二）不动产的坐落、界址、用途、面积等状况变更的；（三）不动产权利期限、来源等状况发生变化的；（四）同一权利人分割或者合并不动产的；（五）抵押担保的范围、主债权数额、债务履行期限、抵押权顺位发生变化的；（六）最高额抵押担保的债权范围、最高

---

① 王利明、尹飞、程啸：《中国物权法教程》，人民法院出版社2007年版，第71页。

债权额、债权确定期间等发生变化的;(七)地役权的利用目的、方法等发生变化的;(八)共有性质发生变更的;(九)法律、行政法规规定的其他不涉及不动产权利转移的变更情形。"据此可知,《不动产登记暂行条例实施细则》的规定以概括加具体列举的方式对不动产变更登记做了规定,笔者据此认为,不动产变更登记是指登记簿上记载的不动产物权的权利主体不变,但权利客体、权利内容产生变动导致的不动产登记。因此,《不动产登记暂行条例实施细则》关于变更登记的规定,体现的是狭义的物权变更理论。

4. 变更登记的适用

变更登记适用于各种不动产物权登记,如房屋所有权变更登记、地役权变更登记、土地承包经营权变更登记、抵押权变更登记等。也适用于登记簿上记载的其他法定事项登记,如预购商品房预告登记变更登记、不动产抵押权预告登记变更登记等。

三、转移登记

转移登记,俗称"过户"。在不动产登记实务中,《不动产登记暂行条例实施细则》第二十七条规定:"因下列情形导致不动产权利转移的,当事人可以向不动产登记机构申请转移登记:(一)买卖、互换、赠与不动产的;(二)以不动产作价出资(入股)的;(三)法人或者其他组织因合并、分立等原因致使不动产权利发生转移的;(四)不动产分割、合并导致权利发生转移的;(五)继承、受遗赠导致权利发生转移的;(六)共有人增加或者减少以及共有不动产份额变化的;(七)因人民法院、仲裁委员会的生效法律文书导致不动产权利发生转移的;(八)因主债权转移引起不动产抵押权转移的;(九)因需役地不动产权利转移引起地役权转移的;(十)法律、行政法规规定的其他不动产权利转移情形。"据此可知,《不动产登记暂行条例实施细则》的规定以概括加具体列举的方式对不动产转移登记做了规定,笔者据此认为,不动产转移登记是指登记簿上记载的不动产物权的权利主体发生变动,但权利客体、权利内容不产生变动导致的不动产登记。简言之,不动产转移登记,是指仅因登记簿上记载的不动产物权的权利主体发生变动导致的不动产登记。

转移登记适用于各种不动产物权登记,如国有建设用地使用权转移登记、林木所有权转移登记、土地经营权转移登记、最高额抵押权转移登记等,也适用于登记簿上记载的其他法定事项登记,如预购商品房预告登记转移登记(如因继承)、预购商品房抵押预告登记转移登记(如因抵押权人合并或分立)等。

四、注销登记

1. 注销登记

《不动产登记暂行条例实施细则》第二十八条第一款规定:"有下列情形之一的,当事人可以申请办理注销登记:(一)不动产灭失的;(二)权利人放弃不动产权利的;(三)不动产被依法没收、征收或者收回的;(四)人民法院、仲裁委员会的生效法律文书导致不动产权利消灭的;(五)法律、行政法规规定的其他情形。"据此可知,《不动产登记暂行条例实施细则》的规定以概括加具体列举的方式对不动产注销登记做了规定,笔者据此认为,不动产注销登记是指登记簿上记载的不动产物权,在使其消灭的法定情形产生或事由成就时,对其予以涂销使其失去法律效力的不动产登记。简言之,注销登记是指消灭不动产登记簿上记载的内容的法律效力的不动产登记。注销登记适用于不动产物权登记和其他法定事项登记,如土地承包经营权注销登记、异议登记注销登记等。

2. 撤销登记与注销登记辨析

撤销登记,是指行政复议机关以行政复议决定,或人民法院以行政判决书的方式作出的,使登记簿上记载的不正确的不动产登记自始归于无效的行为,如人民法院判决撤销房屋所有权登记等。撤销登记实质上是国家公权力对不动产登记的强制性干涉,对不正确的不动产登记予以纠正,溯及既往地剥夺登记簿上记载的不动产物权登记和其他法定事项登记的法律效力，即使登记簿上记载的不动产物权和其他法定事项自始无效。但撤销登记不是不动产登记类型，只是一种公权力的强制手段。那么，登记机构可否撤销自己在登记簿上所做的错误的不动产登记呢？

原《房屋登记办法》（建设部令第168号）第八十一条规定："司法机关、行政机关、仲裁委员会发生法律效力的文件证明当事人以隐瞒真实情况、提交虚假材料等非法手段获取房屋登记的，房屋登记机构可以撤销原房屋登记，收回房屋权属证书、登记证明或者公告作废，但房屋权利为他人善意取得的除外。"据此可知，房屋登记机构可以依据司法机关、行政机关、仲裁机构发生法律效力的文件直接办理撤销房屋登记。不动产统一登记后，法律、行政法规、规章和政策均没有授予登记机构有权撤销不动产登记的规定。在司法实务中，最高人民法院在"再审申请人江苏省东台市某局与被申请人翁某芬商标行政处罚一案"中认为"根据依法行政原则，行政机关在发现自己作出的行政行为存在错误时，可以依法自行撤销或改变行政行为。允许行政机关自行纠错，有利于保障行政相对人合法权益、减少行政成本、重塑行政公信力"[①]。据此可知，人民法院的认为表明，行政机关可以撤销自己作出的错误的行政行为。申言之，登记机构撤销自己在登记簿上所做的错误的不动产登记的，产生诉讼时，会得到人民法院的支持。

注销登记消灭的是登记簿上记载正确的，但消灭情形产生或消灭事由已经出现的不动产物权和其他法定事项，它不溯及既往地剥夺登记簿上记载的不动产物权和其他法定事项的法律效力，而是自注销登记被记载于登记簿上时起，才消灭登记簿上记载的不动产物权和其他法定事项的法律效力。

综上所述，笔者认为，撤销登记不是不动产登记类型，无法在登记簿上作记载。登记机构撤销错误的不动产登记后，还要根据撤销登记的行政文书通过更正登记纠正登记簿上错误的记载事项，若如此，直接通

---

① 最高人民法院："再审申请人江苏省东台市某局与被申请人翁某芬商标行政处罚一案"，https://weibo.com，访问日期：2022年10月12日。

过更正登记予以纠正，效果更直接，效率更高。因此，撤销登记不是注销登记。笔者认为，登记簿上记载的内容产生错误时，登记机构应当通过更正登记予以纠正，不建议采用撤销登记后再适用更正登记予以纠正。

五、更正登记

《民法典》第二百二十条第一款规定，权利人、利害关系人认为不动产登记簿记载的事项错误的，可以申请更正登记。不动产登记簿记载的权利人书面同意更正或者有证据证明登记确有错误的，登记机构应当予以更正。在不动产登记实务中，《不动产登记暂行条例实施细则》第七十九条第一款规定，权利人、利害关系人认为不动产登记簿记载的事项有错误，可以申请更正登记。据此可知，更正登记是一种纠正登记簿上记载的内容错误的不动产登记类型，即只有在登记簿上记载的内容有错误的情形下才产生更正登记。一般情形下，更正登记依权利人、利害关系人的申请启动。其中，权利人是指登记簿上记载的不动产物权、其他法定事项的权利主体。利害关系人是指登记簿上现时记载的内容对其享有不动产物权或行使不动产物权有妨碍、有利害关系的人。登记错误是指登记簿上记载的不动产物权和其他法定事项主体错误、客体错误、内容错误等。错误的原因可能是登记机构的原因（如登记机构将申请登记的房屋的所在层第 3 层错误记载为第 5 层），也可能是申请人的原因（如申请人申请不动产登记时隐瞒了共有人），还有可能是登记机构和申请人共同的原因（如代理人提交伪造的代为申请不动产登记的公证委托书上只有公证机构的印章，没有公证员的签名[章]，但登记机构在查验登记申请材料时没有发现此瑕疵，即没有尽到合理审慎的注意义务），但无论是申请人的原因，还是登记机构的原因，抑或是登记机构和申请人共同的原因，只要登记簿上记载的内容错误，就适用更正登记予以纠正。在不动产登记实务中，登记机构也可以依职权办理更正登记，即按《不动产登记暂行条例实施细则》第八十一条规定，不动产登记机构发现不动产登记簿记载的事项错误，应当通知当事人在 30 个工作日内办理更正登记。当事人逾期不办理的，不动产登记机构应当在公告 15 个工作日后，依法予以更正；但在错误登记之后已经办理了涉及不动产权利处分的登记、预告登记和查封登记的除外。

通过更正登记纠正登记簿上记载的错误事项，即通过将登记簿上的错误记载更正登记为正确的记载：一是登记簿上的错误记载是不动产物权首次登记或其他法定事项设立登记时，更正登记记载在登记簿上后，错误记载在登记簿上的不动产物权首次登记或其他法定事项设立登记失效。此情形下，更正登记具有注销登记的功用。二是登记簿上的错误记载是转移登记时，通过更正登记恢复到之前的登记状态，如甲将不动产转让给乙的转移登记完成后，该不动产登记在乙名下，之后，该转移登记因程序违法被人民法院判决撤销，登记机构凭人民法院生效的判决书将该不动产更正登记回甲的名下。也可以直接将不动产更正登记为正确的登记状态，如甲死亡后，其继承人之一的乙采用虚报、瞒报的方式将其遗留的不动产通过继承转移登记到其名下，后来，甲的另一个继承人丙凭甲立下的遗嘱起诉乙，人民法院判决确认乙享有该不动产的继承权，登记机构可以凭人民法院确认丙享有该不动产继承权的生效判决书直接将登记在乙名下的不动产更正登记在丙的名下。此情形下，更正登记具有转移登记的功用。三是登记簿上的错误记载是变更登记时，通过更正登记恢复到之前的登记状态，如甲、乙、丙共同共有一处不动产，甲、乙持其伪造的以甲、乙、丙的名义签订的将共同共有变更为按份共有的不动产共有变更协议和丙委托甲代为申请变更登记的委托书申请变更登记，变更记载在登记簿上后不久，丙持甲、乙出具的同意更正登记的情况说明等材料，以其未参与不动产共有变更协议的签订，也未向甲出具申请变更登记委托书为由，向登记机构申请更正登记，登记机构根据丙的申请将该不动产更正登记回甲、乙、丙共同共有。此情形下，更正登记具有变更登记的功用。

六、异议登记

按《民法典》第二百二十条规定，权利人、利害关系人认为不动产登记簿记载的事项错误的，可以申请更正登记。不动产登记簿记载的权利人书面同意更正或者有证据证明登记确有错误的，登记机构应当予以更正。不动产登记簿记载的权利人不同意更正的，利害关系人可以申请异议登记。在不动产登记实务中，《不动产登记暂行条例实施细则》第八十二条第一款规定，利害关系人认为不动产登记簿记载的事项错误，权利人不同意更正的，利害关系人可以申请异议登记。据此可知，异议登记，是利害关系人对不动产登记簿上记载的内容有异议而产生的不动产登记，其目的是提醒、警示拟与该内容进行交易的人，应慎重对待。换言之，在异议登记的情况下，只是妨碍了原权利人的处分，但没有对原权利人的使用和利用的权利作出限制。甚至可以说，对原权利人的处分权并没有作出实质性的限制，无非其交易存在相当的困难而已[1]。

七、预告登记

《民法典》第二百二十一条第一款规定，当事人签订买卖房屋的协议或者签订其他不动产物权的协议，为保障将来实现物权，按照约定可以向登记机构申请预告登记。预告登记后，未经预告登记的权利人同意，处分该不动产的，不发生物权效力。据此可知：① 所谓预告登记，即为保全一项以将来发生不动产物权为目的的请求权的不动产登记。而且预告登记的本质特征是使被登记的请求权具有物权效力，纳入预告登记的请求权，对后来发生的与该项请求权内容相同的不动产物权的处分行为，具有排他的效力，以确保将来只发生该请求权所期待的法律效果[2]。换言之，当事人申请预告登记，旨在确保预告登记权利人实现请求权（债权）的目的而最终取得不动产物权，申言之，经过预告登记的请求权（债权）具有准物权的效力。② 是否申请预告登记，由谁申请，均由当事人在以取得不动产物权为目的的合同、协议中约定，也可以另行书面约定。③ 预告登记自记载在登记簿上时起产生保全效力，即预告登记自记载于

---

[1] 王利明、尹飞、程啸：《中国物权法教程》，人民法院出版社2007年版，第114页。
[2] 梁慧星：《中国民法典草案建议稿附理由：物权编》，法律出版社2004年版，第38页。

登记簿上时起，具有限制义务人（不动产权利人）再处分已经办理预告登记的不动产的效力。

《民法典》第二百二十一条第二款规定，预告登记后，债权消灭或者自能够进行不动产登记之日起九十日内未申请登记的，预告登记失效。在司法实务中，《最高人民法院关于适用〈中华人民共和国民法典〉物权编的解释（一）》（法释〔2020〕24号）第五条规定，预告登记的买卖不动产物权的协议被认定无效、被撤销，或者预告登记的权利人放弃债权的，应当认定为民法典第二百二十一条第二款所称的"债权消灭"。据此可知，预告登记的失效：一是因债权消灭导致预告登记失效；二是自能够进行不动产登记之日起九十日内未申请登记的，预告登记失效。

1. 因债权消灭导致预告登记失效

因债权消灭导致预告登记失效，其中的债权消灭：一是以买卖、抵押等方式处分不动产的合同或协议债权，基于当事人协商一致后解除、终止而消灭，或被人民法院、仲裁机构确认无效、解除、撤销而消灭；二是不动产抵押权预告登记、预购商品房抵押预告登记中，被担保的债权合同或协议债权，基于当事人协商一致后解除、终止而消灭，或被人民法院、仲裁机构确认无效、解除、撤销而消灭。

2. 自能够进行不动产登记之日起九十日内未申请登记的，预告登记失效

（1）预告登记是不动产转移预告登记的情形。

预告登记是不动产转移预告登记时，能够进行不动产登记主要指：一是不动产上无查封登记、预告登记等限制或禁止转移的事项记载；二是主张预告登记失效的当事人已经备齐其应当提交的转移登记申请材料，如卖方备齐不动产权属证书、身份证明、买卖合同、土地增值税缴纳凭证、个人所得税缴纳凭证等，或买方备齐身份证明、买卖合同、契税缴纳凭证等；三是通知或催促对方当事人共同申请转移登记的证明，卖方通知买方共同申请转移登记的微信信息的电子介质材料或纸介质材料等。

（2）预告登记是不动产抵押权预告登记的情形。

预告登记是不动产抵押权预告登记时，能够进行不动产登记主要指：一是不动产上无查封登记、预告登记等限制或禁止抵押的事项记载；二是主张预告登记失效的当事人已经备齐其应当提交的转移登记申请材料，如抵押权人备齐主合同、抵押合同、身份证明等，或抵押人备齐不动产权属证书、主合同、抵押合同、身份证明等；三是通知或催促对方当事人共同申请抵押权登记的证明，抵押人通知抵押权人共同申请抵押权登记的微信信息的电子介质材料或纸介质材料等。

（3）预告登记是预购商品房预告登记的情形。

预告登记是预购商品房预告登记时，能够进行不动产登记主要指：一是房屋所有权已经登记在卖方名下，且房屋上无查封登记、预告登记等限制或禁止抵押的事项记载；二是主张预告登记失效的当事人已经备齐其应当提交的转移登记申请材料，如卖方备齐载明房屋所有权的不动产权属证书、身份证明、买卖合同、土地增值税缴纳凭证、个人所得税缴纳凭证等，或买方备齐载明预购商品房预告登记的不动产权属证书、身份证明、买卖合同、契税缴纳凭证等；三是通知或催促对方当事人共同申请转移登记的证明，卖方通知买方共同申请转移登记的微信信息的电子介质材料或纸介质材料等。

（4）预告登记是预购商品房屋抵押预告登记的情形。

预告登记是预购商品房屋抵押预告登记时，能够进行不动产登记主要指：一是房屋所有权已经登记在抵押人名下，且房屋上无查封登记、预告登记等限制或禁止抵押的事项记载；二是主张预告登记失效的当事人已经备齐其应当提交的转移登记申请材料，如抵押权人备齐载明预购商品房抵押预告登记的不动产权属证书、主合同、抵押合同、身份证明等，或抵押人备齐载明房屋所有权的不动产权属证书、主合同、抵押合同、身份证明等；三是通知或催促对方当事人共同申请抵押权登记的证明，抵押人通知抵押权人共同申请抵押权登记的微信信息的电子介质材料或纸介质材料等。

八、查封登记

所谓查封，是指人民法院等有权的国家机关对当事人的不动产实施的限制其以转让、抵押、抛弃等方式处分该不动产的强制性措施，使国家机关的公务目的实现。如前所述，被查封的标的是不动产物权的，为查封；被查封的标的是正在建造的建筑物、构筑物和以取得不动产物权为目的的期待权（债权）的，为预查封。据此可知，查封登记，是指登记机构按照人民法院等有权的国家机关送达或发送的嘱托办理查封登记的文书，在登记簿上对登记在被查封人名下的不动产物权、正在建造的建筑物（构筑物）或以取得不动产物权为目的的合同、协议债权作查封记载，限制被查封人申请的因处分该不动产，或贬损该不动产价值产生的不动产登记的办理。在不动产物权上所做的查封记载，为查封登记；在正在建造的建筑物、构筑物和以取得不动产物权为目的的债权上所做的查封记载，为预查封登记。因此，此处的查封登记包括查封登记、预查封登记。从本质上看，查封登记属于一种协助执行措施。

第三节　我国台湾地区的两种不动产登记类型

我国台湾地区有关土地登记规则的规定中有两种不动产登记类型：一是更名登记；二是书状换给或补给登记。

一、更名登记

我国台湾地区有关土地登记规则第八十八条第一款规定，胎儿为继承人时，应由其母以胎儿名义申请登记，俟其出生办理户籍登记后，再行办理更名登记。该规则第八十九条规定："法人或寺庙在未完成法人设立登记或寺庙登记前，取得土地所有权者，得提出协议书，以其筹备人公推之代表人名义申请登记。其代表人应表明身分及承受原因。登记机关为前项之登记，应于登记簿所有权部其它登记事项栏注记取得权利之法人或寺庙筹备处名称。第一项之协议书，应记明于登记完毕后，法人或寺庙未核准设立或登记者,其土地依左列方式之一处理:一申请更名登记为已登记之代表人所有。二申请更名登记为筹备人全体共有。第一项之法人或寺庙在未完成法人设立登记或寺庙登记前,其代表人变更者,已依第一项办理登记之土地,应由该法人或寺庙筹备人之全体出具新协议书,办理更名登记。"据此可知,权利人更名登记适用于借用他人姓名或名称办理不动产登记后,将不动产更换至权利人自己名下产生的不动产登记。

如前所述,我国法律规定的不动产登记类型中没有更名登记,但不动产登记实务中需要适用更名登记的情形时有出现,如张某系某股份有限公司设立时的发起人,发起人协议中授权张某负责办理未来设立的股份有限公司运营所需房屋事宜。尔后,张某以其名义与他人签订买卖合同购买了一幢办公楼,合同中注明该办公楼系代未来的公司购买。办公楼转移登记在张某名下,张某领取了不动产权属证书。公司成立后,张某持不动产权属证书、市场监督管理机关出具的股份有限公司发起人证明、发起人协议、购房合同等材料,申请将登记在张某名下的办公楼的所有权再登记到某股份有限公司的名下。问:登记机构应当适用什么登记?因在申请房屋所有权登记时某股份有限公司尚未设立,没有民事权利能力,即不具备享有民事权利的资格,不能成为登记簿上记载的房屋所有权人,将未来应当属于某股份有限公司的房屋所有权登记在发起人张某名下,是基于发起人协议的授权所为,系公司借用发起人张某的姓名登记房屋所有权,但在公司登记成立后,张某应当将房屋交还给公司。根据我国现时的法律、行政法规、规章规定,欲将发起人张某名下的房屋所有权登记到某股份有限公司名下,属于不动产物权权利主体变动产生的不动产登记,适用交还房屋产生的转移登记,由于此转移登记非基于交易原因产生,故不涉税。笔者认为,本案中,公司的发起人张某不真正享有房屋所有权,将发起人张某名下的房屋所有权再登记到某股份有限公司名下,不是实质上的房屋权属主体变动,而是将本应归某股份有限公司享有但借用张某姓名登记的房屋所有权恢复到该公司名下,只需将登记簿上的权利人由张某更换为某股份有限公司便可以实至名归。

另外,《民法典》第十六条规定,涉及遗产继承、接受赠与等胎儿利益保护的,胎儿视为具有民事权利能力。但是,胎儿娩出时为死体的,其民事权利能力自始不存在。据此可知,在涉及继承、接受赠与(包括遗赠)或损害赔偿时,将胎儿当作已经出生的自然人对待,使其享有民事权利能力、具有民事主体资格[1]。《民法典》第一千一百五十五条规定,遗产分割时,应当保留胎儿的继承份额。胎儿娩出时是死体的,保留的份额按照法定继承办理。在司法实务中,《最高人民法院关于适用〈中华人民共和国民法典〉继承编的解释(一)》第三十一条第一款规定,应当为胎儿保留的遗产份额没有保留的,应从继承人所继承的遗产中扣回。据此可知,将胎儿视为已出生的自然人,赋予了其在继承关系中的民事权利能力,但此胎儿的民事权利能力,仅指胎儿享有民事权利的资格,不得因此使胎儿继承民事义务[2]。笔者认为,继承和赠与产生时,其他继承人或遗产分配执行人为胎儿预留的遗产份额和胎儿的父母代胎儿接受的赠与,都是实实在在的利益,即给胎儿预留的遗产份额和代胎儿接受的赠与都是实实在在的民事权利。此情形下,民事权利能力与实实在在的民事权利形成了合一,是民事权利能力的一种特例。但是,法律、法规、规章和政策却没有胎儿依法享有的不动产物权适用何种不动产登记类型的规定,使《民法典》关于胎儿权益保护的规定不能充分落实。如果借鉴我国台湾地区有关土地登记规则中关于更名登记的规定,在法律规范中做出关于更名登记的规定,即由胎儿的母亲先行即时代为将不动产物权登记在其名下,胎儿出生后,再由母亲名下更名登记到胎儿名下,便能够落实《民法典》关于胎儿权益保护的规定。

二、书状换给或补给登记

书状换给或补给登记是我国台湾地区有关土地登记规则规定的不

---

[1] 梁慧星:《民法总则》重要条文的理解与适用,http://www.cssn.cn/,访问日期:2019年5月27日。
[2] 梁替星:《中国民法典草案建议稿附理由:总则编》,法律出版社2004年版,第25页。

动产登记类型，按该规则第一百一十八条规定，土地所有权状或他项权利证明书损坏或灭失属于申请人申请书状换给或补给登记的情形。

在不动产登记实务中，《不动产登记暂行条例实施细则》第二十条第一款规定，不动产登记机构应当根据不动产登记簿，填写并核发不动产权属证书或者不动产登记证明。该实施细则第二十二条第一款、第二款规定，不动产权属证书或者不动产登记证明污损、破损的，当事人可以向不动产登记机构申请换发。符合换发条件的，不动产登记机构应当予以换发，并收回原不动产权属证书或者不动产登记证明。不动产权属证书或者不动产登记证明遗失、灭失，不动产权利人申请补发的，由不动产登记机构在其门户网站上刊发不动产权利人的遗失、灭失声明15个工作日后，予以补发。据此可知，一般情形下，不动产登记完成后，登记机构应当根据不动产登记簿上的记载填写并向权利人核发不动产权属证书，笔者据此作反面解释，如果不动产登记簿上没有记载相关内容的，则登记机构不得填写并核发相应的不动产权属证书。因此，如果因污损、破损换发不动产权属证书和因遗失、灭失补发不动产权属证书事项在登记簿上没有记载的，则登记机构不能向申请人换发、补发不动产权属证书。申言之，不动产权属证书换发、补发事项是登记机构应当在不动产登记簿上记载的事项，也属于不动产登记，但是，《不动产登记暂行条例》及其实施细则规定的全部不动产登记类型中却没有不动产权属证书的换发登记、补发登记，概言之，《不动产登记暂行条例》及《不动产登记暂行条例实施细则》没有规定不动产权属证书换发、补发适用的不动产登记类型。因此，可借鉴我国台湾地区有关土地登记规则规定的书状换给或补给登记，制定不动产权属证书换发或补发登记制度，以堵住立法留下的漏洞。

第七章　顺　位

不动产登记簿上，在同一不动产上记载两个或两个以上不相排斥的不动产物权的情形已经常态化。如一套房屋的所有权记载在登记簿上后，又在该房屋上记载一个居住权，之后，再在该房屋上记载一个抵押权。再如一宗地的土地经营权记载在登记簿上后，又在该宗地上记载一个抵押权，之后，再在该宗地上记载一个地役权。在同一不动产上记载两个或两个以上不相排斥的不动产物权后，各个不动产物权的实现或行使可能存在冲突或妨碍，为了解决这个可能存在的冲突或妨碍，保护相关不动产物权的权利人的合法权益，不动产物权顺位制度应势而生。

第一节　顺位的定义

关于顺位，据笔者查询，法律、行政法规没有作定义性或定性性的规定，只有概念性的提及，如《民法典》第四百零九条规定："抵押权人可以放弃抵押权或者抵押权的顺位。抵押权人与抵押人可以协议变更抵押权顺位以及被担保的债权数额等内容。但是，抵押权的变更未经其他抵押权人书面同意的，不得对其他抵押权人产生不利影响。债务人以自己的财产设定抵押，抵押权人放弃该抵押权、抵押权顺位或者变更抵押权的，其他担保人在抵押权人丧失优先受偿权益的范围内免除担保责任，但是其他担保人承诺仍然提供担保的除外。"

学理上，所谓顺位，是某个具体的不动产物权在不动产登记簿所记载的一系列权利所构成的顺序中占有的位置[1]。

---

[1] 孙宪忠：《中国物权法原理》，法律出版社2004年版，第221页。

一、顺位是不动产物权在登记簿上占有的位置

顺位是不动产物权在登记簿上占有的位置,如前所述,登记簿上记载的内容有不动产的自然状况、不动产物权和其他法定事项,但顺位只适用于登记簿上记载的不动产物权,登记簿上记载的不动产的自然状况、其他法定事项不存在顺位,且只有所有权之外的不动产物权,即用益物权和担保物权才享有顺位。所有权是充分物权,其实现不受法律之外的其他限制。因此,所有权无顺位,而绝对优先实现[①]。申言之,顺位是不动产用益物权和担保物权在登记簿上占有的位置。

二、顺位只存在于登记簿上记载的不动产物权间

按《民法典》第二百零九条规定,一般情形下,基于民事法律行为设立、变更、转让和消灭的不动产物权,自记载于登记簿上时起产生法律效力。但按该法第十章、第十五章规定,基于民事法律行为设立、变更、转让和消灭的土地承包经营权、土地经营权、地役权,自民事法律行为生效时起产生法律效力。按该法第二百二十九条、第二百三十条和第二百三十一条规定,因人民法院和仲裁机构的法律文书或人民政府的征收决定、继承、合法建造或拆除房屋等非基于民事法律行为设立、变更、转让和消灭的不动产物权,自人民法院、仲裁机构的法律文书或人民政府的征收决定生效、继承开始、合法建造或拆除房屋的事实行为成就时起,无须记载于登记簿即依法、即时产生法律效力。据此可知,我国法律规定的不动产物权的设立、变更、转让和消灭:一是自记载于登记簿上时起生效;二是无须记载于登记簿上,自人民法院、仲裁机构的法律文书或人民政府的征收决定生效时起生效,自继承开始时起生效,自合法建造或拆除房屋的事实行为成就时起生效;三是自设立、变更、转让和消灭该不动产物权的民事法律行为生效时起生效。但是,顺位只存在于登记簿上记载的不动产物权间。没有记载在登记簿上的不动产物

[①] 梁慧星:《中国民法典草案建议稿附理由:物权编》,法律出版社2004年版,第35页。

第七章　顺位

权与记载在登记簿上的不动产物权间不存在顺位。没有记载在登记簿上的不动产物权间不存在顺位。

三、顺位是基于不动产登记产生的程序权

从顺位制度的角度看，任何一项设定的不动产物权均是两种权利的复合体：一是实体权利本身，二是此实体权利所享有的顺位权利。顺位权利是实体权利的程序权，是实现实体权利的程序保障[1]。据此可知，顺位是一种基于不动产登记程序产生的权利，即不动产物权的顺位是不动产登记程序上的权利，是一种程序权，不是基于民事行为产生的民事实体权利。

第二节　顺位的确定、变更和消灭

如前所述，顺位是基于不动产登记产生的程序权，是解决登记簿上记载的各个不动产物权实现或行使时可能存在的冲突或妨碍的程序权，那么，不动产物权的顺位如何确定？不动产物权的顺位确定后，可否变更？不动产物权的顺位在什么情形下消灭？

一、不动产物权的顺位确定

不动产物权的顺位确定有以下几种：一是按登记位置在先权利的顺位在先的原则确定；二是按登记时间在先权利的顺位在先的原则确定；三是按预告登记预定的顺位确定；四是生效的法律文书确定的顺位；五是按权利人约定的顺位登记确定。

1. 登记位置在先的，权利的顺位在先

在不动产登记实务中，《不动产登记操作规范（试行）》1.5.2 条之 1 规定，一个不动产单元有两个以上不动产权利或事项的，在不动产登记簿中分别按照一个权利类型或事项设置一个登记簿页。按《国土资源部

---

[1] 梁慧星：《中国民法典草案建议稿附理由：物权编》，法律出版社 2004 年版，第 35 页。

关于启用不动产登记簿证样式（试行）的通知》（国土资源部〔2015〕25号）附《不动产登记簿样式及使用填写说明》规定，建设用地使用权、宅基地使用权、海域使用权、土地承包经营权、农用地使用权、地役权、抵押权等不动产用益物权和担保物权有专门的登记簿页，即不同的不动产用益物权记载在相应的不同的簿页上，而抵押权记载在同一簿页的相应位置上，如建设用地使用权、宅基地使用权、海域使用权分别记载在建设用地使用权登记信息簿页、宅基地使用权登记信息簿页、海域使用权登记信息簿页上。但一般抵押权、最高额抵押权、在建建筑物抵押权等抵押权均记载在抵押权登记信息簿页上。因此，登记位置在先的，权利的顺位在先，是指记载在同一簿页上的不动产物权，处于在先的登记位置的不动产物权的顺位优先，具体是指记载在同一簿页上的抵押权，处于在先的登记位置的抵押权的顺位优先。

2. 登记时间在先的，权利的顺位在先

在一个标的物上设定两个以上不动产物权，依其纳入不动产登记簿的时间先后享有顺位[1]。据此可知，在不动产登记簿上，登记时间在先的，不动产物权的顺位优先。在不动产登记实务中，按《不动产登记暂行条例实施细则》第六十七条规定，同一不动产上设立多个抵押权的，不动产登记机构应当按照受理时间的先后顺序依次办理登记，并记载于不动产登记簿。《不动产登记操作规范（试行）》1.5.2条之1、2规定，一个不动产单元有两个以上不动产权利或事项的，在不动产登记簿中分别按照一个权利类型或事项设置一个登记簿页；一个登记簿页按登簿时间的先后依次记载该权利或事项的相关内容。该规范5.0.1条之1规定："记载于不动产登记簿的时点应当按下列方式确定：使用电子登记簿的，以登簿人员将登记事项在不动产登记簿上记载完成之时为准；使用纸质登记簿的，应当以登簿人员将登记事项在不动产登记簿上记载完毕并签名（章）之时为准。"据此可知，登记机构按登簿时间将不动产物权记

---

[1] 梁慧星：《中国民法典草案建议稿附理由：物权编》，法律出版社2004年版，第34页。

载在相应的登记簿页上,并载明登记的时间节点。笔者认为,使用纸介质登记簿的,登记的时间节点应当以年月日时分表示。使用电子介质登记簿的,登记的时间节点应当以年月日时分秒表示。因此,记载在不同登记簿页上的不同的不动产物权,由于没有位置上的先后次序,故登记时间在先的不动产物权的顺位优先。如记载在不同簿页上的抵押权和居住权,登记时间在先的抵押权的顺位优于登记时间在后的居住权的顺位。

3. 预告登记预定的顺位

所谓预告登记,是为保全一项以将来发生不动产物权为目的的请求权的不动产登记[1]。(预告登记的)顺位保护效力,即保障请求权所指定的物权变动享有登记的顺位[2]。据此可知,预告登记可以为其保障的以取得不动产物权为目的的请求权(债权)产生的不动产物权在登记簿上预定一个顺位。在不动产登记实务中,《不动产登记暂行条例实施细则》第八十五条第三款规定,预告登记后,债权未消灭且自能够进行相应的不动产登记之日起3个月内,当事人申请不动产登记的,不动产登记机构应当按照预告登记事项办理相应的登记。笔者认为,其中的"不动产登记机构应当按照预告登记事项办理相应的登记",包括登记机构在登记簿上记载基于预告登记产生的不动产物权时,该不动产物权的顺位以预告登记预定的顺位为准。如甲以按揭方式预购了一套商品住房,与住房公积金中心委托的贷款银行中国银行乙支行签订了公积金委托贷款合同和抵押合同后,办理了预购商品房抵押预告登记。之后,甲又与中国工商银行丙支行签订了贷款合同和抵押合同,并办理了预购商品房抵押预告登记。此情形下,权利人为中国银行乙支行的预购商品房抵押预告登记预定的房屋抵押权顺位在先,权利人为中国工商银行丙支行的预购商品房抵押预告登记预定的房屋抵押权顺位在后。将来,即使中国工商银行丙支行的房屋抵押权先于中国银行乙支行的房屋抵押权记载在

---

[1] 梁慧星:《中国民法典草案建议稿附理由:物权编》,法律出版社2004年版,第38页。
[2] 梁慧星:《中国民法典草案建议稿附理由:物权编》,法律出版社2004年版,第39页。

登记簿上，但因其基于预购商品房抵押预告登记预定的房屋抵押权顺位在后，该先于中国银行乙支行的房屋抵押权记载在登记簿上的房屋抵押权的顺位，也在后记载于登记簿上的中国银行乙支行的房屋抵押权之后，登记簿上的表达：在登记簿的附记栏记载"第一顺位抵押权人：中国银行乙支行。第二顺位抵押权人：中国工商银行丙支行"。

4. 生效的法律文书确定的顺位

生效的法律文书确定的顺位，是指当事人因登记簿上记载的不动产物权的顺位产生争执提起民事诉讼、申请仲裁机构仲裁后，人民法院、仲裁机构作出的生效的判决书、裁定书、民事调解书、仲裁裁决书、仲裁调解书确认的不动产物权的顺位。在司法实务中，北京市第二中级人民法院在"上诉人朱某梅因与被上诉人宋某卫、廉某元、中某通财富投资管理（北京）有限公司抵押权纠纷一案"中认为"在没有相关法律规定或者当事人另有约定的情况下，宋某卫将其对廉某元的400万元债权转让给朱某梅后，宋某卫对涉案房屋享有的抵押权亦随着主债权的转让而由朱某梅受让，宋某卫对涉案房屋的抵押权随之归于消灭。朱某梅受让债权后，亦办理了对涉案房屋的抵押登记手续，取得了不动产登记证明。宋某卫应配合朱某梅办理其对涉案房屋抵押权的涂销手续，确保朱某梅成为第一顺位抵押权人，以便于债权实现"。据此判决确认朱某梅为大兴区×1号楼×（不动产权证书号：京房权证兴私字第××××号）房屋的第一顺位抵押权人[①]。

5. 按权利人约定的顺位登记确定

两个以上的抵押权人申请抵押权首次登记时可否约定登记为同一顺位的抵押权？据笔者查询，现时有效的法律、法规、规章和政策均没有作禁止性规定。按《民法典》第四百零九条第一款规定，抵押权人与抵押人可以协议变更抵押权顺位。在不动产登记实务中，按《不动产登记暂行条例

[①] 北京市第二中级人民法院："上诉人朱某梅因与被上诉人宋某卫、廉某元、中某通财富投资管理（北京）有限公司抵押权纠纷一案"，https://wenshu.court.gov.cn，访问日期：2022年1月5日。

实施细则》第六十七条规定，同一不动产上设立多个抵押权的，当事人对抵押权顺位另有约定的，从其规定办理登记。据此可知，在一处不动产上依法设立两个以上的抵押权的情形下，抵押权的顺位是登记簿记载的内容，且已经记载在登记簿上的抵押权的顺位可以由当事人基于其意思表示，在协商一致的情形下予以变更。申言之，在一处不动产上将要依法设立两个以上的抵押权的情形下，当事人也可以协商约定其抵押权处于前顺位或后顺位，抑或处于同一顺位。无论是前顺位或后顺位，还是同一顺位，都是抵押权的顺位，都是登记簿上应当记载的内容，即登记簿上记载的不动产物权的顺位，可以按权利人约定的顺位登记确定，登记簿上的表达：在登记簿的附记栏记载"甲银行、乙银行同为第一顺位抵押权人"。

二、顺位变更

顺位变更，是指登记簿上记载的同一种类的不动产物权的权利人相互交换其不动产物权的顺位，使对方享有自己的顺位的情形。换言之，不是登记簿上记载的同一种类的不动产物权就不存在顺位变更。登记簿上记载的不动产物权的顺位变更，最典型的是抵押权顺位变更，即《民法典》第四百零九条第一款规定，抵押权人与抵押人可以协议变更抵押权顺位以及被担保的债权数额等内容。抵押权顺位变更属于抵押权内容的变更，为物权变更，因此，如果该抵押物上的抵押权是以登记作为成立要件，则未经登记变更不生效力[①]。在不动产登记实务中，按《不动产登记暂行条例实施细则》第二十六条、第六十八条规定，抵押权顺位变更属于当事人申请抵押权变更登记的情形。

三、顺位的消灭

顺位的消灭，是指登记簿上记载的不动产物权的顺位因该不动产物权的绝对灭失、权利人的放弃而消灭的情形。

---

① 王利明、尹飞、程啸：《中国物权法教程》，人民法院出版社2007年版，第472页。

1. 顺位随不动产物权的绝对灭失而消灭

不动产物权的绝对灭失，是指不动产物权随不动产实体的消灭而永久消灭，或者随依附的主权利、主债权的消灭而消灭。如记载在房屋所有权上的抵押权和居住权，因房屋拆除，房屋的所有权消灭，基于该房屋所有权设立的抵押权、居住权随之消灭，该抵押权、居住权享有的顺位亦随之消灭。被同一不动产上设立的若干个抵押权担保的某个贷款债权因债务人还本付息清结、人民法院或仲裁机构生效的法律文书确认该贷款合同无效而消灭，对应的抵押权随之消灭，该抵押权享有的顺位也随之消灭。但不动产物权的顺位消灭随该不动产物权注销登记的完成而生效。

与不动产物权的绝对灭失对应的是不动产物权的相对灭失：一是不动产物权因转移登记给他人而使原权利人的权利灭失，他人在此灭失的基础上设立属于自己的不动产物权；二是不动产物权因不动产实体灭失外的申请注销登记的事由成就完成注销登记而灭失（如权利人抛弃不动产物权申请的注销登记记载在登记簿上后，该权利人享有的不动产物权灭失，但该不动产物权本身并不消灭，其归属处于待定状态，故此情形属于不动产物权的相对灭失）；三是不动产物权内容发生变更，变更前的不动产物权内容因变更登记的完成而消灭，不动产物权的新内容因变更登记的完成而产生。

2. 顺位因权利人放弃而消灭

权利人放弃顺位，是指登记簿上记载的不动产物权的权利人依自己的意思表示抛弃其享有的该不动产物权的顺位的情形。一般情形下，权利人抛弃其享有的不动产物权顺位的意思表示应当以书面方式作出且自记载于登记簿上时起生效。权利人放弃顺位时，面对的对象是登记簿上记载的全部不动产物权，因此，权利人放弃顺位后，其不动产物权的顺位处于登记簿上记载的全部不动产物权的末位。

第七章 顺位

第三节 顺位的意义

顺位的意义：一是确保不动产物权的优先实现，即物权实现的优先性；二是对影响不动产物权行使或实现的其他不动产物权予以排斥，即物权行使或实现时的排斥效力。

1. 确保不动产物权的优先实现

确保不动产物权的优先实现，是指在同一不动产上设置的若干相同种类的不动产物权，顺位在先的优先实现的情形。在同一不动产上设置的若干相同种类的不动产物权优先实现的典型，是在同一不动产上设置的若干抵押权，顺位在先的优先实现，即《民法典》第四百一十四条第一款第（一）项规定，同一财产向两个以上债权人抵押的，抵押权已经登记的，按照登记的时间先后确定清偿顺序。

2. 对影响不动产物权行使或实现的其他不动产物权予以排斥

对影响不动产物权行使或实现的其他不动产物权予以排斥，是指在同一不动产上设置的若干不同种类的不动产物权，顺位在后的不动产物权不得影响顺位在先的不动产物权的权利人行使或实现其不动产物权的情形。如以住房作抵押，抵押权记载在登记簿上后，抵押人在该住房上为他人设立居住权，居住权记载在登记簿上后，其顺位在抵押权之后。在实现抵押权的条件成就时，抵押权人以拍卖、变卖、折价抵债等方式行使或实现其抵押权时，处于后顺位的居住权不得影响该抵押权的行使或实现。

第八章 不动产登记的一般程序

如前所述,不动产登记是行政行为,因此不动产登记程序属于行政程序。行政程序是指国家行政机关在行使行政权力、实施行政管理和服务活动过程中所遵循的方式、步骤、顺序、时限以及当事人参与行政活动程序的一种制度[1]。在不动产登记实务中,《不动产登记操作规范(试行)》1.7.1条第一款规定,依申请的不动产登记应当按下列程序进行:(一)申请;(二)受理;(三)审核;(四)登簿。该操作规范1.7.2条规定,依据人民法院、人民检察院等国家有权机关出具的相关嘱托文件办理不动产登记的,按下列程序进行:(一)嘱托;(二)接受嘱托;(三)审核;(四)登簿。该规范1.7.3条规定,不动产登记机构依职权办理不动产登记事项的,按下列程序进行:(一)启动;(二)审核;(三)登簿。笔者据此认为,不动产登记的一般程序主要有:启动、受理(依申请登记、嘱托登记)、审核、登簿,但这只是不动产登记程序中的四个步骤及其顺序,这四个步骤中还包括启动不动产登记的方式、不动产登记材料的提交或送达、不动产登记材料的审查(查验)、不动产登记的办理时限等具体的程序内容。

第一节 启动

如前所述,不动产登记的启动方式有依申请人的申请启动、依有权的国家机关的嘱托启动、登记机构自身依法定职权启动,这些启动方式对应的不动产类型分别为依申请登记、依嘱托登记、依职权(径为)登记。

---

[1] 王连昌、马怀德:《行政法学》,中国政法大学出版社2002年版,第212页。

第八章 不动产登记的一般程序

一、依申请启动

(一) 不动产登记申请的定义

不动产登记申请,是指申请人(权利人、义务人)对其依法设立、变更、转移和消灭的不动产物权及其他法定事项,以提交不动产登记申请书的方式请求登记机构在不动产登记簿上予以记载的行为。不动产登记申请是民事主体实施的不动产登记程序上的行为,是行政程序法上的行为,不是民事法律行为。

如前所述,不动产登记属于行政确认行为,从启动到完成,有一套严格的程序。申请人的不动产登记申请指向的对象是登记机构,即不动产登记申请是不动产登记程序启动的前置条件,但不是不动产登记程序启动的标志。登记机构受理申请人的不动产登记申请后,登记机构和申请人之间的行政法律关系建立,申请人成为不动产登记法律关系中的行政相对人。行政法律关系,是指特定利益关系经行政法规范调整后形成的行政主体与相对人间的权利义务关系[①]。因此,登记机构受理不动产登记申请才是不动产登记程序启动的标志。

(二) 不动产登记申请与不动产权属申报

不动产登记申请有别于不动产权属申报。不动产登记申请是旨在使申请人依法设立、变更、转移和消灭的不动产物权及其他法定事项记载在登记簿上以得到法律的承认和保护的行为,是申请人自愿的行为。而不动产权属申报是国家司法机关或行政机关出于某种公务目的,要求当事人在一定的时间内,在一定的地点如实报告其不动产权属情况的行为,是一种带有强制性的行为,如人民法院为了执行案件的需要,令被执行人在规定的时间和地点向人民法院申报房屋所有权及其他财产情况;市人民政府为了城市建设的需要以通告的形式要求一定区域内的市民在规定的时间和地点,向人民政府有关部门申报房屋所有权状况等。

[①] 叶必丰:《行政法学》,武汉大学出版社 2004 年版,第 119 页。

（三）不动产登记申请权与不动产登记请求权

不动产登记申请权，是指当事人依法享有的向不动产登记机构申请将其依法设立、变更、转移和消灭的不动产物权及其他法定事项记载在登记簿上的权利。不动产登记申请权属于行政程序法上的权利。

不动产登记请求权，是指当事人中的权利人基于合同、协议等设立、变更、转移和消灭不动产物权及其他法定事项的登记原因材料（权源证明材料）享有的要求对方当事人（即义务人）协助、配合申请不动产登记的权利。不动产登记请求权属于民事实体法上的权利，是债权。

（四）不动产登记申请是权利也是义务

如前所述，不动产登记申请是当事人享有的启动不动产登记程序的权利，即是否申请不动产登记，何时申请不动产登记等由申请人依其意思决定，但按权责一致的原则，不动产登记申请同时也是一种义务，申请人（权利人、义务人或其代理人、监护人）行使申请不动产登记的权利时，也要履行相应的义务。在不动产登记实务中，申请人应当履行的义务主要有：

1. 承担因不动产登记申请产生的后果的义务

申请人承担因不动产登记申请产生的后果的义务，特别是因民事法律行为申请不动产登记的申请人，要经历民事法律行为的生效、申请不动产登记的意思形成、不动产登记申请的提交等阶段，在这个时间段内，申请人可以反思、检讨自己的行为，认为自己的行为不当的，可以延缓、放弃不动产登记申请的提出。而不动产登记申请一旦提出，即便是有瑕疵的行为，申请人也予以了确认，应当承担由此产生的后果。如 A 和 B 是多年的好朋友，A 在购买了新房后欲出卖旧房，B 有意购买，A 遂将旧房卖给了 B。A 收取了 B 的房款，但没有与 B 签订房地产转让合同，之后，A 将不动产权属证书、身份证复印件一并交给了 B，以供 B 办理转移登记手续之用。A 因新房尚未装修好，请求 3 个月后移交房屋，B

第八章 不动产登记的一般程序

同意了 A 的请求。B 因没有房地产转让合同及 A 没有与 B 一起到登记机构填写不动产登记申请书而办理转移登记未果。B 约 A 订立房地产转让合同，A 对 B 说，都是好朋友，你看着办就行了，B 拟好房地产转让合同后把 A 的签名也一同代签了，尔后，B 约上 A 一起到登记机构办理转移登记手续，A 和 B 都在不动产登记申请书上签上了自己的姓名，提交了不动产权属证书、房地产转让合同等必需要件后被核准了转移登记，B 领取了自己名下的不动产权属证书。不久，A 因车祸而亡。距移交房屋期限届满前 1 个月，B 通知 A 的家属做好移交房屋的准备，A 的儿子以房地产转让合同不是其父订立，该宗房地产买卖不合法为由，拒绝移交房屋，并向登记机构申请更正登记，拟将房屋所有权更正登记在其名下。登记机构调查、审核后驳回了 A 的儿子的申请，理由有二：一是程序上，卖方 A 和买方 B 共同申请了转移登记，提交了支撑转移登记的证明资料，共同行使了不动产程序上的权利，具备了房屋权属登记程序启动的前置条件，登记机构受理了申请，启动了登记程序，审核了转移登记证明资料，核准登记并向 B 颁发了不动产权属证书，终结了登记程序，登记程序符合法律、法规、规章和政策的规定，即房屋转移登记程序齐全、合法。二是实体上，《民法典》第一百六十八条规定，代理人不得以被代理人的名义与自己实施民事法律行为，但是被代理人同意或者追认的除外。代理人不得以被代理人的名义与自己同时代理的其他人实施民事法律行为，但是被代理的双方同意或者追认的除外。据此可知，在代理制度中，自己代理与双方代理均是被禁止的行为。这可以看作是代理权的限制。当然，如果发生了自己代理与双方代理，也并不意味着该行为自然无效，如能得到被代理人或者法律行为双方当事人的同意，该代理行为也可以有效[①]。本案中，用作转移登记要件的房地产转让合同，系 B 因受 A 的口头委托与自己发生法律关系的自己代理行为所订立，且 A 在与 B 共同申请转移登记时，A 明知合同不是自己亲自所订，

[①] 王利明：《民法学》，复旦大学出版社 2004 年版，第 107 页。

对 B 将其用作登记要件而没有异议，应当视为 A 追认此合同为自己亲自所订，即 A 参与的转移登记申请这一程序行为，修补了民事实体行为的瑕疵。A 的儿子收到登记机构的书面回复后，没有申请行政复议，也没有提起行政诉讼。因此，A 的儿子基于继承应当承担 A 协助 B 申请的将房屋转让转移登记在 B 名下的后果。

2. 向登记机构提交登记申请材料的义务

《民法典》第二百一十一条规定，当事人申请登记，应当根据不同登记事项提供权属证明和不动产界址、面积等必要材料。《不动产登记暂行条例》第十六条第一款规定："申请人应当提交下列材料，并对申请材料的真实性负责：（一）登记申请书；（二）申请人、代理人身份证明材料、授权委托书；（三）相关的不动产权属来源证明材料、登记原因证明文件、不动产权属证书；（四）不动产界址、空间界限、面积等材料；（五）与他人利害关系的说明材料；（六）法律、行政法规以及本条例实施细则规定的其他材料。"据此可知，向登记机构提交登记申请材料是申请人的法定义务。申请人应当提交的登记申请材料主要有：

（1）登记申请书。

登记申请书是因申请启动的不动产登记的启动材料。登记申请书应当载明的内容主要有：一是载明申请人（权利人、义务人）；二是载明具体的申请登记的内容，即设立、变更、转移和消灭的不动产物权及其他法定事项；三是载明申请登记的原因、不动产登记类型；四是载明申请人、代理人签名、签章和申请日期等。

（2）申请人、代理人的身份证明材料。

申请人申请不动产登记、代理人代为申请不动产登记时提交的申请人、代理人的身份证明材料主要有：一是申请人是我国公民的，提交居民身份证、户口簿或军官证等合法有效的身份证明；二是申请人是港澳自然人的，香港居民提交香港特别行政区居民身份证或香港特别行政区护照，澳门居民提交澳门特别行政区居民身份证或澳门特别行政区护照，也可以提交港澳居民来往内地通行证；三是申请人是台湾自然人的，提交台湾居民来往大陆通行证；四是申请人是华侨的，提交我国护照；五是申请人是外籍自然人的，提交我国县级以上人民政府公安机关出入境管理机构颁发的居留证件或其所在国护照等；六是申请人是境内法人或非法人组织的，提交《社会统一信用代码登记证书》或机关法人设立文件、事业单位法人资格证、社会团体法人登记证书、营业执照等；七是申请人是我国港澳台地区法人、外国法人或组织的，提交商业登记证、企业登记证、企业注册证等。

（3）代理手续、监护人资格证明。

由代理人代为申请不动产登记的，应当提交代理合同、委托书等代理手续。代理手续应当载明的内容主要有：被代理人和代理人的姓名或者名称、代理事项、代理权限和期限，被代理人、代理人的签名或者盖章。

由监护人代为申请不动产登记的，应当提交监护人资格证明。监护人资格证明主要有：一是父母作监护人的，监护人资格证明可以是出生医学证明，也可以是能反映父子（女）和母子（女）关系的户口本等；二是配偶作监护人的，监护人资格证明可以是结婚证；三是其他人作监护人的，监护人资格证明可以是被监护人所在社区居民委员会、村民委员会出具的亲属关系证明，也可以是被监护人所在社区居民委员会、村民委员会、县级以上人民政府民政机关出具的指定监护人的证明；四是委托他人履行监护职责的，可以是监护人与受托人签订的监护权委托协议，或监护人向受托人出具的监护权委托书等；五是人民法院指定监护人的生效判决书等。

（4）相关的不动产权属来源证明材料、登记原因证明文件。

相关的不动产权属来源证明材料、登记原因证明文件主要有：一是人民法院、仲裁机构生效的载明不动产权属的判决书、裁定书、民事调解书、裁决书、仲裁调解书等；二是人民政府生效的征收文件、没收文件、收回文件等；三是行政许可、行政确认、行政合同等文件，如建设工程规划许可证、林权权属确认文件、土地出让合同等；四是民事法律行为类文件，如房地产转让合同、遗赠遗嘱、赠与书、拍卖成交确认书等。

（5）不动产权属证书、不动产权籍调查成果报告、相关税费缴纳凭证。

① 不动产权属证书。

在不动产登记实务中，按《不动产登记暂行条例实施细则》的相关规定，申请人申请变更登记、转移登记、注销登记、抵押权登记等后续登记时，不动产权属证书是其应当向登记机构提交的登记申请材料，此情形下，不动产权属证书包括：不动产统一登记后颁发的不动产权属证书、不动产登记证明和不动产统一登记前颁发的房屋所有权证、房屋共有权证、房屋他项权证、国有土地使用权证、土地他项权证、林权证等。

② 不动产权籍调查成果报告。

不动产权籍调查成果报告，是指有资质的专业机构按《不动产权籍调查技术方案（试行）》的规定出具的记载有申请登记的宗地及地上房屋、林木等定着物，或宗海及海域内的房屋、林木、岛屿等定着物的坐落、界址、空间界限、面积、空间坐标、位置说明（四至描述）、附图等自然状况和权属、权利类型、权利性质等权利状况的书面材料，以从空间上、平面上特定申请不动产登记的宗地及地上房屋、林木等定着物或宗海及海域内的房屋、林木、岛屿等定着物。

③ 相关税费缴纳凭证。

相关税费缴纳凭证主要有：一是土地使用权出让金缴纳凭证，土地出让金缴纳凭证上的数额应当与土地使用权出让合同中载明的土地出让金数额一致；二是土地租金缴纳凭证，土地租金缴纳凭证上的租金数额应当与租赁合同中约定的缴纳数额、缴纳状况（进度）一致或相对应；三是海域使用金缴纳凭证，海域使用金缴纳凭证上的海域使用金数额应当与海域使用批准文件、海域使用权出让合同中载明的缴纳数额一致，少缴或免缴的，应当取得有批准权的人民政府财政部门和海洋行政主管部门准予少缴或免缴的文件；四是契税缴纳凭证，契税缴纳凭证上的纳税人是基于转让、作价出资或入股、赠与等交易原因取得房地产的自然人、法人或非法人组织；五是土地增值税缴纳凭证，土地增值税缴纳凭证上的纳税人是房地产转让合同中的转让方（卖方），转让方可以是自然人、法人或非法人组织；六是个人所得税缴纳凭证，个人所得税缴纳凭证上的纳税人是房地产转让法律关系中的转让方（卖方）中的自然人。

3. 接受登记机构询问的义务

按《民法典》第二百一十二条第一款规定，询问申请人是因申请启动的不动产登记的必要程序。换言之，只要是因申请人的申请启动的不动产登记，登记机构就应当履行询问申请人的职责，与之对应，接受登记机构的询问并如实回答登记机构的询问是申请人应当履行的法定义务。

4. 按登记机构的要求进一步补充登记申请材料的义务和配合登记机构实地查看申请登记的不动产的义务

按《民法典》第二百一十二条第一款和《不动产登记操作规范（试行）》3.5.1条规定，登记机构根据申请人申请的不动产登记，履行查验申请材料的齐备性、查验申请材料之间及其与不动产登记簿之间的内容一致性、就有关登记事项询问申请人等职责后，认为申请登记的不动产的有关情况不能充分满足登记要求，需要申请人进一步提交证明材料的，登记机构有权要求申请人继续提交相关材料证明相关情况的合法性、真实性和有效性，此情形下，申请人有进一步提交证明材料的义务。如果需要实地查看申请登记的不动产的，登记机构有权实地查看不动产，且申请人有协助、配合的义务。

申请人只有履行申请不动产登记时产生的义务，才能使不动产登记申请这种程序上的权利得到填实，从而能更有效、更充分地行使之。

（五）双方申请与单方申请

《不动产登记暂行条例》第十四条规定："因买卖、设定抵押权等申请不动产登记的，应当由当事人双方共同申请。属于下列情形之一的，可以由当事人单方申请:(一)尚未登记的不动产首次申请登记的;(二)继承、接受遗赠取得不动产权利的;(三)人民法院、仲裁委员会生效的法律文书或者人民政府生效的决定等设立、变更、转让、消灭不动产权利的;(四)权利人姓名、名称或者自然状况发生变化,申请变更登记的;(五)不动产灭失或者权利人放弃不动产权利,申请注销登记的;(六)申请更正登记或者异议登记的;(七)法律、行政法规规定可以由当事人单方申请的其他情形。"据此可知,当事人申请不动产登记时以双方申请为原则,以单方申请为例外。其中,第一款以列举加概括的方式规定了当事人申请不动产登记时适用双方申请的情形,第二款以列举加概括的方式规定了当事人申请不动产登记时适用单方申请的情形。

1. 双方申请

双方申请,是指由当事人(权利人、义务人)共同向登记机构申请将设立、变更、转移和消灭的不动产物权及其他法定事项在登记簿上予以记载的行为。在民事活动中,因合同、协议等当事人合意的民事法律行为,是当事人设立、变更、转移和消灭不动产物权及其他法定事项的重要方式,换言之,因合同、协议等当事人合意的民事法律行为,是当事人设立、变更、转移和消灭不动产物权及其他法定事项的原因。所谓合意,是指当事人的真实意思表示达成一致的情形。原因要转化成结果,就需要民事法律行为的当事人履行各自的义务,其中,协助对方申请不动产登记是最重要的义务之一。换言之,在基于合同、协议等当事人合意的民事法律行为产生的不动产物权及其他法定事项变动中,一方是登记权利人,另一方是登记义务人,双方应当共同向登记机构申请相应的不动产登记。

《不动产登记暂行条例》第十四条第一款规定,因买卖、设定抵押权等申请不动产登记的,应当由当事人双方共同申请。笔者认为,此规定是具体列举加概括式规定,其中的买卖只是基于合意的民事法律行为之一,设定抵押权有依法律规定设定抵押权和依当事人的合意设定抵押权。依法律规定设定的抵押权无须登记即具有抵押权的效力，即使要申请登记，也由权利人单方申请将其已经依法享有的抵押权记载在登记簿上，仅起公示的作用，无权利设立作用；而依当事人的合意设定的抵押权才须抵押当事人共同申请登记，且自记载于登记簿上时起才产生抵押权的效力，即具有权利设立的作用和公示的作用，故"设定抵押权"的用语在此不严谨。而且"买卖、设定抵押权"的范围太狭窄，因此，应当将《不动产登记暂行条例》第十四条第一款具体列举加概括式的规定理解为具体列举加概括再加定性式的规定似乎更为合理，若如此，该条款可理解为：因合同、协议等当事人合意的民事法律行为设立、变更、转移和消灭的不动产物权及其他法定事项申请不动产登记的，应当由当事人双方共同申请。

2. 单方申请

单方申请，是指由当事人中的一方单独向登记机构申请将设立、变更、转移和消灭的不动产物权及其他法定事项在登记簿上予以记载的行为。《不动产登记暂行条例》第十四条第二款第（二）、（三）项规定的申请登记的权利，按《民法典》第二百二十九条、第二百三十条和第二百三十一条规定，自法律文书或人民政府的征收决定生效、继承开始、事实行为成就时起，权利人无须办理不动产登记即依法、即时享有相应的不动产物权。该暂行条例第十四条第二款第（四）项是关于权利人对自己依法享有的记载在登记簿上的不动产物权内容发生变动时申请登记的规定。该暂行条例第十四条第二款第（五）项是关于权利人申请消灭不动产登记的两种情形：一是依自己的意思表示以放弃的方式处分自己享有的不动产物权；二是不动产物权因承载权利的不动产实体灭失而消灭。概言之，申请设立、变更、转移和消灭不动产物权及其他法定事项产生的登记时，不存在当事人的合意或不涉及他方当事人的，由当事人单方申请即可。简言之，非当事人合意的民事法律行为设立、变更、转移和消灭不动产物权及其他法定事项产生的不动产登记，由当事人单方申请。

（六）代为申请

《不动产登记暂行条例实施细则》第十一条第一款、第十二条第一款规定，无民事行为能力人、限制民事行为能力人申请不动产登记的，应当由其监护人代为申请。当事人可以委托他人代为申请不动产登记。据此可知，当事人的不动产登记可以由其监护人或其委托的代理人代为申请。因此，代为申请指：一是当事人的监护人履行其法定的监护职责，代当事人提交不动产登记申请；二是当事人的委托代理人，基于委托书或代理合同的授权，代当事人向登记机构提交不动产登记申请。

在不动产登记实务中，当事人同时委托多人代为申请一件不动产登记的情形常有出现：一是委托人在一份委托书中委托两个以上的人代为申请不动产登记，则此两个以上的受托人为共同代理人，须共同行使不动产登记申请代理权，即由此两个以上的受托人同时代委托人申请不动产登记，同时在登记申请书上签名。二是委托人就同一件不动产登记出具两份以上的委托书分别委托他人代为申请该不动产登记，此委托不是共同委托，登记机构以收到的第一份委托书为准，准予该委托书授权的受托人代为申请不动产登记。登记机构受理不动产登记申请后，对后续出现的受托人代为申请的不动产登记，向其说明已经受理的情况后，不再受理后续受托人代为申请的不动产登记。

（七）不动产登记申请对不动产登记机构的影响

申请人的不动产登记申请被登记机构受理后，直接决定登记机构的审核范围、登记结果和办结时限。

1. 决定登记机构的审核范围和登记结果

不动产登记申请被登记机构受理后，登记机构只能根据申请人申请登记的不动产物权和其他法定事项，结合申请人提交的相应的登记原因材料（权源证明材料）及其他材料进行审核、判定，如申请人申请集体土地所有权首次登记，登记机构只能围绕集体土地所有权，审核与之相

第八章　不动产登记的一般程序

关的申请人身份证明、权属来源证明、不动产权籍调查成果报告等登记材料，不能要求申请人提交与之无关的材料并对其进行审核。对满足登记要求的，将申请书上申请登记的不动产物权和其他法定事项记载在登记簿上，不得将其他不动产物权和其他法定事项登记在申请人名下。

2. 决定登记机构的不动产登记办结时限

《不动产登记暂行条例》第二十条规定，不动产登记机构应当自受理登记申请之日起30个工作日内办结不动产登记手续，法律另有规定的除外。据此可知，《不动产登记暂行条例》将不动产登记的办结时限统一规定为30个工作日。在不动产登记实务中，不动产登记政策对此进行了细化，按《国土资源部办公厅关于印发〈压缩不动产登记时间实施方案〉的通知》（国土资厅函〔2017〕585号）附《压缩不动产登记时间实施方案》第二条第（三）项规定，根据《不动产登记暂行条例》规定，不动产登记申请受理后应在30个工作日办结。通过采取措施，将一般登记办理时限压缩至20个工作日，对政府组织开展的农村不动产登记以及未公证的继承、受遗赠涉及不动产登记等较为复杂的登记情形仍按照30个工作日规定。在此基础上，根据不同登记类型的难易程度，将查封登记和异议登记的办结时限压缩至即时办理，抵押登记不超过10个工作日，确保不动产登记便民利民。据此可知，行政法规和政策根据不动产登记类型规定了登记机构办结不动产登记的四种时限：一是政府组织开展的农村不动产登记及因未经公证的继承、受遗赠等产生的较为复杂的不动产登记的办结时限为30个工作日；二是查封登记和异议登记的办结时限为即时办理；三是抵押登记的办结时限为10个工作日；四是其他一般登记的办结时限为20个工作日。不动产登记的办结时限按工作日计算，不是按日计算。按工作日计算，是指不动产登记的办结时限不包括双休日、法定节假日。不动产登记的办结时限起算的时间节点为受理登记申请之日，且不动产登记申请书上载明的不动产登记原因、登记类型决定登记机构办结不动产登记的时限。因此，不动产登记申请决定登记机构的不动产登记办结时限。

（八）不动产登记申请的撤回

《不动产登记暂行条例》第十五条规定，当事人或者其代理人应当向不动产登记机构申请不动产登记。不动产登记机构将申请登记事项记载于不动产登记簿前，申请人可以撤回登记申请。据此可知，当事人或其代理人可以向登记机构申请不动产登记，但在其申请的不动产登记被记载于登记簿上前，申请人或其代理人可以撤回其已经提交的不动产登记申请。《民法典》第二百一十四条规定，不动产物权的设立、变更、转让和消灭，依照法律规定应当登记的，自记载于不动产登记簿时发生效力。据此可知，一般情形下，当事人基于民事法律行为设立、变更、转让和消灭的不动产物权，自记载于不动产登记簿时起发生效力。换言之，一般情形下，当事人基于民事法律行为设立、变更、转让和消灭不动产物权申请的不动产登记，在没有被登记机构记载于登记簿上前，就没有发生不动产物权设立、变更、转让和消灭的效力。因此，前已述及，申请人申请不动产登记是不动产登记程序上的行为，由申请人依自己的意思表示作出，在申请登记的目的没有实现前，即登记程序没有终结前，申请人既然可以依自己的意思表示向登记机构提出申请，也就可以依自己的意思表示撤回该不动产登记申请。撤回的方式遵循"谁申请谁撤回"的原则，即不动产登记是单方申请的，由该单方申请人单独申请撤回；不动产登记是双方申请的，则必须由该双方申请人共同申请撤回。不动产登记申请撤回后，已经启动的不动产登记程序终结。

综上所述，在依申请人或其代理人的申请启动的不动产登记中，不动产登记申请是不动产登记程序启动的前置条件，登记机构受理不动产登记申请后，不动产登记程序正式启动，不动产申请的撤回与否，决定着不动产登记程序的终止与否。作为不动产登记的程序行为，不动产登记申请的提出，对作为不动产登记原因行为的民事实体行为的瑕疵有一定的修补作用。概言之，不动产登记申请，是依申请启动的不动产登记的不可或缺的程序行为。

第八章 不动产登记的一般程序

二、依嘱托启动

在不动产登记实务中,《不动产登记暂行条例实施细则》第十九条第二款、第三款规定:"有下列情形之一的,不动产登记机构直接办理不动产登记:(一)人民法院持生效法律文书和协助执行通知书要求不动产登记机构办理登记的;(二)人民检察院、公安机关依据法律规定持协助查封通知书要求办理查封登记的;(三)人民政府依法做出征收或者收回不动产权利决定生效后,要求不动产登记机构办理注销登记的;(四)法律、行政法规规定的其他情形。不动产登记机构认为登记事项存在异议的,应当依法向有关机关提出审查建议。"据此可知,依嘱托启动的不动产登记,是指人民法院等有权的国家机关以嘱托不动产登记机构办理相关不动产登记的公文的方式启动不动产登记程序。

(1)人民法院嘱托启动的不动产登记。

《民事诉讼法》第二百三十五条第一款规定,执行工作由执行员进行。该法第二百五十八条规定,在执行中,需要办理有关财产权证照转移手续的,人民法院可以向有关单位发出协助执行通知书,有关单位必须办理。在司法实务中,按《最高人民法院关于人民法院执行工作若干问题的规定(试行)》(法释〔2020〕21号修正)第七条规定,执行人员执行公务时,应向有关人员出示工作证件。《最高人民法院、国土资源部、建设部关于依法规范人民法院执行和国土资源房地产管理部门协助执行若干问题的通知》(法发〔2004〕5号)第一条第一款规定,人民法院在办理案件时,需要国土资源、房地产管理部门协助执行的,国土资源、房地产管理部门应当按照人民法院的生效法律文书和协助执行通知书办理协助执行事项。该通知第二条第三款规定,人民法院执行人员到国土资源、房地产管理部门办理土地使用权或者房屋查封、预查封登记手续时,应当出示本人工作证和执行公务证,并出具查封、预查封裁定书和协助执行通知书。据此可知,人民法院以向登记机构送达协助执行通知书的方式启动转移登记、查封登记等不动产登记程序。作为执行工作环节之一的协助执行通知书等执行文书，由人民法院的执行员向作为协助执行单位的登记机构送达，不得使用邮政信函、特快专递等其他方式送达。

（2）人民检察院嘱托启动的查封登记。

按《人民检察院刑事诉讼涉案财物管理规定》第一款第（一）项规定，查封的不动产和置于该不动产上不宜移动的设施等财物，以及涉案的车辆、船舶、航空器和大型机械、设备等财物，及时将查封决定书副本送达有关登记、管理部门，并告知其在查封期间禁止办理抵押、转让、出售等权属关系变更、转移登记手续。据此可知，人民检察院以向登记机构送达查封决定书副本的方式启动不动产查封登记程序。

（3）监察机关嘱托启动的不动产登记。

《监察法》第四条第三款规定，监察机关在工作中需要协助的，有关机关和单位应当根据监察机关的要求依法予以协助。《关于不动产登记机构协助监察机关在涉案财物处理中办理不动产登记工作的通知》（国监办发〔2019〕3号）第一条规定，县级以上监察机关经过调查，对违法取得且已经办理不动产登记或者具备首次登记条件的不动产作出没收、追缴、责令退赔等处理决定后，在执行没收、追缴、责令退赔等决定过程中需要办理不动产转移等登记的，不动产登记机构应当按照监察机关出具的监察文书和协助执行通知书办理。该通知第二条规定，监察机关到不动产登记机构办理不动产登记时，应当出具监察文书和协助执行通知书，由两名工作人员持上述文书和本人工作证件办理。据此可知，监察机关以向登记机构送达协助执行通知书的方式启动查封登记、转移登记等不动产登记程序。

（4）各级人民政府及县级以上人民政府的公安、税务等行政机关嘱托启动的不动产登记。

按《民法典》《土地管理法》《行政强制法》《行政处罚法》等法律、法规的规定，乡镇人民政府、县级以上人民政府及其公安、税务等行政机关在收回宅基地使用权、国有建设用地使用权，实施查封、没收、以不动产抵税等行政强制措施、行政处罚措施以及解除行政强制措施后，需要登记机构协助办理相关的不动产查封登记、转移登记、查封登记注销登记等。但据笔者查询，法律、法规、规章和政策对各级人民政府及县级以上人民政府的行政机关要求登记机构办理不动产查封登记、转移登记、查封登记注销登记等不动产登记的嘱托文书的样式及其送达或发送方式没有作统一、明确的规定，因此，笔者认为，各级人民政府及县级以上人民政府的行政机关向登记机构送达或发送的嘱托启动不动产登记的文书应当是通知、函等公文。

《公安机关办理刑事案件适用查封、冻结措施有关规定》（公通字〔2013〕30号）第六条第一款规定，查封涉案财物需要国土资源、房地产管理、交通运输、农业、林业、民航等有关部门协助的，应当经县级以上公安机关负责人批准，制作查封决定书和协助查封通知书，明确查封财物情况、查封方式、查封期限等事项，送交有关部门协助办理，并及时告知有关当事人。据此可知，公安机关要求登记机构办理查封登记的嘱托登记文书的统一样式是协助查封通知书。因此，如果相关行政机关对其要求登记机构办理不动产登记的嘱托登记文书的样式自上而下有统一规定的，从其规定。

三、依职权启动

如前所述，不动产登记机构属于行政机关或行政机构，不动产登记机构实施的不动产登记属于行政行为，因此，不动产登记机构作出的启动不动产登记的决定是行政决定，且是依职权行政决定。依职权行政决定，是指行政主体根据其职权而无须行政相对人申请就能主动实施的行政决定[1]。在不动产登记实务中，按《不动产登记暂行条例实施细则》第十七条规定，登记机构依职权启动、办理的不动产登记是更正登记和注销登记。但据笔者查询，法律、法规、规章和政策对登记机构如何依

---

[1] 叶必丰：《行政法学》，武汉大学出版社2004年版，第171页。

职权启动不动产登记没有作规定。笔者认为，既然是依职权启动不动产登记，那么，该不动产登记是否启动应当由登记机构决定，不是由登记机构的具体部门决定，更不是由登记人员决定。如果登记机构决定启动该不动产登记的，应当作出书面决定，当然，登记机构决定启动不动产登记的书面决定可以是办理不动产更正登记或注销登记决定，也可以是发送给登记机构的不动产登记具体承办部门的办理不动产更正登记或注销登记通知书等。

第二节　受理

笔者认为，受理即接收处理。受理既然有接收之意，表明受理由双方当事人完成。如前所述，受理是不动产登记的一般程序中的第二个环节，依申请启动的不动产登记和依嘱托启动的不动产登记中才有双方当事人，即依申请启动的不动产登记和依嘱托启动的不动产登记才有受理环节。登记机构依职权启动的不动产登记中只有作为一方当事人的登记机构，即登记机构依职权启动的不动产登记中没有受理环节。

如前所述，自受理环节完成之时起，不动产登记程序正式启动，因此，受理环节完成的证明是不动产登记程序启动的凭证。笔者认为，在依申请启动的不动产登记中，受理环节完成的证明是登记机构向申请人出具的受理通知书、收件清单等受理凭证。申请人在登记机构的办公场所或专门的不动产登记受理窗口现场申请不动产登记的，登记机构向申请人出具纸介质的受理通知书、收件清单等受理凭证。申请人通过网络途径申请不动产登记的，登记机构点击"受理"后留存的电子记录即受理凭证，也可以向申请人出具电子介质的受理通知书、收件清单等受理凭证。在依嘱托启动的不动产登记中，受理环节完成的证明是登记机构在嘱托机关的嘱托登记文书送达回证上的签字或签章。通过党政网等网络途径受理的，可以是在电子公文传输通道上的收文痕迹等登记机构接收嘱托登记文书的凭证。自受理环节完成之时起，不动产登记的办理时限开始计算。

第八章　不动产登记的一般程序

不动产登记受理,也称为不动产登记申请、不动产登记嘱托的受理,是指不动产登记机构接收申请人的不动产登记申请、嘱托机关嘱托办理不动产登记的公文后,根据对申请材料的审查情况、对嘱托登记公文的核对情况,依法作出是否接收并告知申请人、嘱托机关相关情况等处理决定的行为。不动产登记受理环节的内容主要有:一是接收不动产登记申请材料、不动产登记嘱托材料;二是查验申请登记的内容、嘱托登记的内容是否属于本登记机构的登记范围;三是查验不动产登记申请人、不动产登记嘱托人是否适格;四是查验不动产登记申请材料、核对不动产登记嘱托材料;五是询问不动产登记申请人;六是作出受理决定;七是签署受理意见;八是向审查(复核)人移交不动产登记受理案卷。

一、接收不动产登记申请材料、不动产登记嘱托材料

(一)接收不动产登记申请材料

登记机构在受理依申请人的申请启动的不动产登记时,应当接收的不动产登记申请材料主要有:

1. 登记申请书

登记申请书是因申请启动的不动产登记的启动材料,登记申请书应当载明的内容主要有:一是载明申请人(权利人、义务人);二是载明具体的申请登记的内容,即设立、变更、转移和消灭的不动产物权及其他法定事项;三是载明登记原因和不动产登记类型;四是载明申请人、代理人签名、签章和申请日期等。

2. 申请人、代理人的身份证明材料

申请人申请不动产登记、代理人代为申请不动产登记时提交的申请人、代理人的身份证明材料主要有:一是申请人是我国公民的,提交居民身份证、户口簿或军官证等合法有效的身份证明;二是申请人是港澳自然人的,香港居民提交香港特别行政区居民身份证或香港特别行政区护照,澳门居民提交澳门特别行政区居民身份证或澳门特别行政区护

照，也可以提交港澳居民来往内地通行证；三是申请人是台湾自然人的，提交台湾居民来往大陆通行证；四是申请人是华侨的，提交我国护照；五是申请人是外籍自然人的，提交我国县级以上人民政府公安机关出入境管理机构颁发的居留证件或其所在国护照等；六是申请人是境内法人或非法人组织的，提交《社会统一信用代码登记证书》或机关法人设立文件、事业单位法人资格证、社会团体法人登记证书、营业执照等；七是申请人是港澳台地区法人、外国法人或组织的，提交商业登记证、企业登记证、企业注册证等。

3. 代理手续、监护人资格证明

由代理人代为申请不动产登记的，应当提交代理合同、委托书等代理手续。代理手续应当载明的内容主要有：被代理人和代理人的姓名或者名称、代理事项、代理权限和期限，被代理人、代理人的签名或者盖章。

由监护人代为申请不动产登记的，应当提交监护人资格证明。监护人资格证明主要有：一是父母作监护人的，监护人资格证明可以是出生医学证明，也可以是能反映父子（女）和母子（女）关系的户口本等；二是配偶作监护人的，监护人资格证明可以是结婚证；三是其他人作监护人的，监护人资格证明可以是被监护人所在社区居民委员会、村民委员会出具的亲属关系证明，也可以是被监护人所在社区居民委员会、村民委员会、县级以上人民政府民政机关出具的指定监护人的证明；四是委托他人履行监护职责的，可以是监护人与受托人签订的监护权委托协议，或监护人向受托人出具的监护权委托书等；五是人民法院指定监护人的生效判决书等。

4. 相关的不动产权属来源证明材料、登记原因证明文件

相关的不动产权属来源证明材料、登记原因证明文件主要有：一是人民法院、仲裁机构生效的载明不动产权属的判决书、裁定书、民事调解书、裁决书、仲裁调解书等；二是人民政府生效的征收文件、没收文件、收回文件等；三是行政许可、行政确认、行政合同等文件，如建设工程规划许可证、林权权属确认文件、土地出让合同等；四是民事法律行为类文件，如房地产转让合同、遗赠遗嘱、赠与书、拍卖成交确认书等。

5. 不动产权属证书、不动产权籍调查成果报告、相关税费缴纳凭证

（1）不动产权属证书。

在不动产登记实务中，按《不动产登记暂行条例实施细则》的相关规定，申请人申请变更登记、转移登记、注销登记、抵押权登记等后续登记时，不动产权属证书是其应当向登记机构提交的登记申请材料，此情形下，不动产权属证书包括：不动产统一登记后颁发的不动产权属证书和不动产统一登记前颁发的房屋所有权证、房屋共有权证、房屋他项权证、国有土地使用权证、土地他项权证、林权证等。

（2）不动产权籍调查成果报告。

不动产权籍调查成果报告，是指有资质的专业机构按《不动产权籍调查技术方案（试行）》的规定出具的记载有申请登记的宗地及地上房屋、林木等定着物，或宗海及海域内的房屋、林木、岛屿等定着物的坐落、界址、空间界限、面积、空间坐标、位置说明（四至描述）、附图等自然状况和权属、权利类型、权利性质等权利状况的书面材料，以从空间上、平面上特定申请不动产登记的宗地及地上房屋、林木等定着物或宗海及海域内的房屋、林木、岛屿等定着物。

（3）相关税费缴纳凭证。

相关税费缴纳凭证主要有：一是土地使用权出让金缴纳凭证，土地出让金缴纳凭证上的数额应当与土地使用权出让合同中载明的土地出让金数额一致；二是土地租金缴纳凭证，土地租金缴纳凭证上的租金数额应当与租赁合同中约定的缴纳数额、缴纳状况（进度）一致或相对应；三是海域使用金缴纳凭证，海域使用金缴纳凭证上的海域使用金数额应当与海域使用批准文件、海域使用权出让合同中载明的缴纳数额一致，少缴或免缴的，应当取得有批准权的人民政府财政部门和海洋行政主管部门准予少缴或免缴的文件；四是契税缴纳凭证，契税缴纳凭证上的纳税人是基于转让、作价出资或入股、赠与等交易原因取得房地产的自然人、法人或非法人组织；五是土地增值税缴纳凭证，土地增值税缴纳凭证上的纳税人是房地产转让合同中的转让方（卖方），转让方可以是自然人、法人或非法人组织；六是个人所得税缴纳凭证，个人所得税缴纳凭证上的纳税人是房地产转让法律关系中的转让方（卖方）中的自然人。

（二）接收不动产登记嘱托材料

登记机构在受理依嘱托机关的嘱托启动的不动产登记时，应当接收的嘱托登记材料主要有：

（1）人民法院送达的协助执行通知书和附随该协助执行通知书送达的判决书、裁定书、民事调解书、仲裁裁决书、仲裁调解书、附强制执行效力的公证书、行政处罚决定书或其他行政决定文书等及承办嘱托登记的执行员的工作身份证明复印件。

（2）人民检察院向登记机构送达的查封决定书副本、解除查封决定书副本等及承办嘱托登记的检察官的工作证复印件。

（3）监察机关向登记机构送达的协助执行通知书和附随该协助执行通知书送达的监察文书等及承办嘱托登记的工作人员的工作证复印件。

（4）各级人民政府及县级以上人民政府的公安、税务等行政机关送达或发送的嘱托登记文书和随该嘱托登记文书送达的收回宅基地使用权决定书、行政处罚决定书等行政决定书及承办嘱托登记人员的行政执法证、警官证等工作身份证明复印件。

二、审查申请登记的内容、嘱托登记的内容是否属于本登记机构的登记范围

按《行政复议法》第二十八条第一款第（三）项之4规定，在行政复议中，超越职权的行政行为会被行政复议机关撤销、变更或者确认为违法的行政行为。按《行政诉讼法》第七十条第（四）项规定，超越职权的行政行为会被人民法院判决撤销或者部分撤销。概言之，超越职权的行政行为，在行政复议或行政诉讼中不会得到行政复议机关、人民法院的支持，作出行政行为的行政机关或行政机构可能承担由此产生的不利后果。如前所述，登记机构属于行政机关或行政机构，其实施的不动产登记属于行政行为，因此，登记机构实施的不动产登记必须在其法定的职权范围内，否则，产生行政复议或行政诉讼时可能承受不利后果。

如前所述，登记机构可以依法在登记簿上记载的不动产物权主要有：一是所有权，包括集体土地所有权，房屋等建筑物、构筑物所有权，森林、林木所有权；二是用益物权，包括国有建设用地使用权，集体建设用地使用权，宅基地使用权，土地承包经营权和土地经营权，国有农用地使用权，海域使用权，地役权，居住权；三是抵押权，包括一般抵押权、最高额抵押权、在建建筑物抵押权等。可以在登记簿上记载的法定事项有更正登记、异议登记、预告登记、查封登记、预查封登记、补证、换证等。另外，国务院确定的国家重点林区的森林、林木和林地以及中央国家机关使用的国有土地等不动产虽然位于某县、某市的行政区域范围内，但其登记管辖权由国务院自然资源主管部门行使，该不动产所在县、市的登记机构不得对其行使登记管辖权。若该不动产所在县、市的登记机构对其行使登记管辖权的，属于对上越权行政。除国务院确定的国家重点林区的森林、林木和林地以及中央国家机关使用的国有土地等之外的不动产登记，由所在县、市行政区域内的不动产登记机构办理，若国务院自然资源主管部门办理之，则属于向下越权。据此可知，法律、行政法规、规章和政策的规定划定了登记机构可以实施不动产物权和其他法定事项登记的职权范围，登记机构超出这个范围实施不动产登记的，属于超越职权实施行政行为，据此产生行政复议或行政诉讼时可能承受不利后果。因此，登记机构在接收不动产登记申请材料或不动产登记嘱托材料后，要审查申请登记或嘱托登记的不动产物权和其他法定事项是否在法律、法规、规章和政策的规定划定的不动产登记机构的登记职权范围内，以确保其作出的不动产登记合法。

三、审查不动产登记申请人、不动产登记嘱托人是否适格

（一）审查不动产登记申请人是否适格

《民法典》第二百一十一条规定，当事人申请登记，应当根据不同登记事项提供权属证明和不动产界址、面积等必要材料。《不动产登记暂行条例》第十四条规定："因买卖、设定抵押权等申请不动产登记的，应当由当事人双方共同申请。属于下列情形之一的，可以由当事人单方申请：（一）尚未登记的不动产首次申请登记的；（二）继承、接受遗赠取得不动产权利的；（三）人民法院、仲裁委员会生效的法律文书或者人民政府生效的决定等设立、变更、转让、消灭不动产权利的；（四）权利人姓名、名称或者自然状况发生变化，申请变更登记的；（五）不动产灭失或者权利人放弃不动产权利，申请注销登记的；（六）申请更正登记或者异议登记的；（七）法律、行政法规规定可以由当事人单方申请的其他情形。"据此可知，法律、行政法规将不动产登记申请人的范围规定为"当事人"，笔者据此认为，登记机构判定申请人是否适格的标准主要有：

（1）因合同、协议等当事人合意的民事法律行为产生的不动产登记，合同、协议等民事法律行为的具体体现材料上载明的权利人和义务人为适格的申请人。

（2）对尚未登记的不动产首次登记，合法的登记原因材料（权利来源证明材料）上载明的主体是适格的申请人，如申请房屋所有权首次登记时，申请人是合法的建设用地手续、规划手续和房屋竣工手续上载明的主体等。

（3）基于继承、接受遗赠取得的不动产物权和其他法定事项申请转移登记的，继承手续上载明的继承人、遗赠手续上载明的受遗赠人为适格的申请人。

第八章 不动产登记的一般程序

（4）基于人民法院、仲裁机构生效的法律文书或者人民政府生效的决定等设立、变更、转让、消灭不动产物权和其他法定事项产生的首次登记、变更登记、转移登记、注销登记的，人民法院、仲裁机构生效的法律文书或者人民政府生效的决定确定的当事人为适格的申请人。

（5）因权利人姓名、名称或者不动产自然状况变化产生的变更登记的，登记簿上现时记载的权利人为适格的申请人。

（6）因不动产灭失或者权利人放弃不动产物权和其他法定事项产生的注销登记，登记簿上现时记载的权利人为适格的申请人。

（7）单方申请更正登记或者异议登记的当事人。按《民法典》第二百二十条规定，权利人、利害关系人认为不动产登记簿记载的事项错误的，可以申请更正登记。不动产登记簿记载的权利人不同意更正的，利害关系人可以申请异议登记。据此可知，单方申请更正登记或者异议登记的当事人是指权利人、利害关系人。此情形下，权利人以登记簿上记载的不动产物权、其他法定事项的权利主体为准。利害关系人以有证据证明登记簿上记载的内容妨碍其行使权利，或对其正常享有权益有不利影响的人。

（二）查验不动产登记嘱托人是否适格

如前所述，只有国家机关才可以依法嘱托登记机构办理相关不动产登记，其他组织无权嘱托登记机构办理不动产登记。因此，只有有权的国家机关才是适格的嘱托人。有权的国家机关主要有：一是人民法院、人民检察院；二是监察机关；三是各级人民政府（乡镇人民政府可以嘱托因收回宅基地使用权产生的注销登记）、县级以上人民政府及其公安机关、税务机关、国有资产管理机关等行政部门。

四、查验不动产登记申请材料、核对不动产登记嘱托材料

（一）查验不动产登记申请材料

按《民法典》第二百一十二条规定，查验申请人提交的权属证明和

其他必要材料是不动产登记机构的职责，申请登记的不动产的有关情况需要进一步证明的，登记机构可以要求申请人补充材料，必要时可以实地查看。《不动产登记暂行条例》第十七条第一款规定："不动产登记机构收到不动产登记申请材料，应当分别按照下列情况办理：（一）属于登记职责范围，申请材料齐全、符合法定形式，或者申请人按照要求提交全部补正申请材料的，应当受理并书面告知申请人；（二）申请材料存在可以当场更正的错误的，应当告知申请人当场更正，申请人当场更正后，应当受理并书面告知申请人；（三）申请材料不齐全或者不符合法定形式的，应当当场书面告知申请人不予受理并一次性告知需要补正的全部内容；（四）申请登记的不动产不属于本机构登记范围的，应当当场书面告知申请人不予受理并告知申请人向有登记权的机构申请。"该暂行条例第十八条规定："不动产登记机构受理不动产登记申请的，应当按照下列要求进行查验：（一）不动产界址、空间界限、面积等材料与申请登记的不动产状况是否一致；（二）有关证明材料、文件与申请登记的内容是否一致；（三）登记申请是否违反法律、行政法规规定。"据此可知，登记机构实施不动产登记时，在受理环节：一是查验申请材料是否齐全、是否符合法定形式；二是查验申请材料与申请登记的不动产、申请登记的内容是否一致或是否对应，查验登记申请材料相互之间是否一致或是否对应；三是申请登记的不动产的有关情况需要进一步证明的，登记机构可以要求申请人补充材料，必要时可以实地查看申请登记的不动产；四是确认登记申请材料是否由申请人或其代理人提交等。

1. 查验申请材料是否齐全

查验申请材料是否齐全，是指受理人员根据申请人申请不动产登记的内容、申请不动产登记的原因和不动产登记类型，清理、核对申请人是否按照法律、法规、规章和政策的规定齐全、完整地提交了登记申请材料。

2. 查验申请材料是否符合法定形式

查验不动产登记申请材料是否符合法定形式：一是查验申请材料是

否是纸介质登记申请材料,或是否是通过登记机构在互联网上设置的受理窗口传递的电子介质登记申请材料。查验登记申请材料是否符合法律、法规、规章和政策规定的文书,如向登记机构申请不动产登记,申请人应当提交的是登记申请书,不应当是函、通知等。二是查验相关申请材料上的要素是否齐全,是否满足登记簿记载的要求。如继承权公证书上,公证机构和公证人员的印鉴是否齐全;再如借款合同、抵押合同上债权人、债务人、抵押权人、抵押人、被担保的债权数额、债务履行期间等内容是否齐全等。三是查验登记申请材料中的复印件与原件是否一致,或是否是经过原件制作、持有机构或人员验证的复印件,该复印件上是否有申请人或其代理人的签名、签章。四是查验登记申请材料中的外文材料、少数民族文字材料是否附汉语译本,且该汉语译本上是否有申请人或其代理人、监护人的确认签名等。

3. 查验申请材料与申请登记的不动产、申请登记的内容是否一致或是否对应,查验登记申请材料相互之间是否一致或是否对应

查验申请材料与申请登记的不动产、申请登记的内容和登记申请材料相互之间是否一致或是否对应:一是查验登记申请材料上的主体是否一致或是否对应。二是查验申请人或其代理人的身份证明信息与登记申请材料、登记簿或存档的不动产登记材料上的记载是否一致或是否对应。三是查验申请登记的内容与登记申请材料、申请登记的不动产的实际情况是否一致或是否对应。如果申请变更登记、转移登记、注销登记等后续登记的,还应当查验申请登记的内容与登记簿或存档的不动产登记材料上的记载是否一致或是否对应。四是查验不动产登记申请材料相互间是否存在矛盾或冲突,是否能够清晰地相互对应并证明申请登记的不动产物权和其他相关事项归权利人。

4. 确认登记申请材料是否由申请人或其代理人提交

确认登记申请材料是否由申请人或其代理人提交,是对登记申请材料的真实性进行查验,主要指登记机构查验登记申请材料上是否有申请

人或其代理人的签名或签章,以确认登记机构收取的该登记申请材料系由其提交,而非登记机构通过其他途径获取的。

(二)审查(查验)不动产登记嘱托材料

在司法实务中,按《最高人民法院、国土资源部、建设部关于依法规范人民法院执行和国土资源房地产管理部门协助执行若干问题的通知》(法发〔2004〕5号)第三条第二款规定,国土资源、房地产管理部门在协助人民法院执行土地使用权、房屋时,不对生效法律文书和协助执行通知书进行实体审查。据此可知,登记机构基于人民法院的嘱托登记文书办理房地产登记时,不对作为嘱托登记材料的人民法院的嘱托登记文书作实体审查(查验)。申言之,登记机构不对嘱托机关的嘱托登记文书作实体审查(查验)。

何为对嘱托登记文书作实体审查?据笔者查阅现时有效的法律、法规、规章和政策,均没有明确的规定。《民事诉讼法》第一百七十一条规定,当事人不服地方人民法院第一审判决的,有权在判决书送达之日起十五日内向上一级人民法院提起上诉。当事人不服地方人民法院第一审裁定的,有权在裁定书送达之日起十日内向上一级人民法院提起上诉。该法第一百七十五条规定,第二审人民法院应当对上诉请求的有关事实和适用法律进行审查。据此可知,我国的民事审判实行二审终审制,对当事人就一审人民法院作出的法律文书提出的上诉,二审人民法院对该法律文书确认的事实是否清楚和适用的法律是否正确进行审查。笔者据此认为,二审人民法院对上诉后的一审人民法院作出的法律文书确认的事实是否清楚和适用的法律是否正确进行审查,即是作实体审查。申言之,登记机构若对嘱托登记文书认定的事实是否清楚和适用的法律是否正确进行审查(查验),即是对嘱托登记文书进行实体审查(查验)。因此,登记机构不对嘱托登记文书认定的事实是否清楚和适用的法律是否正确进行审查(查验),登记机构对嘱托登记文书的审查(查验)实质上是对嘱托登记文书载明内容进行必要的核对。

不动产登记机构查验嘱托登记材料：一是查验嘱托登记文书送达人员的身份是否适格（如人民法院送达协助执行通知书的必须是执行员而非审判员或法警）或嘱托登记文书的发送渠道是否合法（如人民政府嘱托办理因征收产生的注销登记的文书是否是政府工作人员送达或通过党政网或其他专门渠道发送）；二是查验嘱托登记文书中是否有明确的要求办理相关的不动产登记的内容；三是查验嘱托办理不动产登记的公文与附随送达或发送的判决书、公证书、行政决定文书等是否对应；四是查验嘱托登记文书中要求办理的不动产登记与不动产登记簿或存档的不动产登记材料上的记载是否一致或是否对应等。

五、询问不动产登记申请人

按《民法典》第二百一十二条第一款第（二）项规定，就有关登记事项询问申请人是登记机构的职责。据此可知，询问申请人是登记机构办理因申请启动的不动产登记的必须程序。

在不动产登记实务中，《不动产登记操作规范（试行）》3.4.1条规定："不动产登记机构工作人员应根据不同的申请登记事项询问申请人以下内容，并制作询问记录，以进一步了解有关情况：1.申请登记的事项是否是申请人的真实意思表示；2.申请登记的不动产是否存在共有人；3.存在异议登记的，申请人是否知悉存在异议登记的情况；4.不动产登记机构需要了解的其他与登记有关的内容。"据此可知，登记机构询问申请人，通过申请人的回答：一是佐证申请不动产登记的内容和事项是否合法、真实。如办理不动产继承转移登记时，询问申请人"是否遗漏或隐瞒了其他继承人"，根据其回答佐证由其单独申请的继承转移登记的内容和事项的合法性、真实性。二是提醒或警示申请人不依法申请不动产登记可能要承担不利后果。如办理因权利归属产生的异议登记时，询问申请人"你是否知道异议登记不当给他人造成损害的要承担法律责任"。

如前所述，询问申请人是登记机构办理因申请启动的不动产登记的必须程序，即询问申请人只适用于依申请启动的不动产登记，不适用于依嘱托启动的不动产登记和登记机构自身依职权启动的不动产登记。证明登记机构履行询问申请人职责的凭证是其留存在不动产登记案卷中的询问笔录。

六、作出受理决定

登记机构根据接收的不动产登记申请材料、嘱托登记材料，通过对申请人申请登记的内容、嘱托登记的内容是否属于登记职责范围进行审查，对不动产登记申请人、不动产登记嘱托人是否适格进行审查，对不动产登记申请材料和嘱托登记材料进行审查、核对，结合对不动产登记申请人的询问情况，受理环节应当区分情形作出受理决定：

（1）申请人或代理人、嘱托文书送达人不适格的，应当当场书面告知或通过网络途径告知当事人不予受理，并告知当事人由适格的申请人或代理人、嘱托文书送达人向登记机构申请不动产登记或送达嘱托公文。同时告知，对不予受理决定不服的，申请行政复议的时限、受理行政复议的行政机关名称和提起行政诉讼的时限、受理行政诉讼案件的人民法院名称等。

（2）申请登记的内容、嘱托登记的内容不属于本机构登记职责范围的，应当当场书面告知或通过网络途径告知申请人、嘱托人不予受理，并告知申请人、嘱托人向有登记管辖权的机构申请、嘱托。同时告知，对不予受理决定不服的，申请行政复议的时限、受理行政复议的行政机关名称和提起行政诉讼的时限、受理行政诉讼案件的人民法院名称等。

（3）属于登记职责范围的，且申请材料、嘱托登记材料齐全、符合法定形式，或者申请人、嘱托人按照要求补正申请材料、嘱托登记材料的，予以受理，并向申请人出具受理通知书、收件清单等书面受理凭证，或在嘱托登记材料送达回证上签名。也可以通过网络途径向申请人、嘱托人出具电子介质的受理凭证。

（4）申请材料、嘱托登记材料存在可以当场更正的错误的，应当告知申请人、嘱托文书送达人当场更正，申请人、嘱托文书送达人当场更正后，予以受理，并向申请人出具受理通知书、收件清单等受理凭证，或在嘱托登记材料送达回证上签名。

（5）申请材料、嘱托材料不齐全或者不符合法定形式的，应当作不予受理处理，当场书面或通过网络途径一次性告知申请人、嘱托人需要补正的全部内容。同时告知，对不予受理决定不服的，申请行政复议的时限、受理行政复议的行政机关名称和提起行政诉讼的时限、受理行政诉讼案件的人民法院名称等。

七、签署受理意见

对已经受理的不动产登记申请、嘱托，受理人员应当按受理的先后顺序签署受理意见。受理意见包括：一是申请人申请的是什么不动产登记类型，或嘱托人嘱托的是什么不动产登记类型；二是申请人提交了哪些登记申请材料，嘱托人送达或发送了哪些嘱托登记材料；三是申请人提交的登记申请材料或嘱托人送达的嘱托登记材料是否齐全，是否符合法定形式；四是是否决定受理；五是是否提请审核人员审核；六是受理人员的署名和日期等。如决定受理申请人申请的在城市规划区范围内合法建造并竣工的房屋所有权首次登记的，签署受理意见："申请人申请的是因新建房屋竣工产生的房屋所有权首次登记。申请人提交了不动产登记申请书、申请人的居民身份证、申请人名下的载明国有建设用地使用权的不动产权属证书、建设工程规划条件核实证明、建设工程竣工验收备案表、不动产权籍调查成果报告（房屋测绘成果报告）等登记申请材料。经查验，申请人提交的不动产登记申请材料齐全且符合法定形式，决定予以受理，提请审核人员审核。受理人员：张三，某年某月某日"。

八、向审核人员移送受理的不动产登记案卷

将一定期间内受理的不动产登记案卷清查整理后，按签署受理意见的先后顺序编制移交目录，凭移交目录逐卷向审核人员移交。移交目录

一式三份，移交完毕后，移交的受理人员和接交的审核人员签字后，各自留存一份备查，另一份归入专门的案卷。

第三节 审核

一、审查模式

不动产登记审核，也称不动产登记审查。不动产登记审查模式，即不动产登记的审查方式。关于不动产登记的审查方式，我国现时有效的法律、法规、规章和政策均没有作规定。在司法实务中，江苏省宿迁市宿城区人民法院在"原告张某霞诉被告某不动产登记局房屋登记纠纷一案"中认为"不动产登记机构对登记材料的审查究竟仅是形式审查义务还是实质审查义务，法律并无明确规定，但是不动产登记机构应该在其能力范围内尽到审慎的审查义务"[1]。

学理上，不动产登记审查模式主要有形式审查模式、实质审查模式、形式审查与实质审查相结合的模式。

（一）形式审查模式

形式审查，是指登记机构对申请人提出的不动产登记申请，只进行程序上的审核，即只要用于登记的文件或资料符合法定要求（主要指文件或资料的齐全完整），就核准登记，至于申请人申请登记的不动产物权和其他法定事项是否客观真实或有无瑕疵等，登记机构无须过问的审查模式。如甲买了乙的房屋，申请转移登记时，按法规规定提交了不动产权属证书、买卖合同、税费缴纳凭证等资料，登记机构就可以核准此转移登记。至于不动产权属证书记载的房地产权利有无争议，或导致房地产权利转移的合同行为有无瑕疵等，登记机构无须审查。采用这种审查方式核准的不动产登记，不是不动产物权和其他法定事项的生效要

---

[1] 江苏省宿迁市宿城区人民法院："原告张某霞诉被告某不动产登记局房屋登记纠纷一案"，http://police.news.sohu.com，访问日期：2022 年 5 月 7 日。

件，仅仅是对抗第三人的要件，即不动产物权和其他法定事项在被登记机构核准登记前，已经在当事人间发生设立、变更、转移和消灭的效力，同时，对第三人有对抗力。

采用形式审查模式完成的不动产物权和其他法定事项的登记不具有公信力，即不具有完全值得信赖的确定的效力。所谓确定的效力，是指被核准登记的不动产物权和其他法定事项是真实的、无瑕疵的，即使设立、变更、转移和消灭该不动产物权和其他法定事项的民事法律行为因无效或被撤销，已被核准登记的不动产物权和其他法定事项并不随之消失。但采用形式审查模式核准的不动产物权和其他法定事项登记则与此相反。如因房屋买卖而被核准的转移登记，若买卖合同被人民法院或其他有权部门认定无效或撤销，已被核准的转移登记也随之消失。

形式审查模式的特点是登记效率高，不动产登记启动后，不动产物权和其他法定事项可以在较短的期限内被记载在登记簿上，但登记簿上记载的不动产物权和其他法定事项没有公信力，不利于当事人权益的充分保护，对不动产交易市场秩序的维护很有限。在司法实务中，内蒙古自治区商都县人民法院在"原告张某1诉被告某不动产登记局，第三人张某2土地行政登记一案"中认为"原告称土地证变更协议中原告签名非本人所签等理由并提出笔迹鉴定申请，因协议中当事人签名是否为其本人所签不属于被告的审查范围，被告收到第三人持有双方签字的协议只负责对该协议的形式审查而无须进行实质审查，故对于原告的笔迹鉴定申请本院予以驳回，对原告主张的理由不予采纳"[1]。据此可知，在司法实务中，有人民法院认为不动产登记审查是形式审查。

（二）实质审查模式

实质审查，是指登记机构对申请人提出的不动产登记申请，不仅要审查申请人提交的用于登记的文件或资料是否符合法定要求，而且要对

---

[1] 内蒙古自治区商都县人民法院："原告张某1诉被告某不动产登记局，第三人张某2土地行政登记一案"，http://police.news.sohu.com，访问日期：2022年5月7日。

申请登记的不动产物权及其他法定事项是否客观真实，设立、变更、转移和消灭不动产物权及其他法定事项的法律行为是否真实、是否合法、有无瑕疵等进行审核，即文件或资料符合法定要求，不动产物权和其他法定事项客观真实，设立、变更、转移和消灭不动产物权及其他法定事项的行为合法且无瑕疵时，才会被登记机构核准登记的审查模式。如某人在城市规划区范围内新建的房屋竣工后申请房屋所有权首次登记，在依法提交了载明国有建设用地使用权的不动产权属证书、建设工程规划许可证、竣工验收证明等资料后，登记机构还要到现场核实房屋的实际情况与申请登记的内容是否吻合，调查房屋所有权有无争议等，只有法定手续（文件或资料）齐全、完整，实地查看的房屋情况与申请登记的房屋的情况相吻合，房屋所有权无争议，登记机构才能核准此首次登记。再如在因房屋买卖申请的转移登记中，申请人按法规规定提交了原不动产权属证书、买卖合同、税费缴纳凭证等资料后，登记机构还要通过查阅、核对档案的方式审查原不动产权属证书记载的权利是否合法，是否客观真实，有无查封登记、预告登记等限制处分的措施设定，房地产转让合同是否合法、真实，只有房地产权利合法、真实且有效，也无限制处分设定，房地产转让合同合法、真实，登记机构才能核准此转移登记。采用这种审查方式核准的不动产物权和其他法定事项登记，是不动产物权和其他法定事项生效的要件，即不动产物权和其他法定事项必须经过登记后才能产生法律效力，非经登记则没有法律效力，更不能对抗第三人。

采用实质审查模式核准的不动产物权和其他法定事项登记具有公信力，即不动产物权和其他法定事项一旦被核准登记，就具有确定的效力，即使设立、变更、转让和消灭该不动产物权及其他法定事项的民事法律行为无效或被撤销，也不影响已记载在登记簿上的不动产物权和其他法定事项的效力，如因房屋买卖而被核准的转移登记，若买卖合同被人民法院或其他有权部门认定无效或撤销，已被核准的转移登记仍然有效。

第八章 不动产登记的一般程序

实质审查模式的特点是不动产物权和其他法定事项要经过较长时间才能被记载在登记簿上，登记效率不高，但登记簿上记载的事项有公信力，能有效维护不动产交易市场的秩序。在司法实务中，江苏省苏州市姑苏区人民法院在"原告朱某不服被告某国土资源局不动产行政登记"案中认为"本案中，第三人程某葆20××年9月13日提出换证登记申请，即要求将原有的房屋所有权证与土地使用权证统一记载于不动产登记簿上。因其提供的原某房权证市区字第××号房屋所有权证显示房屋所有权人仅程某葆一人，且共有人栏空白，在程某葆承诺对申请材料真实性负责并在申请书上特别注明'无其他共有人'的情形下，被告经审核作出苏（20××）某不动产权第8022330号不动产权证登记，履行了相应的形式审查义务。关于案涉房屋权属可能存在的继承析产等问题，第三人程某葆作为权利主体，对房屋是否属于婚后共同财产、配偶死亡后是否进行分割等情况应当有所认识，但其在申请时仍作为个人单独所有、无其他共有权人的不动产进行登记，有违诚实信用原则。被告对上述问题虽向申请人程某葆进行了询问，但对该申请人年过八旬、子女陪同等情况未予特别注意，对可能存在的权属争议未进一步调查核实，存在不当。鉴于案涉房屋未进行产权分割、程某葆及其三子均享有法定继承权，被告将该不动产登记为程某葆单独所有，缺乏客观事实依据，依法应予撤销"[1]。据此可知，人民法院关于"关于案涉房屋权属可能存在的继承析产等问题，第三人程某葆作为权利主体，对房屋是否属于婚后共同财产、配偶死亡后是否进行分割等情况应当有所认识，但其在申请时仍作为个人单独所有、无其他共有权人的不动产进行登记，有违诚实信用原则。被告对上述问题虽向申请人程某葆进行了询问，但对该申请人年过八旬、子女陪同等情况未予特别注意，对可能存在的权属争议未进一步调查核实，存在不当"的认为表明，登记机构应当对申请人申请登记的房屋权属是否清晰进行实质审查，即在司法实务中，有

---

[1] 江苏省苏州市姑苏区人民法院："原告朱某不服被告某国土资源局不动产行政登记"，http://police.news.sohu.com，访问日期：2022年5月7日。

人民法院认为不动产登记审查是实质审查。

（三）形式审查与实质审查相结合模式

形式审查与实质审查相结合，是指登记机构对申请人提出的不动产登记申请进行审查时，对登记机构自身出具或提供的材料实施实质审查，对非登记机构出具或提供的材料实施形式审查的审查模式，即登记机构对其颁发的不动产权属证书和其提供的不动产登记资料查询证明等实施实质审查，但对申请人提交的其他用于登记的文件或资料形式上符合法定要求即可，至于申请登记的不动产物权和其他法定事项是否客观真实，设立、变更、转移和消灭不动产物权及其他法定事项的民事法律行为是否合法且有无瑕疵，则无须过问。如某人申请不动产抵押权登记时，按要求提交了不动产权属证书、抵押合同、借款合同等登记申请材料，登记机构须对不动产权属证书的合法性、真实性、关联性进行全面审查，抵押合同、借款合同等其他登记申请材料只要符合法定形式即可，其是否合法、真实则无须过问。

（四）我国的不动产登记审查模式

我国的不动产登记审查是形式审查，还是实质审查，抑或是形式审查与实质审查相结合，现时有效的法律、法规、规章和政策均没有作规定。

（1）《民法典》第二百一十四条规定，不动产物权的设立、变更、转让和消灭，依照法律规定应当登记的，自记载于不动产登记簿时发生效力。该法第二百一十五条规定，当事人之间订立有关设立、变更、转让和消灭不动产物权的合同，除法律另有规定或者当事人另有约定外，自合同成立时生效；未办理物权登记的，不影响合同效力。据此可知，法律的规定严格区分物权与债权，一般情形下，基于合同等民事法律行为产生的不动产物权设立、变更、转让和消灭，自记载于登记簿上时起生效，换言之，一般情形下，记载于登记簿是基于合同等民事法律行为产生的不动产物权的设立、变更、转让和消灭生效的条件。因此，我国的不动产登记审查具有实质审查的特点。

第八章 不动产登记的一般程序

（2）《民法典》第二百一十六条规定，不动产登记簿是物权归属和内容的根据。质言之，不动产登记簿记载的内容具有公信力。不动产物权登记的公信力，指登记机关在登记簿册上所做的不动产物权登记，具有使社会公众信其正确的法律效力。基于登记簿册的登记的公信力，即便登记有错误或有遗漏，因相信登记正确而与登记名义人（登记簿上所记载的物权人）进行交易的善意第三人，其所得利益也受法律保护[①]。据此可知，法律的规定表明，我国的不动产登记审查具有实质审查的特点。

（3）按《民法典》第二百一十二条第一款第（一）项规定，登记机构对申请人提交的登记申请材料有查验的职责。《不动产登记暂行条例》第十六条第一款规定："申请人应当提交下列材料，并对申请材料的真实性负责：（一）登记申请书；（二）申请人、代理人身份证明材料、授权委托书；（三）相关的不动产权属来源证明材料、登记原因证明文件、不动产权属证书；（四）不动产界址、空间界限、面积等材料；（五）与他人利害关系的说明材料；（六）法律、行政法规以及本条例实施细则规定的其他材料。"据此可知，虽然法律规定了登记机构对申请人提交的登记申请材料有审查的责任，行政法规又明确规定了登记申请材料的真实性由申请人负责，但登记机构是否对申请人提交的登记申请材料的真实性和产生不动产登记申请材料的民事法律行为的合法性进行审查，法律、行政法规均没有作规定。因此，法律、行政法规的规定表明，我国的不动产登记审查具有形式审查的特点。

如前所述，我国的不动产登记虽然兼具形式审查和实质审查的特点，但笔者认为，我国的不动产登记审查既不是形式审查，也不是实质审查，亦不是形式审查与实质审查相结合的模式。那么，我国的不动产登记审查究竟是什么审查模式呢？

按《民法典》第二百一十二条规定，查验申请人提交的权属证明和其他必要材料是登记机构的职责，且申请登记的不动产的有关情况需要

[①] 陈华彬：《物权法》，法律出版社2004年版，第160页。

进一步证明的，登记机构可以要求申请人补充材料，必要时可以实地查看。据此可知，登记机构对不动产登记的审查，是基于申请人申请登记的内容，对申请人提交的不动产登记申请材料进行审查，被不动产登记申请材料证明申请登记的内容满足登记要求的，登记机构核准登记，需要进一步证明申请登记的内容满足登记要求的，登记机构可以要求申请人补充材料，必要时可以实地查看申请登记的不动产。笔者据此认为，我国的不动产登记审查方式实质上是以不动产登记申请材料为中心进行的审查，即证据审查。登记机构应当如何实施证据审查？

登记机构如何实施证据审查与其履行的不动产登记审查职责密切相关。关于登记机构在不动产登记审查中履行什么样的职责，法律、行政法规、规章和政策均没有作规定。在司法实务中，《最高人民法院关于审理房屋登记案件若干问题的规定》（法释〔2010〕15号）第十二条规定，申请人提供虚假材料办理房屋登记，给原告造成损害，房屋登记机构未尽合理审慎职责的，应当根据其过错程度及其在损害发生中所起作用承担相应的赔偿责任。据此可知，登记机构办理的房屋登记产生诉讼时，人民法院认为登记机构在房屋登记审核中履行的是合理审慎的职责。申言之，登记机构实施不动产登记审查时应当履行的是合理审慎的职责。笔者认为，所谓合理审慎的职责，是指登记机构在现有的设备、设施条件下，对申请人或其代理人提交的申请材料、嘱托机关送达或发送的嘱托登记材料的合法性、真实性和关联性尽到力所能及的注意义务。所谓力所能及的注意义务，笔者认为：一是登记机构对其自身制作、出具的不动产权属证书、不动产登记查询证明等材料，须以专业的认知标准对该类材料的合法性、真实性、关联性作出判断。换言之，登记机构自身制作、出具的材料作为不动产登记材料的，登记机构对该类材料作审查时，对其合法性、真实性、关联性承担完全责任。二是对非登记机构制作、出具的其他材料，登记机构则以一般社会人的认知标准对该类材料的合法性、真实性、关联性作出判断。所谓一般社会人的认知标准，笔者认为，

第八章　不动产登记的一般程序

是指具有完全民事行为能力的人，在冷静、清醒状态下，对非由登记机构制作、出具的不动产登记材料的合法性、真实性、关联性应当具有的社会公允的认知水平。如对住房买卖合同，合同载明的买卖标的物是登记在卖方名下的商品房，买卖合同上有买卖双方的签名和合同签订时间，合同上没有另外约定合同的生效时间和生效条件。对一般的社会人而言，该住房买卖合同就是合法、真实且与申请的转移登记直接相关的合同。

1. 合法性审查

合法性审查，主要指不动产登记机构对申请人提交的登记申请材料的制作主体是否合法、内容是否合法和形式是否合法履行合理审慎的注意义务。

（1）主体合法。

主体合法，是指制作登记材料的主体符合法律、法规、规章和政策的规定。法律、法规、规章和政策规定的材料制作主体包括自然人、法人和非法人组织。如用作首次登记材料的建设工程规划许可证的制作主体是房屋所在地县级以上人民政府的规划行政主管机关或省级人民政府赋予规划许可权的镇人民政府；某人委托他人代为申请房屋登记的委托书的制作主体是该自然人；申请抵押权首次登记时，申请人提交的抵押合同的制作主体是抵押权人和抵押人等。

（2）内容合法。

内容合法，是指登记申请材料载明的拟记载在登记簿上的内容须符合法律、法规、规章和政策的规定。一是申请登记、嘱托登记的内容应当是法律、行政法规明确规定可以在登记簿上记载的不动产物权和其他法定事项。如前所述，不动产登记中可以依法记载在登记簿上的不动产物权主要有：①所有权，包括集体土地所有权，房屋等建筑物、构筑物所有权，森林、林木所有权等；②用益物权，包括国有建设用地使用权，集体建设用地使用权，宅基地使用权，居住权，土地承包经营权和土地经营权，地役权，海域使用权、国有农用地使用权等；③抵押权，包括一般抵押权、最高额抵押权、在建建筑物抵押权等。可以依法记载在登记簿上的其他法定事项主要有更正登记、异议登记、预告登记、查封登记、预查封登记、补证、换证等。二是申请登记、嘱托登记的不动产登记类型应当是法律、行政法规明确规定的首次登记、变更登记、转移登记、注销登记、更正登记、异议登记、预告登记、查封登记等。三是申请登记、嘱托登记的不动产应当符合不动产单元的设定条件。四是申请登记、嘱托登记的不动产物权的期限应当符合法律的规定。如申请人申请基于土地出让合同取得的建设用地使用权首次登记，建设用地使用权用途为住宅，使用期限 50 年。按《城镇国有土地使用权出让和转让暂行条例》第十二条第（一）项规定，居住用地的最高使用年限为七十年，即此申请登记的国有建设用地使用权的期限合法等。

（3）形式合法。

形式合法，是指登记材料要符合法定形式。对不动产登记材料形式的合法性审查，是指登记机构对不动产登记材料是否符合法律规定的形式进行审查。《行政诉讼法》第三十三条第一款规定："证据包括：（一）书证；（二）物证；（三）视听资料；（四）电子数据；（五）证人证言；（六）当事人的陈述；（七）鉴定意见；（八）勘验笔录、现场笔录。"据此可知，法律以具体列举的方式规定了行政诉讼中的证据形式。登记机构办理的不动产登记产生诉讼时，能够作为诉讼证据的不动产登记材料有书证、电子数据、当事人的陈述（询问笔录）、鉴定意见、现场查看记录和作为物证的不动产。其中，有的证据以两种以上的方式存在，如鉴定意见、现场笔录也可以同时是书证。换言之，在不动产登记实务中，形式合法的不动产登记材料主要有书面材料、电子材料、询问申请人的笔录、鉴定意见、实地查看不动产的记录等。

2. 真实性审查

真实性审查，是指不动产登记机构对申请人提交的不动产登记申请材料的真实性履行合理审慎的注意义务。由于申请人提交的不动产登记申请材料纷繁复杂，真假难辨，笔者认为，登记机构对其真实性履行合理审慎的注意义务的要点有：一是通过人民政府的信息共享渠道、数据大平台或相关国家机关的官方网站等技术通信手段获取相关材料替代申请人提交的相应的登记申请材料。二是区别申请材料介质审查其真实性。对纸介质的申请材料，应当收取原件，以增强登记申请材料的真实性。对实在不能收取原件的，如申请人的军官证，登记机构须收取与该原件一致的复印件，但该复印件上应当有申请人或其代理人和验证的登记人员的签名、验证日期。对电子介质的申请材料的真实性不作审查，直接采用。三是从申请材料的内容上审查其真实性。查验申请材料上有无涂抹、刮擦、删改等痕迹，有涂抹、刮擦、删改等痕迹的，痕迹处是否有相关人员或机构的签名、签章。查验申请材料上的签名、签章是否清晰，审查有骑缝章的申请材料时，查看是否每一页材料都有骑缝章的印痕，且印痕是否清晰、衔接，查验申请材料内容是否清楚明白，材料间的内容是否相互印证等。四是通过查阅、比对与申请材料相关的登记簿、存档的不动产登记材料审查其真实性等。

3. 关联性审查

不动产登记的关联性审查，实质上是登记机构对不动产登记材料进行关联性审查，即登记机构对申请人申请和嘱托人嘱托不动产登记时提交的登记申请材料、送达或发送的嘱托登记材料间是否有内在联系履行合理审慎的注意义务。所谓关联性，是指登记机构收取的登记申请材料、嘱托登记材料与申请登记、嘱托登记的不动产物权和其他法定事项具有内在的联系，能对申请登记的不动产物权和其他法定事项的合法、真实和有效起到证明作用。如申请增加配偶为共有人产生的更正登记时，申请人提交的婚姻状况证明因与申请登记的事项具有关联性而有效；申请不动产买卖产生的转移登记时，提交不动产赠与合同作登记申请材料，则因与申请登记的权利发生转移的原因没有关联性而无效等。在不动产登记实务中，登记申请材料的关联性的主要体现：一是单个的不动产登记材料与不动产登记间相关联；二是各不动产登记材料相互间相关联。

二、审查方法

登记机构实施不动产登记审查的方法主要有：一是查验登记申请材料或嘱托登记材料、查询核对登记簿和登记档案材料；二是询问申请人；三是实地查看申请登记的不动产；四是公告等。

（一）查验登记申请材料或嘱托登记材料、查询核对登记簿和登记档案材料

1. 查验登记申请材料或嘱托登记材料

查验登记申请材料或嘱托登记材料，是指登记机构对申请人或其代理人提交的登记申请材料、嘱托人送达或发送的嘱托登记材料进行检查、核对、比较、分析。检查、核对、比较、分析的主要内容有：一是通过查验，确认申请登记或嘱托登记的不动产物权和其他法定事项是否属于本登记机构的登记职责范围；二是查验、核对申请人或其代理人提交的登记申请材料、嘱托人送达或发送的嘱托登记材料是否齐全、是否真实，是否符合法定形式，确认可否受理该不动产登记申请，或在完成嘱托登记的情形下是否向嘱托机关提出审查建议；三是通过查验，确认申请人或其代理人是否适格；四是通过查验，确认申请方式（单方申请、双方申请）或嘱托方式是否合法；五是通过查验，确认申请人申请的不动产登记类型是否准确；六是通过查验，确认登记申请材料与申请登记的内容间是否关联，登记申请材料相互间是否关联，确认嘱托登记材料与嘱托登记的内容间是否关联，嘱托登记材料相互间是否关联等。

2. 查询核对登记簿、登记档案材料

查询核对登记簿、登记档案材料，是指申请人申请或嘱托人嘱托变更登记、转移登记、抵押权登记、异议登记等后续登记时，不动产登记审核人员在对登记申请材料、嘱托登记材料审查后，根据审查需要，对相关的登记簿、登记档案材料进行查询、核对。查询、核对的主要内容

第八章　不动产登记的一般程序

有：一是核对不动产登记申请人与不动产登记簿上记载的权利人是否一致，再次审查申请人是否适格；二是核对申请登记或嘱托登记的不动产物权和其他法定事项与登记簿上记载的是否一致，以审查申请人申请或嘱托人嘱托的不动产登记是否具备前提；三是核对申请登记或嘱托登记的不动产上是否有有效的预告登记、查封登记、预查封登记、异议登记等限制权属变动、起提示或警示作用的不动产登记存在，以确定申请人申请或嘱托人嘱托的不动产登记可否办理，是否向申请人、嘱托机关作必要的提醒、警示；四是在对登记簿上记载的不动产物权和其他法定事项的权属存在疑问时，查阅存档的相关的不动产登记材料，核实其权属是否清晰、有效。

（二）实地查看申请登记的不动产

按《民法典》第二百一十二条第二款规定，必要时实地查看不动产是登记机构的职责。在不动产登记实务中，《不动产登记暂行条例实施细则》第十六条规定："不动产登记机构进行实地查看，重点查看下列情况：（一）房屋等建筑物、构筑物所有权首次登记，查看房屋坐落及其建造完成等情况；（二）在建建筑物抵押权登记，查看抵押的在建建筑物坐落及其建造等情况；（三）因不动产灭失导致的注销登记，查看不动产灭失等情况。"《不动产登记操作规范（试行）》4.5.2 条规定，实地查看应由不动产登记机构工作人员参加，查看人员应对查看对象拍照，填写实地查看记录。现场照片及查看记录应归档。据此可知，法律、法规、规章和政策的规定明确了登记机构实地查看申请登记的不动产的情形，且查看时要做好实地查看记录，查看后，要保存好实地查看记录。从本质上讲，法律、法规、规章和政策关于登记机构实地查看申请登记的不动产的规定是落实行政程序法上的调查制度。行政程序法上的调查制度，是指行政机关查明事实并收集证据的程序制度，主要体现公证原则[①]。在不动产登记实务中落实调查制度的目的，是使登记机构在实施

[①] 王连昌、马怀德：《行政法学》，中国政法大学出版社 2002 年版，第 223 页。

不动产登记时，能客观、公正地处理登记事宜，以确保登记簿上记载的内容合法、真实、有效。

1. 实地查看申请所有权首次登记的房屋等建筑物、构筑物

实地查看申请所有权首次登记的房屋等建筑物、构筑物：一是查看该房屋等建筑物、构筑物的用地材料、规划材料、登记申请书等登记申请材料上的坐落与实地是否一致或是否对应；二是查看该房屋等建筑物、构筑物是否已经全部竣工；三是查看该房屋等建筑物、构筑物的建造情况与不动产权籍调查成果报告和规划材料等申请材料载明的内容是否一致等。

2. 实地查看作为抵押物的在建建筑物

实地查看作为抵押物的在建建筑物：一是查看作为抵押物的在建建筑物是否处于正在建造状态；二是查看该在建建筑物的用地材料、规划材料、登记申请书等登记申请材料上的坐落与实地是否一致或是否对应；三是查看作为抵押物的部分是否已经建成；四是查看作为抵押物的部分与不动产权籍调查成果报告和规划材料等申请材料载明的内容是否一致等。

3. 实地查看申请注销登记的已灭失的不动产

实地查看申请注销登记的已灭失的不动产：一是查看不动产的实地坐落与登记申请书、登记簿上记载的不动产的坐落是否一致；二是查看申请注销登记的不动产实体是否已经全部灭失等。

4. 实地查看不动产记录的保存

实地查看不动产记录既是登记机构履行不动产登记审查职责的证明材料，也是申请登记的不动产内容合法、真实、有效的佐证材料，更是当然的不动产登记的证据材料，应当归入不动产登记案卷保存。

（三）公告

公告，是将相关事项告知公众，使其知晓的意思。不动产登记实务

中的公告,是登记机构实施不动产登记审查的一种手段,即通过将申请人申请不动产登记的相关内容向不特定的社会公众广而告之,使其知晓,抉择是否对公告内容提出异议或意见,便于登记机构查清申请不动产登记的相关内容是否合法、是否真实、是否有效,以确保不动产登记的质量和权威。

1. **适用公告的法定情形**

在不动产登记实务中,《不动产登记暂行条例实施细则》第十七条第一款规定:"有下列情形之一的,不动产登记机构应当在登记事项记载于登记簿前进行公告,但涉及国家秘密的除外:(一)政府组织的集体土地所有权登记;(二)宅基地使用权及房屋所有权,集体建设用地使用权及建筑物、构筑物所有权,土地承包经营权等不动产权利的首次登记;(三)依职权更正登记;(四)依职权注销登记;(五)法律、行政法规规定的其他情形。"据此可知,《不动产登记暂行条例实施细则》以具体列举加概括的方式规定了登记机构办理不动产登记时应当履行公告职责的情形。一是政府组织的集体土地所有权登记,包括对不动产登记机构有领导权的县级以上人民政府组织的集体土地所有权登记,也包括乡镇人民政府组织的集体土地所有权登记;二是登记机构依法单独办理宅基地使用权、集体建设用地使用权、土地承包经营权、土地经营权,一并办理宅基地使用权及地上房屋所有权、集体建设用地使用权及地上建筑物、构筑物所有权首次登记时,应当将相关登记内容予以公告;三是登记机构依职权办理更正登记和依职权办理注销登记中的职权,仅指法律、法规、规章和政策的规定明确授予登记机构办理更正登记、注销登记的职权。

2. **公告的内容**

在不动产登记实务中,《不动产登记暂行条例实施细则》第十八条规定:"不动产登记公告的主要内容包括:(一)拟予登记的不动产权利人的姓名或者名称;(二)拟予登记的不动产坐落、面积、用途、权利类型等；（三）提出异议的期限、方式和受理机构；（四）需要公告的其他事项。"据此可知，《不动产登记暂行条例实施细则》规定了公告应当具备的内容，但笔者认为，如果公告适用于政府组织的集体土地所有权登记，宅基地使用权及地上房屋所有权首次登记，集体建设用地使用权及地上建筑物、构筑物所有权首次登记，土地承包经营权首次登记，依职权注销登记时，《不动产登记暂行条例实施细则》规定的公告内容自无可言。但是，如果公告适用于依职权更正登记的情形下，公告内容还应当包括登记簿上现时记载的权利人姓名或名称、不动产单元代码等。笔者认为，不动产登记实务中的公告的具体内容有：

（1）当事人的姓名或名称。

① 首次登记。

公告适用于首次登记的情形下，当事人的姓名或名称为拟登记的不动产权利人的姓名或者名称。

② 依职权注销登记。

公告适用于依职权注销登记的情形下，当事人的姓名或名称为登记簿上现时记载的不动产权利人的姓名或名称，即被注销的不动产物权的权利人的姓名或名称。

③ 依职权更正登记。

公告适用于依职权更正登记的情形下，拟更正登记簿上记载的不动产权利人的，当事人的姓名或名称为登记簿上现时记载的不动产权利人的姓名或名称和拟通过更正登记记载在登记簿上的不动产权利人的姓名或者名称。不更正登记簿上记载的不动产权利人的，当事人的姓名或名称为登记簿上现时记载的不动产权利人的姓名或名称。

（2）不动产的坐落、面积、用途、权利类型等。

① 首次登记。

公告适用于首次登记的情形下，不动产的坐落、面积、用途、权利类型等为拟登记的不动产的坐落、面积、用途、权利类型等。

第八章　不动产登记的一般程序

②依职权注销登记。

公告适用于依职权注销登记的情形下，不动产的坐落、面积、用途、权利类型等为登记簿上现时记载的不动产的坐落、面积、用途、权利类型等。

③依职权更正登记的情形。

公告适用于依职权更正登记的情形下，不动产的坐落、面积、用途、权利类型等为登记簿上现时记载的不动产的坐落、面积、用途、权利类型等和拟通过更正登记记载在登记簿上的不动产的坐落、面积、用途、权利类型等。

④提出异议的期限、方式和受理机构。

提出异议的期限，以"某年某月某日"的方式表示，如"本机构受理异议的时间为某年某月某日至某年某月某日，逾期不再受理"，或"有异议者，请于某年某月某日前向本机构提出，逾期不再受理"。提出异议的方式，主要由有异议者以书面、电子邮件、在登记机构的门户网站留言等方式提出。受理机构，主要有具体接受异议的机构名称及该机构的地址、联系方式等。

3. 公告的发布场所和公告期限

在不动产登记实务中，按《不动产登记暂行条例实施细则》第十七条第二款规定，公告应当在不动产登记机构门户网站以及不动产所在地等登记机构指定的场所进行，公告期不少于15个工作日。据此可知，《不动产登记暂行条例实施细则》的规定明确了公告的发布场所和公告期限。

（1）公告的发布场所。

按《不动产登记暂行条例实施细则》规定，公告的发布场所是不动产登记机构的门户网站和不动产所在地等登记机构指定的其他场所。笔者据此认为，公告同时在登记机构的门户网站和不动产所在地等登记机构指定的场所发布的，才是合法的：一是将公告发布在登记机构的门户网站或张贴在登记机构的办公场所专门设置的公告栏，这是因为访问登记机构的门户网站或到登记机构的办公场所的人员多数是办理不动产登记或查询、了解、咨询与不动产登记相关事宜的人员，对登记机构在其门户网站或办公场所专门设置的公告栏上发布（张贴）的公告比较关注，可以从"线"上将公告内容送达社会公众。当然，是否在登记机构的办公场所设置的公告栏张贴公告，由登记机构裁量决定，笔者倾向于张贴公告。二是将公告发布（张贴）在申请登记的不动产所在地，这是因为不动产所在地的人们对该不动产的相关情况可能有所知晓，可以从"点"上将公告内容送达社会公众。概言之，"线"上和"点"上相结合，将公告内容送达社会公众，公告的受众有广度也有深度。

在《不动产登记暂行条例实施细则》规定应当公告的情形下，公告是不动产登记审查中的一个环节，因此，如果是在不动产登记机构的门户网站发布公告的，公告发布后，登记机构应当将公告所在的网页截屏并转化为纸介质资料后归入不动产登记案卷。如果是在登记机构的办公场所、不动产所在地等登记机构指定的场所张贴公告的，公告张贴后，登记机构应当将有张贴人和公告的相片或将该相片数字化后归入不动产登记案卷。概言之，公告发布后，登记机构应当将公告的发布情况纸质化或数字化后归入不动产登记案卷，以证明自己履行了发布公告的职责，从而佐证不动产登记程序的充分性。

（2）公告期限。

《不动产登记暂行条例实施细则》中规定，公告期不少于 15 个工作日，但《不动产登记暂行条例实施细则》中只规定了公告期间的下限，没有规定公告期间的上限，因此，公告期间的上限由登记机构根据不动产登记的审查情况自行决定。笔者认为，《不动产登记暂行条例》第二十条规定，不动产登记机构应当自受理登记申请之日起 30 个工作日内办结不动产登记手续，法律另有规定的除外。据此可知，一般情形下，不动产登记机构自受理申请人提交的不动产登记申请之日起，办结不动产登记的最长时限是 30 个工作日。基于行政效益原则，参考行政法规关于不动产登记机构办结不动产登记的最长时限，将公告期限的上限确定为 30 个工作日为宜,即公告期间为 15 至 30 个工作日。所谓行政效益原则,又称效率原则,是指行政法律制度以及管理行政行为要以较小的经济耗费获取最大的社会效果。行政管理的高效对公民来说本身就意味着一种效益,能为公民提供更多的发展机会,与行政法的目的相一致[1]。

4. 公告的作用

公告的作用主要有:一是约束登记机构和行政相对人(登记申请人或其代理人)。登记机构将不动产登记的有关情况以公告的形式告之公众,有政务公开、接受公众监督的意思表示,将公告中载明的不动产登记中的有关权利义务置于公众的监督下,无论登记机构还是行政相对人都应当在公众的监督下行使权利或履行义务。二是作证据之用。根据《最高人民法院关于适用〈中华人民共和国行政诉讼法〉的解释》(法释〔2018〕1号)的有关规定,不动产登记公告是登记机构依职权作出的书面证据,它可以证明:① 就不动产登记情况向公众征询无异议的,作权利归属的证据之一;② 催告、促使不动产权利人或利害关系人主张权利的公告,可以证明登记机构履行了告知义务和合理审慎的注意义务,当然,也可以作为产生行政复议或行政诉讼时效起算点的证据;③ 约束登记机构和行政相对人的公告,结合公告后登记机构的行政行为,可以证明登记机构是否依法行政、依程序行政,行政相对人是否依法行使权利和履行义务。

5. 登记机构自行启动公告的合法性检讨

《民法典》第二百一十二条规定:"登记机构应当履行下列职责:(一)查验申请人提供的权属证明和其他必要材料;(二)就有关登记事项询问申请人;(三)如实、及时登记有关事项;(四)法律、行政法规规定的其他职责。申请登记的不动产的有关情况需要进一步证明的,登记机构可以要求申请人补充材料,必要时可以实地查看。"《不动产登记暂行

---

[1] 马怀德:《行政法学》,中国政法大学出版社 2007 年版,第 61 页。

条例》第十五条规定："不动产登记机构受理不动产登记申请后,还应当对下列内容进行查验:(一)申请人、委托代理人身份证明材料以及授权委托书与申请主体是否一致;(二)权属来源材料或者登记原因文件与申请登记的内容是否一致;(三)不动产界址、空间界限、面积等权籍调查成果是否完备,权属是否清楚、界址是否清晰、面积是否准确;(四)法律、行政法规规定的完税或者缴费凭证是否齐全。"据此可知,如前所述,登记机构对申请人提交的登记申请材料的合法性、真实性和关联性有审查之责,审查的方式或手段有核对登记申请材料、询问申请人、实地查看申请登记的不动产等。笔者据此认为,公告属于登记机构履行审查登记申请材料的合法性、真实性和关联性之责的审查方式或审查手段之一。申言之,登记机构自行启动的公告符合法律和行政法规的规定,与"法无授权不可为"的行政法原则并不相悖,但公告期间应当计入登记办结时限。

此外,不动产登记的审查方法还有通过办公电话、走访、发送电子邮件(E-mail)等方式向相关当事人或知情人、相关机构或组织核实相关情况等。

三、对嘱托登记的审核

不动产登记机构对嘱托登记的审核,主要指对受理人员审查过的内容进行复核:一是查验嘱托登记材料的送达人员的身份是否适格(如人民法院送达协助执行通知书的必须是执行员而非审判员)或嘱托登记材料的送达、发送渠道是否合法(如人民政府嘱托办理因征收产生的注销登记的文书是否由其工作人员送达,或通过党政网或其他专门渠道发送);二是查验嘱托登记材料中是否有明确的要求办理相关不动产登记的内容;三是查验嘱托办理不动产登记的文书与附随送达或发送的判决书、裁定书、民事调解书、仲裁裁决书、仲裁调解书、公证书、行政处罚决定书、收回宅基地使用权决定等材料是否对应;四是查验嘱托登记文书中要求办理的不动产登记与不动产登记簿上的记载是否对应等。

四、对依职权启动的不动产登记的审核

对登记机构依职权启动的不动产登记的审核主要有：一是查验启动的不动产登记是否在法律、行政法规、规章和政策的规定授予的依职权办理的不动产登记范围内；二是查验登记机构作出的启动不动产登记的决定中是否有明确的要求办理相关不动产登记的内容；三是查验登记机构启动不动产登记的依据、证据是否确凿、充分；四是查验拟办理的不动产登记与不动产登记簿上的记载是否对应等。

五、作出审核结论并签署审核意见

（一）作出审核结论

审核人员对满足登记要求的，应当作出准予登记的审核结论。对不符合登记要求的，应当作出不予登记的审核结论。

关于不予登记的情形，《不动产登记暂行条例》第二十二条规定："登记申请有下列情形之一的，不动产登记机构应当不予登记，并书面告知申请人：（一）违反法律、行政法规规定的；（二）存在尚未解决的权属争议的；（三）申请登记的不动产权利超过规定期限的；（四）法律、行政法规规定不予登记的其他情形。"

1. 申请登记的事项违反法律、行政法规规定的情形

申请登记的事项违反法律、行政法规规定的情形主要有：一是申请登记的不动产物权和其他法定事项不属于法律、行政法规规定的可以在登记簿上记载的内容。如前所述，可以依法记载在登记簿上的不动产物权主要有：① 所有权，包括集体土地所有权，房屋等建筑物、构筑物所有权，森林、林木所有权等；② 用益物权，包括国有建设用地使用权，集体建设用地使用权，宅基地使用权，居住权，土地承包经营权和土地经营权，地役权，海域使用权、国有农用地使用权等；③ 抵押权，包括

一般抵押权、最高额抵押权、在建建筑物抵押权等。可以依法记载在登记簿上的其他法定事项主要有更正登记、异议登记、预告登记、查封登记、预查封登记、补证、换证等。二是申请登记的不动产物权和其他法定事项虽然属于法律、行政法规规定的应当在登记簿作记载的内容，但是，证明此不动产物权和其他法定事项的登记原因材料（权源证明材料）因制作主体、材料内容、材料形式中的某一方面或某几方面不符合法律、行政法规的规定，被其支撑的不动产物权和其他法定事项也不能被记载在登记簿上。

2. 存在尚未解决的不动产权属争议

申请人申请不动产物权和其他法定事项登记时，他人持以下材料对该不动产物权和其他法定事项主张权利时，表明该不动产物权和其他法定事项存在权属争议且该争议尚未解决：一是人民法院、仲裁机构关于解决纠纷的生效的法律文书；二是有权的国家机关颁发的不动产权属凭证；三是有权的国家机关作出的能证明权属的批文、通知等公文；四是有权的人民政府关于解决纠纷的决定、调处协议；五是当事人关于解决纠纷的合同、协议、声明、承诺或当事人间关于不动产权属的约定等。

3. 申请登记的不动产物权超过规定期限

申请登记的不动产物权超过规定期限，是指申请人提交的申请材料载明的申请登记的不动产物权的期限超过法律规定的有效期间而不满足不动产登记条件的情形，如超过法律规定的最长使用期限的土地使用权等。

4. 其他不予登记的情形

其他应当作不予登记处理的情形主要有：一是申请人、代理人的身份证明材料及授权委托书与申请主体不一致；二是登记原因材料（权源证明材料）与申请登记的内容不一致；三是不动产界址、面积等不动产权籍调查成果不完备，即权属不清楚，界址不清晰，面积不准确；四是登记申请材料载明的信息不满足登记簿记载的要求，如居住权合同未载明居住权期限等；五是法律规定的税费缴纳凭证不齐全；六是申请登记的不动产不符合不动产单元的设定条件；七是申请登记的事项与不动产登记簿上的既有记载相冲突，如登记簿上记载有禁止抵押人处分抵押房屋约定的情形下，抵押房屋的所有权人（抵押人）与受让人申请的因转让房屋产生的转移登记，此转移登记与登记簿上记载的禁止抵押人转让抵押房屋的约定相冲突；八是因处分不动产申请的不动产登记，该不动产上有有效的查封登记、预告登记存在；九是因处分不动产申请的不动产登记，地上定着物与其占用范围内（分摊取得）的土地权利主体不同一或不一并申请登记等。

（二）签署审核意见

审核人员签署审核意见的内容主要有：一是申请人申请登记、嘱托人嘱托登记的是什么不动产登记类型；二是登记申请材料、嘱托登记材料、依职权办理不动产登记的材料是否充分、合法、真实、有效；三是申请人申请的不动产登记、嘱托人嘱托的不动产登记、登记机构自身依职权启动的不动产登记是否满足登记要求；四是对申请人申请的不动产登记、嘱托人嘱托的不动产登记、登记机构自身依职权启动的不动产登记是否准予登记；五是审核人的署名和日期。如对申请人申请的因货物供销产生的最高额抵押权首次登记的审核意见："经审核，申请人申请的是因货物供销产生的最高额抵押权首次登记，申请人提交的登记申请材料充分、合法、真实、有效，申请登记的最高额抵押权首次登记满足登记要求，准予登记。审核人：王五。某年某月某日"。

六、向登簿人移交登记案卷

审核人签署审核意见后，整理好不动产登记案卷，制作移交目录，凭移交目录向登簿人逐卷移交。移交目录一式三份，移交完毕后，移交的审核人和接交的登簿人在移交目录上签名,审核人和接交的登簿人各自留存一份备查,另一份归入专门的案卷。

第四节 登簿

登簿,是指将经不动产登记审核人员审核并准予登记的不动产物权和其他法定事项记载在登记簿上的行为。《民法典》第二百一十六条第一款规定,不动产登记簿是物权归属和内容的根据。该法第二百一十四条规定,不动产物权的设立、变更、转让和消灭,依照法律规定应当登记的,自记载于不动产登记簿时发生效力。《不动产登记暂行条例》第二十一条规定,登记事项自记载于不动产登记簿时完成登记。据此可知,一般情形下,基于民事法律行为设立、变更、转移和消灭的不动产物权及其他法定事项,自记载于登记簿上时起,产生不动产物权及其他法定事项设立、变更、转移和消灭的法律效果,即不动产登记的目的实现,不动产登记程序终结。因此,登簿是不动产登记的一般程序中登记目的实现、登记程序终结的环节,即登簿是不动产登记的一般程序中的最后一个环节(步骤)。登簿环节的内容主要有:一是核对审核人员是否对将要登记的不动产物权和其他法定事项签署"准予登记"的审核意见;二是如实、及时在登记簿上记载不动产物权和其他法定事项;三是处理合并办理的不动产登记的登簿;四是明确登簿完成的时间节点。

一、核对审核人员是否对将要登记的不动产物权和其他法定事项签署"准予登记"的审核意见

在不动产登记实务中,按《不动产登记操作规范(试行)》5.1.1条规定,经审核符合登记条件的,应当将申请登记事项记载于不动产登记簿。据此可知,在不动产登记实务中,只有经过审核人员审核且满足登记要求的不动产物权和其他法定事项才可以被登簿人员记载在登记簿上。申言之,登簿人员记载在登记簿上的信息,必须是审核人员在其签

第八章 不动产登记的一般程序

署的审核意见中明确表示"准予登记"的不动产物权和其他法定事项。审核人员在其签署的审核意见中没有明确表示"准予登记"的不动产物权和其他法定事项的,登簿人员不得记载在登记簿上,应当退还给审核人员,待其作出明确的"准予登记"的审核意见后,才可以记载在登记簿上。

二、如实、及时在登记簿上记载不动产物权和其他法定事项

按《民法典》第二百一十二条第一款第(三)项规定,如实、及时登记有关事项是登记机构的职责。据此可知,对经过审核且满足登记要求的不动产物权和其他法定事项,登簿人员应当如实登记、及时记载在登记簿上。

1. **如实登记**

如实登记,是指登簿人员记载在不动产登记簿上的不动产物权和其他法定事项必须来源于不动产登记申请材料、嘱托登记材料和依职权启动不动产登记的材料,即登簿人员必须严格按不动产登记申请材料、嘱托登记材料和依职权启动不动产登记的材料上载明的不动产物权和其他法定事项在不动产登记簿上作记载,此外的内容和事项不得记载在登记簿上,依法律、行政法规、规章和政策的规定在不动产登记簿上作补充、说明、提示等信息记载的除外。

2. **及时记载**

及时记载主要有:一是对依申请启动的不动产登记,基于不同的登记类型,登记机构应当在法律、行政法规、规章和政策规定的期间将申请登记的不动产物权和其他法定事项记载在登记簿上;二是对依嘱托启动的不动产登记和依职权启动的不动产登记,登记的具体时限以嘱托登记、依职权启动的不动产登记完成前权利人的权益不受损害为限。如人民法院向登记机构送达协助执行通知书,要求将被执行人名下的不动产

过户登记到申请执行人名下,审核人员也签署了"准予登记"的审核意见,登簿人员即时将该不动产登记到申请执行人名下的,自无可言。如果登簿人员因耽搁而没有即时将该不动产登记到申请执行人名下,该不动产又被其他人民法院查封(原查封因期限届满已经失效)而无法登记到申请执行人名下时,申请执行人的权益受到损害,则登簿人员违反及时登记原则。

三、处理合并办理的不动产登记的登簿

合并申请、合并嘱托的不动产登记,是指申请人同时申请、嘱托人同时嘱托的两种不同的但又密切相关的不动产登记。申请人合并申请、嘱托人合并嘱托不动产登记时,按申请、嘱托的登记类型提交两套登记申请材料、嘱托登记材料,但不重复提交相同或同类型的登记申请材料、嘱托登记材料,如只提交一次申请人的身份证明等。在不动产登记实务中,申请人合并申请、嘱托人合并嘱托的不动产登记主要有:一是合并申请预购商品房预告登记与预购商品房抵押预告登记;二是合并申请预购商品房预告登记转国有建设用地使用权及地上房屋所有权转移登记与预购商品房抵押预告登记转国有建设用地及地上房屋抵押权登记;三是合并申请建筑物所有权首次登记与在建建筑物抵押权登记转建筑物抵押权登记;四是因不动产变更登记导致抵押权变更的,合并申请不动产变更登记与抵押权变更登记;五是因不动产变更、转移致使地役权变更、转移的,合并申请不动产变更登记、转移登记与地役权变更登记、转移登记;六是在继承、离婚析产后转让不动产的,可以合并申请继承转移登记、离婚析产转移登记、转让转移登记;七是在转移登记后抵押不动产的,可以合并申请转移登记、抵押权登记;八是在转移登记或变更登记后办理查封登记的,可以合并申请嘱托转移登记或变更登记、查封登记等。

合并办理的不动产登记的登簿,是指登簿人员对经审核且满足登记要求的申请人合并申请、嘱托人合并嘱托的不动产登记,依不动产登记

的先后顺序在登记簿上的相应栏目中作记载。如合并申请继承、转让转移登记的，应当先记载继承转移登记，再记载转让转移登记等。

四、明确登簿完成的时间节点

如前所述，登簿是不动产登记的一般程序中登记目的实现、登记程序终结的环节，即登簿是不动产登记的一般程序中的最后一个步骤。据此可知，登簿完成的时间节点，即不动产登记目的实现的时间节点，也是不动产登记程序终结的时间节点。登簿完成的时间节点的确认：一是采用电子介质不动产登记簿的，登簿完成的时间节点为登簿人员点击登记信息完成确认键时不动产登记系统自动生成的时间，一般情形下，该时间以年月日时分秒的方式显示；二是采用纸介质不动产登记簿的，登簿完成的时间节点为登簿人员签名后填写的时间，一般情形下，该时间以年月日时分的方式显示。

五、向负责档案信息管理的部门移交不动产登记案卷

登簿完成后，登簿人员应当即时清理不动产登记案卷并制作移交目录，凭移交目录逐卷向负责档案信息管理的部门移交不动产登记案卷，便于案卷的归档和查询。当然，不动产登记未实行系统管理的登记机构，登簿完成后，登簿人员应当向不动产权属证书缮制部门移交不动产登记案卷，不动产权属证书缮制部门凭接收的不动产登记案卷完结证书缮制后，再向档案信息管理部门移交不动产登记案卷。移交目录一式三份，移交完毕后，移交的审核人员和接交的档案信息管理人员或不动产权属证书缮制人员签字后，各自留存一份备查，另一份归入专门的案卷。

第九章　缮制颁发不动产权属证书

《民法典》第二百一十六条第一款规定，不动产登记簿是物权归属和内容的根据。按该法第二百一十七条规定，不动产权属证书是权利人享有该不动产物权的证明。《不动产登记暂行条例》第二十一条第二款规定，不动产登记机构完成登记，应当依法向申请人核发不动产权属证书或者登记证明。据此可知，我国的不动产登记实行登记簿的记载与颁发权属证书相结合的制度，即一般情形下，登记机构经审核，将准予登记的不动产物权和其他法定事项记载在登记簿上后，基于登记簿上的记载制作并向权利人颁发证明其享有不动产物权或其他法定事项的不动产权属证书。《不动产登记暂行条例》的规定将不动产权属证书细化为不动产权属证书和不动产登记证明，本书遵循《民法典》的规定，将不动产权属证书和不动产登记证明统称为不动产权属证书。

一、缮制并向权利人颁发不动产权属证书是不动产登记程序后的行为

《不动产登记暂行条例》第二十一条第一款规定，登记事项自记载于不动产登记簿时完成登记。据此可知，一般情形下，不动产物权和其他法定事项自记载于登记簿上时起，不动产登记的目的实现，不动产登记程序终结。简言之，自登簿完成时起不动产登记程序终结。《不动产登记暂行条例》第二十一条第二款规定，不动产登记机构完成登记，应当依法向申请人核发不动产权属证书或者不动产登记证明。据此可知，登记机构是在不动产登记程序终结后，基于登记簿上记载的信息缮制并向权利人颁发不动产权属证书的。因此，缮制并向权利人颁发不动产权

属证书不是不动产登记的程序，是不动产登记机构在不动产登记程序终结后履行其法定职责的行为，笔者称之为不动产登记程序后行为。

二、不动产权属证书与不动产登记簿的关系

《民法典》第二百一十六条第一款规定，不动产登记簿是物权归属和内容的根据。该法第二百一十七条规定，不动产权属证书是权利人享有该不动产物权的证明。不动产权属证书记载的事项，应当与不动产登记簿一致；记载不一致的，除有证据证明不动产登记簿确有错误外，以不动产登记簿为准。据此可知，不动产登记簿是物权归属和内容的根据，不动产权属证书则是不动产登记簿的外在表征形式，是权利人向拟与之进行交易的人表征其依法享有不动产物权的凭证。不动产登记簿的记载是不动产权属证书核发的基础，即登记机构缮制不动产权属证书的信息必须来自不动产登记簿上的记载。一般情形下，不动产权属证书记载的事项与登记簿上的记载不一致的，以不动产登记簿为准。当然，有证据证明不动产权属证书的记载正确、不动产登记簿的记载错误的除外。如使用纸介质登记簿和手工缮制不动产权属证书的登记机构，在将登记信息记载于登记簿和不动产权属证书上时，如果登记簿的记载与不动产权属证书的记载不一致，或者如果不动产权属证书的记载与登记机构存档的登记材料一致，而不动产登记簿的记载与登记机构存档的登记材料不一致，应当以不动产权属证书的记载为准。

三、不动产权属证书的样式与介质

在不动产登记实务中，《不动产登记暂行条例实施细则》第二十条第三款、第四款规定，不动产权属证书和不动产登记证明，应当加盖不动产登记机构登记专用章。不动产权属证书和不动产登记证明样式，由国土资源部统一规定。按《自然资源部、国家税务总局、中国银保监会关于协同推进"互联网+不动产登记"方便企业和群众办事的意见》（自然资发〔2020〕83号）第三条规定，按照法律法规规定，电子不动产登

记证书证明与纸质不动产登记证书证明具有同等法律效力。据此可知，不动产权属证书的样式和介质是全国统一的，即登记机构缮制的不动产权属证书必须是国务院自然资源主管部门规定的全国统一样式的证书。不动产权属证书的介质有纸介质、电子介质，即有纸介质的不动产权属证书和电子介质的不动产权属证书。不管是纸介质的不动产权属证书，还是电子介质的不动产权属证书，上面均须有不动产登记机构的公章，不动产登记机构的公章可以是其法人公章，也可以是其不动产登记专用章。申请人可以选择领取纸介质的不动产权属证书，也可以选择领取电子介质的不动产权属证书。至于可否选择同时领取纸介质的不动产权属证书和电子介质的不动产权属证书，法律、行政法规、规章和政策均没有禁止性规定，笔者认为，只要申请人选择同时领取纸介质的不动产权属证书和电子介质的不动产权属证书的，登记机构应当允许。电子介质的不动产权属证书与纸介质的不动产权属证书具有同等法律效力。

四、不动产权属证书管理

不动产权属证书的管理包括空白证书的管理和缮制完成的待发证书的管理。

1. 空白证书的管理

登记机构对空白的不动产权属证书的管理：一是对接收的空白证书进行清理，看是否与订购的册数相符合，是否是国务院自然资源主管部门规定的全国统一样式的证书。二是查验不动产权属证书的全国统一编号，以查验该证书是否是本登记机构订购的证书。三是设置专门的库房或专门的档案柜存放空白的不动产权属证书，按专业档案管理要求做好防潮、防尘、防火、防盗等保管工作。四是编制空白不动产权属证书库存登记表，将证书的册数、编号记录在案备查。五是编制空白不动产权属证书领用登记表，将缮证人员每次领取的空白证书的册数、编号记录在案备查。六是编制报废不动产权属证书登记表，将缮证人员缴回的作废证书的册数、编号记录在案，同时，将收回作废的证书专门存放，择时统一销毁。销毁时应当编制报废证书销毁清册，由两个以上的人负责销毁。销毁后，销毁人在销毁清册上签名后留存备查。七是定期核对空白不动产权属证书库存登记表、空白不动产权属证书领用登记表、报废不动产权属证书登记表，查验三个表上的不动产权属证书册数、编号是否对应，有效防止空白的不动产权属证书流失。

2. 缮制完成的待发证书的管理

缮制完成的待发证书的管理，主要是制作缮制完成的待发证书移交登记表，该表一式三份，记载缮制完成的待发证书的册数、编号后，将证书移交给颁证人员，移交人和接交人签名后，各保存一份备查，另一份归入专门的案卷。

五、颁发证书

颁发证书，是指登记机构根据领证人提交的收件清单、受理通知书等不动产登记受理凭证，向其发放相应的不动产权属证书的行为。颁发不动产权属证书：一是编制不动产权属证书颁发登记表，记载不动产权利人、不动产的坐落、不动产的不动产单元代码、不动产权属证书的编号、发证人、领证人等。二是核对领证人提交的身份证明、收件清单、受理通知书等材料上的主体与不动产权属证书上的主体是否一致或是否对应。代他人领取不动产权属证书的，须提交委托代领手续。三是收取领证人的收件清单、受理通知书等不动产登记受理凭证，发证人、领证人在不动产权属证书颁发登记表上签名后，向领证人发放证书。

领证人领取不动产权属证书时，因遗失或毁损收件清单、受理通知书等不动产登记受理凭证而不能提交的情形时有出现，由于受理凭证的主要作用是证明领证人作为证书领取主体适格，登记机构可以通过核对领证人提交的身份证明与登记案卷中留存的申请人或其代理人身份证明复印件是否相符来确认，且受理凭证不影响登记簿上记载的不动产物权和其他法定事项的法律效力,此情形下,登记机构可以要求领证人出具受理凭证遗失产生的责任由其承担的具结书后,向其颁发不动产权属证书。

嘱托登记完成后,基于登记簿上的记载缮制的不动产权属证书的颁发:一是嘱托登记文书上载明要求登记机构将不动产权属证书颁发或交付给相关当事人的,登记机构应当按嘱托登记文书要求将不动产权属证书颁发或交付给相关当事人;二是嘱托登记文书上没有载明要求登记机构将不动产权属证书颁发或交付给相关当事人的,登记机构应当通知嘱托登记承办人员领取不动产权属证书。由于相关当事人不是嘱托登记程序中的当事人,与嘱托登记程序中的权利义务无关,在没有嘱托机关书面同意将不动产权属证书颁发或交付给该相关当事人的情形下,登记机构不宜向其颁发或交付不动产权属证书。

第十章　不动产登记资料管理

不动产登记资料，是指申请人申请不动产登记、嘱托机关嘱托不动产登记、登记机构自身依职权启动不动产登记和登记机构办理不动产登记过程中履行职责形成的与登记簿上记载的不动产物权和其他法定事项紧密相关的资料。《民法典》第二百一十八条规定，权利人、利害关系人可以申请查询、复制不动产登记资料，登记机构应当提供。在不动产登记实务中，《不动产登记资料查询暂行办法》第二条第二款规定，不动产登记资料由不动产登记机构负责保存和管理。据此可知，不动产登记资料只能由承办不动产登记的登记机构保存和管理，不得由其他机构保存和管理，为权利人、利害关系人等当事人提供不动产登记资料查询是登记机构的职责。因此，笔者认为，不动产登记资料管理主要是不动产登记资料的归档保管和不动产登记资料的查询利用。

第一节　不动产登记资料的归档保管

一、不动产登记资料的范围和介质

在不动产登记实务中，《不动产登记资料查询暂行办法》第二条第一款规定："本办法所称不动产登记资料，包括：（一）不动产登记簿等不动产登记结果；（二）不动产登记原始资料，包括不动产登记申请书、申请人身份材料、不动产权属来源、登记原因、不动产权籍调查成果等材料以及不动产登记机构审核材料。"该暂行办法第二十七条规定："已有电子介质，且符合下列情形之一的纸质不动产登记原始资料可以销毁：（一）抵押权登记、地役权登记已经注销且自注销之日起满五年的；

(二)查封登记、预告登记、异议登记已经注销且自注销之日起满五年的。"据此可知,不动产登记资料主要包括不动产登记申请资料、不动产登记嘱托材料、登记机构自身依职权启动不动产登记的资料、不动产登记审核资料和不动产登记结果资料。不动产登记资料有纸介质的不动产登记资料和电子介质的不动产登记资料,纸介质的不动产登记资料和电子介质的不动产登记资料有同等的法律效力。

1. 不动产登记申请资料

不动产登记申请资料,主要指申请人或其代理人申请不动产登记时向登记机构提交的及登记机构通过人民政府的信息共享渠道、数据大平台、相关国家机关的官方网站等获取的启动不动产登记、申请人身份证明和证明申请登记的内容合法、真实、有效的材料,主要包括不动产登记申请书、申请人或代理人的身份证明材料、委托书或代理合同、监护人资格证明、登记原因材料(不动产权属来源证明材料)、相关税费缴纳凭证、不动产权籍调查成果报告等。

2. 不动产嘱托登记资料

不动产嘱托登记资料,主要指有权的国家机关嘱托登记机构办理不动产登记时送达或发送给登记机构的相关资料,主要包括协助执行通知书、协助执行函、办理不动产登记函或通知等启动不动产登记的嘱托登记文书和附随该嘱托登记文书送达的法律文书、监察文书、行政决定、公证书等材料。

3. 登记机构自身依职权办理不动产登记的资料

登记机构自身依职权办理不动产登记的资料,主要指登记机构依法律、法规、规章和政策的规定作出的启动不动产登记的决定或通知等公文,以及办理不动产登记中形成的调查核实记录、收集的证据等材料。

4. 不动产登记审核资料

不动产登记审核资料,主要指登记机构在受理、审核过程中履行职

第十章 不动产登记资料管理

责形成的资料,主要包括询问当事人的笔录、补正材料通知书或告知书、受理不动产登记凭证、实地查看申请登记的不动产的记录和相片、公告、向嘱托机关提出的审查建议、不动产登记审核表等。

5. 不动产登记结果资料

不动产登记结果资料,主要指记载经不动产登记机构审核并准予登记的不动产物权和其他法定事项的资料,包括不动产登记簿、不动产权属证书。

二、需要归档保管的不动产登记资料

《不动产登记暂行条例》第十二条规定,不动产登记机构应当指定专人负责不动产登记簿的保管,并建立健全相应的安全责任制度。采用纸质介质不动产登记簿的,应当配备必要的防盗、防火、防溃、防有害生物等安全保护设施。采用电子介质不动产登记簿的,应当配备专门的存储设施,并采取信息网络安全防护措施。据此可知,不动产登记机构应当建立专门的不动产登记簿保管制度,且应当配备专门的存储、保护不动产登记簿的设备设施。笔者据此认为,不动产登记结果资料中的不动产登记簿已经依法建立了专门的保管保存制度,不属于需要归档保管的不动产登记资料。因此,需要归档保管的不动产登记资料包括不动产登记申请资料、不动产嘱托登记资料、登记机构自身依职权办理不动产登记的资料、不动产登记审核资料和作为不动产登记申请材料时的不动产权属证书等。

三、不动产登记资料的立卷

不动产登记资料立卷,是指登记机构在办结不动产登记后,按照档案管理的要求对办理该件不动产登记过程中形成的需要归档的资料进行整理形成案卷的行为。一般情形下,登记机构办理的一件不动产登记立一个卷,合并办理的两件不动产登记按不同的登记类型分别立一个卷。立卷内容因不动产登记资料的介质而异。

1. 纸介质不动产登记资料立卷

纸介质不动产登记资料立卷主要包括卷内资料的排列与编号、卷内资料目录和备考表的编制、卷皮和档案盒或档案袋的编写、案卷装订等。

2. 电子介质不动产登记资料立卷

电子介质不动产登记资料立卷主要包括：一是以登记机构办理一次不动产登记为一件编制电子资料目录；二是以宗地或宗海为单位与电子资料目录形成关联。

纸介质不动产登记资料经数字化处理后转化为电子介质不动产登记资料的，遵守电子介质资料的立卷要求，且与其纸介质案卷相关联。

四、不动产登记资料的存放保管

纸介质不动产登记资料立卷完毕后，应当及时进入专门的档案库房并存放在相应的案卷存放架上，按专业档案管理要求进行保存、保管。

电子介质不动产登记资料立卷完毕后，应当进行备份和异地保存处理，按电子档案管理要求做好相关防护。

第二节 不动产登记资料的查询利用

一、不动产登记资料的查询原则

不动产登记资料的查询原则，是指提供查询的不动产登记机构和查询人在不动产登记资料查询中应当遵守的准则。《不动产登记资料查询暂行办法》第五条规定，不动产登记资料查询，遵循依法、便民、高效的原则。据此可知，不动产登记资料的查询原则主要有依法查询原则、方便查询原则和高效查询原则。

（一）依法查询原则

《不动产登记暂行条例》第二十七条规定，权利人、利害关系人可以依法查询、复制不动产登记资料，不动产登记机构应当提供。有关国

第十章　不动产登记资料管理

家机关可以依照法律、行政法规的规定查询、复制与调查处理事项有关的不动产登记资料。在不动产登记实务中，《不动产登记暂行条例实施细则》第九十七条规定："国家实行不动产登记资料依法查询制度。权利人、利害关系人按照《条例》第二十七条规定依法查询、复制不动产登记资料的，应当到具体办理不动产登记的不动产登记机构申请。权利人可以查询、复制其不动产登记资料。因不动产交易、继承、诉讼等涉及的利害关系人可以查询、复制不动产自然状况、权利人及其不动产查封、抵押、预告登记、异议登记等状况。人民法院、人民检察院、国家安全机关、监察机关等可以依法查询、复制与调查和处理事项有关的不动产登记资料。其他有关国家机关执行公务依法查询、复制不动产登记资料的，依照本条规定办理。涉及国家秘密的不动产登记资料的查询，按照保守国家秘密法的有关规定执行。"据此可知，无论是民事主体，还是国家机关，查询不动产登记资料时必须遵守法律、行政法规、规章的规定，与之对应的是不动产登记机构提供查询时也必须遵守法律、行政法规、规章的规定。具体而言，即查询人在查询不动产登记资料时，其查询启动方式、查询方式、查询不动产登记资料的范围等必须符合法律、行政法规和规章的规定。提供查询的登记机构，在提供查询时则必须审核查询人、查询启动方式、查询方式、查询不动产登记资料的范围等是否符合法律、行政法规和规章的规定，及时为查询人提供相应的不动产登记资料查询服务。概言之，依法查询原则的具体体现是查询主体、查询启动方式、查询方式、查询不动产登记资料的范围和不动产登记机构提供查询均须符合法律、行政法规和规章的规定。

（二）方便查询原则

在不动产登记实务中，按《不动产登记暂行条例实施细则》第九十七条第二款规定，权利人、利害关系人依法查询、复制不动产登记资料的，应当到具体办理不动产登记的不动产登记机构申请。《不动产登记资料查询暂行办法》第六条规定，不动产登记机构应当加强不动产登记信息化建设，以不动产登记信息管理基础平台为基础，通过运用互联网技术、设置自助查询终端、在相关场所设置登记信息查询端口等方式，为查询人提供便利。据此可知，方便查询是不动产登记资料查询的原则，主要指登记机构提供查询的方式要方便查询人。一般情形下，登记机构提供查询的方式主要有：一是在办公场所或专门的不动产登记申请受理处设置查询窗口；二是在办公场所或专门的不动产登记申请受理处配置自助查询机；三是开通网络查询通道。

1. 在办公场所或专门的不动产登记申请受理处设置查询窗口

在登记机构的办公场所或专门的不动产登记申请受理处设置查询窗口，现场受理、处理当事人的查询申请事宜。《不动产登记资料查询暂行办法》第二十六条规定，查询人查询、复制不动产登记资料的，不得将不动产登记资料带离指定场所，不得拆散、调换、抽取、撕毁、污损不动产登记资料，也不得损坏查询设备。据此可知，有条件的登记机构应当在查询窗口配备专门的人员和监控、扫描、复印等设备设施，防止被查询的不动产登记资料被查询人擅自带离查询场所而失去控制，及时发现并制止拆散、调换、抽取、撕毁、污损不动产登记资料的行为，维护不动产登记资料的完整、安全，同时，也为查询人复制查询资料提供方便。没有条件的登记机构应当在查询窗口配备充足的人员及必要的复印设备，加强对不动产登记资料查询现场的安全监管，同时，也为查询人提供及时、周到的查询服务。

2. 在办公场所或专门的不动产登记申请受理处配置自助查询机

如前所述，不动产登记资料的查询人有权利人、利害关系人和有关国家机关等，且不同的查询人查询不动产登记资料的范围不同。因此，在技术成熟的前提下，登记机构可以在其办公场所或专门的不动产登记申请受理处配置自助查询机。自助查询机根据查询人输入的相关身份信息，自动比对不动产登记信息，识别查询人后，提供相应的登记结果和其他电子登记资料查询服务。一般情形下，自助查询机应当能够满足查询人查询、打印登记结果和其他电子登记资料的要求。

3. 开通网络查询通道

开通网络查询通道,是指登记机构在人民政府的信息共享渠道、数据大平台或其门户网站设置专门的查询窗口,受理、处理当事人的查询申请事宜。在技术成熟的前提下,申请查询信息、嘱托查询信息通过查询窗口进入不动产登记信息管理平台,不动产登记信息管理平台根据查询人输入的相关身份信息,自动比对不动产登记信息,识别查询人后,提供相应的登记结果和其他电子登记资料查询服务。一般情形下,网络查询窗口应当能够满足查询人查询、打印登记结果和其他电子登记资料的要求。

(三)高效查询原则

高效查询原则,对不动产登记机构而言,在提供查询时,对符合查询条件的,应当当场提供查询服务;因特殊原因不能当场提供的,应当在规定的时限内向查询人提供;对不符合查询条件的,应当当场书面告知其不能提供查询的理由或依据、应当补正的事项等,同时告知,对登记机构作出的不予查询决定不服的,申请行政复议的时限、受理行政复议的行政机关名称和提起行政诉讼的时限、受理行政诉讼案件的人民法院的名称等。对查询人而言,实施查询时,服从不动产登记机构的查询管理,查询结束后即时离开查询场所。不能实施查询的人,应当按照不动产登记机构的书面告知离开查询场所,补正相关资料后再来查询,不得无理纠缠、逗留。

二、不动产登记资料的查询主体

《不动产登记暂行条例》第二十七条规定,权利人、利害关系人可以依法查询、复制不动产登记资料,不动产登记机构应当提供。有关国家机关可以依照法律、行政法规的规定查询、复制与调查处理事项有关的不动产登记资料。据此可知,可以查询不动产登记资料的主体有:一是不动产权利人、利害关系人等民事主体;二是有关国家机关。

（一）民事主体

1. 权利人

权利人，主要指依法享有登记簿上记载的不动产物权和其他法定事项的人或其代理人。在不动产登记实务中，按《不动产登记资料查询暂行办法》第三章规定，作为不动产登记资料查询人的权利人主要有：一是登记簿上记载的不动产物权和其他法定事项的权利人；二是法人、非法人组织因解散、破产进入清算程序的，为代法人、非法人组织行使财产管理、处分权的清算组、破产财产管理人；三是无民事行为能力人、限制民事行为能力人的监护人；四是登记簿上记载的不动产权利人死亡后，其遗嘱指定的遗产管理人、继承人推选的遗产管理人和法律规定的遗产管理人；五是对不动产享有继承权的继承人和接受该不动产遗赠的受遗赠人等。

2. 利害关系人

利害关系人，主要指与登记簿上记载的不动产物权和其他法定事项有利害关系的人。在不动产登记实务中，按《不动产登记资料查询暂行办法》规定，作为不动产登记资料查询人的利害关系人主要有：一是基于买卖、互换、赠与、租赁、抵押等民事法律行为与登记簿上记载的不动产物权构成利害关系的人；二是因与登记簿上现时记载的不动产物权和其他法定事项产生民事纠纷且人民法院、仲裁机构已经出具立案或案件受理凭证的人。

3. 准利害关系人

准利害关系人，主要指与登记簿上记载的不动产物权有互换、买卖、抵押等交易意向但尚未签订交易合同的人，或对登记簿上记载的不动产物权和其他法定事项有提起诉讼或申请仲裁意向，但尚未持有人民法院、仲裁机构的案件受理通知书或其他立案凭证的人。与之对应，登记簿上记载的不动产物权的权利人也应当与他人有互换、买卖、抵押等交易意向，或登记簿上记载的不动产物权和其他法定事项对他人已经构成损害。基于此，与登记簿上记载的不动产物权有互换、买卖、抵押等交

第十章 不动产登记资料管理

易意向的准利害关系人申请查询时，应当提交登记簿上记载的权利人与他人有交易意向的证明佐证其查询人资格，该类证明根据具体个案确定，如权利人或有权处分人在报刊上登载的转让公告、有资质的中介机构发布的转让信息招贴、当事人间达成的互换或转让意向书等。对登记簿上记载的事项有提起诉讼或申请仲裁意向的准利害关系人申请查询时，应当提交登记簿上记载的事项对其已经构成损害的证明佐证其查询人资格，该类证明根据具体个案确定，如甲楼上的乙的下水管漏水，影响甲对厨房的正常使用，甲与乙交涉了多次，但乙仍未维修，甲在向乙发出起诉解决问题的警告后，向登记机构申请查询登记簿记载的房屋所有权人是乙，还是乙的配偶，或是乙的儿子，为起诉解决问题作准备，甲提交的乙对其构成损害的证明可以是其所在小区物业管理服务企业出具的漏水损害证明。再如张三将其房屋转让给李四，转让合同约定：转让总价60万元，申请转让转移登记前李四付给张三40万元，转让转移登记完成后30日内付清剩下的20万元。但完成转让转移登记90日后，李四没有向张三支付剩下的20万元，张三多次向李四催收未果，向登记机构申请查询登记簿的记载情况，以掌握准确的转让转移登记完成时间，为可能产生的诉讼或申请仲裁解决问题作准备，张三应当提交的李四对其构成损害的证明为房屋转让合同和收到李四付给张三40万元的证明或张三的欠款情况说明等。

4. 律师

律师，是指依法取得律师执业证书并在依法设立的律师事务所执业的人员。作为不动产登记资料查询人的律师主要有：一是作为权利人、利害关系人、准利害关系人的代理人的律师；二是自身经办具体法律事务的律师。《律师法》第三十五条第二款规定，律师自行调查取证的，凭律师执业证书和律师事务所证明，可以向有关单位或个人调查与承办法律事务相关的情况。质言之，律师依法享有与其承办的法律事务相关的调查取证权，相关单位或个人应当协助配合。据此可知，律师向不动产登记机构请求查询与其承办的法律事务相关的不动产登记资料，是律师行使法定的调查取证权的具体体现，不动产登记机构应当支持。

（二）有关国家机关

作为不动产登记资料查询主体的国家机关，仅限于其履行法定职权处理相关职能事务的情形。若该国家机关处理与自身相关的不动产物权和其他法定事项的需要，应当以权利人或利害关系人等民事主体的身份申请查询，如某国家机关因办公楼建设，与相邻的张三因建设用地使用权界址发生争议，为了明确、清晰建设用地界址情况，此国家机关可以以权利人和利害关系人的身份向登记机构申请查询、复制自身的不动产登记资料和张三的建设用地使用权登记结果材料。

特别说明：按《最高人民法院关于认真贯彻律师法依法保障律师在诉讼中执业权利的通知》（法〔2006〕38号）第三条第（七）项规定，人民法院可以在民事诉讼中积极探索和试行证据调查令做法。基于此，一些地方法院在实务中做了探索，如《四川省高级人民法院关于民事审判、执行阶段适用调查令的办法（试行）》第二条第一款规定，本办法所称调查令是指民事诉讼一审、二审、再审当事人因客观原因不能自行调查取证，或者在执行程序中，当事人提供被执行人财产信息确有困难，经申请并获人民法院批准，由人民法院签发给当事人的代理律师，由其向协助调查人收集相关证据的法律文书。在司法实务中，《山东省招远市人民法院决定书》〔（2019）鲁0685司惩某号〕显示："本院在审理（2019）鲁0685民初401×号原告温某海与被告王某莲、李某东民间借贷纠纷一案中，被告主张2017年4月10日左右，被告李某东曾向你局报警称为原告出具的借条是受胁迫所致。为此，我院出具了调查令，授权山东某律师事务所律师孙某持调查令去你局复印当时报警记录和询问笔录，你局拒不配合。依照《中华人民共和国民事诉讼法》第一百一十四条、第一百一十五条、第一百一十六条第一款、第三款规定，决定对某市公安局罚款 10 万元,限于 2019 年 12 月 20 日前缴纳①"。据此可知,律师持调查令向相关单位或个人收集与其经办的诉讼案件相关的证据属于人民法院的司法权的延伸。人民法院为诉讼当事人或其代理人签发的调查令具有强制效力。因此,持调查令的律师,是代人民法院实施查询。换言之,持调查令的律师视为人民法院实施查询。

三、不动产登记资料的查询范围

(一)民事主体的查询范围

1. 权利人的查询范围

权利人是查询自己的不动产登记资料,查询范围应当最大化。其查询范围有:一是权利人记载在登记簿上的不动产物权和其他法定事项的信息;二是与权利人记载在登记簿上的不动产物权和其他法定事项有直接因果关系的不动产登记原始材料。

2. 利害关系人的查询范围

利害关系人的查询范围为登记簿上记载的与其有利害关系的记载内容或与其通过诉讼、仲裁解决的纠纷有直接因果关系的登记簿上记载的内容。

3. 准利害关系人的查询范围

准利害关系人的查询范围是登记簿上记载的相关内容,主要有:一是不动产的自然状况;二是不动产是否共有;三是不动产是否存在居住权登记、抵押权登记、预告登记或者异议登记;四是不动产是否存在查封登记;五是法律、行政法规限制处分的其他情形等。

4. 律师的查询范围

律师的查询范围主要有:一是作为权利人、利害关系人、准利害关

---

① 《拒不配合律师持调查令取证 山东招远市法院对某市公安局罚款 10 万》,https://www.360kuai.com,访问日期:2020 年 11 月 12 日。

系人的代理人的律师，查询范围与相应的权利人、利害关系人、准利害关系人相同；二是自身经办法律事务的律师，可以查询与其经办的法律事务有直接因果关系的不动产登记结果资料和不动产登记原始资料。

（二）有关国家机关的查询范围

1. 国家机关的查询范围

国家机关的查询范围主要是与其依职权经办事务相关的不动产登记结果资料和不动产登记原始资料。

2. 持调查令的律师的查询范围

持调查令的律师的查询范围严格限定为调查令上载明的查询范围。

四、查询人的查询方式

查询人的查询方式，主要指查询人具体通过什么方式查询不动产登记资料。具体的查询方式有权利人姓名、不动产坐落、不动产单元代码、不动产权属证书编号等。

（一）民事主体的查询方式

1. 权利人的查询方式

权利人是查询自己的不动产登记资料，查询方式应当最大化，可以说，只要权利人觉得方便的方式都可以。按《不动产登记资料查询暂行办法》第十五条规定，权利人查询的具体方式主要有：一是以权利人的姓名、名称、居民身份证号码、统一社会信用代码等特定主体的身份信息查询；二是以不动产的坐落查询；三是以不动产权属证书编号查询；四是以不动产单元代码查询等。

2. 利害关系人、准利害关系人的查询方式

按《不动产登记资料查询暂行办法》第二十四条规定，利害关系人、准利害关系人查询的具体方式主要有：一是以不动产的坐落查询；二是以不动产权属证书编号查询；三是以不动产单元代码查询等。概言之，利害关系人、准利害关系人不得以权利人的姓名、名称、居民身份证号码、统一社会信用代码等特定主体的身份信息查询，即不得以"人"查询。

3. 律师的查询方式

律师代权利人、利害关系人、准利害关系人查询，查询方式与权利人、利害关系人、准利害关系人相同。因自身经办具体法律事务查询，查询方式与利害关系人、准利害关系人相同。

（二）有关国家机关的查询方式

1. 国家机关的查询方式

由于国家机关是依法从事国家管理和行使国家权力的机关，维护的是国家利益、社会公共利益和他人的合法权益，其查询方式也应当最大化，不得少于权利人的查询方式，可以说，只要实施查询的国家机关认为可行的方式都可以。国家相关具体查询方式主要有：一是以权利人的姓名、名称、居民身份证号码、统一社会信用代码等特定主体的身份信息查询；二是以不动产的坐落查询；三是以不动产权属证书编号查询；四是以不动产单元代码查询等。

2. 持调查令的律师的查询方式

持调查令的律师的查询方式，仅限调查令上载明的查询方式。

五、查询不动产登记资料的启动方式

（一）民事主体的查询启动方式

按《民法典》第二百一十八条规定，民事主体以向登记机构提交查询申请书的方式启动不动产登记资料查询。查询申请书的内容主要有：一是查询人的姓名或名称、身份证明号码、代理人姓名和身份证明号码；二是查询目的，如买卖、抵押、诉讼等；三是查询内容，如有无抵押、有无查封、用途和面积情况等；四是查询结果要求，如出具查询结果证明、打印或复制登记簿上记载的查封登记状况等。

不持调查令的律师查询不动产登记资料时，适用民事主体查询不动产登记资料的启动方式。

（二）有关国家机关的查询启动方式

1. 国家机关的查询启动方式

关于国家机关的查询启动方式，法律、行政法规没有作具体、统一的规定，基于国家机关依法从事国家管理和行使国家权力的职能考虑，一般情形下，国家机关以协助查询通知书、查询函等嘱托文书的方式启动查询。如《最高人民法院、国土资源部、建设部关于依法规范人民法院执行和国土资源房地产管理部门协助执行若干问题的通知》（法发〔2004〕5号）第二条第二款规定，人民法院执行人员到国土资源、房地产管理部门查询土地、房屋权属情况时，应当出示本人工作证和执行公务证，并出具协助查询通知书。《公安机关办理刑事案件适用查封、冻结措施有关规定》第八条第一款规定，查封土地、房屋等涉案不动产，需要查询不动产权属情况的，应当经县级以上公安机关负责人批准，制作协助查询财产通知书。当然，嘱托查询文书应当载明查询目的、查询内容和查询结果要求等。

2. 持调查令的律师查询的启动方式

持调查令的律师查询的启动方式，凭人民法院签发的调查令启动，调查令应当载明查询目的、查询内容和查询结果要求等。

六、查询主体应当向登记机构提交的查询申请材料、嘱托查询资料

（一）民事主体应当提交的查询申请材料

1. 权利人应当提交的查询申请材料

（1）权利人应当提交的查询申请材料。

权利人应当提交的查询申请材料主要有：一是查询申请书；二是身

份证明等。

（2）清算组、破产管理人应当提交的查询申请材料。

清算组、破产管理人应当提交的查询申请材料主要有：一是查询申请书；二是清算组依法成立的证明、人民法院出具的破产管理人资格证明及其身份证明；三是具体代清算组、破产管理人实施查询的人的身份证明等。

（3）财产代管人、监护人应当提交的查询申请材料。

财产代管人、监护人应当提交的查询申请材料主要有：一是查询申请书；二是财产代管人、监护人资格证明及其身份证明等。

（4）遗产管理人应当提交的查询申请材料。

遗产管理人应当提交的查询申请材料主要有：一是查询申请书；二是遗产管理人资格证明及其身份证明等。

（5）继承人、受遗赠人应当提交的查询申请材料。

继承人、受遗赠人应当提交的查询申请材料主要有：一是查询申请书；二是继承人享有继承权的证明（如继承遗嘱、遗产分割协议等）、受遗赠人接受遗赠的证明（如遗赠遗嘱、遗赠扶养协议等）和继承人、受遗赠人的身份证明等。

2. 利害关系人应当提交的查询申请材料

利害关系人应当提交的查询申请材料主要有：一是查询申请书；二是查询人的身份证明；三是与查询内容有利害关系的证明，如买卖合同、抵押合同、人民法院的案件受理通知书等。

3. 准利害关系人应当提交的查询申请材料

准利害关系人应当提交的查询申请材料主要有：一是查询申请书；二是查询人的身份证明；三是与登记簿上记载的不动产物权有互换、买卖、抵押等交易意向或对登记簿上记载的不动产物权和其他法定事项有提起诉讼或申请仲裁意向的证明，如权利人或有权处分人在报刊上登载的转让公告、有资质的中介机构发布的转让信息招贴、当事人间达成的不动产互换或转让意向书等。

4. 律师应当提交的查询申请材料

律师应当提交的查询申请材料主要有：一是律师代登记簿上记载的权利人向登记机构申请查询的，应当提交查询申请书、权利人与律师事务所签订的委托（代理）手续、律师执业证书、律师事务所请求查询的公函或律师事务所出具的该律师是其执业律师的证明、权利人的身份证明；二是律师代利害关系人向登记机构申请查询的，应当提交查询申请书、利害关系人与律师事务所签订的委托（代理）手续、律师执业证书、律师事务所请求查询的公函或律师事务所出具的该律师是其执业律师的证明、代理的案件中的不动产物权和其他法定事项与查询内容有利害关系的证明、被代理人的身份证明等；三是律师代准利害关系人申请查询的，应当提交查询申请书、准利害关系人与律师事务所签订的委托（代理）手续、律师执业证书、律师事务所请求查询的公函或律师事务所出具的该律师是其执业律师的证明、被代理人与登记簿上记载的不动产物权有交易意向或有申请仲裁（提起诉讼）意向的证明、被代理人的身份证明等；四是律师因自身经办具体法律事务申请查询的，应当提交查询申请书、律师事务所请求查询的公函或律师事务所出具的该律师是其执业律师的证明、律师执业证书、查询内容与经办的法律事务相关的证明等。

（二）有关国家机关应当提交的嘱托查询材料

1. 国家机关应当提交的嘱托查询材料

国家机关应当提交的嘱托查询材料主要有：一是嘱托查询文书；二是查询承办人员的工作身份证明，如人民法院执行员的执行公务证、警察的警官证、行政执法证等。没有执行公务证、警官证、行政执法证等工作身份证明的，应当提交嘱托机关出具的查询函、代理或委托手续等和该工作人员自身的身份证明。

2. 持调查令的律师应当提交的查询材料

持调查令的律师应当提交的查询材料主要有：一是人民法院签发的调查令；二是律师执业资格证等。

七、制作查询结果证明或办理相关资料复印（制）

查询结束后，不动产登记机构应当根据查询申请书、嘱托查询文书上的查询结果要求，为查询人出具查询结果证明或办理相关资料复印（制）。

1. 查询结果证明

查询结果证明的内容主要有：查询申请书、嘱托文书上的查询人；二是查询启动方式和查询时间；三是查询结果，如某不动产的共有情况、用途、面积，某不动产上有无查封登记、预告登记等；四是不动产登记机构公章或不动产登记机构的不动产登记资料查询专用章、查询结果证明出具日期等。

2. 复印（制）相关资料

复印（制）相关资料时应当做到：在复印（制）的首页资料上注明"经核对，本复印（制）件与本不动产登记机构保存的不动产登记资料一致"后，注明复印日期，加盖不动产登记机构公章或不动产登记机构的不动产登记资料查询专用章，然后在全部复印（制）件的骑缝处加盖不动产登记机构公章或不动产登记机构的不动产登记资料查询专用章。

八、发放查询结果证明或不动产登记资料复印（制）件

不动产登记机构应当建立查询结果记录簿，将查询人、查询目的或者用途、查询时间、复制不动产登记资料的种类和张数、出具的查询结果证明情况、查询结果出具人和领取人等情况记录在案。在查询结果出具人或不动产登记资料复印（制）人和查询人签名（章）后，向查询人发放查询结果证明或不动产登记资料复印（制）件。

第十一章　集体土地所有权登记

《宪法》第十条第一款、第二款规定，城市的土地属于国家所有。农村和城市郊区的土地，除由法律规定属于国家所有的以外，属于集体所有；宅基地和自留地、自留山，也属于集体所有。《土地管理法》第九条规定，城市市区的土地属于国家所有。农村和城市郊区的土地，除由法律规定属于国家所有的以外，属于农民集体所有；宅基地和自留地、自留山，属于农民集体所有。据此可知，我国的土地所有权只有两种形式，一种是国家土地所有权，另一种是农民集体土地所有权，简称集体土地所有权。在不动产登记实务中，按《不动产登记暂行条例实施细则》第四章第二节规定，集体土地所有权登记有首次登记、变更登记、转移登记和注销登记。

第一节　首次登记

集体土地所有权首次登记，是指登记机构根据申请人的申请，或根据有关国家机关的嘱托，将农民集体依法取得或享有的集体土地所有权第一次记载在登记簿上产生的不动产登记。

一、申请人申请集体土地所有权首次登记的情形

法律规范上，法律、行政法规对产生集体土地所有权首次登记的情形没有作规定，笔者研习相关规章、政策后，归集的申请人申请集体土地所有权首次登记的情形主要有：一是基于县级以上人民政府确认集体土地所有权的证明取得的集体土地所有权；二是基于县级以上人民政府或其相关行政主管部门的批准文件、处理决定取得的集体土地所有权；

第十一章 集体土地所有权登记

三是基于县级以上人民政府自然资源行政主管部门出具的土地权属争议调解书取得的集体土地所有权；四是基于人民法院生效的判决书、裁定书或者民事调解书取得的集体土地所有权；五是基于土地改革时颁发的土地所有证取得的集体土地所有权；六是基于实施《六十条》①时的确认证明取得的集体土地所有权；七是基于连续使用其他农民集体所有的土地已满二十年的证明取得的集体土地所有权；八是基于乡（镇）或村修建并管理的道路、水利设施取得的集体土地所有权；九是基于乡（镇）或村办企事业单位因《六十条》实施前使用土地取得的集体土地所有权；十是基于一九六二年九月二十七日至一九八二年二月十三日间签订的用地协议取得的集体土地所有权；十一是基于一九六二年九月二十七日至一九八二年二月十三日间经县、乡、村批准或同意调整（补偿）土地取得的集体土地所有权；十二是基于一九六二年九月二十七日至一九八二年二月十三日间购买房屋取得的集体土地所有权；十三是基于一九六二年九月二十七日至一九八二年二月十三日间原集体企事业单位体制变更取得的集体土地所有权等。

1. 基于县级以上人民政府确认集体土地所有权的证明取得的集体土地所有权

《确定土地所有权和使用权的若干规定》第二条第一款规定，土地所有权和使用权由县级以上人民政府确定，土地管理部门具体承办。据此可知，基于县级以上人民政府确认集体土地所有权的证明取得的集体土地所有权，是指县级以上人民政府根据相关农民集体的申请，依法确认集体土地所有权归该农民集体享有的情形。

2. 基于县级以上人民政府或其相关行政主管部门的批准文件、处理决定取得的集体土地所有权

《土地管理法》第十四条第一款和第二款规定，土地所有权和使用权争议，由当事人协商解决；协商不成的，由人民政府处理。单位之间

---

① 《六十条》是一九六二年九月颁布实施的《农村人民公社工作条例（修正草案）》的简称。

的争议,由县级以上人民政府处理;个人之间、个人与单位之间的争议,由乡级人民政府或者县级以上人民政府处理。《确定土地所有权和使用权的若干规定》第二条第二款规定,土地权属争议,由土地管理部门提出处理意见,报人民政府下达处理决定或报人民政府批准后由土地管理部门下达处理决定。据此可知,以农民集体为单位的关于集体土地所有权归属的争议,在协商不成时,由县级以上人民政府作出关于土地权属的处理决定,或县级以上人民政府批准其土地管理部门(现自然资源管理部门)的土地权属处理决定后,由该土地管理部门(现自然资源管理部门)直接向当事人出具土地权属处理决定。因此,基于县级以上人民政府或其相关行政主管部门的批准文件、处理决定取得的集体土地所有权主要有:一是农民集体基于县级以上人民政府关于集体土地所有权归属的处理决定取得的集体土地所有权;二是县级以上人民政府土地管理部门(现自然资源管理部门)出具的集体土地所有权归属处理决定取得的集体土地所有权,该处理决定须附县级以上人民政府的批准文件。

3. 基于县级以上人民政府自然资源行政主管部门的调解书取得的集体土地所有权

《土地权属争议调查处理办法》第四条规定,县级以上国土资源行政主管部门负责土地权属争议案件的调查和调解工作。该办法第二十三条规定,国土资源行政主管部门对受理的争议案件,应当在查清事实、分清权属关系的基础上先行调解,促使当事人以协商方式达成协议。该办法第二十五条规定,调解书经双方当事人签名或者盖章,由承办人署名并加盖国土资源行政主管部门的印章后生效。生效的调解书具有法律效力,是土地登记的依据。据此可知,土地权属争议案件的调查和调解是县级以上人民政府国土资源行政主管部门(现自然资源行政主管部门)的职责,当事人在县级以上人民政府国土资源行政主管部门(现自然资源行政主管部门)调解下达成的调解协议,经其承办人签名并加盖该国土资源行政主管部门(现自然资源行政主管部门)公章或调解专用章后，具有法律效力，是土地登记的证据材料。因此，基于县级以上人民政府自然资源行政主管部门的调解书取得的集体土地所有权，是指农民集体基于县级以上人民政府自然资源行政主管部门调解集体土地所有权争议结案时出具的调解书取得集体土地所有权的情形。

4. 基于人民法院生效的判决书、裁定书或者民事调解书取得的集体土地所有权

（1）基于人民法院生效的判决书、裁定书取得的集体土地所有权。

《民法典》第二百二十九条规定，因人民法院、仲裁机构的法律文书或者人民政府的征收决定等，导致物权设立、变更、转让或者消灭的，自法律文书或者征收决定等生效时发生效力。质言之，基于人民法院、仲裁机构的法律文书取得的不动产物权，自该法律文书生效时起，权利人无须办理不动产登记即依法、即时享有该不动产的物权，即生效的法律文书，是权利人享有不动产物权的权利凭证，而非权利来源的凭证。但是，人民法院、仲裁机构生效的法律文书，必须是针对不动产物权的设立和变动作出的判决、裁定或裁决[①]。因此，基于人民法院生效的判决书、裁定书取得的集体土地所有权，是指农民集体基于人民法院生效的确认集体土地所有权归属的判决书、裁定书取得集体土地所有权的情形。

《民事诉讼法》第十条规定，人民法院审理民事案件，依照法律规定实行两审终审制度。该法第一百五十五条规定，最高人民法院的判决、裁定，以及依法不准上诉或者超过上诉期没有上诉的判决、裁定，是发生法律效力的判决、裁定。该法第一百七十五条规定，第二审人民法院的判决、裁定，是终审的判决、裁定。据此可知，在诉讼程序中，最高人民法院出具的判决书、裁定书和二审人民法院出具的终审判决书、终审裁定书是生效的判决书、裁定书，登记机构可直接用作登记的证据材料。一审人民法院出具的初审判决书、裁定书须附该人民法院出具的生效证明后才可以用作登记的证据材料。

[①] 王利明、尹飞、程啸：《中国物权法教程》，人民法院出版社2007年版，第81页。

在司法实务中,《最高人民法院、国土资源部、建设部关于依法规范人民法院执行和国土资源房地产管理部门协助执行若干问题的通知》(法发〔2004〕5号)第二十七条规定,人民法院制作的土地使用权、房屋所有权转移裁定送达权利受让人时即发生法律效力,人民法院应当明确告知权利受让人及时到国土资源、房地产管理部门申请土地、房屋权属变更、转移登记。据此可知,人民法院在执行程序中出具的裁定书,自送达权利受让人时起即发生法律效力,即当事人收到的人民法院出具的执行裁定书是直接生效的法律文书。申言之,当事人提交的人民法院出具的确认集体土地所有权权属的执行裁定书,登记机构可以直接用作办理集体土地所有权首次登记的证据材料。

(2)基于人民法院生效的民事调解书取得的集体土地所有权。

《民事诉讼法》第一百条第一款规定,调解达成协议,人民法院应当制作调解书。调解书应当写明诉讼请求、案件的事实和调解结果。质言之,民事调解书属于协议,即民事调解书属于民事法律行为。在司法实务中,人民法院在民事调解书尾部的确认意见,一般表述为"当事人达成的上述协议,并不违反法律规定,本院予以确认"。据此可知,人民法院是对在其主持调解下达成的解决纠纷的协议内容予以确认。因此,即使载明物权归属的民事调解书,也有别于确认物权归属的判决书、裁定书。因此,属于协议的民事调解书本质上是民事法律行为。《民法典》第一百三十三条规定,民事法律行为是民事主体通过意思表示设立、变更、终止民事法律关系的行为。据此可知,民事法律关系,是指由民法规范的,以民事权利和义务为内容的关系[①],故民事法律行为是设立民事权利的原因。因此,人民法院出具的载明集体土地所有权归属的民事调解书,是当事人设立集体土地所有权的原因。《民法典》第二百零九条第一款规定,不动产物权的设立、变更、转让和消灭,经依法登记,发生效力;未经登记,不发生效力,但是法律另有规定的除外。质言之,

---

① 王利明:《民法学》,复旦大学出版社2004年版,第29页。

第十一章 集体土地所有权登记

一般情形下，基于民事法律行为设立的不动产物权，自记载于登记簿上时起生效。据此可知，基于人民法院出具的载明集体土地所有权归属的民事调解书设立或取得的集体土地所有权自记载于登记簿上时起生效。因此，基于人民法院生效的民事调解书取得的集体土地所有权，是指农民集体基于人民法院出具的生效的载明集体土地所有权归属的民事调解书取得集体土地所有权的情形。

《民事诉讼法》第一百条第三款规定，调解书经双方当事人签收后，即具有法律效力。据此可知，一般情形下，调解书自双方当事人在人民法院的送达回证上签收后才发生法律效力。在司法实务中，《最高人民法院关于人民法院民事调解工作若干问题的规定》（法释〔2004〕12号）第十三条规定，根据民事诉讼法第九十条第一款第（四）项规定，当事人各方同意在调解协议上签名或者盖章后生效，经人民法院审查确认后，应当记入笔录或者将协议附卷，并由当事人、审判人员、书记员签名或者盖章后即具有法律效力。当事人请求制作调解书的，人民法院应当制作调解书送交当事人。2020年12月29日，修订后发布实施的《最高人民法院关于人民法院民事调解工作若干问题的规定》（法释〔2020〕20号）中删除了此规定。据此可知，在司法实务中，2020年12月29日前立案的，当事人在庭审笔录上的调解协议上签名或者盖章后，人民法院才制作民事调解书，但此民事调解书已经是生效的民事调解书。因此，在不动产登记实务中，如果2020年12月29日前立案产生的民事调解书载明"本调解书自双方当事人签收后生效"的，则此调解书须与双方当事人签收民事调解书的人民法院的送达回证复印件组合后，登记机构方可用作办理不动产登记的原因材料。如果民事调解书载明"本调解书自双方当事人签名或者盖章时起生效"的，则此民事调解书已经生效，登记机构可以直接用作办理不动产登记的原因材料。2020年12月29日起立案产生的民事调解书须与双方当事人签收民事调解书的人民法院的送达回证复印件组合后，登记机构方可用作办理不动产登记的原因材料。关于立案时间，在民事调解书中有记载。

5. 基于土地改革时颁发的土地所有证取得的集体土地所有权

我国于 1950 年 6 月颁布实施的《土地改革法》第十条规定，所有没收和征收得来的土地和其他生产资料，除本法规定收归国家所有者外，均由乡农民协会接收，统一地、公平合理地分配给无地少地及缺乏其他生产资料的贫苦农民所有。该法第二十八条规定，为加强人民政府对土地改革工作的领导，在土地改革期间，县以上各级人民政府，经人民代表大会议推选或上级人民政府委派适当数量的人员，组织土地改革委员会，负责指导和处理有关土地改革的各项事宜。该法第三十条规定，土地改革完成后，由人民政府发给土地所有证，并承认一切土地所有者自由经营、买卖及出租其土地的权利。土地制度改革以前的土地契约，一律作废。据此可知，土地所有证是土地改革时期由县级以上人民政府依法向农民发放的表明其享有土地所有权的凭证。按《确定土地所有权和使用权的若干规定》第十九条规定，土地改革时分给农民并颁发了土地所有证的土地，属于农民集体所有。据此可知，农民基于土地改革时颁发的土地所有证享有的土地所有权归其现时所在的农民集体所有，换言之，农民持有的基于土地改革时颁发的土地所有证，是其现时所在的农民集体享有该土地所有权的凭证。因此，基于土地改革时颁发的土地所有证取得的集体土地所有权，是指农民集体基于其成员在土地改革时依法取得的土地所有证取得集体土地所有权的情形。

以行政行为的方式方法为分类标准，可以将行政行为分为抽象行政行为和具体行政行为，这是行政行为最重要的分类之一。抽象行政行为是指行政机关在依法行使职权过程中，针对非特定对象制定的可以反复适用的法规规章及其他具有普遍约束力的规范性文件的行为[1]。行政行为是一种法律行为，行政行为的成立将产生法律效果。法律效果是指主体通过意志所设定、变更或消灭某种权利义务关系[2]。据此可知，《确定土地所有权和使用权的若干规定》是《国家土地管理局关于印发〈确定土地所有权和使

---

[1] 马怀德：《行政法学》，中国政法大学出版社 2007 年版，第 101 页。
[2] 王连昌、马怀德：《行政法学》，中国政法大学出版社 2002 年版，第 111 页。

第十一章　集体土地所有权登记

用权的若干规定〉通知》（〔1995〕国土〔籍〕字第 26 号）发布实施的规范性文件，属于原国家土地管理局实施的抽象行政行为，该若干规定第十九条中规定"土地改革时分给农民并颁发了土地所有证的土地，属于农民集体所有"，其中的措辞"属于"农民集体所有，是原国家土地管理局通过实施抽象行政行为的方式，将农民持有的土地改革时颁发的土地所有证载明的土地所有权，直接确认给该农民所在的农民集体享有的法律效果，无须再通过具体行政行为确认该土地权属。因此，土地改革时颁发的土地所有证可以直接作为登记机构办理集体土地所有权首次登记的证据材料。该规定中，其他情形下，土地所有权"属于"农民集体的，其原理与此相同。

6. 基于实施《六十条》时的确认证明取得的集体土地所有权

《六十条》第二条规定，人民公社的基本核算单位是生产队。根据各地方的不同情况，人民公社的组织，可以是两级，即公社和生产队，也可以是三级，即公社、生产大队和生产队。该条例第二十一条第一款规定，生产队范围内的土地，都归生产队所有。生产队所有的土地，包括社员的自留地、自留山、宅基地等等，一律不准出租和买卖。据此可知，《六十条》的规定，确认了生产队是人民公社的核算单位，也确认了生产队范围内的土地归该生产队所有。按《确定土地所有权和使用权的若干规定》第十九条规定，实施《六十条》时确定为集体所有的土地，属农民集体所有。因此，基于实施《六十条》时的确认证明取得的集体土地所有权，是指农民集体基于实施《六十条》时，人民公社关于生产队设立的证明取得集体土地所有权的情形。

人民公社关于生产队设立的证明主要有：一是当时设立生产队（现时的村民小组）的档案材料复印（制）件，生产队名称有变化的，应当与该生产队现时所在乡（镇）人民政府出具的名称变化证明组合使用；二是该生产队现时所在乡（镇）人民政府为其出具的设立证明，但该证明中应当载明生产队的设立时间，生产队名称有变化的，还应当载明名称变化情况等。

7. 基于连续使用其他农民集体所有的土地已满二十年的证明取得的集体土地所有权

《确定土地所有权和使用权的若干规定》第二十一条规定，农民集体连续使用其他农民集体所有的土地已满二十年的，应视为现使用者所有。据此可知，申请人连续使用其他农民集体所有的土地已满二十年的，该土地归申请人所有。因此，基于连续使用其他农民集体所有的土地已满二十年的证明取得的集体土地所有权，是指农民集体基于连续使用其他农民集体所有的土地已满二十年的证明取得该集体土地所有权的情形。

申请人连续使用其他农民集体所有的土地已满二十年的证明主要有：一是申请人与其他农民集体当时签订的用地合同（协议）或其他相关材料；二是申请人所在地乡（镇）人民政府出具的申请人连续使用其他农民集体所有的土地已满二十年的证明，该证明须载明申请人使用该宗地的原因和始期。

8. 基于乡（镇）或村修建并管理的道路、水利设施取得的集体土地所有权

《确定土地所有权和使用权的若干规定》第二十二条规定，乡（镇）或村在集体所有的土地上修建并管理的道路、水利设施用地，分别属于乡（镇）或村农民集体所有。据此可知，乡（镇）或村修建并管理的道路、水利设施占用的集体土地，属于该乡（镇）或村农民集体所有。因此，基于乡（镇）或村修建并管理的道路、水利设施取得的集体土地所有权，是指农民集体基于乡（镇）或村修建并管理的道路、水利设施取得该道路、水利设施占用范围内的集体土地的所有权的情形。

（1）乡（镇）或村修建并管理的道路的证明。

乡（镇）或村修建并管理的道路的证明主要有：一是乡（镇）或村修建并管理的道路的历史档案材料复印（制）件；二是县级以上人民政府交通行政主管部门出具的证明。《农村公路建设管理办法》第二条第二款规定，农村公路，包括县道、乡道和村道。该办法第七条第三款规定，设区的市和县级人民政府交通主管部门依据职责负责本行政区域内农村公路建设的组织和管理。据此可知，县级以上人民政府交通行政主管部门是乡（镇）或村道路建设的主管部门，乡（镇）或村修建并管理的道路的证明可以由其出具。

（2）乡（镇）或村修建并管理的水利设施的证明。

乡（镇）或村修建并管理的水利设施的证明主要有：一是乡（镇）或村修建并管理的水利设施的历史档案材料复印（制）件；二是县级以上人民政府水行政主管部门出具的证明。《农田水利条例》第四条第二款、第三款规定，县级以上地方人民政府水行政主管部门负责本行政区域农田水利的管理和监督工作。乡镇人民政府应当协助上级人民政府及其有关部门做好本行政区域农田水利工程建设和运行维护等方面的工作。据此可知，县级以上人民政府水行政主管部门是水利设施建设的行政主管部门，因此，乡（镇）或村修建并管理的水利设施的证明可以由其出具。

（3）道路、水利设施占用集体土地的证明。

道路、水利设施占用集体土地的证明，主要指乡（镇）或村修建道路、水利设施时，就道路、水利设施占地与相关的农民集体签订的用地协议、合同或其他相关的用地证明等。

9. 基于乡（镇）或村办企事业单位因《六十条》实施前使用土地取得的集体土地所有权

按《确定土地所有权和使用权的若干规定》第二十三条规定，乡（镇）或村办企事业单位使用的集体土地，《六十条》公布以前使用的，分别属于该乡（镇）或村农民集体所有。据此可知，乡（镇）或村办企事业单位基于《六十条》实施前使用的土地，现时归该乡（镇）或村办企事业单位对应的乡（镇）或村农民集体所有。因此，基于乡（镇）或村办企事业单位因《六十条》实施前使用土地取得的集体土地所有权，是指农民集体基于乡（镇）或村办企事业单位成立的证明享有该企事业单位现时使用的集体土地的所有权的情形。

1958 年 12 月 10 日，中国共产党第八届中央委员会第六次全体会议通过的《关于人民公社若干问题的决议》中载明，工农商学兵各项事业（其中的农包括农林牧副渔五业），在公社的统一领导下，得到了密切的结合和迅速的发展，特别是成千成万的小工厂在农村中雨后春笋般地兴建了起来；公社适应广大群众的迫切要求，创办了大量的公共食堂、托儿所、幼儿园、敬老院等集体福利事业，……人民公社应当实行统一领导、分级管理的制度。公社的管理机构，一般可以分为公社管理委员会、管理区（或生产大队）、生产队三级。管理区（或生产大队）一般是分片管理工农商学兵、进行经济核算的单位，盈亏由公社统一负责。生产队是组织劳动的基本单位。……据此可知，1962 年 9 月实施《六十条》前，公社、大队就已经举办有企业或事业单位，因此，乡（镇）或村办企事业单位成立的证明，由该企事业单位所在地乡（镇）人民政府出具，关系到乡（镇）或村区域调整的，该证明中应当载明调整情况。

10. 基于一九六二年九月二十七日至一九八二年二月十三日间签订的用地协议取得的集体土地所有权

　　按《确定土地所有权和使用权的若干规定》第二十三条规定，乡（镇）或村办企事业单位在《六十条》公布起至一九八二年国务院《村镇建房用地管理条例》发布时止使用的集体土地，签订过用地协议的（不含租借），分别属于该乡（镇）或村农民集体所有。据此可知，乡（镇）或村办企事业单位在《六十条》公布时起至一九八二年国务院《村镇建房用地管理条例》发布时止之间，与其他村民小组农民集体、村农民集体或其他农村集体经济组织签订用地协议（不含租借），并使用该协议载明的集体土地至今的，此集体土地的所有权属于该乡（镇）或村办企事业单位对应的乡（镇）或村农民集体。因此，基于一九六二年九月二十七日至一九八二年二月十三日间签订的用地协议取得的集体土地所有权，是指农民集体基于相关的乡（镇）或村办企事业单位于《六十条》公布时起至一九八二年国务院《村镇建房用地管理条例》发布时止之间，与其他村民小组农民集体、村农民集体或其他农村集体经济组织签订的用地协议（不含租借）取得集体土地所有权的情形。

11. 基于一九六二年九月二十七日至一九八二年二月十三日间经县、乡、村批准或同意调整（补偿）土地取得的集体土地所有权

按《确定土地所有权和使用权的若干规定》第二十三条规定，乡（镇）或村办企事业单位在《六十条》公布起至一九八二年国务院的《村镇建房用地管理条例》发布时止使用的集体土地，经县、乡（公社）、村（大队）批准或同意，进行了适当的土地调整或者经过一定补偿的，分别属于该乡（镇）或村农民集体所有。据此可知，乡（镇）或村办企事业单位在《六十条》公布时起至一九八二年国务院的《村镇建房用地管理条例》发布时止之间，经县、乡（公社）、村（大队）批准或同意，进行了适当的土地调整或者经过一定补偿，并基于此使用集体土地至今的，此集体土地的所有权属于该乡（镇）或村办企事业单位对应的乡（镇）或村农民集体。因此，基于一九六二年九月二十七日至一九八二年二月十三日间经县、乡、村批准或同意调整（补偿）土地取得的集体土地所有权，是指农民集体基于相关的乡（镇）或村办企事业单位于《六十条》公布时起至一九八二年国务院的《村镇建房用地管理条例》发布时止之间，经县、乡（公社）、村（大队）批准或同意调整土地而使乡（镇）或村办企事业单位使用土地的资料，或者经县、乡（公社）、村（大队）批准或同意，乡（镇）或村办企事业单位对供地的村（大队）、组（生产队）进行补偿后使用土地的资料取得集体土地所有权的情形。

县、乡（公社）、村（大队）批准或同意调整土地而使乡（镇）或村办企事业单位使用土地的资料，主要指当时经过县、乡（公社）、村（大队）批准或同意将供地的村（大队）、组（生产队）的土地调剂给乡（镇）或村办企事业单位使用的证明。

经县、乡（公社）、村（大队）批准或同意，乡（镇）或村办企事业单位对供地的村（大队）、组（生产队）进行补偿后使用土地的资料，主要指当时经过县、乡（公社）、村（大队）批准或同意，乡（镇）或村办企事业单位对供地的村（大队）、组（生产队）作一次性补偿后使用其土地的证明，或供地的村（大队）、组（生产队）已经享受补偿的证明，如补偿协议、补偿款收据等。

12. 基于一九六二年九月二十七日至一九八二年二月十三日间购买房屋取得的集体土地所有权

按《确定土地所有权和使用权的若干规定》第二十三条规定，乡（镇）或村办企事业单位在《六十条》公布时起至一九八二年国务院《村镇建房用地管理条例》发布时止使用的集体土地，购买房屋的，分别属于该乡（镇）或村农民集体所有。据此可知，乡（镇）或村办企事业单位在《六十条》公布时起至一九八二年国务院《村镇建房用地管理条例》发布时止之间，购买其他村（大队）、组（生产队）范围内的房屋，并基于此使用相关集体土地至今的，此集体土地的所有权属于该乡（镇）或村办企事业单位对应的乡（镇）或村农民集体。因此，基于一九六二年九月二十七日至一九八二年二月十三日间购买房屋取得的集体土地所有权，是指农民集体基于乡（镇）或村办企事业单位于《六十条》公布时起至一九八二年国务院《村镇建房用地管理条例》发布时止之间购买房屋的证明取得集体土地所有权的情形。

购买房屋的证明，主要指乡（镇）或村办企事业单位与其他村（大队）、组（生产队）范围内的卖方签订的房屋买卖合同、协议或支付购房款的凭证等。

13. 基于一九六二年九月二十七日至一九八二年二月十三日间原集体企事业单位体制变更取得的集体土地所有权

按《确定土地所有权和使用权的若干规定》第二十三条规定，乡（镇）或村办企事业单位在《六十条》公布时起至一九八二年国务院《村镇建房用地管理条例》发布时止使用的集体土地，原集体企事业单位体制经批准变更的，分别属于该乡（镇）或村农民集体所有。据此可知，乡（镇）

第十一章　集体土地所有权登记

或村办企事业单位在《六十条》公布时起至一九八二年国务院的《村镇建房用地管理条例》发布时止之间,原集体企事业单位体制经批准变更,其使用至今的集体土地的所有权属于该乡(镇)或村办企事业单位对应的乡(镇)或村农民集体。因此,基于一九六二年九月二十七日至一九八二年二月十三日间原集体企事业单位体制变更取得的集体土地所有权,是指农民集体基于乡(镇)或村办企事业单位于《六十条》公布时起至一九八二年国务院的《村镇建房用地管理条例》发布时止之间其体制经批准变更的证明取得集体土地所有权的情形。

《六十条》第十三条第一款规定,公社管理委员会,在今后若干年内,一般地不办企业。已经举办的企业,不具备正常生产条件的,不受群众欢迎的,应该一律停办。需要保留的企业,应该经过社员代表大会讨论决定,分别情况,转给手工业合作社经营,下放给生产队经营,或者改为个体手工业和家庭副业;个别企业,经过社员代表大会同意,县人民委员会批准,可以由公社继续经营,或者下放给生产大队经营。据此可知,原乡(镇)或村办企事业单位的体制变更,由当时的县人民委员会批准。因此,乡(镇)或村办企事业单位体制变更的证明,主要指当时的县人民委员会准予变更的批文,也可以是现时的县级人民政府或其乡村企业、乡镇事业单位主管部门出具的该乡(镇)或村办企事业单位当时的体制发生变更的证明。

二、申请人、申请方式和登记申请材料

1. 申请人、申请方式

按《不动产登记暂行条例》第十四条第二款规定,集体土地所有权首次登记属于由当事人单方申请的情形。在不动产登记实务中,按《不动产登记暂行条例实施细则》第二十九条规定,土地属于村农民集体所有的,由村集体经济组织代为申请,没有集体经济组织的,由村民委员会代为申请;土地分别属于村内两个以上农民集体所有的,由村内各集体经济组织代为申请,没有集体经济组织的,由村民小组代为申请;土

地属于乡（镇）农民集体所有的，由乡（镇）集体经济组织代为申请。没有乡（镇）集体经济组织的，由乡（镇）人民政府代为申请。据此可知，乡（镇、村、村民小组）农民集体是集体土地的所有权人，即是集体土地所有权首次登记的申请人，但集体土地所有权首次登记由乡（镇、村、村民小组）的集体经济组织代农民集体申请，没有集体经济组织的，由乡（镇）人民政府、村民委员会、村民小组代农民集体申请。

农村集体经济组织虽然在《土地管理法》《农村土地承包法》《村民委员会组织法》等法律、法规中都有提及，但只是概念性地提及，没有定义性或定性性的规定。按《村民委员会组织法》第二条和第二十八条规定，村民委员会、村民小组分别是村、村民小组的农村村民自治组织，代表本级农民集体管理财产。乡（镇）人民政府则是我国宪法规定的基层政权，也不是集体经济组织。笔者据此认为，由村民小组、村、乡（镇）等以农民集体所有的资产组建的农民专业合作社或其他生产经营性的组织才是农村集体经济组织。因此，集体土地所有权原则上由各类农民专业合作社或其他生产经营性的农村集体经济组织代相应的农民集体申请登记。

2. 登记申请材料

申请人申请集体土地所有权首次登记时，应当提交的登记申请材料主要有：一是登记申请书；二是申请人的身份证明；三是农民集体依法享有或取得集体土地所有权的证明；四是不动产权籍调查成果报告。

（1）登记申请书。

登记申请书由农村集体经济组织或村民小组、村民委员会、乡（镇）人民政府以村民小组农民集体、村农民集体、乡（镇）农民集体的名义提出，即登记申请书上的申请人是村民小组农民集体、村农民集体、乡（镇）农民集体，但由农村集体经济组织或村民小组、村民委员会、乡（镇）人民政府代章，其中，村民小组没有公章，可以由村民小组长签名代为申请。

（2）申请人的身份证明。

村民小组农民集体、村农民集体、乡（镇）农民集体没有法定的身份证明，因此，此处的申请人的身份证明是指代村民小组农民集体、村农民集体、乡（镇）农民集体申请集体土地所有权首次登记的农村集体经济组织或村民小组、村民委员会、乡（镇）人民政府的身份证明，即农村集体经济组织的营业执照，村民委员会的登记证明或成立批文，乡（镇）人民政府的成立批文。农村集体经济组织、村民委员会、乡（镇）人民政府还可以提交《社会统一信用代码登记证书》。村民小组的身份证明可以由其所在地的村民委员会出具。

（3）农民集体依法享有或取得集体土地所有权的证明。

根据前述申请人申请集体土地所有权首次登记的情形，农民集体依法享有或取得集体土地所有权的证明主要有：一是县级以上人民政府确认集体土地所有权归属的证明；二是县级以上人民政府或其相关行政主管部门赋予当事人集体土地所有权的批准文件、处理决定；三是县级以上人民政府自然资源行政主管部门出具的载明集体土地所有权归属的调解书；四是人民法院生效的确认集体土地所有权归属的判决书、裁定书、民事调解书；五是土地改革时颁发的土地所有证和土地所有证上的权利人是作为申请人的农民集体的成员的证明；六是实施《六十条》时生产队的设立证明；七是申请人连续使用其他农民集体所有的土地已满二十年的证明；八是乡（镇）或村修建并管理的道路、水利设施的证明和道路、水利设施占用集体土地的证明；九是乡（镇）或村办企事业单位基于《六十条》实施前使用土地的证明；十是乡（镇）或村办企事业单位于一九六二年九月二十七日至一九八二年二月十三日间与其他集体经济组织签订的用地协议；十一是乡（镇）或村办企事业单位于一九六二年九月二十七日至一九八二年二月十三日间经县、乡、村批准或同意调整（补偿）土地取得集体土地所有权的证明；十二是乡（镇）或村办企事业单位于一九六二年九月二十七日至一九八二年二月十三日间购买房屋的证明；十三是乡（镇）或村办企事业单位体制于一九六二年九月二十七日至一九八二年二月十三日间发生变更的证明等。

（4）不动产权籍调查成果报告。

不动产权籍调查成果报告主要指有资质的专业机构按《不动产权籍调查技术方案（试行）》的规定出具的记载有集体土地宗地的坐落、界址、空间界限、面积、空间坐标、位置说明或者四至描述、附图等内容的材料，以从空间上、平面上特定申请集体土地所有权首次登记的宗地。

三、登记簿上应当记载的首次登记的内容

登记簿上应当记载的集体土地所有权首次登记的内容主要有：权利人——乡（或镇、村、村民小组）农民集体；不动产类型——土地；宗地坐落；宗地面积；宗地的不动产单元号码；权利人类型——其他；登记类型——首次登记；登记原因——人民政府确认、生效的判决书、体制变更等；权利类型——集体土地所有权；权利设定方式——地表（或地下、地上）；共有情况，载明集体土地所有权的不动产权属证书号码等。

第二节 变更登记

集体土地所有权变更登记，是指登记簿上记载的集体土地所有权的权利主体不变，但权利客体、权利内容等变更产生的不动产登记。

一、申请人申请集体土地所有权变更登记的情形

在不动产登记实务中，按《不动产登记暂行条例实施细则》第二十六条规定和《不动产登记操作规范（试行）》7.2.1条规定，申请人申请集体土地所有权变更登记的情形主要有：一是权利人的名称变更；二是集体土地的坐落地名、界址、面积等状况变更；三是同一权利人分割或者合并土地等。

1. 权利人的名称变更

权利人的名称变更主要指集体土地所有权人通过法定途径变更其

名称后与登记簿上的记载不一致的情形。

2. 集体土地的坐落地名变更

集体土地的坐落地名变更主要指因县级以上人民政府及其地名管理、住房与城乡建设、交通运输、水利、气象等行政机关依法变更宗地坐落地名后与登记簿上的记载不一致的情形。

3. 集体土地的界址变更

集体土地的界址变更主要指集体所有的宗地界址经县级以上人民政府自然资源管理机关批准变更后与登记簿上的记载不一致的情形。

4. 集体土地的面积变更

集体土地的面积变更主要指集体所有的宗地因自然原因（如因洪水冲毁部分土地）或人为原因（如因宗地被部分征收）导致面积变更而与登记簿上的记载不一致的情形。

5. 同一权利人分割或合并集体土地

同一权利人分割或合并集体土地主要指登记簿上记载的集体土地所有权人，在取得县级以上人民政府自然资源管理机关准予宗地分割或合并的批文后，将一宗集体土地分割成两宗或两宗以上的集体土地，或将两宗或两宗以上的集体土地合并成一宗集体土地而与登记簿上的记载不一致的情形。

二、申请人、申请方式和登记申请材料

1. 申请人、申请方式

按《不动产登记暂行条例》第十四条第二款规定，集体土地所有权变更登记属于由当事人单方申请的情形。集体土地所有权变更登记由与登记簿上记载的集体土地所有权人对应的集体经济组织、村民小组、村

民委员会、乡（镇）人民政府代为申请。

2. 登记申请材料

申请人申请集体土地所有权变更登记时应当提交的登记申请材料主要有：一是登记申请书；二是申请人的身份证明；三是不动产权属证书或集体土地所有权已经登记的证明；四是变更登记原因证明等。宗地界址、面积变更的，还应当提交载明变更内容的不动产权籍调查成果报告。

（1）登记申请书。

登记申请书由农村集体经济组织或村民小组、村民委员会、乡（镇）人民政府以村民小组农民集体、村农民集体、乡（镇）农民集体的名义出具。

（2）申请人的身份证明。

申请人的身份证明，是指代为申请变更登记的农村集体经济组织或村民小组、村民委员会、乡（镇）人民政府的有效的营业执照、登记证明、成立批文等。农村集体经济组织、村民委员会、乡（镇）人民政府还可以提交《社会统一信用代码登记证书》。村民小组的身份证明可以由其所在地的村民委员会出具。

（3）不动产权属证书或集体土地所有权已经登记的证明。

不动产权属证书，是指由登记机构依法颁发的与登记簿上记载的集体土地所有权相对应的不动产权属证书。

集体土地所有权已经登记的证明，是指记载集体土地所有权的登记簿打印件或复印（制）件，以及登记机构存档的集体土地所有权登记申请材料等。集体土地所有权已经登记的证明适用于申请人申请变更登记时，因不动产权属证书毁损、遗失而不能提交的情形。

（4）变更登记原因证明。

根据前述申请人申请集体土地所有权变更登记的情形，申请人应当

第十一章 集体土地所有权登记

提交的变更登记原因证明主要有：一是村民小组农民集体、村农民集体、乡（镇）农民集体对应的村民小组、村民委员会、乡（镇）人民政府名称变更的证明作为集体土地所有权人的名称变更证明；二是县级以上人民政府及其地名管理、住房与城乡建设、交通运输、水利、气象等有权的行政机关[①]出具的集体所有的宗地的坐落地名变更材料；三是根据集体土地面积变更原因，提交相应的集体土地面积变更证明，如因洪水冲毁部分土地导致土地面积减少的，提交县级以上人民政府应急管理机关出具的因洪水冲毁部分土地的证明，因宗地被部分征收导致土地面积变更的，提交县级以上人民政府生效的征收决定等；四是县级以上人民政府自然资源管理机关出具的准予集体土地宗地分割或合并的批文等。

三、登记簿上应当记载的变更登记的内容

登记簿上应当记载的集体土地所有权变更登记的内容主要有：权利人——乡（或镇、村、村民小组）农民集体；登记类型——变更登记；登记原因——权利人名称变更、宗地坐落地名变更、宗地分割或合并等；宗地的不动产单元号码；变更后的内容；载明变更登记内容的不动产权属证书号码等。

[①] 有权批准、变更不动产坐落地名的相关行政机关参见《地名管理条例》第十二条规定："批准地名命名、更名应当遵循下列规定：（一）具有重要历史文化价值、体现中华历史文脉以及有重大社会影响的国内著名自然地理实体或者涉及两个省、自治区、直辖市以上的自然地理实体的命名、更名，边境地区涉及国界线走向和海上涉及岛屿、岛礁归属界线以及载入边界条约和议定书中的自然地理实体和村民委员会、居民委员会所在地居民点的命名、更名，由相关省、自治区、直辖市人民政府提出申请，报国务院批准；无居民海岛、海域、海底地理实体的命名、更名，由国务院自然资源主管部门会同有关部门批准；其他自然地理实体的命名、更名，按照省、自治区、直辖市人民政府的规定批准；（二）行政区划的命名、更名，按照《行政区划管理条例》的规定批准；（三）本条第一项规定以外的村民委员会、居民委员会所在地的命名、更名，按照省、自治区、直辖市人民政府的规定批准；（四）城市公园、自然保护地的命名、更名，按照国家有关规定批准；（五）街路巷的命名、更名，由直辖市、市、县人民政府批准；（六）具有重要地理方位意义的住宅区、楼宇的命名、更名，由直辖市、市、县人民政府住房和城乡建设主管部门征求同级人民政府地名行政主管部门的意见后批准；（七）具有重要地理方位意义的交通运输、水利、电力、通信、气象等设施的命名、更名，应当根据情况征求所在地相关县级以上地方人民政府的意见，由有关主管部门批准。"

第三节　转移登记

集体土地所有权转移登记，是指登记簿上记载的集体土地所有权的权利主体发生变动，但权利客体、权利内容等不变产生的不动产登记。

一、申请人申请集体土地所有权转移登记的情形

在不动产登记实务中，按《不动产登记暂行条例实施细则》第二十七条、第三十一条规定和《不动产登记操作规范（试行）》7.3.1条规定，申请人申请集体土地所有权转移登记的情形主要有：一是权利人间互换土地；二是有权机关进行土地调整；三是因权利人合并或分立导致的集体土地所有权转移；四是因人民法院、仲裁机构的生效的法律文书导致的集体土地所有权转移等。

1. 权利人间互换土地

权利人间互换土地是指权利人之间经过协商就相互交换集体土地所有权达成一致，通过交换使对方依法享有自己的集体土地所有权的情形。

2. 有权机关进行土地调整

有权机关进行土地调整是指有批准权的人民政府由于土地开发、国家征地、集体兴办企事业或者自然灾害等，依法将登记在此"乡（镇、村、村民小组）农民集体"名下的集体土地，调剂归彼"乡（镇、村、村民小组）农民集体"所有，原"乡（镇、村、村民小组）农民集体"由此丧失该集体土地所有权的情形。

3. 因权利人合并或分立导致的集体土地所有权转移

因权利人合并或分立导致的集体土地所有权转移是指登记簿上记载的集体土地所有权的权利主体因依法合并或分立，将原来归一个权利主体所有的集体土地变动为归两个或两个以上的权利主体享有，或者将原来归两个或两个以上的权利主体所有的集体土地变动为归一个权利主体享有的情形。

第十一章　集体土地所有权登记

4. 因人民法院、仲裁机构的生效的法律文书导致的集体土地所有权转移

因人民法院、仲裁机构的生效的法律文书导致的集体土地所有权转移是指基于生效的确认集体土地所有权归属的人民法院的判决书、裁定书、民事调解书和仲裁机构的裁决书、仲裁调解书导致的集体土地所有权转移的情形。

二、申请人、申请方式和登记申请材料，嘱托人和嘱托登记材料

（一）申请人、申请方式和登记申请材料

1. 申请人、申请方式

因互换等当事人合意的民事法律行为产生的转移登记由当事人共同申请。因土地调整、生效的法律文书等非当事人合意的民事法律行为产生的转移登记由集体土地所有权的取得方单方申请。

2. 登记申请材料

申请人申请集体土地所有权转移登记时应当提交的登记申请材料主要有：一是登记申请书；二是申请人的身份证明；三是不动产权属证书或集体土地所有权已经登记的证明；四是转移登记原因证明等。

（1）集体土地所有权已经登记的证明。

集体土地所有权已经登记的证明，适用于申请人申请基于土地调整、生效的法律文书等非当事人合意的民事法律行为产生的转移登记时因不动产权属证书毁损、遗失而不能提交的情形。

（2）转移登记原因证明。

根据前述申请人申请集体土地所有权转移登记的情形，申请人应当提交的转移登记原因证明主要有：一是集体土地互换协议和互换双方农民集体三分之二以上成员或者三分之二以上村民代表同意互换的材料。二是县级以上人民政府同意集体土地调整的证明和集体土地所有权失去方的农民集体三分之二以上成员或者三分之二以上村民代表同意调

整的材料。三是县级人民政府出具的村级权利人合并或分立的证明，村民委员会出具的村民小组级权利人合并或分立的证明。失去集体土地所有权的农民集体三分之二以上成员或者三分之二以上村民代表同意合并或分立的材料。权利人分立的证明中未载明集体土地所有权归属的，还应当提交集体土地所有权归属的证明材料等。四是生效的确认集体土地所有权归属的人民法院的判决书、裁定书、民事调解书或仲裁机构的裁决书、仲裁调解书等。

（二）嘱托人和嘱托登记材料

1. 嘱托人

嘱托人是指向登记机构送达或发送嘱托登记文书，要求登记机构办理集体土地所有权转移登记的人民法院、人民政府等有权的国家机关及其嘱托登记承办人员。

2. 嘱托登记材料

嘱托登记材料主要有：一是嘱托登记文书和附随其送达的法律文书、行政文书；二是嘱托登记承办人员的工作身份证明等。

（1）嘱托登记文书和附随其送达的法律文书、行政文书。

① 人民法院的嘱托登记文书和附随其送达的法律文书，是指人民法院送达的要求登记机构办理转移登记的协助执行通知书及相关判决书、裁定书、民事调解书、裁决书、仲裁调解书等。

② 人民政府的嘱托登记文书和附随其送达的行政文书，是指县级以上人民政府嘱托登记机构办理转移登记时，送达或发送的启动转移登记的文件可能不是协助执行通知书，而是其出具的通知、函和决定等公文和附随该公文送达的导致集体土地所有权转移的相关文书。

（2）嘱托登记承办人员的工作身份证明。

① 人民法院嘱托登记承办人员的工作身份证明，是指人民法院的执行员的工作证、执行公务证。

② 人民政府嘱托登记承办人员的工作身份证明，是指人民政府出具

第十一章　集体土地所有权登记

的指派或委托证明、工作介绍信或工作接洽函和受指派或受托人员自身的身份证明等。

三、登记簿上应当记载的转移登记的内容

登记簿上应当记载的集体土地所有权转移登记的内容主要有：权利人（权利的取得方）；登记类型——转移登记；登记原因——互换、土地调整、生效的法律文书等；宗地的不动产单元号码；转移的内容；载明转移登记内容的不动产权属证书号码等。

第四节　注销登记

集体土地所有权注销登记，是指登记簿上记载的集体土地所有权，在使其消灭的法定情形产生或法定事由成就时，对其予以涂销使其失去法律效力的不动产登记。

一、申请人申请集体土地所有权注销登记的情形

在不动产登记实务中，按《不动产登记暂行条例实施细则》第二十八条规定，申请人申请集体土地所有权注销登记的情形主要有：一是集体土地灭失；二是权利人放弃集体土地所有权；三是集体土地被依法征收；四是人民法院、仲裁机构生效的判决书、裁定书、裁决书导致集体土地所有权消灭等。

1. 集体土地灭失

集体土地灭失主要指土地实体因自然原因（如因洪灾灭失）或人为原因（随矿井塌陷）消灭且不再恢复而使集体土地所有权消灭的情形。

2. 权利人放弃集体土地所有权

权利人放弃集体土地所有权主要指权利人基于自己的意思以书面的方式抛弃其依法享有的集体土地所有权的情形。

3. 集体土地被征收

集体土地被征收主要指县级以上人民政府以生效的征收决定的方式对权利人依法享有的集体土地所有权实施征收的情形。

具体而言，集体土地被征收，是指县级以上人民政府（含县级）基于公共利益或社会公益的需要，依法取得集体土地所有权并给予权利人以适当补偿，将其转化为国有土地所有权而使原集体土地所有权消灭。

4. 人民法院、仲裁机构生效的判决书、裁定书、裁决书导致集体土地所有权消灭

人民法院、仲裁机构生效的判决书、裁定书、裁决书导致集体土地所有权消灭主要指人民法院生效的判决书、裁定书和仲裁机构生效的裁决书确认登记簿上记载的集体土地所有权无效的情形。

二、申请人、申请方式和登记申请材料，嘱托人和嘱托登记材料

（一）申请人、申请方式和登记申请材料

1. 申请人、申请方式

如前所述，集体土地所有权消灭的原因皆非因当事人合意的民事法律行为产生，因此，集体土地所有权注销登记由当事人单方申请。集体土地所有权注销登记，由农村集体经济组织、村民小组、村民委员会、乡（镇）人民政府单方代村民小组农民集体、村农民集体、乡（镇）农民集体申请。

2. 登记申请材料

申请人申请集体土地所有权注销登记时应当提交的登记申请材料主要有：一是登记申请书；二是申请人的身份证明；三是不动产权属证书或集体土地所有权已经登记的证明；四是注销登记原因证明等。

根据前述申请人申请集体土地所有权注销登记的情形，申请人应当提交的注销登记原因证明主要有：一是集体土地实体已经灭失的证明，

该证明应当根据集体土地灭失的原因，提交相应的主体出具的证明，如集体土地因自然灾害灭失的，提交县级以上人民政府应急管理机关出具的集体土地因自然灾害已经灭失的证明；因采矿塌陷导致集体土地灭失的，提交县级以上人民政府应急管理机关出具的集体土地因采矿塌陷灭失的证明等。二是权利人作出的明确其放弃集体土地所有权意思的声明、承诺和作为权利人的农民集体三分之二以上的成员或三分之二以上的村民代表同意放弃集体土地所有权的证明。三是县级以上人民政府生效的征收集体土地的决定。四是确认登记簿上记载的集体土地所有权无效的人民法院、仲裁机构生效的判决书、裁定书、裁决书等。

（二）嘱托人和嘱托登记材料

1. 嘱托人

嘱托人是指向登记机构送达或发送嘱托登记文书，要求登记机构办理集体土地所有权注销登记的人民法院、人民政府等有权的国家机关及其嘱托登记承办人员。

2. 嘱托登记材料

嘱托登记材料是指：一是嘱托登记文书和附随其送达的法律文书、行政文书；二是嘱托登记承办人员的工作身份证明等。

（1）嘱托登记文书和附随其送达的法律文书、行政文书。

① 人民法院的嘱托登记文书和附随其送达的法律文书。

人民法院的嘱托登记文书和附随其送达的法律文书是指人民法院送达的要求登记机构办理注销登记的协助执行通知书及相关判决书、裁定书等。

② 人民政府的嘱托登记文书和附随其送达的行政文书。

人民政府的嘱托登记文书和附随其送达的行政文书是指县级以上人民政府嘱托登记机构办理注销登记时，送达或发送的启动注销登记的文件可能不是协助执行通知书，而是其出具的通知、函和决定等公文和附随该公文送达的导致集体土地所有权消灭的相关行政文书（如生效的征收决定等）。

（2）嘱托登记承办人员的工作身份证明。

① 人民法院嘱托登记承办人员的工作身份证明。

人民法院嘱托登记承办人员的工作身份证明是指人民法院的执行员的工作证、执行公务证。

② 人民政府嘱托登记承办人员的工作身份证明。

人民政府嘱托登记承办人员的工作身份证明是指人民政府出具的指派或委托证明、工作介绍信或工作接洽函、受指派或受托人员自身的身份证明等。

三、登记簿上应当记载的注销登记的内容

登记簿上应当记载的集体土地所有权注销登记内容主要有：权利人——乡（或镇、村、村民小组）农民集体；登记类型——注销登记；登记原因——宗地灭失、权利人放弃所有权、被征收等；宗地的不动产单元号码等。

第十二章 国有建设用地使用权及地上房屋所有权登记

第一节 首次登记（一）

在不动产登记实务中，《不动产登记暂行条例实施细则》第三十三条第一款规定，依法取得国有建设用地使用权，可以单独申请国有建设用地使用权登记。据此可知，依法取得国有建设用地使用权的土地上没有房屋，或有处于正在建造状态的房屋，或地上虽然有已竣工的房屋，但该房屋系非法建造的，此等情形下，申请人可以单独申请国有建设用地使用权首次登记。地上有合法建造且已竣工的房屋的，申请人应当一并申请国有建设用地使用权及地上房屋所有权首次登记。因此，本节所指首次登记，系净的国有建设用地使用权首次登记。国有建设用地使用权首次登记，是指登记机构依法将当事人取得或享有的国有建设用地使用权第一次记载在登记簿上产生的不动产登记。

一、申请人申请国有建设用地使用权首次登记的情形

按《不动产登记暂行条例实施细则》第三十四条规定和《确定土地所有权和使用权的若干规定》第二十六条至第四十二条规定，申请人可以申请国有建设用地使用权首次登记的情形主要有：一是基于划拨文件取得的国有建设用地使用权；二是基于土地出让合同取得的国有建设用地使用权；三是基于土地租赁合同取得的国有建设用地使用权；四是基于土地作价出资（入股）批准文件取得的国有建设用地使用权；五是基于土地授权经营批准文件取得的国有建设用地使用权；六是基于县级以

上人民政府确认土地权属的文件取得的国有建设用地使用权等。

1. 基于划拨文件取得的国有建设用地使用权

基于划拨文件取得的国有建设用地使用权是指当事人基于县级以上人民政府的划拨用地决定、划拨用地通知等文件取得国有建设用地使用权的情形。

2. 基于土地出让合同取得的国有建设用地使用权

基于土地出让合同取得的国有建设用地使用权是指当事人基于其与县级以上人民政府的自然资源管理机关签订的土地出让合同取得国有建设用地使用权的情形。

3. 基于土地租赁合同取得的国有建设用地使用权

基于土地租赁合同取得的国有建设用地使用权是指当事人基于其与县级以上人民政府的自然资源管理机关签订的土地租赁合同取得国有建设用地使用权的情形。

4. 基于土地作价出资（入股）批准文件取得的国有建设用地使用权

基于土地作价出资（入股）批准文件取得的国有建设用地使用权是指当事人基于省级以上人民政府关于准予土地作价出资（入股）的批准文件取得国有建设用地使用权的情形。

5. 基于土地授权经营批准文件取得的国有建设用地使用权

基于土地授权经营批准文件取得的国有建设用地使用权是指当事人基于自然资源部（原国土资源部、国家土地管理局）核发的国有土地使用权经营管理的批文取得国有建设用地使用权的情形。

6. 基于县级以上人民政府的确认文件取得的国有建设用地使用权

基于县级以上人民政府的确认文件取得的国有建设用地使用权是指当事人基于县级以上人民政府确认土地权属的文件取得国有建设用地使用权的情形。

二、申请人、申请方式和登记申请材料

1. 申请人、申请方式

按《不动产登记暂行条例》第十四条第二款第（一）项规定，国有建设用地使用权首次登记由权利人单方申请。

2. 登记申请材料

申请人申请国有建设用地使用权首次登记时，应当提交的登记申请材料主要有：一是登记申请书；二是申请人的身份证明；三是权利人依法取得或享有国有建设用地使用权的证明；四是土地出让价款、土地租金、契税、土地增值税等相关税费缴纳凭证；五是不动产权籍调查成果报告等。

（1）权利人依法取得或享有国有建设用地使用权的证明。

根据前述申请人申请国有建设用地使用权首次登记的情形，权利人依法取得或享有国有建设用地使用权的证明主要有：一是县级以上人民政府关于划拨使用土地的决定、通知等文件；二是当事人与县级以上人民政府自然资源管理机关签订的土地使用权出让合同、土地使用权租赁合同；三是省级以上人民政府准予以国有建设用地使用权作价出资（入股）的批文；四是自然资源部（原国土资源部、国家土地管理局）核发的国有土地使用权授权经营批文；五是县级以上人民政府确认国有建设用地使用权归属的文件等。

（2）土地出让价款、土地租金、契税、土地增值税等相关税费缴纳凭证。

① 土地出让价款缴纳凭证，是指与土地使用权出让合同上载明的出让金数额同一的土地使用权出让金缴纳凭证。

② 土地租金缴纳凭证，是指与土地租赁合同上载明的租金数额、缴纳情况（缴纳进度）同一的土地使用权租金缴纳凭证。

③ 契税、土地增值税缴纳凭证，是指：一是以出让、作价出资（入股）方式取得国有建设用地使用权的情形下，申请人应当提交的与土地

出让合同、作价出资（入股）批文上载明的国有建设用地使用权相对应的契税缴纳凭证；二是以国有建设用地使用权作价（出资）的情形下，申请人应当提交与作价出资（入股）批文相对应的土地增值税缴纳凭证。

（3）不动产权籍调查成果报告。

不动产权籍调查成果报告主要指有资质的专业机构按《不动产权籍调查技术方案（试行）》的规定出具的记载有国有建设用地宗地的坐落、界址、空间界限、面积、空间坐标、位置说明或者四至描述、附图等内容的材料，以从空间上、平面上特定申请国有建设用地使用权首次登记的宗地。

三、登记簿上应当记载的首次登记的内容

登记簿上应当记载的国有建设用地使用权首次登记的内容主要有：权利人——自然人姓名（或法人、非法人组织的名称）、权利人的身份证明类型及号码；不动产类型——土地；宗地坐落；宗地面积；宗地的不动产单元号码；出让合同、划拨文件等国有建设用地使用权登记原因证明上载明的土地用途；权利人类型——个人（或企业、事业单位、国家机关、其他等）；登记类型——首次登记；登记原因——行政确认（出让、出租、授权经营等）；权利类型——国有建设用地使用权；权利性质——行政确认（出让、出租、授权经营等）；权利设定方式——地表（或地下、地上）；共有情况；载明国有建设用地使用权的不动产权属证书号码等。

第二节 首次登记（二）

在不动产登记实务中，《不动产登记暂行条例实施细则》第三十三条第二款规定，依法利用国有建设用地建造房屋的，可以申请国有建设用地使用权及房屋所有权登记。因此，本节所指首次登记，是指国有建设用地使用权及地上房屋所有权首次登记，或单独的地上房屋所有权首次登记。

第十二章　国有建设用地使用权及地上房屋所有权登记

国有建设用地使用权及地上房屋所有权首次登记，是指登记机构将权利人依法取得或享有的国有建设用地使用权及已经依法享有的地上房屋所有权一并第一次记载在登记簿上产生的不动产登记。

单独的地上房屋所有权首次登记，是指权利人依法取得或享有的国有建设用地使用权已经记载在登记簿上的情形下，登记机构只将其已经依法享有的地上房屋所有权第一次记载在登记簿上产生的不动产登记。

一、申请人一并申请国有建设用地使用权及地上房屋所有权首次登记的情形

在不动产登记实务中，按《不动产登记暂行条例实施细则》第三十五条规定，申请人一并申请国有建设用地使用权及地上房屋所有权首次登记的情形只有一种，即新设立的国有建设用地使用权及地上合法建造的房屋竣工后一并申请的首次登记。但是，笔者在不动产登记实务研习中，还接触到另外几种情形下申请人一并申请的国有建设用地使用权及地上房屋所有权首次登记：① 权利人持房契申请的首次登记；② 继承人、受遗赠人持房契申请的首次登记；③ 权利人持人民法院对未经登记的国有建设用地及地上房屋确认权属的生效判决书申请的首次登记；④ 因征收未经登记的国有建设用地及地上房屋申请的首次登记；⑤ 因没收未经登记的国有建设用地及地上房屋申请的首次登记；⑥ 因落实私房改造政策退还房屋申请的首次登记。

1. 新设立的国有建设用地使用权及地上合法建造的房屋竣工后一并申请的首次登记

新设立的国有建设用地使用权及地上合法建造的房屋竣工后一并申请的首次登记是指当事人基于出让、出租、划拨、授权经营等合法方式取得国有建设用地使用权后未申请国有建设用地使用权首次登记，在地上合法建造的房屋竣工后，一并申请国有建设用地使用权及地上房屋所有权首次登记的情形。

2. 权利人持房契申请的首次登记

权利人持房契申请的首次登记是指权利人申请的对其依法持有的房契上载明的国有建设用地使用权及地上房屋所有权进行首次登记的情形。

房契，是房屋所有权证颁发前权利人依法享有房屋所有权的证明。房契由两部分组成：一是房屋买卖、赠与契约或建造房屋的立契说明。买卖、赠与契约的主要内容有买方（受赠方）、卖方（赠与方）、房屋及房屋占用范围内的土地四面界址、买卖价款、见证人等。建造房屋情况说明的主要内容有房屋建造人、建造时间、房屋及房屋占用范围内的土地四面界址等。二是契证，主要有买方（受赠方）和卖方（赠与方）或立契人（房屋建造人）、已纳契税记录或契税免征记录、县级以上人民政府印鉴等内容。

1982年，原国家城市建设总局《关于加强城市（镇）房地产产权、产籍管理工作的通知》（〔1982〕城发房字77号）发布实施《关于城市（镇）房地产产权产籍管理暂行规定》，该规定第二条中规定，凡在城镇范围内的房地产，不论属于国家、集体或个人所有，均须到当地房管机关办理产权登记，领取房地产所有证。房地产所有证是房地产所有权的凭证，具有法律效力。但是，限于认识和条件，只有少数城市按该通知精神开展了房屋产权登记，核发房屋所有权证工作。1986年，原城乡建设环境保护部发布《关于开展城镇房产产权登记、核发产权证工作的通知》（〔1986〕城住字第51号），该通知要求，1988年年底前，全国基本完成城镇房地产产权登记，核发产权证工作。基于此通知，全国的城市和建制镇开展了房屋所有权证核发工作。然而，30多年过去了，房契在县城、建制镇和乡集镇仍然存在。

房契是持"契"即享有房地产权利的历史产物，国家也没有法律、法规、规章和政策规定其作废，即房契仍然是合法、有效的房地产权利凭证，但与现在的不动产登记发证制度不协调，应当倡导、鼓励持"契"人申请不动产登记，将权利人基于房契享有的土地使用权及地上房屋所有权记载在登记簿上，增强该土地使用权及地上房屋所有权的公示力和公信力，供拟与之进行交易的人查阅、知晓，抉择是否与之进行交易，保护相关当事人的权益，维护不动产登记制度的统一性、权威性和严肃性，同时为权利人因处分土地使用权及地上房屋所有权产生的转移登记、抵押权登记等后续登记提供方便。

房契载明的房屋所有权虽然已经具有法律上的效力，却是第一次经权利人申请才记载在登记簿上，故属于首次登记。

3. 继承人、受遗赠人持房契申请的首次登记

继承人、受遗赠人持房契申请的首次登记是指房契上的权利人的继承人、受遗赠人申请的将该房契上载明的国有建设用地使用权及地上房屋所有权首次登记在其名下的情形。

4. 因征收未经登记的国有建设用地及地上房屋申请的首次登记

因征收未经登记的国有建设用地及地上房屋申请的首次登记是指因县级以上人民政府生效的征收决定对他人未经登记的国有建设用地使用权及地上房屋所有权予以征收产生的首次登记的情形。

5. 因没收未经登记的国有建设用地及地上房屋申请的首次登记

因没收未经登记的国有建设用地及地上房屋申请的首次登记是指因国家机关生效的没收公文对他人未经登记的国有建设用地使用权及地上房屋所有权予以没收产生的首次登记的情形。

6. 因落实私房改造政策退还房屋申请的首次登记

因落实私房改造政策退还房屋申请的首次登记是指申请人基于地方人民政府落实私房改造政策时核发的退还房屋凭证申请首次登记的情形。

落实私房改造政策退还房屋工作在 20 世纪 80 年代已经完成，但由于种种原因，直至现在，仍然有部分权利人没有凭退还房屋通知书或其他还房凭证换领不动产权属证书。在登记簿制度建立的今天，当事人持

退还房屋通知书申请的不动产登记，由于退还房屋通知书或其他还房凭证载明的房屋所有权及房屋占用范围内的土地使用权是第一次申请登记，也属于首次登记。申请人提交退还房屋通知书或其他还房凭证作为不动产登记证据的，登记机构无须要求申请人另行提交建设用地使用权证明、房屋建设工程符合规划的证明等材料。

私房改造的全称是私有房屋社会主义改造，是根据 1956 年中央批转中央书记处第二办公室《关于目前城市私有房产基本情况及进行社会主义改造的意见》和 1964 年国务院批转国家房产管理局《关于私有出租房屋社会主义改造问题的报告》规定，比照党对资本主义工商业的社会主义改造的政策，先后开展起来的。通过采用国家经租、公私合营等方式，对城市房屋占有者用类似赎买的办法，即在一定时期内给以固定的租金，来逐步地改变他们的所有制，从 1956 年起，全国设区的市和三分之一以上的县镇陆续进行了私房改造工作，纳入改造的私房共 62.41 万户，面积 11 648 万平方米。私房改造工作是整个社会主义改造的组成部分，为充分利用城市房产进行社会主义建设发挥了积极作用。但是，由于当时开展工作的时间比较仓促，调查研究不够，工作粗糙，遗留下一些需要解决的问题。1985 年，城乡建设环境保护部印发《关于城市私有出租房屋社会主义改造遗留问题的处理意见》的通知，要求凡是符合国家和省、自治区、直辖市人民政府的政策规定，已经纳入社会主义改造的私有出租房屋，一律属于国家所有，由房管部门统一经营管理。凡是不符合国家和省、自治区、直辖市人民政府的政策规定而错改了的房屋（包括自住房和不够改造起点的出租房被改造的），应按政策实事求是地给予纠正，将房屋退还原权利人即纠正方式之一。

二、申请人、申请方式和登记申请材料

1. 申请人、申请方式

按《不动产登记暂行条例》第十四条第二款第（一）项规定，国有建设用地使用权及地上房屋所有权首次登记由当事人单方申请。

第十二章 国有建设用地使用权及地上房屋所有权登记

2. 登记申请材料

申请人申请国有建设用地使用权及地上房屋所有权首次登记时，应当提交的登记申请材料主要有：一是登记申请书；二是申请人的身份证明；三是不动产权属证书或国有建设用地使用权权属来源材料、房屋建设工程符合规划的证明、房屋已经竣工的证明；四是房契、继承材料、受遗赠材料、县级以上人民政府确认房屋占用范围内的土地使用权的证明；五是不动产权籍调查成果报告；六是相关税费缴纳凭证；七是私房改造退还房屋证明，县级以上人民政府确认房屋占用范围内的土地使用权的证明等。

（1）不动产权属证书或国有建设用地使用权权属来源材料、房屋建设工程符合规划的证明、房屋已经竣工的证明。

① 不动产权属证书或国有建设用地使用权权属来源材料。

不动产权属证书，是指申请人单独申请地上房屋所有权首次登记时提交的载明国有建设用地使用权的不动产权属证书。

国有建设用地使用权权属来源材料，是指申请人一并申请国有建设用地使用权及地上房屋所有权首次登记时提交的有效的用地划拨文件、土地出让合同、土地作价出资（入股）批文等取得或享有国有建设用地使用权的证明材料。

② 房屋建设工程符合规划的证明。

房屋建设工程符合规划的证明主要指：一是房屋在城市、镇规划区范围内的国有建设用地上的，房屋建设工程符合规划的证明为县级以上人民政府规划机关、省级人民政府赋予规划许可权的镇人民政府核发的建设工程规划许可证、建设工程规划核实证明或其他规划手续；二是房屋在乡、村庄规划区范围内的，房屋建设工程符合规划的证明为县级以上人民政府规划行政机关核发的乡村建设规划许可证或其他规划手续；三是房屋不在城市、镇、乡、村庄规划区范围内的，提交县级以上人民政府规划主管机关、省级人民政府赋予规划许可权的镇人民政府出具的房屋在城市、镇、乡、村庄规划区以外的国有建设用地上的证明，以代替房屋建设工程符合规划的证明。

③ 房屋已经竣工的证明。

房屋已经竣工的证明主要指：一是建设工程质量管理部门出具的竣工验收备案表；二是建设单位组织相关部门对竣工房屋进行综合验收形成的建设工程质量竣工验收合格证；三是承建单位或个人（有资质的建筑工匠等）出具的房屋已经竣工的证明；四是权利人出具的房屋已经竣工的情况说明，或证明房屋等建筑物、构筑物已经竣工的照片及相关文字说明等。

房屋已经竣工的证明是区分在建建筑物与房屋的凭证。合法建造并竣工的房屋才是承载房屋所有权的物质实体。

（2）继承材料、受遗赠材料、县级以上人民政府确认房屋占用范围内的土地使用权的证明。

① 继承材料，主要指继承权公证书、继承遗嘱、遗产分割协议、被继承人的死亡证明等证明继承人基于继承享有房契上载明的国有建设用地使用权及地上房屋所有权的材料。

② 受遗赠材料，主要指遗赠公证书、遗赠遗嘱、遗赠扶养协议、遗赠合同、遗赠人的死亡证明等受遗赠人因受遗赠取得房契上载明的国有建设用地使用权及地上房屋所有权的材料。

③ 县级以上人民政府确认房屋占用范围内的土地使用权的证明，主要指县级以上人民政府确认房契载明的房屋占用范围内的土地使用权是否是国有建设用地使用权，权利人是否因出让、划拨、租赁等方式取得或享有国有建设用地使用权的文件。

（3）不动产权籍调查成果报告。

不动产权籍调查成果报告主要指有资质的专业机构按《不动产权籍调查技术方案（试行）》的规定出具的记载有国有建设用地及地上房屋的坐落、界址、空间界限、面积、空间坐标、位置说明或者四至描述、附图等内容的材料，以从空间上、平面上特定一并申请国有建设用地使用权及地上房屋所有权首次登记的国有建设用地宗地及地上房屋。

如果申请人只申请国有建设用地使用权或地上房屋所有权首次登记的，则只提交相应的国有建设用地宗地、地上房屋的不动产权籍调查成果报告。

（4）相关税费缴纳凭证。

相关税费缴纳凭证主要指以出让方式取得国有建设用地使用权的，申请人应当提交的土地出让金、契税缴纳凭证；以出租方式取得国有建设用地使用权的，申请人应当提交相应的土地租金缴纳凭证；以作价出资方式取得国有建设用地使用权的，申请人应当提交的土地增值税缴纳凭证和契税缴纳凭证等。

（5）私房改造退还房屋证明。

私房改造退还房屋证明主要指房屋所在地镇人民政府落实私房改造退房政策时核发给当事人的退还房屋通知书或其他退还房屋凭证。

三、登记簿上应当记载的首次登记的内容

登记簿上应当记载的国有建设用地使用权及地上房屋所有权首次登记的内容主要有：权利人——自然人姓名、法人或非法人组织名称；权利人的身份证明类型及号码；不动产类型——土地/房屋；宗地/房屋坐落；宗地面积、独用土地面积、分摊土地面积；宗地及地上房屋的不动产单元号码；宗地用途和使用期限——划拨用地文件、出让合同、行政确认文件等国有建设用地使用权登记原因证明上载明的用途和使用期限；权利人类型——个人、单位；登记类型——首次登记；登记原因——划拨、出让、授权经营、行政确认（划拨或出让）等/合法建造、房契、私改还房等；权利类型——国有建设用地使用权/房屋所有权；土地权利性质——出让、租赁、行政确认（划拨或出让）等；土地权利设定方式——地表（或地下、地上）；宗地四至描述；土地使用期限；房屋所在幢的总层数和房屋所在的层数；房屋性质——自建房、商品房、其他等；房屋结构——钢结构（或钢和钢筋混凝土结构、钢筋混凝土结构、

混合结构、砖木结构、其他结构等）；规划材料、退房通知书等房屋所有权登记原因材料上载明的房屋用途；房屋的总建筑面积；房屋的专有建筑面积；房屋的分摊建筑面积；共有情况——单独所有（或按份共有、共同共有）；房屋竣工时间；载明国有建设用地使用权及地上房屋所有权的不动产权属证书号码等。

第三节　变更登记

国有建设用地使用权及地上房屋所有权变更登记，是指登记簿上记载的国有建设用地使用权及地上房屋所有权权利主体不变，但权利内容、权利客体等变更产生的不动产登记。

一、申请人申请国有建设用地使用权及地上房屋所有权变更登记的情形

在不动产登记实务中，按《不动产登记暂行条例实施细则》第二十六条、第三十七条规定，申请人申请国有建设用地使用权及地上房屋所有权变更登记的情形主要有：一是权利人姓名或名称变更；二是权利人的身份证明类型或者身份证明号码变更；三是国有建设用地及地上房屋的坐落地名变更；四是国有建设用地及地上房屋的界址、用途、面积变更；五是国有建设用地使用权的权利期限发生变更；六是同一权利人分割或者合并国有建设用地、地上房屋；七是国有建设用地使用权的权利来源变更；八是共有性质变更等。

1. 权利人姓名或名称变更

权利人姓名或名称变更主要指权利人通过合法途径变更其姓名或名称后与登记簿上的记载不一致的情形。

2. 权利人的身份证明类型或者身份证明号码变更

权利人的身份证明类型或者身份证明号码变更主要指权利人通过合法途径变更其身份证明类型或身份证明号码后与登记簿上的记

载不一致的情形。

3. 国有建设用地及地上房屋的坐落地名变更

国有建设用地及地上房屋的坐落地名变更主要指因县级以上人民政府及其地名管理、住房与城乡建设、交通运输、水利、气象等行政机关依法变更国有建设用地及地上房屋的坐落地名后与登记簿上的记载不一致的情形。

4. 国有建设用地及地上房屋的界址、用途、面积变更

国有建设用地及地上房屋的界址、用途、面积变更主要指：一是基于县级以上人民政府自然资源管理机关的批文变更宗地界址后与登记簿上的记载不一致的情形；二是基于自然原因（如因洪水冲毁局部土地）、人为原因（如因取得划拨用地批文、土地出让合同变更协议增加宗地面积）导致宗地面积变更而与登记簿上的记载不一致的情形；三是城市、镇、乡、村庄规划区范围内的房屋，基于县级以上人民政府规划管理机关或省级人民政府授予规划许可权的镇人民政府的许可，扩建或改建房屋导致房屋界址、面积变更后与登记簿上的记载不一致的情形，城市、镇、乡、村庄规划区范围外的房屋扩建或改建无须取得规划许可；四是基于划拨用地文件、出让合同变更协议、租赁合同变更协议等有效文件变更宗地用途后与登记簿上的记载不一致的情形；五是城市、镇、乡、村庄规划区范围内的房屋，基于县级以上人民政府规划管理机关或省级人民政府授予规划许可权的镇人民政府的许可，变更用途后与登记簿上的记载不一致的情形。城市、镇、乡、村庄规划区范围外的房屋用途变更无须取得规划许可。

5. 国有建设用地使用权的权利期限发生变更

国有建设用地使用权的权利期限发生变更主要指：一是权利人通过与县级以上人民政府自然资源管理机关签订土地出让合同变更协议变更土地出让期限或签订土地租赁合同变更协议变更土地租赁期限后与登记簿上的记载不一致的情形；二是省级人民政府变更作价出资（入股）

的国有建设用地使用期限后与登记簿上的记载不一致的情形；三是自然资源部变更授权经营的国有建设用地使用期限后与登记簿上的记载不一致的情形。

6. 同一权利人分割或者合并国有建设用地、地上房屋

同一权利人分割或者合并国有建设用地、地上房屋主要指：一是权利人基于县级以上人民政府自然资源管理机关的批文分割或合并宗地后与登记簿上的记载不一致的情形；二是权利人对既有的房屋不动产单元予以合并、分割；三是城市、镇、乡、村庄规划区范围内的房屋，基于县级以上人民政府规划管理机关、省级人民政府赋予规划许可权的镇人民政府的许可，对一个房屋不动产单元或毗邻的房屋不动产单元进行实体（物理）分割、合并后，与登记簿上的记载不一致的情形。对城市、镇、乡、村庄规划区范围外的房屋不动产单元进行实体（物理）分割或合并无须取得规划许可。

7. 国有建设用地使用权的权利来源变更

国有建设用地使用权的权利来源变更主要指国有建设用地使用权的取得方式依法变更（如由划拨变更为出让等）后与登记簿上的记载不一致的情形。

8. 共有性质发生变更

共有性质发生变更主要指共有人将国有建设用地使用权及地上房屋所有权由按份共有变更成共同共有，或由共同共有变更成按份共有后，与登记簿上的记载不一致的情形。

二、申请人、申请方式和登记申请材料

1. 申请人、申请方式

一般情形下，国有建设用地使用权及地上房屋所有权变更登记，由权利人单方申请。共有的国有建设用地使用权及地上房屋所有权因权利人（共有人）姓名或名称、身份证明类型或身份证明号码变更产生的变

更登记，由相应的权利人（共有人）申请；因国有建设用地及地上房屋坐落地名、界址、面积变更产生的变更登记，可由任何一个权利人（共有人）申请；因共有性质变更产生的变更登记，由全体权利人（共有人）共同申请。

2. 登记申请材料

申请人申请国有建设用地使用权及地上房屋所有权变更登记时应当提交的登记申请材料主要有：一是登记申请书；二是申请人的身份证明；三是不动产权属证书或国有建设用地使用权及地上房屋所有权已经登记的证明；四是变更登记原因证明；五是不动产权籍调查成果报告；六是相关税费缴纳凭证等。

（1）变更登记原因证明。

① 权利人姓名或名称变更的证明，主要指：一是国有建设用地使用权及地上房屋所有权人为自然人的，提交公安机关等身份证明（居民身份证、户口本、士兵证、护照等）颁发机关（机构）为其出具的姓名变更证明。二是国有建设用地使用权及地上房屋所有权人为法人、非法人组织的，名称变更证明由县级以上人民政府事业单位登记管理机关、市场监督管理机关、社会团体登记机关等身份证明（营业执照、社会团体法人登记证书等）管理机关出具。三是经过公证的姓名或名称变更事项公证书。其中，我国司法部委托的香港、澳门律师出具的公证书，该公证书上须有中国法律服务（香港）有限公司、中国法律服务（澳门）有限公司的转递文书或转递章；台湾公证机构出具的公证书上须有该公证书使用地的省级公证协会的转递文书或转递章；外国公证机构制作的公证书上须有我国驻外使（领）馆的认证文书或认证章，并附该公证书的中文译本。

国有建设用地使用权及地上房屋所有权人姓名或名称变更的证明须载明权利人原来的姓名或名称和现在的姓名或名称，即姓名或名称变更的证明上应当载明权利人的现用名和曾用名。

② 身份证明类型或身份证明号码变更的证明，主要指公安机关、市

场监督管理机关等权利人的身份证明的颁发机关（机构）为其出具的变更后的身份证明类型或身份证明号码与登记簿上记载的身份证明类型或身份证明号码指向的对象是同一个主体的证明。也可以是经过公证的身份证明类型或身份证明号码变更事项公证书。其中，我国司法部委托的香港、澳门律师出具的公证书，该公证书上须有中国法律服务（香港）有限公司、中国法律服务（澳门）有限公司的转递文书或转递章，台湾公证机构出具的公证书上须有该公证书使用地的省级公证协会的转递文书或转递章，外国公证机构制作的公证书上须有我国驻外使（领）馆的认证文书或认证章，并附该公证书的中文译本。

国有建设用地使用权及地上房屋所有权权利人身份证明类型或身份证明号码变更的证明须载明权利人原来的身份证明类型或身份证明号码和现在的身份证明类型或身份证明号码。

③国有建设用地及地上房屋的坐落地名变更的证明，主要指县级以上人民政府及其地名管理、住房与城乡建设、交通运输、水利、气象等相关行政机关依法出具的国有建设用地及地上房屋的坐落地名发生变更的证明。该证明应当载明国有建设用地及地上房屋的原地名和现地名。

④国有建设用地及地上房屋的界址、用途、面积变更的证明，主要指：一是县级以上人民政府自然资源管理机关出具的宗地界址变更证明、原批准用地机关出具的变更宗地面积的批文、变更宗地面积的土地出让合同变更协议或租赁合同变更协议、县级以上人民政府应急管理机关出具的因自然原因导致宗地面积变更的证明等；二是城市、镇、乡、村庄规划区范围内的房屋面积、用途变更的，提交县级以上人民政府规划机关或省级人民政府赋予规划许可权的镇人民政府出具的许可变更面积、变更用途的规划手续。城市、镇、乡、村庄规划区范围外的房屋面积、用途变更的，提交县级以上人民政府规划机关或省级人民政府赋予规划许可权的镇人民政府出具的房屋不在规划区内的证明等；三是原批准用地机关出具的变更宗地用途的批文、变更宗地用途的土地出让合同变更协议或租赁合同变更协议等。

第十二章　国有建设用地使用权及地上房屋所有权登记

⑤国有建设用地使用权的权利期限发生变更的证明，主要指：一是县级以上人民政府自然资源管理机关与国有建设用地使用权人签订的变更国有建设用地使用权的权利期限的土地出让合同变更协议、土地租赁合同变更协议；二是省级人民政府出具的变更作价出资（入股）的国有建设用地使用权使用期限的批文；三是自然资源部出具的变更授权经营的国有建设用地使用权使用期限的批文等。

⑥同一权利人分割或者合并国有建设用地、地上房屋的证明，主要指：一是县级以上人民政府自然资源管理机关出具的同意宗地分割或合并的批文。二是权利人对既有的房屋不动产单元予以合并或分立的，提交合并或分立后的不动产权籍调查成果报告。对城市、镇、乡、村庄规划区内的房屋进行实体（物理）分割或合并产生新的不动产单元的，提交县级以上人民政府规划管理机关或省级人民政府赋予规划许可权的镇人民政府出具的许可对房屋进行实体（物理）分割或合并的建设工程规划许可证、乡村建设规划许可证、建设工程规划核实验收证明等；对城市、镇、乡、村庄规划区范围外的房屋进行实体（物理）分割或合并产生新的不动产单元的，提交县级以上人民政府规划机关或省级人民政府赋予规划许可权的镇人民政府出具的房屋不在规划区内的证明等。

⑦国有建设用地使用权的权利来源变更的证明，主要指变更国有建设用地使用权的权利来源的土地出让合同、土地租赁合同、作价出资（入股）批文、授权经营批文等，如国有建设用地使用权由划拨转出让的，提交土地出让合同。

⑧共有性质变更的证明，主要指国有建设用地使用权及地上房屋所有权的共有人签订的变更共同共有为按份共有，或变更按份共有为共同共有的合同、协议等。

（2）不动产权籍调查成果报告。

不动产权籍调查成果报告主要指宗地及地上房屋的界址、面积变更和产生实体（物理）分割、合并的情形下，由有资质的专业机构按《不动产权籍调查技术方案（试行）》的规定出具的记载有国有建设用地宗地及地上房屋变更后的坐落、界址、空间界限、面积、空间坐标、位置说明或者四至描述、附图等内容的材料,以从空间上、平面上特定界址、面积变更后或产生实体(物理)分割、合并后的宗地及地上房屋。

(3)相关税费缴纳凭证。

相关税费缴纳凭证主要指宗地在面积增加、改变用途、使用期限或租期延长、权利来源改变的情形下,应当补交的土地出让金、土地租金、契税、土地增值税等税费已经缴纳的凭证。

三、登记簿上应当记载的变更登记的内容

登记簿上应当记载的国有建设用地使用权及地上房屋所有权变更登记的内容主要有:权利人姓名或名称;权利人的身份证明类型及号码;登记类型——变更登记;登记原因——权利人姓名或名称变更、宗地或房屋面积变更、权利来源变更等;不动产单元号码;变更的内容;载明变更登记内容的不动产权属证书号码等。

第四节 转移登记

国有建设用地使用权及地上房屋所有权转移登记,是指登记簿上记载的国有建设用地使用权及地上房屋所有权的权利主体变动,但权利内容、权利客体等不变产生的不动产登记。

一、申请人申请国有建设用地使用权及地上房屋所有权转移登记的情形

在不动产登记实务中,按《不动产登记暂行条例实施细则》第二十七条、第三十八条规定,申请人申请国有建设用地使用权及地上房屋所有权转移登记的情形主要有:一是买卖、拍卖、作价出资(入股)、互换、赠与;二是婚姻关系变化;三是继承、受遗赠;四是作为权利人的法人或非法人组织因合并、分立导致的国有建设用地使用权及地上房屋

所有权转移；五是共有人增加或者减少以及共有份额变化；六是因人民法院、仲裁机构生效的法律文书导致的国有建设用地使用权及地上房屋所有权转移等。

1. 买卖、拍卖、作价出资（入股）、互换、赠与

（1）买卖。

买卖是指卖方（权利人）通过与买方订立买卖合同的方式，将登记在其名下的国有建设用地使用权及地上房屋所有权卖给他人的情形。

（2）拍卖。

拍卖是指在依法经营的拍卖机构的主持下，以公开竞价的方式，将国有建设用地使用权及地上房屋所有权转让给最高应价者的情形。拍卖本质上是买卖。拍卖有普通拍卖、行政机关委托的拍卖和人民法院委托的拍卖。

（3）作价出资（入股）。

作价出资（入股）是指权利人与拟吸收股份的经济组织参照现时的市场价格，对登记在入股人名下的国有建设用地使用权及地上房屋所有权协商确定一个具体的价格，作为入股人在该经济组织中享有股权，并据此行使权利和履行义务的民事法律行为，该国有建设用地使用权及地上房屋所有权作为作价入股资产转移给吸收股份的经济组织的情形。

（4）互换。

互换是指权利人之间经过协商就相互交换国有建设用地使用权及地上房屋所有权达成一致，通过交换使对方依法享有自己的国有建设用地使用权及地上房屋所有权。国有建设用地使用权及地上房屋所有权互换，分为等价互换和差价互换。等价互换，是指价值额相等的国有建设用地使用权及地上房屋所有权之间产生的交换；差价互换，是指价值额不相等的国有建设用地使用权及地上房屋所有权之间产生的交换。

（5）赠与。

赠与是指权利人通过无偿给予的方式将登记在其名下的国有建设

用地使用权及地上房屋所有权转移给他人，该他人也表示接受的情形。一般情形下，赠与以赠与书或赠与合同的形式体现。

赠与的目的是实现国有建设用地使用权及地上房屋所有权的转移，实质上是赠与人对自己的国有建设用地使用权及地上房屋所有权的处分。

2. 婚姻关系变化

婚姻关系变化是指当事人基于婚姻关系的建立或解除，约定其国有建设用地使用权及地上房屋所有权转移（归属）的情形。具体情形有：

（1）因婚姻关系的建立，即结婚，夫或妻将其婚前取得的国有建设用地使用权及地上房屋所有权约定为夫妻共有或归对方单独享有。

（2）在婚姻关系存续期间，将原来属于夫妻共有的国有建设用地使用权及地上房屋所有权约定归其中一方单独享有。

（3）因婚姻关系的解除，即离婚，将夫妻共有的国有建设用地使用权及地上房屋所有权约定归对方享有或归第三人享有（如约定归子女享有）。

3. 继承、受遗赠

（1）继承。

继承主要指继承人基于法定继承或遗嘱继承取得被继承人遗留的国有建设用地使用权及地上房屋所有权的情形。

（2）受遗赠。

受遗赠主要指受遗赠人基于遗赠人生前所立遗嘱，或遗赠人生前与受遗赠人签订的遗赠扶养协议，取得遗赠人遗留的国有建设用地使用权及地上房屋所有权的情形。

4. 作为权利人的法人或非法人组织因合并、分立导致的国有建设用地使用权及地上房屋所有权转移

（1）因作为权利人的法人、非法人组织合并导致的国有建设用地使用权及地上房屋所有权转移。

因作为权利人的法人、非法人组织合并导致的国有建设用地使用权及地上房屋所有权转移主要指享有国有建设用地使用权及地上房屋所有权的法人、非法人组织间签订合并协议，或其共同的上级组织作出合并决定，使原来的两个以上的法人、非法人组织因合并成为一个法人、非法人组织，被合并的法人、非法人组织消灭，并在合并协议中约定，或在合并决定中载明法人、非法人组织合并前享有的国有建设用地使用权及地上房屋所有权归属的情形。

按《民法典》第六十七条第一款、第一百零八条规定，法人、非法人组织合并的，其权利和义务由合并后的法人、非法人组织享有和承担。据此可知，作为权利人的法人、非法人组织合并时，合并协议、合并决定等材料中即使未载明其合并前享有的国有建设用地使用权及地上房屋所有权归属的，其合并前享有的国有建设用地使用权及地上房屋所有权归合并后的法人、非法人组织。

（2）因作为权利人的法人、非法人组织分立导致的国有建设用地使用权及地上房屋所有权转移。

作为权利人的法人、非法人组织分立导致的国有建设用地使用权及地上房屋所有权转移主要指享有国有建设用地使用权及地上房屋所有权的法人、非法人组织签订分立协议，或其共同的上级组织作出分立决定，从原来的一个法人、非法人组织中分立出来再成立一个新的与原来的法人、非法人组织同时并存的法人、非法人组织，并在分立协议中约定，或在分立决定中载明法人、非法人组织分立前享有的国有建设用地使用权及地上房屋所有权归属的情形。

5. 共有人增加或者减少以及共有份额变化

（1）共有人增加。

共有人增加是指原共有人以外的人，因受让、继承、接受遗赠等方式取得该国有建设用地使用权及地上房屋所有权的份额而加入共有人行列，与原共有人共同成为该国有建设用地使用权及地上房屋所有权的共有人的情形。

（2）共有人减少。

共有人减少是指共有人中的一人或若干人，将其享有的国有建设用地使用权及地上房屋所有权份额以转让、赠与等方式全部转移给其他共有人而自己退出共有人行列，不再是共有人的情形。

（3）共有份额变化。

共有份额变化是指国有建设用地使用权及地上房屋所有权的按份共有人中的一人或若干人，将其享有的份额中的一部分以转让、赠与等方式转移给其他共有人的情形。

6. 因人民法院、仲裁机构的生效法律文书导致的国有建设用地使用权及地上房屋所有权转移

因人民法院、仲裁机构的生效法律文书导致的国有建设用地使用权及地上房屋所有权转移是指人民法院、仲裁机构生效的判决书、裁定书、民事调解书、仲裁裁决书、仲裁调解书导致国有建设用地使用权及地上房屋所有权转移的情形。

二、申请人、申请方式和登记申请材料，嘱托人和嘱托登记材料

（一）申请人、申请方式和登记申请材料

1. 申请人、申请方式

基于买卖、赠与、普通拍卖等当事人合意的民事法律行为产生的转移登记，由当事人共同申请，但作为权利人的法人或非法人组织因合并产生的转移登记由合并后的权利人单方申请。

基于继承、受遗赠、生效的确认权属的法律文书等非当事人合意的民事法律行为产生的转移登记，由权利取得人单方申请。

2. 登记申请材料

申请人申请国有建设用地使用权及地上房屋所有权转移登记时应

第十二章 国有建设用地使用权及地上房屋所有权登记

当提交的登记申请材料主要有：一是登记申请书；二是申请人的身份证明；三是不动产权属证书或国有建设用地使用权及地上房屋所有权已经登记的证明；四是转移登记原因证明；五是县级以上人民政府同意转让或作价出资（入股）的批文；六是土地出让合同和土地出让金缴纳凭证；七是土地增值税、契税和个人所得税缴纳凭证等。

（1）国有建设用地使用权及地上房屋所有权已经登记的证明。

国有建设用地使用权及地上房屋所有权已经登记的证明是指申请人申请基于继承、受遗赠等非交易行为产生的转移登记时，因不动产权属证书遗失或毁损而无法提交的，可以提交登记簿打印件、复印（制）件或登记机构存档的登记申请材料等国有建设用地使用权及地上房屋所有权已经登记的证明代替应当提交的不动产权属证书。

（2）转移登记原因证明。

根据前述申请人申请国有建设用地使用权及地上房屋所有权转移登记的情形，申请人应当提交的转移登记原因证明主要有：

① 因买卖、普通拍卖、作价出资（入股）、互换、赠与导致国有建设用地使用权及地上房屋所有权转移的，是指买卖合同、拍卖成交确认书、作价出资（入股）合同或协议、互换协议、赠与合同或赠与书等。

② 因婚姻关系变化导致国有建设用地使用权及地上房屋所有权转移的，是指结婚证和夫妻财产约定、离婚证和离婚协议、人民法院生效的离婚民事判决书或离婚民事调解书等。

③ 因继承、受遗赠导致国有建设用地使用权及地上房屋所有权转移的，是指：一是继承权公证书、放弃继承权声明、继承人与被继承人的亲属关系证明、遗产分割协议、继承遗嘱、被继承人的死亡证明等继承人基于继承取得被继承人遗留的国有建设用地使用权及地上房屋所有权的证明；二是遗赠公证书、遗赠扶养协议或遗赠协议、遗赠遗嘱、遗赠人的死亡证明等受遗赠人基于受遗赠取得遗赠人遗留的国有建设用地使用权及地上房屋所有权的证明。

④ 作为权利人的法人或非法人组织因合并、分立导致的国有建设用

地使用权及地上房屋所有权转移的，是指法人、非法人组织间达成的合并或分立协议，或法人、非法人组织共同作出的合并、分立决定，或法人、非法人组织共同的上级组织作出的合并、分立决定等。法人、非法人组织分立的证明中没有载明国有建设用地使用权及地上房屋所有权归属的，还应当提交国有建设用地使用权及地上房屋所有权归属的证明。

⑤ 因共有人增加或者减少以及共有份额变化导致国有建设用地使用权及地上房屋所有权转移的，是指导致共有人增加或减少、共有份额变化的合同、协议、继承材料等。

⑥ 因人民法院、仲裁机构生效的法律文书导致国有建设用地使用权及地上房屋所有权转移的，是指导致国有建设用地使用权及地上房屋所有权转移的生效的人民法院的判决书、裁定书、民事调解书和仲裁机构的仲裁裁决书、仲裁调解书等。

（3）县级以上人民政府同意转让或作价出资（入股）的批文。

《房地产管理法》第四十条第一款规定，以划拨方式取得土地使用权的，转让房地产时，应当按照国务院规定，报有批准权的人民政府审批。有批准权的人民政府准予转让的，应当由受让方办理土地使用权出让手续，并依照国家有关规定缴纳土地使用权出让金。据此可知，权利人以划拨取得的国有建设用地使用权及地上房屋所有权买卖、作价出资（入股），须经县级以上人民政府批准。因此，县级以上人民政府同意转让或作价出资（入股）的批文，是申请人申请因划拨取得的国有建设用地使用权及地上房屋所有权转让或作价出资（入股）产生的转移登记时应当提交的材料。

（4）土地出让合同和土地出让金缴纳凭证。

土地出让合同和土地出让金缴纳凭证是指县级以上人民政府同意权利人以划拨取得的国有建设用地使用权及地上房屋所有权转让或作价出资（入股）的批文中，明确国有建设用地使用权须由划拨转出让的情形下，国有建设用地使用权及地上房屋所有权的取得方与县级以上人

第十二章　国有建设用地使用权及地上房屋所有权登记

民政府自然资源管理机关签订的土地出让合同及按土地出让合同约定缴纳土地出让金的凭证。

（5）土地增值税、契税和个人所得税缴纳凭证。

土地增值税、契税和个人所得税缴纳凭证是指：一是买卖、作价出资（入股）等有偿交易中当事人缴纳土地增值税、契税和个人所得税的凭证；二是赠与、遗赠等无偿转移和国有建设用地使用权由划拨转出让时当事人缴纳契税的凭证。

（二）嘱托人和嘱托登记材料

1. 嘱托人

嘱托人是指向登记机构送达或发送嘱托登记文书，要求登记机构办理国有建设用地使用权及地上房屋所有权转移登记的人民法院、监察机关等有权的国家机关及其嘱托登记承办人员。

2. 嘱托登记材料

嘱托登记材料是指：一是嘱托登记文书和附随其送达的法律文书、公证书、行政决定等相关文书；二是嘱托登记承办人员的工作身份证明等。

（1）嘱托登记文书和附随其送达的法律文书、公证书、行政决定等文书。

① 人民法院的嘱托登记文书和附随其送达的相关文书，是指人民法院送达的要求登记机构办理转移登记的协助执行通知书及相关判决书、裁定书、民事调解书、仲裁裁决书、仲裁调解书、公证书等。

② 监察机关的嘱托登记文书和附随其送达的相关文书，是指监察机关送达的要求登记机构办理转移登记的协助执行通知书及监察文书。

③ 其他国家机关的嘱托登记文书和附随其送达的相关文书，是指县级以上人民政府及其行政机关嘱托登记机构办理转移登记时，送达或发送的启动转移登记的文件可能不是协助执行通知书，而是该机关出具的通知、函和决定等公文和附随该公文送达的导致国有建设用地使用权及

地上房屋所有权转移的相关文书。

（2）嘱托登记承办人员的工作身份证明。

① 人民法院嘱托登记承办人员的工作身份证明，是指人民法院的执行员的工作证、执行公务证。

② 监察机关嘱托登记承办人员的工作身份证明，是指监察机关嘱托登记承办人员的工作证。

③ 其他国家机关嘱托登记承办人员的工作身份证明，是指：一是嘱托登记承办人员持有的行政执法证、工作证等；二是嘱托机关出具的指派或委托证明、工作介绍信或工作接洽函、受指派或受托人员自身的身份证明等。

三、登记簿上应当记载的转移登记的内容

登记簿上应当记载的国有建设用地使用权及地上房屋所有权转移登记的内容主要有：权利人（权利的取得方）；权利人（权利的取得方）的身份证明类型和号码；登记类型——转移登记；登记原因——买卖、作价入股、继承等；不动产单元号码；转移的内容；共有情况；载明转移登记内容的不动产权属证书号码等。

第五节 注销登记

国有建设用地使用权及地上房屋所有权注销登记，是指登记簿上记载的国有建设用地使用权及地上房屋所有权，在使其消灭的法定情形产生或法定事由成就时，对其予以涂销使其失去法律效力的不动产登记。

一、申请人申请国有建设用地使用权及地上房屋所有权注销登记的情形

在不动产登记实务中，按《不动产登记暂行条例实施细则》第二十八条规定，申请人申请国有建设用地使用权及地上房屋所有权注销登记

第十二章　国有建设用地使用权及地上房屋所有权登记

的情形主要有：一是国有建设用地及地上房屋实体灭失，此为因事实或以事实行为消灭不动产物权；二是权利人放弃国有建设用地使用权及地上房屋所有权，此为以处分行为消灭不动产物权；三是国有建设用地使用权及地上房屋所有权被人民政府或其行政机关依法没收、征收或者收回，此为以人民政府或其行政机关的行政决定消灭不动产物权；四是人民法院、仲裁机构生效的法律文书导致国有建设用地使用权及地上房屋所有权消灭，此为以生效的法律文书消灭不动产物权。

1. 国有建设用及地上房屋实体（物理）灭失

国有建设用及地上房屋实体（物理）灭失主要指因自然原因（如洪灾、塌方）或人为原因（如火灾、拆除房屋）致使国有建设用及地上房屋实体消灭且不再恢复，从而导致国有建设用地使用权、地上房屋所有权消灭的情形。

2. 权利人放弃国有建设用地使用权及地上房屋所有权

权利人放弃国有建设用地使用权及地上房屋所有权主要指权利人依自己的意思以书面方式抛弃其依法享有的国有建设用地使用权及地上房屋所有权的情形。

3. 国有建设用地及地上房屋被征收

国有建设用地及地上房屋被征收主要指县级以上人民政府以生效的征收决定的方式对权利人依法享有的国有建设用地使用权及地上房屋所有权实施征收的情形。

4. 国有建设用地使用权被收回

国有建设用地使用权被收回主要指国有建设用地使用权期限届满，原权利人未向出让方申请续期使用，或者虽然申请了续期使用但未获批准、准许导致的国有建设用地使用权被收回而终止的情形。

5. 国有建设用地使用权及地上房屋所有权被没收

国有建设用地使用权及地上房屋所有权被没收主要指国有建设用

地使用权及地上房屋所有权基于人民法院生效的判决书、监察机关的监察文书、行政机关的行政处罚决定书等被强制剥夺的情形。

6. 人民法院、仲裁机构生效的法律文书导致国有建设用地使用权及地上房屋所有权消灭

人民法院、仲裁机构生效的法律文书导致国有建设用地使用权及地上房屋所有权消灭主要指人民法院生效的判决书、裁定书和仲裁机构生效的裁决书确认登记簿上记载的国有建设用地使用权及地上房屋所有权无效的情形。

二、申请人、申请方式和登记申请材料，嘱托人和嘱托登记材料

（一）申请人、申请方式和登记申请材料

1. 申请人、申请方式

按《不动产登记暂行条例》第二款规定，因国有建设用地及地上房屋灭失、权利人放弃权利、国有建设用地及地上房屋被征（没）收、国有建设用地使用权被收回产生的注销登记由权利人单方申请。因人民法院、仲裁机构生效的法律文书产生的注销登记由相关当事人单方申请。

2. 登记申请材料

申请人申请国有建设用地使用权及地上房屋所有权注销登记时应当提交的登记申请材料主要有：一是登记申请书；二是申请人的身份证明；三是不动产权属证书或国有建设用地使用权及地上房屋所有权已经登记的证明；四是注销登记原因证明等。

（1）国有建设用地使用权及地上房屋所有权已经登记的证明。

国有建设用地使用权及地上房屋所有权的消灭，不是权利人须以不动产权属证书向他人表征权利合法存在的交易行为，因此，申请人申请注销登记时，因不动产权属证书遗失或毁损而无法提交时，可以提交登记簿打印件、复印（制）件或登记机构存档的登记申请材料等国有建设用地使用权及地上房屋所有权已经登记的证明代替应当提交的不动产权属证书。

（2）注销登记原因证明。

根据前述申请人申请国有建设用地使用权及地上房屋所有权注销登记的情形，申请人应当提交的注销登记原因证明主要有：一是国有建设用地及地上房屋实体已经灭失的证明，该证明应当根据灭失的原因，提交相应的主体出具的证明。如权利人自行拆除房屋的，可以是权利人出具的房屋实体已经灭失的说明或声明，也可以是房屋实体灭失的相片及相关文字说明等。房屋因火灾灭失的，可以是县级以上人民政府应急管理机关或其消防机构、地方政府或房屋所在地社区居民委员会、村民委员会出具的房屋因火灾灭失的证明等。房屋因拆迁灭失的，可以是拆迁补偿安置协议。土地因山地自然灾害灭失的，可以是县级以上人民政府应急管理机关出具的房屋因自然灾害灭失的证明等。二是权利人作出的明确放弃国有建设用地使用权及地上房屋所有权的声明、承诺等。三是县级以上人民政府生效的征收决定，或人民法院生效的没收国有建设用地使用权及地上房屋所有权的判决书，监察机关没收国有建设用地使用权及地上房屋所有权的监察文书，行政机关生效的没收国有建设用地使用权及地上房屋所有权的行政处罚决定书。四是县级以上人民政府自然资源行政主管部门作出的收回国有建设用地使用权的意见及同级人民政府同意实施该意见的批准文件。五是生效的确认登记簿上记载的国有建设用地使用权及地上房屋所有权无效的人民法院的判决书、裁定书和仲裁机构的裁决书。

（二）嘱托人和嘱托登记材料

1. 嘱托人

嘱托人是指向登记机构送达或发送嘱托登记文书，要求登记机构办

理国有建设用地使用权及地上房屋所有权注销登记的人民法院、监察机关等有权的国家机关及其嘱托登记承办人员。

2. 嘱托登记材料

嘱托登记材料是指：一是嘱托登记文书和附随其送达的相关文书；二是嘱托登记承办人员的工作身份证明等。

（1）嘱托登记文书和附随其送达的相关文书。

① 人民法院的嘱托登记文书和附随其送达的相关文书，是指人民法院送达的要求登记机构办理注销登记的协助执行通知书及相关判决书、裁定书、仲裁裁决书。

② 监察机关的嘱托登记文书和附随其送达的相关文书，是指监察机关送达的要求登记机构办理注销登记的协助执行通知书及监察文书。

③ 其他国家机关的嘱托登记文书和附随其送达的相关文书，是指县级以上人民政府及其行政机关嘱托登记机构办理注销登记时，送达或发送的启动注销登记的文件可能不是协助执行通知书，而是该机关出具的通知、函和决定等公文和附随该公文送达的导致国有建设用地使用权及地上房屋所有权消灭的相关文书。

（2）嘱托登记承办人员的工作身份证明。

① 人民法院嘱托登记承办人员的工作身份证明，是指人民法院的执行员的工作证、执行公务证。

② 监察机关嘱托登记承办人员的工作身份证明，是指监察机关嘱托登记承办人员的工作证。

③ 其他国家机关嘱托登记承办人员的工作身份证明，是指：一是嘱托登记承办人员持有的行政执法证、工作证等；二是嘱托机关出具的指派或委托证明、工作介绍信或工作接洽函、受指派或受托人员自身的身份证明等。

第十二章　国有建设用地使用权及地上房屋所有权登记

三、登记簿上应当记载的注销登记的内容

登记簿上应当记载的国有建设用地使用权及地上房屋所有权注销登记的内容主要有：权利人的姓名或名称；权利人的身份证明类型和号码；登记类型——注销登记；登记原因——放弃权利、被征收、司法裁决（或仲裁裁决）等；不动产单元号码等。

第十三章　宅基地使用权及地上房屋所有权登记

第一节　首次登记

宅基地使用权及地上房屋所有权首次登记，是指登记机构依法将当事人取得或享有的宅基地使用权及地上房屋所有权第一次记载在登记簿上产生的不动产登记。

一、申请人申请宅基地使用权及地上房屋所有权首次登记的情形

在不动产登记实务中，根据《不动产登记暂行条例实施细则》第四十条规定和笔者的研习体会，申请人申请宅基地使用权及地上房屋所有权首次登记的情形主要有：一是依法取得、享有的宅基地使用权及地上合法建造的房屋竣工后一并申请首次登记；二是继承人、受遗赠人持继承手续或遗赠手续和被继承人、遗赠人依法取得、享有的宅基地使用权及地上合法建造并竣工房屋的证明材料一并申请首次登记。受遗赠人应当是宅基地所在地农民集体成员，且受遗赠时未享有宅基地使用权。

权利人依法取得宅基地使用权后可以单独申请宅基地使用权首次登记的情形主要有：一是宅基地上没有房屋；二是宅基地上的房屋处于正在建造状态；三是地上虽然有已经竣工的房屋，但该房屋是非法建造物（如村庄规划区范围内，当事人未取得乡村建设规划许可或未按规划许可条件建造并竣工的房屋等）。

二、申请人、申请方式和登记申请材料

1. 申请人、申请方式

按《不动产登记暂行条例》第十四条第二款第（一）项规定，宅基

第十三章 宅基地使用权及地上房屋所有权登记

地使用权及地上房屋所有权首次登记由权利人单方申请。宅基地使用权及地上房屋所有权首次登记的权利人（共有人）为取得宅基地使用权时户口本上的家庭成员。

2. 登记申请材料

申请人申请宅基地使用权及地上房屋所有权首次登记时，应当提交的登记申请材料主要有：一是登记申请书；二是申请人的身份证明和户口本；三是不动产权属证书或者有效的宅基地使用权权属来源材料；四是房屋建设工程符合规划的证明；五是房屋已经竣工的证明；六是继承材料、受遗赠材料；七是不动产权籍调查成果报告。

（1）户口本。

户口本是指载明申请人取得宅基地时的家庭成员的户口本，便于登记机构查验宅基地使用权及地上房屋所有权首次登记申请人是否适格。

（2）不动产权属证书或者有效的宅基地使用权权属来源材料。

不动产权属证书或者有效的宅基地使用权权属来源材料是指：一是不动产权属证书，即申请人单独申请地上房屋所有权首次登记时，提交的载明宅基地使用权的不动产权属证书；二是有效的宅基地使用权权属来源材料，即申请人单独申请宅基地使用权首次登记或一并申请宅基地使用权及地上房屋所有权首次登记时，提交的其取得宅基地使用权的证明。该证明主要有：① 乡（镇）人民政府、县级人民政府批准用地的文件；② 县级以上人民政府确认申请人享有宅基地使用权的证明或决定；③ 宅基地使用证明；④ 宅基证；⑤ 载明县（市、区）、乡批准建房意见的村民建房报批表（代准建证）；⑥ 城乡居民建设用地许可证；⑦ 集体建设用地使用权证；⑧ 集体土地使用权证等。

（3）房屋建设工程符合规划的证明。

房屋建设工程符合规划的证明主要指：一是房屋在城市、镇规划区范围内的，房屋建设工程符合规划的证明为县级以上人民政府规划机关、省级人民政府赋予规划许可权的镇人民政府核发的建设工程规划许可证、建设工程规划核实证明或其他规划手续；二是房屋在乡、村庄规划区范围内的，房屋建设工程符合规划的证明为县级以上人民政府规划行政机关核发的乡村建设规划许可证或其他规划手续；三是房屋不在城市、镇、乡、村庄规划区范围内的，提交县级以上人民政府规划主管机关、省级人民政府赋予规划许可权的镇人民政府出具的房屋在城市、镇、乡、村庄规划区范围外的证明，以代替房屋建设工程符合规划的证明。

（4）房屋已经竣工的证明。

房屋已经竣工的证明主要指：一是建设工程质量管理部门出具的竣工验收备案表；二是建设单位组织相关部门对竣工房屋进行综合验收形成的建设工程质量竣工验收合格证；三是承建单位或个人（有资质的建筑工匠等）出具的房屋已经竣工的证明；四是权利人出具的房屋已经竣工的情况说明，或证明房屋等建筑物、构筑物已经竣工的照片及相关文字说明等。

（5）继承材料、受遗赠材料。

① 继承材料，主要指继承权公证书、继承遗嘱、遗产分割协议、被继承人的死亡证明等继承人基于继承取得被继承人遗留的宅基地使用权及地上房屋所有权的材料。

② 受遗赠材料，主要指遗赠公证书、遗赠遗嘱、遗赠扶养协议、遗赠合同、遗赠人的死亡证明等受遗赠人基于受遗赠取得遗赠人遗留的宅基地使用权及地上房屋所有权的材料。

三、登记簿上应当记载的首次登记的内容

登记簿上应当记载的宅基地使用权及地上房屋所有权首次登记的内容主要有：权利人（继承人、受遗赠人）姓名；权利人的身份证明类型及号码；不动产类型——土地/房屋；宗地/房屋坐落；宗地面积、独用土地面积、分摊土地面积；宗地的不动产单元号码或宗地及地上房屋的不动产单元号码；宗地用途——住宅；权利人类型——个人；登记类型——首次登记；登记原因——批准拨用/合法建造（继承、受遗赠）；

第十三章　宅基地使用权及地上房屋所有权登记

权利类型——宅基地使用权/房屋所有权；宗地权利性质——批准拨用；宗地的权利设定方式——地表（或地下、地上）；宗地四至描述；房屋性质——自建房；房屋所在幢的总层数和房屋所在的层数；房屋结构——钢结构（或钢和钢筋混凝土结构、钢筋混凝土结构、混合结构、砖木结构、其他结构等）；房屋规划用途；房屋的总建筑面积；房屋的专有建筑面积；房屋的分摊建筑面积；共有情况；房屋竣工时间；载明宅基地使用权及地上房屋所有权的不动产权属证书号码等。

第二节　变更登记

宅基地使用权及地上房屋所有权变更登记，是指登记簿上记载的宅基地使用权及地上房屋所有权权利主体不变，但权利内容、权利客体等变更产生的不动产登记。

一、申请人申请宅基地使用权及地上房屋所有权变更登记的情形

在不动产登记实务中，按《不动产登记暂行条例实施细则》第二十六条规定，申请人申请宅基地使用权及地上房屋所有权变更登记的情形主要有：一是权利人姓名变更；二是权利人的身份证明类型或者身份证明号码变更；三是宅基地及地上房屋的坐落地名变更；四是宅基地及地上房屋的界址变更、面积变更；五是同一权利人分割或者合并宅基地、地上房屋；六是共有性质变更等。

1. 权利人姓名变更

权利人姓名变更主要指宅基地使用权及地上房屋所有权人通过法定途径变更其姓名后与登记簿上的记载不一致的情形。

2. 权利人的身份证明类型或者身份证明号码变更

权利人的身份证明类型或者身份证明号码变更主要指权利人通过

合法途径变更其身份证明类型或身份证明号码后与登记簿上的记载不一致的情形。

3. 宅基地及地上房屋的坐落地名发生变更

宅基地及地上房屋的坐落地名发生变更主要指因县级以上人民政府及其地名管理、住房与城乡建设、交通运输、水利、气象等行政机关依法变更宅基地及地上房屋的坐落地名后与登记簿上的记载不一致的情形。

4. 宅基地及地上房屋的界址、面积变更

宅基地及地上房屋的界址、面积变更主要指：一是基于县级以上人民政府自然资源管理机关的批文变更宗地界址后与登记簿上的记载不一致的情形；二是基于乡镇以上人民政府等宅基地批准机关的文件变更宅基地面积后与登记簿上的记载不一致的情形；三是城市、镇、乡、村庄规划区范围内，基于县级以上人民政府规划管理机关、省级人民政府赋予规划许可权的镇人民政府的许可，对房屋进行改建、扩建导致界址、面积变更后，与登记簿上的记载不一致的情形。对城市、镇、乡、村庄规划区范围外的房屋进行改建、扩建的，无须取得规划许可。

5. 同一权利人分割或者合并宅基地、地上房屋

同一权利人分割或者合并宅基地、地上房屋主要指：一是权利人基于县级以上人民政府自然资源管理机关的批文分割或合并宗地后与登记簿上的记载不一致的情形；二是城市、镇、乡、村庄规划区范围内，基于县级以上人民政府规划管理机关、省级人民政府赋予规划许可权的镇人民政府的许可，对一个房屋不动产单元或毗邻的房屋不动产单元进行实体（物理）分割、合并后，与登记簿上的记载不一致的情形。对城市、镇、乡、村庄规划区范围外的房屋进行实体（物理）分割或合并无须取得规划许可。

6. 共有性质发生变更

共有性质发生变更主要指共有人将宅基地使用权及地上房屋所有权由按份共有变更成共同共有，或由共同共有变更成按份共有后，与登

第十三章　宅基地使用权及地上房屋所有权登记

记簿上的记载不一致的情形。

二、申请人、申请方式和登记申请材料

1. 申请人、申请方式

一般情形下，宅基地使用权及地上房屋所有权变更登记由权利人（共有人）单方申请。共有的宅基地使用权及地上房屋所有权因权利人姓名、身份证明类型或号码变更产生的变更登记，由相应的共有人申请；因坐落地名、界址、面积变更产生的变更登记，可以由任何一个权利人（共有人）申请；因共有性质变更产生的变更登记，由全体权利人（共有人）申请。

2. 登记申请材料

申请人申请宅基地使用权及地上房屋所有权变更登记时应当提交的登记申请材料主要有：一是登记申请书；二是申请人的身份证明；三是不动产权属证书或宅基地使用权及地上房屋所有权已经登记的证明；四是变更登记原因证明；五是不动产权籍调查成果报告。

根据前述申请人申请宅基地使用权及地上房屋所有权变更登记的情形，申请人应当提交的变更登记原因证明主要有：

（1）权利人姓名变更的证明。

权利人姓名变更的证明主要指：一是公安机关等身份证明（居民身份证、户口本、士兵证、护照等）颁发机关（机构）为权利人出具的姓名变更证明；二是经过公证的姓名变更事项公证书。其中，我国司法部委托的香港、澳门律师出具的公证书上须有中国法律服务（香港）有限公司、中国法律服务（澳门）有限公司的转递文书或转递章；台湾公证机构出具的公证书上须有该公证书使用地的省级公证协会的转递文书或转递章；外国公证机构制作的公证书上须有我国驻外使（领）馆的认证文书或认证章，并附该公证书的中文译本。

宅基地使用权及地上房屋所有权人姓名变更的证明须载明权利人

原来的姓名和现在的姓名,即姓名变更的证明上应当载明权利人的现用名和曾用名。

(2)身份证明类型或身份证明号码变更的证明。

身份证明类型或身份证明号码变更的证明主要指公安机关等权利人的身份证明的颁发机关(机构)为权利人出具的变更后的身份证明类型或身份证明号码与登记簿上记载的身份证明类型或身份证明号码指向的对象是同一个主体的证明。也可以是经过公证的身份证明类型或身份证明号码变更事项公证书。其中,我国司法部委托的香港、澳门律师出具的公证书上须有中国法律服务(香港)有限公司、中国法律服务(澳门)有限公司的转递文书或转递章;台湾公证机构出具的公证书上须有该公证书使用地的省级公证协会的转递文书或转递章;外国公证机构制作的公证书上须有我国驻外使(领)馆的认证文书或认证章,并附该公证书的中文译本。

宅基地使用权及地上房屋所有权权利人身份证明类型或身份证明号码变更的证明须载明权利人原来的身份证明类型或身份证明号码和现在的身份证明类型或身份证明号码。

(3)宅基地及地上房屋的坐落地名变更的证明。

宅基地及地上房屋的坐落地名变更的证明主要指县级以上人民政府及其地名管理、住房与城乡建设、交通运输、水利等行政机关依法出具的宅基地及地上房屋的坐落地名已经发生变更的证明。该证明应当载明原来的地名和现时的地名。

(4)宅基地、地上房屋的界址、面积变更的证明。

宅基地、地上房屋的界址、面积变更的证明主要指:一是县级以上人民政府自然资源管理机关出具的宗地界址变更证明、宅基地使用权批准机关出具的变更宗地面积的批文等。二是对城市、镇、乡、村庄规划区范围内的房屋改建、扩建导致界址、面积变更的,提交县级以上人民政府规划管理机关或省级人民政府赋予规划许可权的镇人民政府出具的建设工程规划许可证、乡村建设规划许可证、建设工程规划核实验收证明等。城市、镇、乡、村庄规划区范围外的房屋因进行改建、扩建导致界址、面积变更的，提交县级以上人民政府规划管理机关或省级人民政府赋予规划许可权的镇人民政府出具的房屋不在规划区范围内的证明。

（5）同一权利人分割或者合并宅基地、地上房屋的证明。

同一权利人分割或者合并宅基地、地上房屋的证明主要指：一是县级以上人民政府自然资源管理机关出具的同意宅基地宗地分割或合并的批文。二是权利人对既有的房屋不动产单元予以合并或分立的，提交合并或分立后的不动产权籍调查成果报告。对城市、镇、乡、村庄规划区内的房屋进行实体（物理）分割或合并产生新的不动产单元的，提交县级以上人民政府规划管理机关或省级人民政府赋予规划许可权的镇人民政府出具的许可对房屋进行实体（物理）分割或合并的建设工程规划许可证、乡村建设规划许可证、建设工程规划核实验收证明等。对城市、镇、乡、村庄规划区范围外的房屋进行实体（物理）分割或合并产生新的不动产单元的，提交县级以上人民政府规划机关或省级人民政府赋予规划许可权的镇人民政府出具的房屋不在规划区范围内的证明等。

（6）共有性质变更的证明。

共有性质变更的证明主要指宅基地使用权及地上房屋所有权的共有人签订的变更共同共有为按份共有，或变更按份共有为共同共有的合同、协议等。

（7）不动产权籍调查成果报告。

不动产权籍调查成果报告主要指宅基地宗地及地上房屋的界址、面积变更和宗地、房屋产生分割、合并的情形下，由有资质的专业机构按《不动产权籍调查技术方案（试行）》的规定出具的记载有宅基地宗地及地上房屋变更后的坐落、界址、空间界限、面积、空间坐标、位置说明或者四至描述、附图等内容的材料，以从空间上、平面上特定界址、面积变更或产生实体（物理）分割、合并的宗地及地上房屋。

三、登记簿上应当记载的变更登记的内容

登记簿上应当记载的宅基地使用权及地上房屋所有权变更登记的

内容主要有：权利人；权利人的身份证明类型和号码；登记类型——变更登记；登记原因——权利人姓名、界址、共有性质变更等；不动产单元号码；变更的内容；载明变更登记内容的不动产权属证书号码等。

第三节 转移登记

宅基地使用权及地上房屋所有权转移登记，是指登记簿上记载的宅基地使用权及地上房屋所有权的权利主体变动，但权利内容、权利客体等不变产生的不动产登记。

一、申请人申请宅基地使用权及地上房屋所有权转移登记的情形

在不动产登记实务中，按《不动产登记暂行条例实施细则》第二十七条、第四十二条规定，申请人申请宅基地使用权及地上房屋所有权转移登记的情形主要有：一是农民集体内部产生的买卖、赠与、互换；二是分家析产；三是继承、受遗赠；四是因人民法院、仲裁机构生效的法律文书导致的宅基地使用权及地上房屋所有权转移等。

1. 农民集体内部产生的买卖、赠与、互换

农民集体内部产生的买卖、赠与、互换是指：一是宅基地是"村民小组农民集体"所有的，买卖、赠与、互换中的权利取得人为该村民小组农民集体的成员；二是宅基地是"村农民集体"所有的，买卖、赠与、互换中的权利取得人为该村农民集体的成员；三是宅基地是"乡（镇）农民集体"所有的，买卖、赠与、互换中的权利取得人为该乡（镇）农民集体的成员。

2. 分家析产

分家析产是指农村家庭中的一部分成员，从原有的家庭中分立出来，组成另一个新家庭，并对原家庭成员共同享有的宅基地使用权及地上房屋所有权予以分割确定其归属的情形。从本质上看，分家析产属于

全体家庭成员对其共同享有的宅基地使用权及地上房屋所有权进行处置，一般情形下，分家析产产生在登记簿上记载的共有人之间。取得宅基地使用权时的户口本上载明的家庭成员，虽然没有记载在登记簿上，也可以与登记簿上记载的人一起进行分家析产。

二、申请人、申请方式和登记申请材料，嘱托人和嘱托登记材料

（一）申请人、申请方式和登记申请材料

1. 申请人、申请方式

基于买卖、赠与、互换等当事人合意的民事法律行为产生的转移登记，由当事人共同申请。基于继承、受遗赠、生效的确认权属的法律文书等非当事人合意的民事法律行为产生的转移登记，由权利取得人单方申请。

2. 登记申请材料

申请人申请宅基地使用权及地上房屋所有权转移登记时，应当提交的登记申请材料主要有：一是登记申请书；二是申请人的身份证明；三是不动产权属证书或宅基地使用权及地上房屋所有权已经登记的证明；四是转移登记原因证明；五是契税缴纳或免征凭证；六是取得方为宅基地及地上房屋所在地农民集体成员的证明。

（1）转移登记原因证明。

根据前述申请人申请宅基地使用权及地上房屋所有权转移登记的情形，申请人应当提交的转移登记原因证明主要有：一是买卖合同、赠与书或赠与合同、互换协议、分家析产合同等。二是继承权公证书、放弃继承权声明、继承人与被继承人的亲属关系证明、遗产分割协议、继承遗嘱、被继承人的死亡证明等继承人基于继承取得被继承人遗留的宅基地使用权及地上房屋所有权的证明。遗赠公证书、遗赠扶养协议或遗赠协议、遗赠遗嘱、遗赠人的死亡证明等受遗赠人基于受遗赠取得遗赠人遗留的宅基地使用权及地上房屋所有权的证明。三是人民法院、仲裁

机构生效的导致宅基地使用权及地上房屋所有权转移的判决书、裁定书、民事调解书、裁决书、仲裁调解书等。

（2）契税缴纳或免征凭证。

契税缴纳或免征凭证是指申请人申请基于买卖、赠与、互换等交易原因产生的转移登记时，应当提交的契税缴纳凭证或契税免征凭证（适用于等价互换等）。

（3）取得方为宅基地及地上房屋所在地农民集体成员的证明。

取得方为宅基地及地上房屋所在地农民集体成员的证明是指申请人中的权利取得人在因买卖、赠与、互换、受遗赠（遗赠本质上是赠与）等交易原因取得宅基地使用权及地上房屋所有权时是该宅基地所在地的农民集体成员的证明，如户口本等。

（二）嘱托人和嘱托登记材料

1. 嘱托人

嘱托人是指向登记机构送达或发送嘱托登记文书，要求登记机构办理宅基地使用权及地上房屋所有权转移登记的人民法院及其嘱托登记承办人员。

2. 嘱托登记材料

嘱托登记材料是指：一是人民法院送达的要求登记机构办理转移登记的协助执行通知书及相关判决书、裁定书、民事调解书、仲裁裁决书、仲裁调解书等；二是人民法院执行员的工作证、执行公务证。

三、登记簿上应当记载的转移登记的内容

登记簿上应当记载的宅基地使用权及地上房屋所有权转移登记的内容主要有：权利人（权利的取得方）；权利人（权利的取得方）的身份证明类型和号码；登记类型——转移登记；登记原因——买卖、赠与、互换等；不动产单元号码；转移的内容；共有情况；载明转移登记内容的不动产权属证书号码等。

第十三章 宅基地使用权及地上房屋所有权登记

第四节 注销登记

宅基地使用权及地上房屋所有权注销登记，是指登记簿上记载的宅基地使用权及地上房屋所有权，在使其消灭的法定情形产生或法定事由成就时，对其予以涂销使其失去法律效力的不动产登记。

一、申请人申请宅基地使用权及地上房屋所有权注销登记的情形

在不动产登记实务中，按《不动产登记暂行条例实施细则》第二十八条规定，申请人申请宅基地使用权及地上房屋所有权注销登记的情形主要有：一是宅基地及地上房屋实体（物理）灭失；二是权利人放弃宅基地使用权及地上房屋所有权；三是宅基地使用权及地上房屋所有权被依法没收、征收，或宅基地被依法收回；四是因人民法院、仲裁机构生效的法律文书导致登记簿上记载的宅基地使用权及地上房屋所有权消灭等。

二、申请人、申请方式和登记申请材料，嘱托人和嘱托登记材料

（一）申请人、申请方式和登记申请材料

1. 申请人、申请方式

按《不动产登记暂行条例》第十四条第二款第（五）项规定和《不动产登记操作规范（试行）》10.4.2条规定，一般情形下，宅基地使用权及地上房屋所有权注销登记由权利人单方申请。基于人民法院、仲裁机构的生效法律文书导致宅基地使用权及地上房屋所有权消灭产生的注销登记，可以由相关当事人单方申请。

2. 登记申请材料

申请人申请宅基地使用权及地上房屋所有权注销登记时，应当提交的登记申请材料主要有：一是登记申请书；二是申请人的身份证明；三

是不动产权属证书或宅基地使用权及地上房屋所有权已经登记的证明；四是注销登记原因证明等。

根据前述申请人申请宅基地使用权及地上房屋所有权注销登记的情形，申请人应当提交的注销登记原因证明主要有：

（1）宅基地及地上房屋实体（物理）灭失的证明。

宅基地及地上房屋实体（物理）灭失的证明，应当根据灭失的原因，提交相应的主体出具的证明，主要有：一是权利人自行拆除房屋的，可以是权利人出具的房屋实体已经灭失的说明或声明，也可以是房屋实体灭失的相片及相关文字说明等；二是房屋因火灾灭失的，可以是县级以上人民政府应急管理机关或其消防机构、地方政府或房屋所在地社区居民委员会、村民委员会出具的房屋因火灾灭失的证明等；三是房屋因拆迁灭失的，可以是拆迁补偿安置协议；四是宅基地及地上房屋因山地自然灾害灭失的，可以是县级以上人民政府应急管理机关出具的宅基地及地上房屋因自然灾害灭失的证明等。

（2）权利人放弃宅基地使用权及地上房屋所有权的证明。

权利人放弃宅基地使用权及地上房屋所有权的证明是指权利人作出的放弃宅基地使用权及地上房屋所有权的声明、承诺等。

（3）宅基地使用权及地上房屋所有权被人民法院、监察机关、人民政府或其行政机关依法没收、征收或者收回的证明。

宅基地使用权及地上房屋所有权被人民法院、监察机关、人民政府或其行政机关依法没收、征收或者收回的证明是指：一是人民法院生效的没收宅基地使用权及地上房屋所有权的判决书；二是监察机关没收被监察对象违纪取得的宅基地使用权及地上房屋所有权的监察文书；三是县级以上人民政府生效的征收宅基地使用权及地上房屋所有权的决定；四是乡、镇以上人民政府关于收回宅基地使用权的文件等。

（4）人民法院、仲裁机构生效的法律文书导致宅基地使用权及地上房屋所有权消灭的证明。

人民法院、仲裁机构生效的法律文书导致宅基地使用权及地上房屋所有权消灭的证明是指确认登记簿上记载的宅基地使用权及地上房屋所有权无效的人民法院生效的判决书、裁定书和仲裁机构生效的裁决书。

（二）嘱托人和嘱托登记材料

1. 嘱托人

嘱托人是指向登记机构送达或发送嘱托登记文书，要求登记机构办理宅基地使用权及地上房屋所有权注销登记的人民法院、监察机关等有权的国家机关及其嘱托登记承办人员。

2. 嘱托登记材料

嘱托登记材料是指：一是嘱托登记文书和附随其送达的法律文书、监察文书、行政决定等相关文书；二是嘱托登记承办人员的工作身份证明等。

（1）嘱托登记文书和附随其送达的法律文书、监察文书、行政决定等相关文书。

① 人民法院的嘱托登记文书和附随其送达的相关文书，是指人民法院送达的要求登记机构办理注销登记的协助执行通知书及相关判决书、裁定书、仲裁裁决书。

② 监察机关的嘱托登记文书和附随其送达的相关文书，是指监察机关送达的要求登记机构办理注销登记的协助执行通知书及监察文书（如没收登记在被监察对象名下的违纪取得的宅基地使用权及地上房屋所有权）。

③ 乡、镇以上人民政府的嘱托登记文书和附随其送达的相关文书，是指乡、镇以上人民政府嘱托登记机构办理注销登记时，送达或发送的启动注销登记的文件可能不是协助执行通知书，而是该机关出具的通知、函和决定等公文和附随该公文送达的收回宅基地使用权决定等行政决定。

（2）嘱托登记承办人员的工作身份证明。

①人民法院嘱托登记承办人员的工作身份证明，是指人民法院的执行员的工作证、执行公务证。

②监察机关嘱托登记承办人员的工作身份证明，是指监察机关嘱托登记承办人员的工作证。

③乡、镇以上人民政府嘱托登记承办人员的工作身份证明，是指：一是嘱托登记承办人员持有的行政执法证、工作证等；二是嘱托机关出具的指派或委托证明、工作介绍信或工作接洽函、受指派或受托人员自身的身份证明等。

三、登记簿上应当记载的注销登记的内容

登记簿上应当记载的宅基地使用权及地上房屋所有权注销登记的内容主要有：权利人；权利人的身份证明类型及号码；登记类型——注销登记；登记原因——放弃权利、司法裁决（或仲裁裁决）等；不动产单元号码等。

第十四章　集体建设用地使用权及地上房屋所有权登记

第一节　首次登记

集体建设用地使用权及地上房屋所有权首次登记，是指登记机构依法将权利人设立或取得、享有的集体建设用地使用权及地上房屋所有权第一次记载在登记簿上产生的不动产登记。

一、申请人申请集体建设用地使用权及地上房屋所有权首次登记的情形

在不动产登记实务中，按《不动产登记暂行条例实施细则》第四十四条规定和《确定土地所有权和使用权的若干规定》第五十条规定，申请人申请集体建设用地使用权及地上房屋所有权首次登记的情形主要有：一是基于人民政府的批准文件或土地出让合同、土地出租合同取得集体建设用地使用权后在地上建造的房屋竣工后一并申请的首次登记；二是基于人民政府确认权属的文件取得集体建设用地使用权后申请的集体建设用地使用权及地上房屋所有权首次登记。

当事人依法设立或取得集体建设用地使用权后可以单独申请集体建设用地使用权首次登记的情形主要有：一是地上没有房屋；二是地上的房屋处于正在建造状态；三是地上虽然有已经竣工的房屋，但该房屋是非法建造物（如城市、镇、乡、村庄规划区范围内未取得规划许可或未按规划许可条件建造并竣工的房屋）。

二、申请人、申请方式和登记申请材料

1. 申请人、申请方式

按《不动产登记暂行条例》第十四条第二款第（一）项规定，集体建设用地使用权及地上房屋所有权首次登记由权利人单方申请。

2. 登记申请材料

申请人申请集体建设用地使用权及地上房屋所有权首次登记时，应当提交的登记申请材料主要有：一是登记申请书；二是申请人的身份证明；三是不动产权属证书或者有效的集体建设用地使用权权属来源材料；四是房屋建设工程符合规划的证明；五是房屋已经竣工的证明；六是不动产权籍调查成果报告。

（1）不动产权属证书或者有效的集体建设用地权属来源材料。

不动产权属证书或者有效的集体建设用地权属来源材料是指：一是不动产权属证书，即申请人单独申请地上房屋所有权首次登记时，提交的载明集体建设用地使用权的不动产权属证书。二是有效的集体建设用地权属来源材料，即申请人单独申请集体建设用地使用权首次登记或一并申请集体建设用地使用权及地上房屋所有权首次登记时，提交的其设立或取得集体建设用地使用权的证明。该证明主要有：①县级人民政府批准使用集体建设用地的文件；②权利人与农民集体签订的集体建设用地使用权出让合同、出租合同；③县级以上人民政府出具的确认集体建设用地使用权权属的证明或决定；④集体建设用地使用证明；⑤集体建设用地使用权证；⑥集体土地使用权证等。

（2）房屋建设工程符合规划的证明。

房屋建设工程符合规划的证明是指申请人申请城市、镇、乡、村庄规划区范围内的房屋所有权首次登记时，应当提交的县级以上人民政府规划行政管理机关或省级人民政府赋予规划许可权的镇人民政府出具的建设工程规划许可证、乡村建设规划许可证、建设工程规划核实证明等房屋建造符合规划的证明材料。申请人申请城市、镇、乡、村庄规划

区范围外的房屋所有权首次登记时,提交县级以上人民政府规划行政管理机关或省级人民政府赋予规划许可权的镇人民政府出具的房屋不在规划区范围内的证明。

(3)房屋已经竣工的证明。

房屋已经竣工的证明主要指:一是建设工程质量管理部门出具的竣工验收备案表;二是建设单位组织相关部门对竣工房屋进行综合验收形成的建设工程质量竣工验收合格证;三是承建单位或个人(有资质的建筑工匠等)出具的房屋已经竣工的证明;四是权利人出具的房屋已经竣工的情况说明,或证明房屋已经竣工的照片及相应的文字说明等。

三、登记簿上应当记载的首次登记的内容

登记簿上应当记载的集体建设用地使用权及地上房屋所有权首次登记的内容主要有:权利人姓名或名称;权利人的身份证明类型及号码;不动产类型——土地/房屋;宗地/房屋坐落;宗地面积、独用土地面积、分摊土地面积;宗地的不动产单元号码或宗地及地上房屋的不动产单元号码;宗地用途——用地批文、土地出让合同等集体建设用地使用权权属来源材料上载明的用途;权利人类型——个人(或企业、其他);登记类型——首次登记;登记原因——批准拨用(或行政确认、出让、出租)/合法建造;权利类型——集体建设用地使用权/房屋所有权;宗地权利性质——批准拨用、出让、行政确认等;宗地的权利设定方式——地表(或地下、地上);宗地四至描述;土地使用期限;房屋性质——自建房;房屋所在幢的总层数和房屋所在的层数;房屋结构——钢结构(或钢和钢筋混凝土结构、钢筋混凝土结构、混合结构、砖木结构、其他结构等);房屋规划用途;房屋的总建筑面积;房屋的专有建筑面积;房屋的分摊建筑面积;共有情况;房屋竣工时间;载明集体建设用地使用权及地上房屋所有权的不动产权属证书号码等。

第二节　变更登记

集体建设用地使用权及地上房屋所有权变更登记,是指登记簿上记载的集体建设用地使用权及地上房屋所有权权利主体不变,但权利内容、权利客体等变更产生的不动产登记。

一、申请人申请集体建设用地使用权及地上房屋所有权变更登记的情形

在不动产登记实务中,按《不动产登记暂行条例实施细则》第二十六条规定,申请人申请集体建设用地使用权及地上房屋所有权变更登记的情形主要有:一是权利人姓名或名称变更;二是权利人的身份证明类型或者身份证明号码变更;三是集体建设用地及地上房屋的坐落地名变更;四是集体建设用地、地上房屋的界址、面积、用途变更;五是同一权利人分割或者合并集体建设用地及地上房屋;六是共有性质发生变更等。

二、申请人、申请方式和登记申请材料

1. 申请人、申请方式

一般情形下,集体建设用地使用权及地上房屋所有权变更登记,由权利人单方申请。共有的集体建设用地使用权及地上房屋所有权因权利人姓名或名称、身份证明类型或号码变更产生的变更登记,由相应的权利人(共有人)申请;因坐落地名、界址、面积变更产生的变更登记,可以由任何一个权利人(共有人)申请;因共有性质变更产生的变更登记,由全体共有人申请。

2. 登记申请材料

申请人申请集体建设用地使用权及地上房屋所有权变更登记时应当提交的登记申请材料主要有:一是登记申请书;二是申请人的身份证明;三是不动产权属证书或集体建设用地使用权及地上房屋所有权已经

登记的证明；四是变更登记原因证明；五是不动产权籍调查成果报告。

根据前述申请人申请集体建设用地使用权及地上房屋所有权变更登记的情形，申请人应当提交的变更登记原因证明主要有：

（1）权利人姓名或名称变更的证明。

权利人姓名或名称变更的证明主要指：一是集体建设用地使用权及地上房屋所有权的权利人为自然人的，提交公安机关或其他身份证明（居民身份证、户口本、义务兵证等）颁发机关（机构）为其出具的姓名变更证明。二是集体建设用地使用权及地上房屋所有权的权利人为法人、非法人组织的，名称变更证明由县级以上人民政府事业单位登记管理机关、市场监督管理机关、社会团体登记机关等身份证明（事业单位法人证书、营业执照、社会团体法人登记证书等）管理机关出具。三是经过公证的姓名或名称变更事项公证书。其中，我国司法部委托的香港、澳门律师出具的公证书，该公证书上须有中国法律服务（香港）有限公司、中国法律服务（澳门）有限公司的转递文书或转递章；台湾公证机构出具的公证书上须有该公证书使用地的省级公证协会的转递文书或转递章；外国公证机构制作的公证书上须有我国驻外使（领）馆的认证文书或认证章，并附该公证书的中文译本。

集体建设用地使用权及地上房屋所有权人姓名或名称变更的证明须载明权利人原来的姓名或名称和现在的姓名或名称。

（2）身份证明类型或身份证明号码变更的证明。

身份证明类型或身份证明号码变更的证明主要指公安机关、市场监督管理机关等权利人的身份证明的颁发机关（机构）为权利人出具的变更后的身份证明类型或身份证明号码与登记簿上记载的身份证明类型或身份证明号码指向的对象是同一个主体的证明。也可以是经过公证的身份证明类型或身份证明号码变更事项公证书。其中，我国司法部委托的香港、澳门律师出具的公证书，该公证书上须有中国法律服务（香港）有限公司、中国法律服务（澳门）有限公司的转递文书或转递章；台湾公证机构出具的公证书上须有该公证书使用地省级公证协会的转递文书或转递章；外国公证机构制作的公证书上须有我国驻外使（领）馆的认证文书或认证章，并附该公证书的中文译本。

集体建设用地使用权及地上房屋所有权人身份证明类型或身份证明号码变更的证明须载明权利人原来的身份证明类型或身份证明号码和现在的身份证明类型或身份证明号码。

（3）集体建设用地及地上房屋的坐落地名变更的证明。

集体建设用地及地上房屋的坐落地名变更的证明主要指县级以上人民政府及其地名管理、住房和城乡建设、交通运输、水利等行政机关依法出具的集体建设用地及地上房屋的坐落地名已经发生变更的证明，该证明应当载明集体建设用地宗地原来的坐落地名和现在的坐落地名。

（4）集体建设用地、地上房屋的界址、面积、用途变更的证明。

集体建设用地、地上房屋的界址、面积、用途变更的证明主要指：一是县级以上人民政府自然资源管理机关出具的宗地界址变更证明。二是集体建设用地批准机关出具的变更宗地面积的批文、出让方与受让方签订的变更宗地面积的土地出让合同变更协议或土地租赁合同变更协议等。三是城市、镇、乡、村庄规划区范围内的房屋因改建、扩建导致界址、面积、用途变更的，提交县级以上人民政府规划管理机关或省级人民政府赋予规划许可权的镇人民政府出具的建设工程规划许可证、乡村建设规划许可证、建设工程规划核实验收证明等。城市、镇、乡、村庄规划区范围外的房屋因改建、扩建导致界址、面积、用途变更的，提交县级以上人民政府规划管理机关或省级人民政府赋予规划许可权的镇人民政府出具的房屋不在规划区范围内的证明。

（5）同一权利人分割或者合并集体建设用地、地上房屋的证明。

同一权利人分割或者合并集体建设用地、地上房屋的证明主要指：一是县级以上人民政府自然资源管理机关出具的同意集体建设用地宗地分割或合并的批文。二是对既有的房屋不动产单元进行分割、合并的，提交分割、合并后的不动产权籍调查成果报告。对城市、镇、乡、村庄规划区范围区内的房屋进行实体（物理）分割或合并产生新的不动产单元的，提交县级以上人民政府规划管理机关或省级人民政府赋予规划许可权的镇人民政府出具的建设工程规划许可证、乡村建设规划许可证、建设工程规划核实验收凭证等证明。对城市、镇、乡、村庄规划区范围外的房屋进行实体（物理）分割或合并产生新的不动产单元的，提交县级以上人民政府规划管理机关或省级人民政府赋予规划许可权的镇人民政府出具的房屋不在规划区范围内的证明。

（6）共有性质变更的证明。

共有性质变更的证明主要指共有人签订的变更共同共有为按份共有，或变更按份共有为共同共有的合同、协议等。

三、登记簿上应当记载的变更登记的内容

登记簿上应当记载的集体建设用地使用权及地上房屋所有权变更登记的内容主要有：权利人；权利人的身份证明类型及号码；登记类型——变更登记；登记原因——权利人姓名、用途、共有性质变更等；不动产单元号码；变更的内容；载明变更登记内容的不动产权属证书号码等。

第三节　转移登记

集体建设用地使用权及地上房屋所有权转移登记，是指登记簿上记载的集体建设用地使用权及地上房屋所有权的权利主体变动，但权利内容、权利客体等不变产生的不动产登记。

一、申请人申请集体建设用地使用权及地上房屋所有权转移登记的情形

在不动产登记实务中，按《不动产登记暂行条例实施细则》第二十八条规定，申请人申请集体建设用地使用权及地上房屋所有权转移登记的情形主要有：一是买卖、作价出资（入股）、互换、赠与；二是继承或受遗赠；三是作为权利人的法人、非法人组织合并或分立；四是作为

权利人的企业破产；五是因人民法院、仲裁机构的生效法律文书等导致权属转移。

二、申请人、申请方式和登记申请材料，嘱托人和嘱托登记材料

(一)申请人、申请方式和登记申请材料

1. 申请人、申请方式

基于买卖、作价出资（入股）、赠与、互换等当事人合意的民事法律行为产生的转移登记，由当事人共同申请，但作为权利人的企业合并产生的转移登记由并入后的企业单方申请。企业破产产生的转移登记由该企业的清算组织或破产管理人代其与权利取得人共同申请。

基于继承、受遗赠、生效的确认权属的法律文书等非当事人合意的民事法律行为产生的转移登记，由权利取得人单方申请。

2. 登记申请材料

申请人申请集体建设用地使用权及地上房屋所有权转移登记时应当提交的登记申请材料主要有：一是登记申请书；二是申请人的身份证明；三是不动产权属证书或集体建设用地使用权及地上房屋所有权已经登记的证明；四是转移登记原因证明；五是县级以上人民政府同意以集体建设用地使用权作价出资（入股）的批文；六是土地及地上房屋所在地农民集体三分之二以上成员或者三分之二以上村民代表同意以集体建设用地使用权及地上房屋所有权作价出资（入股）的材料；七是契税缴纳或免征凭证。

(1)转移登记原因证明。

根据前述申请人申请集体建设用地使用权及地上房屋所有权转移登记的情形，申请人应当提交的转移登记原因证明主要有：一是基于买卖、作价出资（入股）、赠与、互换等产生的转移登记的，提交买卖合同、作价出资（入股）合同或协议、赠与书或赠与合同、互换协议等。

第十四章 集体建设用地使用权及地上房屋所有权登记

二是基于继承、受遗赠产生的转移登记的,提交继承权公证书、放弃继承权声明、继承人与被继承人的亲属关系证明、遗产分割协议、继承遗嘱、被继承人的死亡证明等继承人因继承取得被继承人遗留的集体建设用地使用权及地上房屋所有权的证明。提交遗赠公证书、遗赠扶养协议或遗赠协议、遗赠遗嘱、遗赠人的死亡证明等受遗赠人因受遗赠取得遗赠人遗留的集体建设用地使用权及地上房屋所有权的证明。三是基于权利人合并、分立产生的转移登记的,提交法人、非法人组织间达成的合并或分立协议,或法人、非法人组织共同作出的合并、分立决定,或法人、非法人组织共同的上级组织作出的合并、分立决定等。法人、非法人组织分立的证明中没有载明集体建设用地使用权及地上房屋所有权归属的,还应当提交集体建设用地使用权及地上房屋所有权归属的证明。四是基于人民法院、仲裁机构的生效法律文书等导致权属转移的,提交人民法院、仲裁机构生效的导致集体建设用地使用权及地上房屋所有权转移的判决书、裁定书、民事调解书、裁决书、仲裁调解书等。

(2)土地及地上房屋所在地农民集体三分之二以上成员或者三分之二以上村民代表同意以集体建设用地使用权及地上房屋所有权作价出资(入股)的材料。

土地及地上房屋所在地农民集体三分之二以上成员或者三分之二以上村民代表同意以集体建设用地使用权及地上房屋所有权作价出资(入股)的材料是指载明以集体建设用地使用权及地上房屋所有权作价出资(入股)的村民会议或村民代表会议决定。村民会议决定上须载明会议时间、会议地点、村民人数、出席会议的村民人数和出席会议的村民签名。村民代表会议决定上须载明会议时间、会议地点、村民代表人数、出席会议的村民代表人数和出席会议的村民代表签名。本材料适用于农民集体或农村集体经济组织以集体建设用地使用权及地上房屋所有权作价出资(入股)产生的转移登记。

(3)契税缴纳或免征凭证。

契税缴纳或免征凭证是指申请人申请基于买卖、作价出资(入股)、赠与、互换等交易原因产生的转移登记时，应当提交的契税缴纳凭证或契税免征凭证（适用于等价互换）。

（二）嘱托人和嘱托登记材料

1. 嘱托人

嘱托人是指向登记机构送达或发送嘱托登记文书，要求登记机构办理集体建设用地使用权及地上房屋所有权转移登记的人民法院、监察机关等有权的国家机关及其嘱托登记承办人员。

2. 嘱托登记材料

嘱托登记材料是指：一是嘱托登记文书和附随其送达的法律文书、公证书、行政决定等相关文书；二是嘱托登记承办人员的工作身份证明等。

（1）嘱托登记文书和附随其送达的法律文书、监察文书、公证书、行政决定等文书。

① 人民法院的嘱托登记文书和附随其送达的相关文书，是指人民法院送达的要求登记机构办理转移登记的协助执行通知书及相关判决书、裁定书、民事调解书、仲裁裁决书、仲裁调解书、公证书（如经过公证的赋予强制执行效力的以集体建设用地使用权及地上房屋所有权作抵押担保的借款抵押合同）。

② 监察机关的嘱托登记文书和附随其送达的相关文书，是指监察机关送达的要求登记机构办理转移登记的协助执行通知书及监察文书。

③ 其他国家机关的嘱托登记文书和附随其送达的相关文书，是指县级以上人民政府及其行政机关嘱托登记机构办理转移登记时，送达或发送的启动转移登记的文件可能不是协助执行通知书，而是该机关出具的通知、函和决定等公文和附随该公文送达的导致集体建设用地使用权及地上房屋所有权转移的相关文书（如税务机关作出的以出让取得的集体建设用地使用权及地上房屋所有权抵税的决定等）。

· 304 ·

（2）嘱托登记承办人员的工作身份证明。

①人民法院嘱托登记承办人员的工作身份证明，是指人民法院执行员的工作证、执行公务证。

②监察机关嘱托登记承办人员的工作身份证明，是指监察机关嘱托登记承办人员的工作证。

③其他国家机关嘱托登记承办人员的工作身份证明，是指：一是嘱托登记承办人员持有的行政执法证、工作证等；二是嘱托机关出具的指派或委托证明、工作介绍信或工作接洽函、受指派或受托人员自身的身份证明等。

三、登记簿上应当记载的转移登记的内容

登记簿上应当记载的集体建设用地使用权及地上房屋所有权转移登记的内容主要有：权利人（权利的取得方）；权利人（权利的取得方）的身份证明类型及号码；登记类型——转移登记；登记原因——买卖、作价出资（入股）、企业合并或分立、破产等；不动产单元号码；转移的内容；共有性质；载明转移登记内容的不动产权属证书号码等。

第四节 注销登记

集体建设用地使用权及地上房屋所有权注销登记，是指登记簿上记载的集体建设用地使用权及地上房屋所有权，在使其消灭的法定情形产生或法定事由成就时，对其予以涂销使其失去法律效力的不动产登记。

一、申请人申请集体建设用地使用权及地上房屋所有权注销登记的情形

在不动产登记实务中，按《不动产登记暂行条例实施细则》第二十八条规定，申请人申请集体建设用地使用权及地上房屋所有权注销登记的情形主要有：一是集体建设用地及地上房屋实体（物理）灭失；二是权利人放弃集体建设用地使用权及地上房屋所有权；三是集体建设用地使用权及

地上房屋所有权被依法没收、征收或者收回；四是因人民法院、仲裁机构生效的法律文书导致集体建设用地使用权及地上房屋所有权消灭等。

二、申请人、申请方式和登记申请材料，嘱托人和嘱托登记材料

（一）申请人、申请方式和登记申请材料

1. 申请人、申请方式

按《不动产登记暂行条例》第十四条第二款第（五）项规定和《不动产登记操作规范（试行）》10.4.2条规定，一般情形下，集体建设用地使用权及地上房屋所有权注销登记由权利人单方申请。基于人民法院、仲裁机构生效的法律文书导致集体建设用地使用权及地上房屋所有权消灭产生的注销登记，可以由相关当事人单方申请。

2. 登记申请材料

申请人申请集体建设用地使用权及地上房屋所有权注销登记时，应当提交的登记申请材料主要有：一是登记申请书；二是申请人的身份证明；三是不动产权属证书或集体建设用地使用权及地上房屋所有权已经登记的证明；四是注销登记原因证明等。

根据前述申请人申请集体建设用地使用权及地上房屋所有权注销登记的情形，申请人应当提交的注销登记原因证明主要有：

（1）集体建设用地及地上房屋实体（物理）灭失的证明。

集体建设用地及地上房屋实体（物理）灭失的证明是指集体建设用地及地上房屋实体（物理）已经灭失的证明。该证明应当根据灭失的原因，提交相应的主体出具的证明，主要有：一是权利人自行拆除房屋的，可以是权利人出具的房屋实体已经灭失的说明或声明，也可以是房屋实体灭失的相片及相关文字说明等；二是房屋因火灾灭失的，可以是县级以上人民政府应急管理机关或其消防机构、地方政府或房屋所在地社区居民委员会、村民委员会出具的房屋因火灾灭失的证明等；三是房屋因

第十四章 集体建设用地使用权及地上房屋所有权登记

拆迁灭失的，可以是拆迁补偿安置协议；四是集体建设用地及地上房屋因山地自然灾害灭失的，可以是县级以上人民政府应急管理机关出具的集体建设用地及地上房屋已经因自然灾害灭失的证明等。

（2）权利人放弃集体建设用地使用权及地上房屋所有权的证明。

权利人放弃集体建设用地使用权及地上房屋所有权的证明是指权利人出具的放弃集体建设用地使用权及地上房屋所有权的声明、承诺等。

（3）集体建设用地使用权及地上房屋所有权被依法征收、没收或者收回的证明。

集体建设用地使用权及地上房屋所有权被依法征收、没收或者收回的证明是指：一是县级以上人民政府生效的征收集体建设用地及地上房屋的决定；二是人民法院生效的没收集体建设用地使用权及地上房屋所有权的判决书，监察机关生效的没收集体建设用地使用权及地上房屋所有权的监察文书；三是县级人民政府关于收回集体建设用地使用权的文件。

（4）因人民法院、仲裁机构生效的法律文书导致集体建设用地使用权及地上房屋所有权消灭的证明。

因人民法院、仲裁机构生效的法律文书导致集体建设用地使用权及地上房屋所有权消灭的证明是指生效的确认登记簿上记载的集体建设用地使用权及地上房屋所有权无效的人民法院的判决书、裁定书和仲裁机构的裁决书。

（二）嘱托人和嘱托登记材料

1. 嘱托人

嘱托人是指向登记机构送达或发送嘱托登记文书，要求登记机构办理集体建设用地使用权及地上房屋所有权注销登记的人民法院、监察机关等有权的国家机关及其嘱托登记承办人员。

2. 嘱托登记材料

嘱托登记材料是指：一是嘱托登记文书和附随其送达的法律文书、

行政决定等相关文书;二是嘱托登记承办人员的工作身份证明等。

(1)嘱托登记文书和附随其送达的法律文书、行政决定等文书。

① 人民法院的嘱托登记文书和附随其送达的相关文书,是指人民法院送达的要求登记机构办理注销登记的协助执行通知书及相关判决书、裁定书、仲裁裁决书。

② 监察机关的嘱托登记文书和附随其送达的相关文书,是指监察机关送达的要求登记机构办理注销登记的协助执行通知书及监察文书

③ 其他国家机关的嘱托登记文书及附随其送达的相关文书,是指县级以上人民政府及其行政机关嘱托登记机构办理注销登记时,送达或发送的启动注销登记的文件可能不是协助执行通知书,而是该机关出具的通知、函和决定等公文和附随该公文送达的导致集体建设用地使用权及地上房屋所有权消灭的相关文书。

(2)嘱托登记承办人员的工作身份证明。

① 人民法院嘱托登记承办人员的工作身份证明,是指人民法院执行员的工作证、执行公务证。

② 监察机关嘱托登记承办人员的工作身份证明,是指监察机关嘱托登记承办人员的工作证。

③ 其他国家机关嘱托登记承办人员的工作身份证明,是指:一是嘱托登记承办人员持有的行政执法证、工作证等;二是嘱托机关出具的指派或委托证明、工作介绍信或工作接洽函、受指派或受托人员自身的身份证明等。

三、登记簿上应当记载的注销登记的内容

登记簿上应当记载的集体建设用地使用权及地上房屋所有权注销登记的内容主要有:权利人;权利人的身份证明类型和号码;登记类型——注销登记;登记原因——房屋(或集体建设用地)灭失、放弃权利、被征收等;不动产单元号码等。

第十五章 土地承包经营权、土地经营权及地上林木所有权登记

第一节 首次登记

土地承包经营权、土地经营权及地上林木所有权首次登记，是指登记机构依法将当事人取得、享有的土地承包经营权、土地经营权及地上林木所有权第一次记载在登记簿上产生的不动产登记。

一、申请人申请土地承包经营权、土地经营权及地上林木所有权首次登记的情形

按《农村土地承包法》第十三条、第二十三条、第四十一条和第四十九条规定，申请人申请土地承包经营权、土地经营权及地上林木所有权首次登记的情形主要有：一是基于家庭承包方式取得的土地承包经营权产生的首次登记。二是基于从未经登记的土地承包经营权及地上林木所有权中流转五年以上的土地经营权及地上林木所有权产生的首次登记。土地经营权的流转方式有出租、转包、入股等。三是基于招标、拍卖、公开协商等其他方式承包土地取得的土地经营权及地上林木所有权首次登记。

权利人依法取得净的土地承包经营权、土地经营权后可以单独申请土地承包经营权、土地经营权首次登记。地上有合法营造、栽种的森林、林木的，应当一并申请土地承包经营权、土地经营权及地上林木所有权首次登记。

二、申请人、申请方式和登记申请材料

1. 申请人、申请方式

在不动产登记实务中，按《不动产登记暂行条例实施细则》第四十八条规定，基于以家庭承包方式取得的土地承包经营权及地上林木所有权产生的首次登记由发包方单方申请；以招标、拍卖、公开协商等方式承包土地取得的土地经营权及地上林木所有权产生的首次登记由承包方单方申请。

从未经登记的土地承包经营权及地上林木所有权流转中取得的土地经营权及地上林木所有权是当事人合意的民事法律行为，由此产生的土地经营权及地上林木所有权首次登记由当事人共同申请。

2. 登记申请材料

申请人申请土地承包经营权、土地经营权及地上林木所有权首次登记时，应当提交的登记申请材料主要有：一是登记申请书；二是申请人和权利人的身份证明；三是载明土地承包经营权、土地经营权的不动产权属证书或土地承包经营权合同、土地经营权合同、土地经营权流转合同；四是地上林木所有权权属来源材料；五是以招标、拍卖、公开协商等方式承包土地取得的土地经营权及地上林木所有权申请首次登记的，还应当提交发包土地所在地农民集体的村民会议三分之二以上成员，或者村民代表会议三分之二以上村民代表同意发包的证明和乡（镇）人民政府的批准文件；六是不动产权籍调查成果报告等。

1. 申请人和权利人的身份证明

申请人和权利人的身份证明是指：一是申请基于家庭承包产生的土地承包经营权及地上林木所有权首次登记时，申请人的身份证明是发包方的身份证明，权利人的身份证明是承包人的身份证明；二是申请基于招标、拍卖、公开协商等其他方式产生的土地经营权及地上林木所有权首次登记时，申请人和权利人的身份证明均是承包人的身份证明；三是申请从未经登记的土地承包经营权及地上林木所有权流转中取得的土

地经营权及地上林木所有权首次登记时，申请人的身份证明是流转当事人双方的身份证明，权利人的身份证明是土地经营权取得人的身份证明。

2. 载明土地承包经营权、土地经营权的不动产权属证书或土地承包经营权合同、土地经营权合同、土地经营权流转合同

载明土地承包经营权、土地经营权的不动产权属证书或土地承包经营权合同、土地经营权合同、土地经营权流转合同是指：一是申请人只申请地上林木所有权首次登记时，提交的载明土地承包经营权或土地经营权的不动产权属证书；二是申请人申请土地承包经营权、土地经营权首次登记，或者一并申请土地承包经营权、土地经营权及地上林木所有权首次登记时，提交的土地承包经营权合同、土地经营权合同、土地经营权流转合同。

3. 地上林木所有权权属来源材料

地上林木所有权权属来源材料是指：一是乡镇级以上人民政府作出的林权争议处理协议或决定。对同一起林权争议有数次处理协议（决定）的，以上一级人民政府作出的最终协议（决定）或者所在地人民政府作出的最后一次协议（决）为依据。二是人民法院、仲裁机构作出的确认林木所有权权属的生效的判决书、裁定书、民事调解书、仲裁裁决书、仲裁调解书。三是当事人之间依法达成的林权争议处理协议、赠送凭证及附图。四是申请人（权利人）与其他自然人、法人或非法人组织签订的造林合同、承包地所在地集体经济组织或村民委员会出具的林木栽种证明等材料。

4. 不动产权籍调查成果报告

不动产权籍调查成果报告是指有资质的专业机构按《不动产权籍调查技术方案（试行）》的规定出具的记载有承包土地宗地及地上林木等定着物的坐落、界址、空间界限、面积、空间坐标、位置说明或者四至描述、附图等内容的材料，以从空间上、平面上特定一并申请首次登记的土地承包经营权、土地经营权及地上林木所有权的承包土地宗地及地上林木等定着物。

申请人申请土地承包经营权、土地经营权及地上林木所有权首次登记时，向登记机构提交载明发包方享有集体土地所有权或国有农用地使用权的不动产权属证书的，表明发包土地的不动产权籍调查已经在申请集体土地所有权或国有农用地使用权首次登记时完结，故申请人无须再提交该宗地的不动产权籍调查成果报告，由登记机构根据既有的登记簿的记载登记土地承包经营权、土地经营权即可，申请人只需提交地上林木的不动产权籍调查成果报告。

三、登记簿上应当记载的首次登记的内容

登记簿上应当记载的土地承包经营权、土地经营权及地上林木所有权首次登记的内容主要有：发包方；权利人——姓名或名称；权利人的身份证明类型及号码；不动产类型——土地/林木；宗地/林木坐落；宗地及地上林木面积；土地承包期限；宗地的不动产单元号码或宗地及地上林木的不动产单元号码；宗地用途——土地承包经营权合同、土地经营权合同或土地经营权流转合同上载明的用途；权利人类型——个人（或单位）；登记类型——首次登记；登记原因——家庭承包、流转、其他方式（招标、拍卖或公开协商）承包等；权利类型——土地承包经营权、土地经营权/林木所有权；宗地所有权性质——集体所有（或国家所有）；宗地的权利设定方式——地表、水域滩涂（或养殖方式、草原质量、适宜载畜量等）等；主要树种（填写森林、林木所在宗地上 1~3 种主要树木种类）；林种——防护林（或用材林、经济林、薪炭林、特种用途林等）；起源——天然林（或人工林）；造林年度；宗地所在地的小地名；林班；小班；共有情况；载明土地承包经营权、土地经营权及地上林木所有权的不动产权属证书号码等。

第二节　变更登记

土地承包经营权、土地经营权及地上林木所有权变更登记，是指登记簿上记载的土地承包经营权、土地经营权及地上林木所有权权利主体

第十五章　土地承包经营权、土地经营权及地上林木所有权登记

不变，但权利内容、权利客体等变更产生的不动产登记。

一、申请人申请土地承包经营权、土地经营权及地上林木所有权变更登记的情形

在不动产登记实务中，按《不动产登记暂行条例实施细则》第二十六条、第四十九条规定，申请人申请土地承包经营权、土地经营权及地上林木所有权变更登记的情形主要有：一是权利人姓名或名称变更；二是权利人的身份证明类型或身份证明号码变更；三是承包土地的坐落地名、面积变更；四是承包期限变更；五是承包期限届满，土地承包经营权人按照国家有关规定继续承包；六是退耕还林、退耕还湖、退耕还草导致土地用途改变；七是森林、林木的树种变更等。

1. 权利人姓名或名称变更

权利人姓名或名称变更主要指权利人通过合法途径变更其姓名或名称后与登记簿上的记载不一致的情形。

2. 权利人的身份证明类型或身份证明号码变更

权利人的身份证明类型或身份证明号码变更主要指权利人通过合法途径变更其身份证明类型或身份证明号码后与登记簿上的记载不一致的情形。

3. 承包土地的坐落地名、面积变更

承包土地的坐落地名、面积变更是指：一是承包土地所在地的坐落地名因县级以上人民政府及其地名管理、住房和城乡建设、交通运输、水利、气象等行政机关依法更名后与登记簿上的记载不一致的情形；二是因自然原因（如山地自然灾害）或人为原因（当事人协商变更承包土地面积）导致土地面积的增加或减少而与登记簿上的记载不一致的情形。

4. 承包期限变更

承包期限变更是指承包合同的当事人协商延长或缩短承包期限，或基于其他法定原因延长或缩短原承包合同上的承包期限而与登记簿上

的记载不一致的情形。

5. 承包期限届满，土地承包经营权人、土地经营权人按照国家有关规定继续承包

承包期限届满，土地承包经营权人、土地经营权人按照国家有关规定继续承包是指承包期限届满后，原承包人符合国家规定的继续承包条件且继续承包后与登记簿上的记载不一致的情形。

6. 退耕还林、退耕还湖、退耕还草导致土地用途改变

退耕还林、退耕还湖、退耕还草导致土地用途改变是指因人民政府主导的退耕还林、退耕还湖、退耕还草，将承包时土地的用途由耕地变更为林地、草地、湖泊后与登记簿上的记载不一致的情形。

7. 森林、林木的树种变更

森林、林木的树种变更是指林地上的森林、林木由登记簿上记载的树种变更成现时栽植的树种后与登记簿上的记载不一致的情形。

二、申请人、申请方式和登记申请材料

1. 申请人、申请方式

在不动产登记实务中，按《不动产登记暂行条例实施细则》第四十九条规定，土地承包经营权、土地经营权及地上林木所有权变更登记由权利人（承包方）单方申请。

2. 登记申请材料

申请人申请土地承包经营权、土地经营权及地上林木所有权变更登记时，应当提交的登记申请材料主要有：一是登记申请书；二是申请人的身份证明；三是不动产权属证书或土地承包经营权、土地经营权及地上林木所有权已经登记的证明；四是变更登记原因证明等。

根据前述申请人申请土地承包经营权、土地经营权及地上林木所有权变更登记的情形，申请人应当提交的变更登记原因证明主要有：

第十五章 土地承包经营权、土地经营权及地上林木所有权登记

(1) 权利人姓名或名称变更的证明。

权利人姓名或名称变更的证明主要指：一是权利人为自然人的，提交公安机关或其他身份证明（居民身份证、户口本、士兵证等）颁发机关（机构）为其出具的姓名变更证明。二是权利人为法人、非法人组织的，提交由县级以上人民政府市场监督管理机关、社会团体登记机关等身份证明（营业执照、社会团体法人登记证书等）颁发机关为其出具的名称变更证明。三是提交经过公证的姓名或名称变更事项公证书。其中，我国司法部委托的香港、澳门律师出具的公证书上须有中国法律服务（香港）有限公司、中国法律服务（澳门）有限公司的转递文书或转递章；台湾公证机构出具的公证书上须有该公证书使用地的省级公证协会的转递文书或转递章；外国公证机构制作的公证书上须有我国驻外使（领）馆的认证文书或认证章，并附该公证书的中文译本。

土地承包经营权、土地经营权及地上林木所有权人姓名或名称变更的证明须载明权利人原来的姓名或名称和现在的姓名或名称。

(2) 身份证明类型或身份证明号码变更的证明。

身份证明类型或身份证明号码变更的证明主要指公安机关、市场监督管理机关等权利人的身份证明的颁发机关（机构）为权利人出具的变更后的身份证明类型或身份证明号码与登记簿上记载的身份证明类型或身份证明号码指向的对象是同一个主体的证明。也可以是经过公证的身份证明类型或身份证明号码变更事项公证书。其中，我国司法部委托的香港、澳门律师出具的公证书上须有中国法律服务（香港）有限公司、中国法律服务（澳门）有限公司的转递文书或转递章；台湾公证机构出具的公证书上须有该公证书使用地的省级公证协会的转递文书或转递章；外国公证机构制作的公证书上须有我国驻外使（领）馆的认证文书或认证章，并附该公证书的中文译本。

土地承包经营权、土地经营权及地上林木所有权人身份证明类型或身份证明号码变更的证明须载明权利人原来的身份证明类型或身份证明号码和现在的身份证明类型或身份证明号码。

（3）承包土地坐落的地名、面积发生变更的证明。

承包土地坐落的地名、面积发生变更的证明主要指：一是县级以上人民政府及其地名管理、住房和城乡建设、交通运输、水利、气象等行政机关依法出具的承包土地的坐落地名已经发生变更的证明，该证明上应当载明承包土地原来的坐落地名和现时的坐落地名。二是因自然灾害原因导致土地面积变更的，应当提交县级以上人民政府应急管理机关出具的因发生自然灾害导致宗地面积变更的证明。因当事人协商变更承包土地面积等人为原因导致土地面积变更的，提交承包合同变更协议、土地流转合同变更协议等证明材料，同时提交有资质的专业机构按《不动产权籍调查技术方案（试行）》要求出具的载明承包土地现时面积的不动产权籍调查成果报告。

（4）承包期限变更的证明。

承包期限变更的证明主要指承包合同的当事人签订的以延长或缩短承包期限为主要内容的承包合同变更协议，也可以是重新签订的承包合同，或延长、缩短承包期限的其他原因证明材料。

（5）承包期限届满，土地承包经营权人、土地经营权人按国家有关规定继续承包的证明。

承包期限届满，土地承包经营权人、土地经营权人按国家有关规定继续承包的证明主要指国家关于继续承包的条件的规定和当事人间重新签订的承包合同。

（6）退耕还林、退耕还湖、退耕还草导致土地用途改变的证明。

退耕还林、退耕还湖、退耕还草导致土地用途改变的证明主要指县级以上人民政府出具的导致土地用途改变的退耕还林、退耕还湖、退耕还草文件等。

（7）森林、林木树种发生变更的证明。

森林、林木树种发生变更的证明主要指权利人因变更森林、林木树种与其他自然人、法人或非法人组织签订的造林合同，或承包土地所在地集体经济组织或村民委员会出具的森林、林木树种变更证明，或承包

第十五章 土地承包经营权、土地经营权及地上林木所有权登记

地上变更前的森林、林木树种和变更后的森林、林木树种的照片及相应的文字说明等。

三、登记簿上应当记载的变更登记的内容

登记簿上应当记载的土地承包经营权、土地经营权及地上林木所有权变更登记的内容主要有：权利人；权利人的身份证明类型及号码；登记类型——变更登记；登记原因——承包期限、宗地或林木面积、森林（林木）树种变更等；不动产单元号码；变更的内容；载明变更登记内容的不动产权属证书号码等。

第三节 转移登记

土地承包经营权、土地经营权及地上林木所有权转移登记，是指登记簿上记载的土地承包经营权、土地经营权及地上林木所有权的权利主体变动，但权利内容、权利客体等不变产生的不动产登记。

一、申请人申请土地承包经营权、土地经营权及地上林木所有权转移登记的情形

在不动产登记实务中，按《不动产登记暂行条例实施细则》第五十条规定，申请人申请土地承包经营权、土地经营权及地上林木所有权转移登记的情形主要有：一是互换；二是转让；三是因分家析产、婚姻关系变化导致的土地承包经营权、土地经营权及地上林木所有权转移；四是继承或受遗赠；五是作为权利人的法人或非法人组织合并、分立；六是因人民法院、仲裁机构的生效法律文书等导致土地承包经营权、土地经营权及地上林木所有权转移。

1. **互换**

互换是指：一是同一农民集体内的土地承包经营权人之间相互交换登记在其名下的土地承包经营权；二是土地经营权人间相互交换登记在其

名下的土地经营权。通过交换，对方依法享有自己的土地承包经营权、土地经营权。土地承包经营权、土地经营权互换分为等价互换和差价互换。

2. 转让

转让是指：一是同一农民集体内的土地承包经营权人通过买卖、赠与或者其他合法方式将登记在其名下的土地承包经营权转移给他人；二是土地经营权人通过买卖、赠与或者其他合法方式将登记在其名下的土地经营权转移给他人。

3. 因分家析产、婚姻关系变化导致土地承包经营权、土地经营权及地上林木所有权转移

（1）因分家析产导致的土地承包经营权、土地经营权及地上林木所有权转移。

因分家析产导致的土地承包经营权、土地经营权及地上林木所有权转移是指承包经营土地的家庭出现部分家庭成员从原家庭中分立出来成立新的家庭，并对原家庭成员共同享有的土地承包经营权、土地经营权及地上林木所有权予以分割确定其归属的情形。从本质上看，分家析产属于全体家庭成员对其共同享有的土地承包经营权、土地经营权及地上林木所有权进行处置，一般情形下，分家析产产生在登记簿上记载的共有人之间。取得土地承包经营权、土地经营权及地上林木所有权时户口本上载明的家庭成员，虽然没有记载在登记簿上，也可以与登记簿上记载的人一起进行分家析产。

（2）因婚姻关系变化导致土地承包经营权、土地经营权及地上林木所有权转移。

因婚姻关系变化导致土地承包经营权、土地经营权及地上林木所有权转移是指当事人基于婚姻关系的建立或解除，约定土地承包经营权、土地经营权及地上林木所有权转移（归属）的情形。具体情形有：一是因婚姻关系的建立，即结婚，夫或妻将其婚前取得的土地承包经营权、土地经营权及地上林木所有权约定为夫妻共有或归对方单独享有；二是

第十五章　土地承包经营权、土地经营权及地上林木所有权登记

在婚姻关系存续期间，将原来属于夫妻共有的土地承包经营权、土地经营权及地上林木所有权约定归其中一方单独享有；三是因婚姻关系的解除，即离婚，将夫妻共有的土地承包经营权、土地经营权及地上林木所有权约定归对方享有或归第三人享有（如约定归子女享有）。

4. 继承、受遗赠

（1）继承。

继承主要指继承人基于法定继承或遗嘱继承取得被继承人遗留的土地承包经营权、土地经营权及地上林木所有权的情形。

（2）受遗赠。

受遗赠主要指受遗赠人基于遗赠人生前所立遗嘱，或遗赠人生前与受遗赠人签订的遗赠扶养协议，取得遗赠人遗留的土地承包经营权、土地经营权及地上林木所有权的情形。

5. 作为权利人的法人或非法人组织因合并、分立导致的土地经营权及地上林木所有权转移

（1）作为权利人的法人或非法人组织因合并导致的土地经营权及地上林木所有权转移。

作为权利人的法人或非法人组织因合并导致的土地经营权及地上林木所有权转移主要指享有土地经营权及地上林木所有权的法人、非法人组织间共同签订合并协议，或其共同作出合并决定，或其共同的上级组织作出合并决定，使原来的两个以上的法人、非法人组织因合并成为一个法人、非法人组织，被合并的法人、非法人组织消灭，并在合并协议中约定，或在合并决定中载明法人、非法人组织合并前享有的土地经营权及地上林木所有权归属的情形。

按《民法典》第六十七条、第一百零八条规定，法人、非法人组织合并的，其权利和义务由合并后的法人、非法人组织享有和承担。据此可知，作为权利人的法人、非法人组织合并时，合并协议、合并决定等材料中即使未载明其合并前享有的土地经营权及地上林木所有权归属

的，其合并前享有的土地经营权及地上林木所有权归合并后的法人、非法人组织。

（2）作为权利人的法人或非法人组织因分立导致的土地经营权及地上林木所有权转移。

作为权利人的法人或非法人组织因分立导致的土地经营权及地上林木所有权转移主要指享有土地经营权及地上林木所有权的法人、非法人组织签订分立协议，或其共同作出分立决定，或其共同的上级组织作出分立决定，从原来的一个法人、非法人组织中分立出来成立一个新的与原来的法人、非法人组织同时并存的法人、非法人组织，并在分立协议中约定，或在分立决定中载明法人、非法人组织分立前享有的土地经营权及地上林木所有权归属的情形。

6. 因人民法院、仲裁机构的生效法律文书导致土地承包经营权、土地经营权及地上林木所有权转移

因人民法院、仲裁机构的生效法律文书导致土地承包经营权、土地经营权及地上林木所有权转移是指人民法院、仲裁机构生效的判决书、裁定书、民事调解书、仲裁裁决书、仲裁调解书导致土地承包经营权、土地经营权及地上林木所有权转移的情形。

二、申请人、申请方式和登记申请材料，嘱托人和嘱托登记材料

（一）申请人、申请方式和登记申请材料

1. 申请人、申请方式

基于合同、协议等当事人合意的民事法律行为产生的转移登记由当事人共同申请，但作为权利人的法人或非法人组织因合并产生的转移登记由合并后的权利人单方申请。基于继承、生效的法律文书等非当事人合意的民事法律行为产生转移登记，由权利取得人单方申请。

第十五章　土地承包经营权、土地经营权及地上林木所有权登记

2. 登记申请材料

申请人申请土地承包经营权、土地经营权及地上林木所有权转移登记时，应当提交的登记申请材料主要有：一是登记申请书；二是申请人的身份证明；三是不动产权属证书或土地承包经营权、土地经营权及地上林木所有权已经登记的证明；四是转移登记原因证明。

根据前述申请人申请土地承包经营权、土地经营权及地上林木所有权转移登记的情形，申请人应当提交的转移登记原因证明主要有：一是土地承包经营权互换合同和互换双方是同一农民集体成员的证明。二是土地经营权互换合同、土地经营权转让合同、土地经营权赠与合同等。三是土地承包经营权转让合同、转让双方是同一农民集体成员的证明和发包方同意转让的证明。四是分家析产协议、结婚证和夫妻财产约定、离婚证和离婚协议、人民法院生效的离婚民事判决书或离婚民事调解书等。五是作为权利人的法人、非法人组织间达成的合并或分立协议，或法人、非法人组织共同作出的合并、分立决定，或法人、非法人组织共同的上级组织作出的合并、分立决定等。法人、非法人组织分立的证明中没有载明土地经营权及地上林木所有权归属的，还应当提交土地经营权及地上林木所有权归属的证明。六是继承权公证书、放弃继承权声明、与被继承人的亲属关系证明、遗产分割协议、继承遗嘱、被继承人的死亡证明等继承人基于继承取得被继承人遗留的土地承包经营权、土地经营权及地上林木所有权的证明。遗赠公证书、遗赠扶养协议或遗赠协议、遗赠遗嘱、遗赠人的死亡证明等受遗赠人基于受遗赠取得遗赠人遗留的土地承包经营权、土地经营权及地上林木所有权的证明。七是导致土地承包经营权、土地经营权及地上林木所有权转移的生效的人民法院的判决书、裁定书、民事调解书和仲裁机构的仲裁裁决书、仲裁调解书等。

（二）嘱托人和嘱托登记材料

1. 嘱托人

嘱托人是指向登记机构送达或发送嘱托登记文书，要求登记机构办

理土地承包经营权、土地经营权及地上林木所有权转移登记的人民法院、监察机关等有权的国家机关及其嘱托登记承办人员。

2. 嘱托登记材料

嘱托登记材料是指：一是嘱托登记文书和附随其送达的法律文书、监察文书、公证书、行政决定等相关文书；二是嘱托登记承办人员的工作身份证明等。

（1）嘱托登记文书和附随其送达的法律文书、监察文书、公证书、行政决定等相关文书。

① 人民法院的嘱托登记文书和附随其送达的相关文书，是指人民法院送达的要求登记机构办理转移登记的协助执行通知书及相关判决书、裁定书、民事调解书、仲裁裁决书、仲裁调解书、公证书（如经过公证的赋予强制执行效力的以土地经营权作抵押担保的借款抵押合同）。

② 监察机关的嘱托登记文书和附随其送达的相关文书，是指监察机关送达的要求登记机构办理转移登记的协助执行通知书及监察文书（如没收国家公职人员违纪取得的土地经营权及地上林木所有权归国有）。

③ 其他国家机关的嘱托登记文书和附随其送达的相关文书，是指县级以上人民政府及其行政机关嘱托登记机构办理转移登记时，送达或发送的启动转移登记的文件可能不是协助执行通知书，而是该机关出具的通知、函和决定等公文和附随该公文送达的导致土地承包经营权、土地经营权及地上林木所有权转移的相关文书［如主管行政机关出具的载明土地经营权归属的权利人（法人或非法人组织）的分立决定］。

（2）嘱托登记承办人员的工作身份证明。

① 人民法院嘱托登记承办人员的工作身份证明，是指人民法院的执行员的工作证、执行公务证。

② 监察机关嘱托登记承办人员的工作身份证明，是指监察机关嘱托登记承办人员的工作证。

③ 其他国家机关嘱托登记承办人员的工作身份证明，是指：一是嘱

第十五章 土地承包经营权、土地经营权及地上林木所有权登记

托登记承办人员持有的行政执法证、工作证等；二是嘱托机关出具的指派或委托证明、工作介绍信或工作接洽函、受指派或受托人员自身的身份证明等。

三、登记簿上应当记载的转移登记的内容

登记簿上应当记载的土地承包经营权、土地经营权及地上林木所有权转移登记的内容主要有：权利人（权利的取得方）；权利人的身份证明类型及号码；登记类型——转移登记；登记原因——互换、转让等；不动产单元号码；转移的内容；共有情况；载明转移登记内容的不动产权属证书号码等。

第四节 注销登记

土地承包经营权、土地经营权及地上林木所有权注销登记，是指登记簿上记载的土地承包经营权、土地经营权及地上林木所有权，在使其消灭的法定情形产生或法定事由成就时，对其予以涂销使其失去法律效力的不动产登记。

一、申请人申请土地承包经营权、土地经营权及地上林木所有权注销登记的情形

在不动产登记实务中，按《不动产登记暂行条例实施细则》第二十八条、第五十一条规定，申请人申请土地承包经营权、土地经营权及地上林木所有权注销登记的情形主要有：一是承包经营的土地及地上林木灭失；二是承包经营的土地被依法转为建设用地；三是承包人丧失承包经营资格或者放弃承包经营权；四是人民政府生效的征收决定导致土地承包经营权、土地经营权及地上林木所有权消灭；五是因人民法院、仲裁机构生效的法律文书导致土地承包经营权、土地经营权及地上林木所有权消灭等。

1. 承包经营的土地及地上林木灭失

承包经营的土地及地上林木灭失是指承包经营的土地及地上林木

因自然原因（如山地自然灾害）或人为原因（如砍伐）绝对灭失，导致土地承包经营权、土地经营权及地上林木所有权消灭的情形。

2. 承包经营的土地被依法转为建设用地

承包经营的土地被依法转为建设用地是指承包经营的土地用途由农业用地依法变更为集体建设用地、国有建设用地，使承包经营目的无法实现而导致土地承包经营权、土地经营权消灭的情形。

3. 土地承包经营权人、土地经营权人丧失承包经营资格或放弃承包经营权

（1）土地承包经营权人、土地经营权人丧失承包经营资格。

土地承包经营权人丧失承包经营资格是指：一是承包期内，承包方因自愿将承包地交回发包方致使承包经营资格丧失，从而导致土地承包经营权、土地经营权灭失；二是承包期内，发包方依法收回承包土地致使承包人丧失承包经营资格，从而导致土地承包经营权、土地经营权灭失；三是承包经营期限届满后，未依法取得继续承包权的承包人丧失承包经营资格而导致土地承包经营权、土地经营权灭失。

（2）权利人放弃土地承包经营权、土地经营权。

权利人放弃土地承包经营权、土地经营权是指承包人在承包期内依自己的意思抛弃其依法享有的土地承包经营权、土地经营权的情形。

4. 承包经营的土地被依法征收

承包经营的土地被依法征收是指县级以上人民政府基于公共利益的需要，依法征收承包土地及地上林木，从而消灭土地承包经营权、土地经营权及地上林木所有权的情形。

5. 因人民法院、仲裁机构生效的法律文书导致土地承包经营权、土地经营权及地上林木所有权消灭

因人民法院、仲裁机构生效的法律文书导致土地承包经营权、土地经营权及地上林木所有权消灭是指人民法院生效的判决书、裁定书和仲裁机构生效的裁决书确认登记簿上记载的土地承包经营权、土地经营权及地上林木所有权无效的情形。

二、申请人、申请方式和登记申请材料，嘱托人和嘱托登记材料

（一）申请人、申请方式和登记申请材料

1. 申请人、申请方式

在不动产登记实务中，按《不动产登记暂行条例实施细则》第五十一条规定，一般情形下，土地承包经营权、土地经营权及地上林木所有权注销登记由登记簿上记载的权利人（承包方）单方申请。基于人民法院、仲裁机构生效的法律文书导致土地承包经营权、土地经营权及地上林木所有权消灭产生的注销登记，可以由相关当事人单方申请。

2. 登记申请材料

申请人申请土地承包经营权、土地经营权及地上林木所有权注销登记时，应当提交的登记申请材料主要有：一是登记申请书；二是申请人的身份证明；三是不动产权属证书或土地承包经营权、土地经营权及地上林木所有权已经登记的证明；四是注销登记原因证明等。

根据前述申请人申请土地承包经营权、土地经营权及地上林木所有权注销登记的情形，申请人应当提交的注销登记原因证明主要有：一是土地及地上林木实体已经灭失的证明，该证明应当根据灭失的原因，提交相应的主体出具的证明。如县级以上人民政府应急管理机关或其消防机构出具的土地及地上林木因自然灾害、火灾等已经灭失的证明。权利人因取得采伐手续后对地上林木进行砍伐的情况说明等。二是县级以上人民政府将农用地转为集体建设用地、国有建设用地的批文。三是发包方收回发包宗地的证明、承包人自愿交回承包宗地的说明或声明、载明承包期限届满的土地承包经营权合同或土地经营权合同等。四是县级以上人民政府生效的征收土地及地上林木的决定。五是人民法院、仲裁机

构生效的确认登记簿上记载的土地承包经营权、土地经营权及地上林木所有权无效的判决书、裁定书、裁决书等。

（二）嘱托人和嘱托登记材料

1. 嘱托人

嘱托人是指向登记机构送达或发送嘱托登记文书，要求登记机构办理土地承包经营权、土地经营权及地上林木所有权注销登记的人民法院、监察机关等有权的国家机关及其嘱托登记承办人员。

2. 嘱托登记材料

嘱托登记材料是指：一是嘱托登记文书和附随其送达的法律文书、监察文书、行政决定等相关文书；二是嘱托登记承办人员的工作身份证明等。

（1）嘱托登记文书和附随其送达的法律文书、行政决定等相关文书。

① 人民法院的嘱托登记文书和附随其送达的相关文书，是指人民法院送达的要求登记机构办理注销登记的协助执行通知书及相关判决书、裁定书、仲裁裁决书。

② 监察机关的嘱托登记文书和附随其送达的相关文书，是指监察机关送达的要求登记机构办理注销登记的协助执行通知书及监察文书。

③ 其他国家机关的嘱托登记文书和附随其送达的相关文书，是指县级以上人民政府及其行政机关嘱托登记机构办理注销登记时，送达或发送的启动注销登记的文件可能不是协助执行通知书，而是该机关出具的通知、函和决定等公文和附随该公文送达的导致土地承包经营权、土地经营权及地上林木所有权消灭的相关文书。

（2）嘱托登记承办人员的工作身份证明。

① 人民法院嘱托登记承办人员的工作身份证明，是指人民法院的执行员的工作证、执行公务证。

② 监察机关嘱托登记承办人员的工作身份证明，是指监察机关嘱托

第十五章 土地承包经营权、土地经营权及地上林木所有权登记

登记承办人员的工作证。

③其他国家机关嘱托登记承办人员的工作身份证明，是指：一是嘱托登记承办人员持有的行政执法证、工作证等；二是嘱托机关出具的指派或委托证明、工作介绍信或工作接洽函、受指派或受托人员自身的身份证明等。

三、登记簿上应当记载的注销登记的内容

登记簿上应当记载的土地承包经营权、土地经营权及地上林木所有权注销登记的内容主要有：权利人；权利人的身份证明类型和号码；登记类型——注销登记；登记原因——林木（或承包地）灭失、放弃权利、被征收等；不动产单元号码等。

第十六章　国有农用地使用权及地上林木所有权登记

第一节　首次登记

国有农用地使用权及地上林木所有权首次登记，是指登记机构依法将当事人取得、享有的国有农用地使用权及地上林木所有权第一次记载在登记簿上产生的不动产登记。

一、申请人申请国有农用地使用权及地上林木所有权首次登记的情形

如前所述，当事人基于承包方式取得的对国有农用地予以使用的权利是土地承包经营权、土地经营权。因此，非基于承包方式取得的对国有农用地予以利用的权利，才是本章所指的国有农用地使用权。

据笔者查阅，非基于承包方式取得的国有农用地使用权，主要是当事人基于县级以上人民政府或其林业、草原等行政主管部门的批准文件或确认土地使用权的公文取得的国有农用地使用权。此处的当事人以国有林场、农场、草场等国有农业事业、企业单位为主。因此，申请人申请国有农用地使用权及地上林木所有权首次登记的情形主要是基于县级以上人民政府或其林业、草原等行政主管部门的批准或权属确认。

权利人依法取得净的国有农用地使用权后可以单独申请国有农用地使用权首次登记。地上有自然长成或合法营造、栽种的森林、林木的，应当一并申请国有农用地使用权及地上林木所有权首次登记。

二、申请人、申请方式和登记申请材料

1. 申请人、申请方式

按《不动产登记暂行条例》第十四条第二款第（一）项规定，国有

第十六章　国有农用地使用权及地上林木所有权登记

农用地使用权及地上林木所有权首次登记由权利人单方申请。

2. 登记申请材料

申请人申请国有农用地使用权及地上林木所有权首次登记时应当提交的登记申请材料主要有：一是登记申请书；二是申请人的身份证明；三是县级以上人民政府或其林业、草原等行政主管部门准予使用国有农用地的批文或权属确认证明；四是地上林木所有权权属来源材料；五是不动产权籍调查成果报告。

（1）申请人的身份证明。

申请人的身份证明是指：一是权利人持有的社会统一信用代码登记证书；二是申请人为事业单位的，提交事业单位法人证书，也可以提交县级以上人民政府机构编制管理机关或其事业单位登记局出具的身份证明；三是申请人为经营性企业的，提交营业执照或县级以上人民政府市场监督管理机关为其出具的身份证明等。

（2）县级以上人民政府或其林业、草原等行政主管部门准予使用国有农用地的批文或权属确认证明。

县级以上人民政府或其林业、草原等行政主管部门准予使用国有农用地的批文或权属确认证明是指：一是养殖证或县级以上人民政府准予使用水域、滩涂的批准文件；二是县级以上人民政府或有关行政部门关于组建国有农场、草场的批准文件；三是省级林业主管部门批准设立国有林场的文件和相应的林地权属来源证明材料；四是县级以上人民政府划拨使用国有农用地的证明或确认国有农用地使用权权属的证明等。

（3）地上林木所有权权属来源材料。

地上林木所有权权属来源材料是指：一是乡镇级以上人民政府作出的林权争议处理协议或决定。对同一起林权争议有数次处理协议（决定）的，以上一级人民政府作出的最终协议（决定）或者所在地人民政府作出的最后一次协议（决定）为依据。二是人民法院、仲裁机构生效的确认林权归属的判决书、裁定书、民事调解书、裁决书、仲裁调解书。三是当事人之间依法达成的林权争议处理协议、赠送凭证及附图。四是申请人与其他自然人、法人或非法人组织签订的造林合同或其他组织出具的林木栽种证明等材料。

（4）不动产权籍调查成果报告。

不动产权籍调查成果报告是指有资质的专业机构按《不动产权籍调查技术方案（试行）》的规定出具的记载有国有农用地宗地及地上林木等定着物的坐落、界址、空间界限、面积、空间坐标、位置说明或者四至描述、附图等内容的材料，以从空间上、平面上特定一并申请国有农用地使用权及地上林木所有权首次登记的宗地及地上林木等定着物。

申请人只申请地上林木所有权首次登记时，向登记机构提交载明国有农用地使用权的不动产权属证书的，表明宗地的不动产权籍调查已经在申请国有农用地使用权首次登记时完结，故申请人只申请地上林木所有权首次登记时无须提交该宗地的不动产权籍调查成果报告，只需提交地上森林、林木的不动产权籍调查成果报告，登记机构在既有的登记簿上记载地上林木所有权即可。

三、登记簿上应当记载的首次登记的内容

登记簿上应当记载的国有农用地使用权及地上林木所有权首次登记的内容主要有：权利人名称；权利人的身份证明类型及号码；不动产类型——土地/林木；宗地/林木坐落；宗地及地上林木面积；宗地的不动产单元号码或宗地及地上林木的不动产单元号码；宗地用途——批准使用文件或权属确认公文上载明的用途；权利人类型——单位；登记类型——首次登记；登记原因——批准使用或权属确认等；权利类型——国有农用地使用权/林木所有权；宗地所有权性质——国家所有；宗地的权利设定方式——地表、水域滩涂（或养殖方式、草原质量、适宜载畜量等）等；主要树种（填写森林、林木所在宗地上 1~3 种主要树木种类）；林种——防护林（或用材林、经济林、薪炭林、特种用途林等）；起源——天然林（或人工林）；造林年度；宗地所在地的小地名；林班；小班；土

第十六章　国有农用地使用权及地上林木所有权登记

地使用期限；共有情况；载明国有农用地使用权及地上林木所有权的不动产权属证书号码等。

第二节　变更登记

国有农用地使用权及地上林木所有权变更登记，是指登记簿上记载的国有农用地使用权及地上林木所有权权利主体不变，但权利内容、权利客体等变更产生的不动产登记。

一、申请人申请国有农用地使用权及地上林木所有权变更登记的情形

在不动产登记实务中，按《不动产登记暂行条例实施细则》第二十八条规定，申请人申请国有农用地使用权及地上林木所有权变更登记的情形主要有：一是权利人名称变更；二是权利人的身份证明类型或者身份证明号码变更；三是国有农用地宗地的坐落地名、面积变更；四是退耕还林、退耕还湖、退耕还草导致土地用途改变；五是森林、林木的树种变更等。

二、申请人、申请方式和登记申请材料

1. **申请人、申请方式**

按《不动产登记暂行条例》第十四条第二款第（四）项规定，国有农用地使用权及地上林木所有权变更登记由权利人单方申请。

2. **登记申请材料**

申请人申请国有农用地使用权及地上林木所有权变更登记时，应当提交的登记申请材料主要有：一是登记申请书；二是申请人的身份证明；三是不动产权属证书或国有农用地使用权及地上林木所有权已经登记的证明；四是变更登记原因证明等。

根据前述申请人申请国有农用地使用权及地上林木所有权变更登

· 331 ·

记的情形，申请人应当提交的变更登记原因证明主要有：一是县级以上人民政府机构编制管理机关或其事业单位登记管理局、市场监督管理机关出具的权利人名称变更、身份证明类型或者身份证明号码发生变更的证明。证明上应当有权利人的曾用名和现用名、曾经的身份证明类型和现时的身份证明类型、曾经的身份证明号码和现时的身份证明号码。二是县级以上人民政府及其地名管理、住房和城乡建设、交通运输、水利、气象等行政机关依法出具的宗地坐落地名已经发生变更的证明。三是因自然灾害原因导致宗地面积变更的，提交县级以上人民政府应急管理机关出具的发生自然灾害导致土地面积变更的证明。因人为原因（如因批准增加土地面积）导致宗地面积变更的，提交批准使用国有农用地的机关出具的土地面积变更的证明。同时，提交有资质的专业机构出具的载明宗地现时面积的不动产权籍调查成果报告。四是县级以上人民政府出具的导致土地用途改变的退耕还林、退耕还湖、退耕还草文件等。五是权利人因变更森林、林木树种与其他自然人、法人或非法人组织签订的造林合同或其他组织出具的森林、林木树种变更证明，或承包地上变更前的森林、林木树种和变更后的森林、林木树种的照片及相应的文字说明等。

三、登记簿上应当记载的变更登记的内容

登记簿上应当记载的国有农用地使用权及地上林木所有权变更登记的内容主要有：权利人；权利人的身份证明类型及号码；登记类型——变更登记；登记原因——宗地或林木面积、森林（林木）树种变更等；不动产单元号码；变更的内容；载明变更登记内容的不动产权属证书号码等。

第三节 转移登记

国有农用地使用权及地上林木所有权转移登记，是指登记簿上记载的国有农用地使用权及地上林木所有权的权利主体变动，但权利内容、

第十六章 国有农用地使用权及地上林木所有权登记

权利客体等不变产生的不动产登记。

一、申请人申请国有农用地使用权及地上林木所有权转移登记的情形

申请人申请国有农用地使用权及地上林木所有权转移登记的情形主要有：一是基于县级以上人民政府或其他有批准权的国家机关的划转，即县级以上人民政府或其他有批准权的国家机关无偿将现时的权利人享有的国有农用地使用权划转给他人享有的情形；二是权利之间的互换；三是作为权利人的法人或非法人组织因合并、分立导致的国有农用地使用权及地上林木所有权转移；四是基于人民法院、仲裁机构生效的法律文书导致的国有农用地使用权及地上林木所有权转移。

二、申请人、申请方式和登记申请材料，嘱托人和嘱托登记材料

（一）申请人、申请方式和登记申请材料

1. 申请人、申请方式

基于互换等当事人合意的民事法律行为产生的转移登记由当事人共同申请，但权利人合并导致的转移登记可以由并入后的权利人（法人或非法人组织）单方申请。基于划转、生效的确认权属的法律文书等非当事人合意的民事法律行为产生的转移登记由权利取得人单方申请。

2. 登记申请材料

申请人申请转移登记时应当提交的登记申请材料主要有：一是登记申请书；二是申请人的身份证明；三是不动产权属证书或国有农用地使用权及地上林木所有权已经登记的证明；四是转移登记原因证明等。

根据前述申请人申请国有农用地使用权及地上林木所有权转移登记的情形，申请人应当提交的转移登记原因证明主要有：一是县级以上人民政府或其他有批准权的国家机关将国有农用地使用权及地上林

木所有权由现时的权利人名下无偿划转给他人使用的批准文件。二是国有农用地使用权互换合同。三是人民政府作出的关于权利人合并、分立的文件，或权利人共同的上级组织作出的合并、分立决定等。权利人分立的证明中未载明国有农用地使用权及地上林木所有权归属的，还应当提交国有农用地使用权及地上林木所有权归属的证明等。四是人民法院、仲裁机构生效的确认国有农用地使用权及地上林木所有权归属的判决书、裁定书、民事调解书、裁决书、仲裁调解书等。

（二）嘱托人和嘱托登记材料

1. 嘱托人

嘱托人是指向登记机构送达或发送嘱托登记文书，要求登记机构办理国有农用地使用权及地上林木所有权转移登记的人民法院等有权的国家机关及其嘱托登记承办人员。

2. 嘱托登记材料

嘱托登记材料是指：一是嘱托登记文书和附随其送达的法律文书、公证书、行政决定等相关文书；二是嘱托登记承办人员的工作身份证明等。

（1）嘱托登记文书和附随其送达的法律文书、公证书、行政决定等相关文书。

① 人民法院的嘱托登记文书和附随其送达的相关文书，是指人民法院送达的要求登记机构办理转移登记的协助执行通知书及相关判决书、裁定书、民事调解书、仲裁裁决书、仲裁调解书、公证书。

② 其他国家机关的嘱托登记文书和附随其送达的相关文书，是指县级以上人民政府及其行政机关嘱托登记机构办理转移登记时，送达或发送的启动转移登记的文件可能不是协助执行通知书，而是该机关出具的通知、函和决定等公文和附随该公文送达的导致国有农用地使用权及地上林木所有权转移的相关文书。

第十六章　国有农用地使用权及地上林木所有权登记

（2）嘱托登记承办人员的工作身份证明。

① 人民法院嘱托登记承办人员的工作身份证明，是指人民法院的执行员的工作证、执行公务证。

② 其他国家机关嘱托登记承办人员的工作身份证明，是指：一是嘱托登记承办人员持有的行政执法证、工作证等；二是嘱托机关出具的指派或委托证明、工作介绍信或工作接洽函、受指派或受托人员自身的身份证明等。

三、登记簿上应当记载的转移登记的内容

登记簿上应当记载的国有农用地使用权及地上林木所有权转移登记的内容主要有：权利人（权利的取得方）；权利人的身份证明类型及号码；登记类型——转移登记；登记原因——划转、互换等；不动产单元号码；转移的内容；载明转移登记内容的不动产权属证书号码等。

第四节　注销登记

国有农用地使用权及地上林木所有权注销登记，是指登记簿上记载的国有农用地使用权及地上林木所有权，在使其消灭的法定情形产生或法定事由成就时，对其予以涂销使其失去法律效力的不动产登记。

一、申请人申请国有农用地使用权及地上林木所有权注销登记的情形

申请人申请国有农用地使用权及地上林木所有权注销登记的情形主要有：一是国有农用地及地上林木灭失；二是国有农用地被依法转为建设用地；三是生效的人民政府的征收决定导致国有农用地及地上林木消灭；四是因人民法院、仲裁机构生效的法律文书导致登记簿上记载的国有农用地使用权及地上林木所有权消灭等。

二、申请人、申请方式和登记申请材料，嘱托人和嘱托登记材料

（一）申请人、申请方式和登记申请材料

1. 申请人、申请方式

按《不动产登记暂行条例》第十四条第二款规定，一般情形下，国有农用地使用权及地上林木所有权注销登记由登记簿上记载的权利人单方申请。基于人民法院、仲裁机构生效的法律文书导致国有农用地使用权及地上林木所有权消灭产生的注销登记，可以由法律文书上载明的相关当事人单方申请。

2. 登记申请材料

申请人申请国有农用地使用权及地上林木所有权注销登记时，应当提交的登记申请材料主要有：一是登记申请书；二是申请人的身份证明；三是不动产权属证书或国有农用地使用权及地上林木所有权已经登记的证明；四是注销登记原因证明等。

根据前述申请人申请国有农用地使用权及地上林木所有权注销登记的情形，申请人应当提交的注销登记原因证明主要有：一是土地及地上林木实体已经灭失的证明，该证明应当根据灭失的原因，提交相应的主体出具的证明。如县级以上人民政府应急管理机关或其消防机构出具的土地及地上林木因自然灾害、火灾等已经灭失的证明。权利人因取得采伐手续后对地上林木进行砍伐的情况说明等。二是县级以上人民政府生效的将国有农用地转为国有建设用地的批文。三是县级以上人民政府生效的征收国有农用地及地上林木的决定。四是人民法院、仲裁机构生效的确认登记簿上记载的国有农用地使用权及地上林木所有权无效的判决书、裁定书、裁决书等。

（二）嘱托人和嘱托登记材料

1. 嘱托人

嘱托人是指向登记机构送达或发送嘱托登记文书，要求登记机构办

理国有农用地使用权及地上林木所有权注销登记的人民法院等有权的国家机关及其嘱托登记承办人员。

2. 嘱托登记材料

嘱托登记材料是指：一是嘱托登记文书和附随其送达的法律文书、行政决定等相关文书；二是嘱托登记承办人员的工作身份证明等。

（1）嘱托登记文书和附随其送达的法律文书、行政决定等相关文书。

① 人民法院的嘱托登记文书和附随其送达的相关文书，是指人民法院送达的要求登记机构办理注销登记的协助执行通知书及相关判决书、裁定书、仲裁裁决书。

② 其他国家机关的嘱托登记文书和附随其送达的相关文书，是指县级以上人民政府及其行政机关嘱托登记机构办理注销登记时，送达或发送的启动注销登记的文件可能不是协助执行通知书，而是该机关出具的通知、函和决定等公文和附随该公文送达的导致国有农用地使用权及地上林木所有权消灭的行政决定等相关文书。

（2）嘱托登记承办人员的工作身份证明。

① 人民法院嘱托登记承办人员的工作身份证明，是指人民法院执行员的工作证、执行公务证。

② 其他国家机关嘱托登记承办人员的工作身份证明，是指：一是嘱托登记承办人员持有的行政执法证、工作证等；二是嘱托机关出具的指派或委托证明、工作介绍信或工作接洽函、受指派或受托人员自身的身份证明等。

三、登记簿上应当记载的注销登记的内容

登记簿上应当记载的国有农用地使用权及地上林木所有权注销登记的内容主要有：权利人；权利人的身份证明类型及号码；登记类型——注销登记；登记原因——林木（或国有农用地宗地）灭失、放弃权利、被征收等；不动产单元号码等。

第十七章　居住权登记

第一节　首次登记

居住权首次登记，是指登记机构依法将权利人设立或取得的居住权第一次记载在登记簿上产生的不动产登记。

一、申请人申请居住权首次登记的情形

按《民法典》第三百六十七条、第三百七十一条规定，申请人申请居住权首次登记的情形主要有：一是基于当事人间签订的居住权合同设立的居住权；二是基于房屋所有权人立下的真实、合法、有效的遗嘱设立的居住权。

二、申请人、申请方式和登记申请材料

1. 申请人、申请方式

基于居住权合同产生的居住权首次登记由该合同的当事人共同申请。基于遗嘱产生的居住权首次登记由居住权人单方申请。

2. 登记申请材料

申请人申请居住权首次登记时应当提交的登记申请材料主要有：一是登记申请书；二是申请人的身份证明；三是不动产权属证书或设立居住权负担的房屋所有权已经登记的证明；四是设立居住权的合同或遗嘱、立遗嘱人的死亡证明等。

（1）申请人的身份证明。

基于居住权合同申请的居住权首次登记，申请人的身份证明为居住

权人（权利人）和承载居住权负担的房屋的所有权人（义务人）的身份证明。基于设立居住权的遗嘱申请的居住权首次登记，申请人的身份证明为居住权人的身份证明。

（2）不动产权属证书或设立居住权负担的房屋所有权已经登记的证明。

《民法典》第三百六十六条规定，居住权人有权按照合同约定，对他人的住宅享有占有、使用的用益物权，以满足生活居住的需要。按该法第三百六十八条规定，设立居住权的，应当向登记机构申请居住权登记。居住权自登记时设立。据此可知，居住权人在他人房屋上设立的居住权，自记载于不动产登记簿上时起生效。申言之，居住权登记以义务人的房屋所有权已经登记为前提，即义务人的房屋所有权未记载在登记簿上的，在该房屋上设立的居住权在登记簿上就没有记载的位置。因此，设立居住权的房屋所有权已经记载在登记簿上是当事人申请居住权登记的前提。当事人申请基于居住权合同产生的居住权首次登记时应当提交载明拟设立居住权负担的房屋所有权的不动产权属证书。当事人申请基于遗嘱产生的居住权首次登记时，在不能提交载明拟设立居住权负担的房屋所有权的不动产权属证书的情形下，可以提交登记簿复印（制）件或登记机构存档的不动产登记材料复印（制）件等拟设立居住权负担的房屋所有权已经登记的证明。

（3）设立居住权的合同或遗嘱。

设立居住权的合同，是指拟设立居住权的房屋的所有权人（义务人）与居住权人（权利人）依法签订的设立居住权的合同。

设立居住权的遗嘱，是指拟设立居住权的房屋的所有权人（义务人）生前立下的有效的为居住权人（权利人）设立居住权的遗嘱。

三、登记簿上应当记载的首次登记的内容

登记簿上应当记载的居住权首次登记的内容主要有：权利人；权利人的身份证明类型及号码；权利人类型——个人；登记类型——首次登

记；登记原因——合同或遗嘱设立；权利类型——居住权；权利范围；居住的条件和要求、居住权期限；共有情况；设立居住权负担的房屋的不动产单元号码；载明居住权的不动产权属证书号码等。

第二节 变更登记

居住权变更登记，是指登记簿上记载的居住权权利主体不变，但权利内容、权利客体等变更产生的不动产登记。

一、申请人申请居住权变更登记的情形

按《民法典》第三百六十七条、第三百七十一条规定，居住权的内容来源于居住权合同或设立居住权的遗嘱，因此，申请人申请居住权变更登记的情形主要有：一是权利人姓名变更；二是权利人的身份证明类型或者身份证明号码变更；三是居住条件或要求变更；四是居住权范围变更；五是居住期限变更；六是居住权的共有性质变更等。

1. 权利人姓名、身份证明类型或身份证明号码变更

权利人姓名、身份证明类型或身份证明号码变更是指居住权人的姓名、身份证明类型或身份证明号码依法发生变更后与登记簿上的记载不一致的情形，而不是登记簿上记载的承载居住权负担的房屋所有权人的姓名、身份证明类型或身份证明号码发生变更。

2. 居住权范围、居住条件或要求、居住期限变更

居住权范围、居住条件或要求、居住期限变更是指居住权人与义务人经协商变更居住权范围、居住条件或要求、居住期限后与登记簿上的记载不一致的情形。

义务人是指：一是与居住权人签订居住权合同的房屋所有权人；二是承载居住权负担的房屋所有权的继承人；三是承载居住权负担的房屋所有权的受让人或其他承受主体。

3. 居住权的共有性质变更

居住权的共有性质变更是指居住权的共有人经过协商,将居住权由共同共有变更为按份共有,或由按份共有变更为共同共有的情形。

二、申请人、申请方式和登记申请材料

1. 申请人、申请方式

因权利人姓名、身份证明类型或身份证明号码变更产生的变更登记由权利人单方申请。因居住范围、居住条件或要求、居住期限变更产生的变更登记,由居住权人与义务人共同申请。居住权的共有性质变更产生的变更登记,由全体共有人共同申请。

2. 登记申请材料

申请人申请居住权变更登记时应当提交的登记申请材料主要有:一是登记申请书;二是申请人的身份证明;三是载明居住权的不动产权属证书或居住权已经登记的证明;四是变更登记原因证明等。

根据前述申请人申请居住权变更登记的情形,申请人应当提交的变更登记原因证明主要有:

(1)权利人的姓名、身份证明类型或身份证明号码发生变更的证明。

① 权利人姓名变更的证明,主要指公安机关出具的变更后的姓名与登记簿上记载的姓名相对应的证明,即姓名变更的证明上应当载明权利人的现用名和曾用名。

② 权利人的身份证明类型或身份证明号码变更的证明,主要指公安机关出具的变更后的身份证明类型或身份证明号码与登记簿上记载的身份证明类型或身份证明号码指向的对象是同一个主体的证明。

(2)载明变更居住范围、居住条件或要求、居住期限等内容的居住权合同变更协议或重新签订的居住权合同。

(3)共有人间签订的将居住权由共同共有变更为按份共有,或由按份共有变更为共同共有的协议等。

三、登记簿上应当记载的变更登记的内容

登记簿上应当记载的居住权变更登记的内容主要有：权利人；权利人的身份证明类型及号码；登记类型——变更登记；登记原因——权利人姓名变更、居住条件变更、居住期限变更等；变更的内容；载明变更登记内容的不动产权属证书号码等。

第三节 注销登记

居住权注销登记，是指登记簿上记载的居住权，在使其消灭的法定情形产生或法定事由成就时，对其予以涂销使其失去法律效力的不动产登记。

一、申请人申请居住权注销登记的情形

按《民法典》第八十七条规定和其他相关法律、法规规定，申请人申请居住权注销登记的情形主要有：一是居住权人死亡；二是承载居住权负担的房屋灭失或被征收；三是居住权人放弃居住权；四是居住权期限届满；五是因人民法院、仲裁机构生效的法律文书导致居住权消灭等。

1. 居住权人死亡

居住权人死亡是指基于居住权的专属性，居住权随居住权人的死亡而消灭的情形。

2. 承载居住权负担的房屋灭失或被征收

承载居住权负担的房屋灭失或被征收是指房屋所有权因房屋实体灭失或被征收导致房屋所有权消灭，基于该房屋所有权设立的居住权随之消灭的情形。

3. 居住权人放弃居住权

居住权人放弃居住权是指权利人基于其意思表示抛弃其依法享有

的居住权的情形。

4. 居住权期限届满

居住权期限届满是指因居住权合同或居住权变更协议约定的居住权存续期间届满，以及设立居住权遗嘱规定的居住权存续期限届满而导致居住权消灭的情形。

5. 因人民法院、仲裁机构生效的法律文书导致居住权消灭

因人民法院、仲裁机构生效的法律文书导致居住权消灭是指因人民法院、仲裁机构生效的判决书、裁定书、裁决书确认登记簿上记载的居住权无效的情形。

二、申请人、申请方式和登记申请材料，嘱托人和嘱托登记材料

（一）申请人、申请方式和登记申请材料

1. 申请人、申请方式

因居住权人死亡产生的注销登记由居住权人的继承人或义务人单方申请；居住权人放弃居住权产生的注销登记由居住权人单方申请；承载居住权负担的房屋灭失或被征收，居住权期限届满，基于人民法院、仲裁机构生效的法律文书导致居住权消灭产生的注销登记，由居住权人或义务人单方申请。

2. 登记申请材料

申请人申请居住权注销登记时应当提交的登记申请材料主要有：一是登记申请书；二是申请人的身份证明；三是不动产权属证书或居住权已经登记的证明；四是注销登记原因证明。

根据前述申请人申请居住权注销登记的情形，申请人应当提交的注销登记原因证明主要有：一是房屋实体灭失的，提交县级以上人民政府应急管理机关或其消防机构出具的房屋因自然灾害、火灾等原因已经消

灭的证明。义务人提交拆除房屋情况说明等。二是房屋被征收的，提交县级以上人民政府生效的征收房屋的决定。三是居住权人死亡的，提交居住权人的医学死亡证明、遗体火化证明、户籍注销证明等有效的死亡证明。四是居住权人放弃居住权的，提交居住权人放弃居住权的说明、声明等。五是居住权期限届满的，提交载明居住权期限的居住权合同或载明居住权期限的不动产权属证书。六是人民法院、仲裁机构生效的确认登记簿上记载的居住权无效的判决书、裁定书、裁决书等。

（二）嘱托人和嘱托登记材料

1. 嘱托人

嘱托人是指向登记机构送达或发送嘱托登记文书，要求登记机构办理居住权注销登记的人民法院及其嘱托登记承办人员。

2. 嘱托登记材料

嘱托登记材料是指：一是人民法院送达的要求办理注销登记的协助执行通知书及相关判决书、裁定书、民事调解书、仲裁裁决书、仲裁调解书；二是人民法院的执行员的工作证、执行公务证。

三、登记簿上应当记载的注销登记的内容

登记簿上应当记载的居住权注销登记的内容主要有：权利人；权利人的身份证明类型和号码；登记类型——注销登记；登记原因——房屋灭失、放弃权利、被征收、居住权期限届满等。

第十八章　地役权登记

第一节　首次登记

地役权首次登记，是指登记机构依法将当事人设立或取得的地役权第一次记载在登记簿上产生的不动产登记。

一、申请人申请地役权首次登记的情形

按《民法典》第三百七十二条规定，申请人申请地役权首次登记的情形主要是需役人（地役权人）、供役人（承载地役权负担的不动产权利人）基于地役权合同设立地役权。需役人、供役人签订地役权合同设立地役权的情形主要有：

1. 因供水、排水、通行利用他人不动产

（1）因供水、排水利用他人不动产。

因供水、排水利用他人不动产主要指在他人地下、地表、地上，或在他人地上房屋等建筑物、构筑物下面修建供排水沟渠、安置供排水管道，或穿越他人房屋等建筑物、构筑物安置供排水管道等情形。

（2）因通行利用他人不动产。

因通行利用他人不动产主要指在他人地上修建人行、车行道路，或利用他人地上房屋等建筑物、构筑物进出等情形。

2. 因铺设电线、电缆、水管、输油管线、暖气和燃气管线等管线利用他人不动产

因铺设电线、电缆、水管、输油管线、暖气和燃气管线等管线利用他人不动产主要指在他人地下、地表、地上，或穿行地上房屋等建筑物、

构筑物，或者在地上房屋等建筑物、构筑物顶层表面铺设电线、电缆、水管、输油管线、暖气和燃气管线等情形。

3. 因架设铁塔、基站、广告牌等利用他人不动产

因架设铁塔、基站、广告牌等利用他人不动产主要指在他人地下、地表、地上，或在地上房屋等建筑物、构筑物顶层，或在地上房屋等建筑物、构筑物外墙面架设铁塔、基站、广告牌等情形。

4. 因采光、通风、保持视野等限制他人不动产利用

因采光、通风、保持视野等限制他人不动产利用主要指要求他人不得在其土地或地上房屋等建筑物、构筑物上设置影响自己采光、通风、保持视野的设施、设备等情形。

二、申请人、申请方式和登记申请材料

1. 申请人、申请方式

由于地役权是需役人（地役权人）、供役人（承载地役权负担的不动产权利人）因地役权合同设立的用益物权，地役权合同属于当事人合意的民事法律行为，地役权首次登记由供役人和需役人共同申请。

2. 登记申请材料

申请人申请地役权首次登记时应当提交的登记申请材料主要有：一是登记申请书；二是申请人的身份证明；三是供役人名下的不动产权属证书和需役人名下的不动产权属证书；四是地役权合同等。

三、登记簿上应当记载的首次登记的内容

登记簿上应当记载的地役权首次登记的内容主要有：权利人（地役权人，即需役地权利人）和义务人（供役地权利人）；权利人和义务人的身份证明类型及号码；权利人类型——个人（或单位）；登记类型——首次登记；登记原因——合同设立；权利类型——地役权；权利内容——管线铺设（通风、观瞻、广告牌架设、禁止或限制声响发放等）；权利期

第十八章 地役权登记

限；共有情况；载明地役权的不动产权属证书号码等。

第二节 变更登记

地役权变更登记，是指登记簿上记载的地役权权利主体不变，但权利内容、权利客体等变更产生的不动产登记。

一、申请人申请地役权变更登记的情形

在不动产登记实务中，按《不动产登记暂行条例实施细则》第六十一条规定，申请人申请地役权变更登记的情形主要有：一是权利人姓名或名称变更；二是权利人的身份证明类型或者身份证明号码变更；三是供役地或需役地的自然状况变更导致地役权变更；四是地役权内容（管线铺设、通风、观瞻、广告牌架设、禁止或限制声响发放等）变更；五是共有性质变更等。

1. 需役地或供役地自然状况发生变更

需役地或供役地自然状况发生变更主要指需役地或供役地的界址、面积、地形、地貌发生变动后与登记簿上的记载不一致的情形。如有通行地役权存在的某土地，因地震原因，部分土地变为水塘导致作为地役权内容的通道变窄。

2. 地役权内容变更

地役权内容变更主要指需役人、供役人协商一致后，对供役地的利用方式、利用期限予以变更后与登记簿上的记载不一致的情形。如供役人与需役人协商，将利用方式由地下排水沟变更为埋设地下大口径排水管道。

3. 共有性质变更

共有性质变更主要指地役权的共有人将地役权由共同共有变更为按份共有，或将按份共有变更为共同共有后与登记簿上的记载不一致的情形。

二、申请人、申请方式和登记申请材料

1. 申请人、申请方式

基于权利人姓名或名称变更、身份证明类型或者身份证明号码变更产生的变更登记，由权利人单方申请；基于供役地或需役地的自然状况变更产生的变更登记，由供役人或需役人单方申请；基于地役权内容（管线铺设、通风、观瞻、广告牌架设、禁止或限制声响发放等）变更产生的变更登记，由需役人和供役人共同申请；基于地役权共有性质变更产生的变更登记，由全体共有人共同申请。

2. 登记申请材料

申请人申请地役权变更登记时应当提交的登记申请材料主要有：一是登记申请书；二是申请人的身份证明；三是载明地役权的不动产权属证书或地役权已经登记的证明；四是变更登记原因证明等。

根据前述申请人申请地役权变更登记的情形，申请人应当提交的变更登记原因证明主要有：

（1）当事人姓名或名称变更的证明。

① 当事人为自然人的，提交由公安机关或其他身份证明（居民身份证、户口本、士兵证等）颁发机关（机构）为其出具的姓名变更证明。② 当事人为法人、非法人组织的，提交由县级以上人民政府事业单位登记管理机关、市场监督管理机关、社会团体登记机关等身份证明（营业执照、事业单位法人证书、社会团体法人登记证书等）颁发机关（机构）为其出具的名称变更证明。③ 可以提交经过公证的姓名或名称变更事项公证书。其中，我国司法部委托的香港、澳门律师出具的公证书上须有中国法律服务（香港）有限公司、中国法律服务（澳门）有限公司的转递文书或转递章；台湾公证机构出具的公证书上须有该公证书使用地的省级公证协会的转递文书或转递章；外国公证机构制作的公证书上须有我国驻外使（领）馆的认证文书或认证章，并附该公证书的中文译本。

权利人姓名或名称变更的证明须载明权利人原来的姓名或名称和

现在的姓名或名称。

（2）当事人的身份证明类型或身份证明号码变更的证明。

身份证明类型或身份证明号码变更的证明主要指公安机关、市场监督管理机关等当事人的身份证明的颁发机关（机构）为其出具的变更后的身份证明类型或身份证明号码与登记簿上记载的身份证明类型或身份证明号码指向的对象是同一个主体的证明。也可以是经过公证的身份证明类型或身份证明号码变更事项公证书。其中，我国司法部委托的香港、澳门律师出具的公证书上须有中国法律服务（香港）有限公司、中国法律服务（澳门）有限公司的转递文书或转递章；台湾公证机构出具的公证书上须有该公证书使用地的省级公证协会的转递文书或转递章；外国公证机构制作的公证书上须有我国驻外使（领）馆的认证文书或认证章，并附该公证书的中文译本。

权利人身份证明类型或身份证明号码变更的证明须载明权利人原来的身份证明类型或身份证明号码和现在的身份证明类型或身份证明号码。

（3）县级以上人民政府应急管理机关出具的因自然原因导致需役地或供役地地形、地貌变动的证明。

（4）县级以上人民政府自然资源管理机关出具的供役地或需役地界址、界线变更的证明，以及有效的宗地面积变更证明（如土地出让合同变更协议等）。

（5）供役人与需役人签订的变动供役的不动产利用方式的地役权合同变更协议等。

（6）共有人签订的将地役权由共同共有变更成按份共有，或将按份共有变更成共同共有的合同或协议。

三、登记簿上应当记载的变更登记的内容

登记簿上应当记载的地役权变更登记的内容主要有：权利人（地役权人，即需役人）、义务人（供役人）；权利人、义务人的身份证明类型和号码；登记类型——变更登记；登记原因——地役权内容变更（当事

人姓名变更、权利期限变更、共有性质变更等）；变更的内容；载明变更登记内容的不动产权属证书号码等。

第三节　转移登记

地役权转移登记，是指登记簿上记载的地役权的权利主体变动，但权利内容、权利客体等不变产生的不动产登记。

一、申请人申请地役权转移登记的情形

在不动产登记实务中，按《不动产登记暂行条例实施细则》第六十二条规定及其他相关法律、法规规定，申请人申请地役权转移登记的情形主要有：一是地役权随需役地上的不动产物权的转移（买卖、赠与、判决或仲裁裁决等）而转移；二是因作为地役权人的法人、非法人组织合并或分立而转移；三是因继承、受遗赠取得享有地役权的不动产物权而转移。

二、申请人、申请方式和登记申请材料，嘱托人和嘱托登记材料

（一）申请人、申请方式和登记申请材料

1. 申请人、申请方式

基于随需役地上的不动产物权的转移（买卖、赠与等）而转移和基于地役权人的分立产生的转移登记，由地役权的取得方与失去方共同申请；基于地役权人的合并和基于继承、受遗赠取得享有地役权的需役地物权产生的转移登记，由地役权的取得方单方申请。

2. 登记申请材料

申请人申请地役权转移登记时应当提交的登记申请材料主要有：一是登记申请书；二是申请人的身份证明；三是不动产权属证书或地役权已经登记的证明；四是转移登记原因证明等。

第十八章 地役权登记

（1）不动产权属证书或地役权已经登记的证明。

不动产权属证书，指载明地役权的不动产权属证书。

地役权已经登记的证明，主要指载明地役权的登记簿打印件、复印（制）件等，适用于申请人申请因继承、受遗赠产生的转移登记时，载明地役权的不动产权属证书因遗失或毁损而不能提交的情形。

（2）转移登记原因证明。

根据前述申请人申请地役权转移登记的情形，申请人应当提交的转移登记原因证明主要有：一是需役地上的不动产物权已经因买卖、赠与等交易行为转移的证明，如受让人名下的不动产权属证书等；二是作为权利人的法人、非法人组织间达成的合并或分立协议，或权利人共同作出的合并、分立决定，或权利人共同的上级组织作出的合并、分立决定等；三是继承权公证书、放弃继承权声明、继承人与被继承人的亲属关系证明、遗产分割协议、继承遗嘱、被继承人的死亡证明等继承人基于继承取得继承人遗留的享有地役权的需役地物权的证明，遗赠公证书、遗赠扶养协议或遗赠协议、遗赠遗嘱、遗赠人的死亡证明等受遗赠人基于受遗赠取得遗赠人遗留的享有地役权的需役地物权的证明。

（二）嘱托人和嘱托登记材料

1. 嘱托人

嘱托人是指向登记机构送达嘱托登记文书，要求登记机构办理地役权转移登记的人民法院及其嘱托登记承办人员。

2. 嘱托登记材料

嘱托登记材料是指：一是人民法院送达的要求办理地役权转移登记的协助执行通知书及相关判决书、裁定书、民事调解书、仲裁裁决书、仲裁调解书；二是人民法院执行员的工作证、执行公务证。

三、登记簿上应当记载的转移登记的内容

登记簿上应当记载的地役权转移登记的内容主要有：权利人（地役

权的取得方）；权利人的身份证明类型和号码；登记类型——转移登记；登记原因——随需役的不动产物权转移（如随土地使用权因继承转移而转移）；转移的内容；载明转移登记内容的不动产权属证书号码等。

第四节 注销登记

地役权注销登记，是指登记簿上记载的地役权，在使其消灭的法定情形产生或法定事由成就时，对其予以涂销使其失去法律效力的不动产登记。

一、申请人申请地役权注销登记的情形

在不动产登记实务中，按《不动产登记暂行条例实施细则》第六十三条规定，申请人申请地役权注销登记的情形主要有：一是地役权期限届满；二是供役的不动产、需役的不动产归于同一人；三是供役的不动产或需役的不动产灭失；四是地役权合同被解除或终止；五是人民法院、仲裁机构生效的法律文书导致地役权消灭。

1. 地役权期限届满

地役权期限届满主要指地役权合同中约定的地役权存续期间届满，当事人未续签地役权合同以延长期限而使地役权终止、消灭的情形。

2. 供役地、需役地归于同一人

供役地、需役地归于同一人主要指供役地权利人或需役地权利人，因依法取得对方的土地及地上房屋等建筑物、构筑物权利，使供役的权利人和需役的权利人同一而使地役权消灭的情形。

3. 供役地或需役地灭失

供役地或需役地灭失是指供役地上承载的地役权随供役地实体灭失而灭失，或需役地人享有的地役权随需役地实体的灭失而灭失的情形。

4. 依法解除地役权合同

依法解除地役权合同主要指：一是人民法院、仲裁机构生效的法律文书（判决书、裁定书、民事调解书、仲裁裁决书、仲裁调解书）解除或终止地役权合同而消灭地役权；二是需役人、供役人在合同有效期内协商一致后解除或终止地役权合同而消灭地役权。

5. 人民法院、仲裁机构生效的法律文书导致地役权消灭

人民法院、仲裁机构生效的法律文书导致地役权消灭主要指人民法院、仲裁机构生效的判决书、裁定书、裁决书确认登记簿上记载的地役权无效的情形。

二、申请人、申请方式和登记申请材料，嘱托人和嘱托登记材料

（一）申请人、申请方式和登记申请材料

1. 申请人、申请方式

当事人协商解除或终止地役权合同产生的注销登记，由当事人共同申请；基于供役的不动产或需役的不动产归于同一人产生的地役权注销登记，由该"同一人"单方申请；因地役权利用期限届满、供役的不动产或需役的不动产灭失产生的注销登记，由地役权人、供役地权利人（义务人）单方申请；因人民法院或仲裁机构生效的法律文书解除或终止地役权合同和确认地役权无效产生的注销登记，由法律文书上的相关当事人单方申请。

2. 登记申请材料

申请人申请地役权注销登记时应当提交的登记申请材料主要有：一是登记申请书；二是申请人的身份证明；三是不动产权属证书或地役权已经登记的证明；四是注销登记原因证明等。

根据前述申请人申请地役权注销登记的情形，申请人应当提交的注销登记原因证明主要有：一是载明地役权存续期间的地役权设立合同，

或记载有地役权期限的登记簿打印件、复印（制）件；二是供役的权利人和需役的权利人同一的证明，如记载有相应的土地使用权及地上房屋等建筑物、构筑物所有权的不动产权属证书等；三是县级以上人民政府应急管理机关出具的土地及地上房屋等建筑物、构筑物实体因自然原因灭失的证明；四是地役权当事人签订的地役权合同解除或终止协议；五是人民法院、仲裁机构生效的解除或终止地役权合同、确认登记簿上记载的地役权无效的判决书、裁定书、民事调解书、仲裁裁决书、仲裁调解书。

（二）嘱托人和嘱托登记材料

1. 嘱托人

嘱托人是指向登记机构送达嘱托登记文书，要求登记机构办理地役权注销登记的人民法院及其嘱托登记承办人员。

2. 嘱托登记材料

嘱托登记材料是指：一是人民法院送达的要求登记机构办理地役权注销登记的协助执行通知书及相关判决书、裁定书、民事调解书、仲裁裁决书、仲裁调解书；二是人民法院执行员的工作证、执行公务证。

三、登记簿上应当记载的注销登记的内容

登记簿上应当记载的地役权注销登记的内容主要有：权利人（地役权人，即需役人）、义务人（供役人）；权利人、义务人的身份证明类型和号码；登记类型——注销登记；登记原因——地役权合同解除（或地役权期限届满等）等。

第十九章　海域使用权及海域内的房屋等定着物所有权登记

第一节　首次登记

海域使用权及海域内的房屋等定着物所有权首次登记，是指登记机构将权利人依法取得、享有的海域使用权及海域内的房屋等定着物所有权第一次记载在登记簿上产生的不动产登记。

一、申请人申请海域使用权及海域内的房屋等定着物所有权首次登记的情形

在不动产登记实务中，按《不动产登记暂行条例实施细则》第五十五条规定，申请人申请海域使用权及海域内的房屋等定着物所有权首次登记的情形主要有：一是基于审批取得的海域使用权及因在该海域内合法建造的房屋等定着物竣工享有的所有权；二是基于招标、拍卖取得的海域使用权及因在该海域内合法建造的房屋等定着物竣工享有的所有权。

权利人依法取得海域使用权后可以单独申请海域使用权首次登记的情形主要有：一是海域内没有房屋等定着物；二是海域内的房屋等定着物处于正在建造状态；三是海域内虽然有已经竣工的房屋等定着物，但该房屋等定着物是非法建造物（如当事人在城市、镇规划区的海域内未取得规划许可或未按规划许可条件建造并竣工的房屋等）。

1. 基于审批取得的海域使用权及因在该海域内合法建造的房屋等定着物竣工享有的所有权

《民法典》第二百三十一条规定，因合法建造、拆除房屋等事实行为设立或者消灭物权的，自事实行为成就时发生效力。据此可知，合法建造的房屋，自竣工时起，权利人无须办理不动产登记即依法、即时享有该房屋的所有权。《海域使用管理法》第十七条第一款规定，县级以上人民政府海洋行政主管部门依据海洋功能区划，对海域使用申请进行审核，并依照本法和省、自治区、直辖市人民政府的规定，报有批准权的人民政府批准。质言之，一般情形下，海域使用权的取得实行申请审批制度。海域使用权的审批机关为省级人民政府授予批准权的人民政府。因此，基于审批取得的海域使用权及因在该海域内合法建造的房屋等定着物竣工享有的所有权，是指权利人基于审批取得海域使用权后，依法在该海域内建造房屋等定着物，且自该房屋等定着物竣工时起无须办理不动产登记即依法、即时享有该房屋等定着物的所有权的情形。

2. 基于招标、拍卖取得的海域使用权及因在该海域内合法建造的房屋等定着物竣工享有的所有权

《民法典》第二百三十一条规定，因合法建造、拆除房屋等事实行为设立或者消灭物权的，自事实行为成就时发生效力。据此可知，合法建造的房屋，自竣工时起，权利人无须办理不动产登记即依法、即时享有该房屋的所有权。《海域使用权管理规定》第三十四条第一款规定，以招标、拍卖方式确定中标人、买受人后，海洋行政主管部门和中标人、买受人签署成交确认书，并按规定签订海域使用权出让合同。质言之，招标、拍卖是权利人依法取得海域使用权的方式。因此，基于招标、拍卖取得的海域使用权及因在该海域内合法建造的房屋等定着物竣工享有的所有权，是指权利人基于招标、拍卖取得海域使用权后，依法在该海域内建造房屋等定着物，且自该房屋等定着物竣工时起无须办理不动产登记即依法、即时享有该房屋等定着物的所有权的情形。

二、申请人、申请方式和登记申请材料

1. 申请人、申请方式

按《不动产登记暂行条例》第十四条第二款第（一）项规定，海域使用权及海域内的房屋等定着物所有权首次登记由权利人单方申请。

第十九章　海域使用权及海域内的房屋等定着物所有权登记

2. 登记申请材料

申请人申请海域使用权及海域内的房屋等定着物所有权首次登记时，应当提交的登记申请材料主要有：一是登记申请书；二是申请人的身份证明；三是权利人依法享有海域使用权的证明；四是房屋等建筑物、构筑物建设工程符合规划的证明；五是房屋等建筑物、构筑物已经竣工的证明；六是不动产权籍调查成果报告；七是海域使用金缴纳或减免凭证等。

（1）权利人依法享有海域使用权的证明。

权利人依法享有海域使用权的证明主要指：一是省级人民政府授予批准权的人民政府准予使用海域的批文；二是海域使用权出让合同等。

（2）房屋等建筑物、构筑物建设工程符合规划的证明。

房屋等建筑物、构筑物建设工程符合规划的证明主要指：一是在城市、镇规划区内的海域范围内，房屋等建筑物、构筑物建设工程符合规划的证明为县级以上人民政府规划机关、省级人民政府赋予规划许可权的镇人民政府核发的建设工程规划许可证、建设工程规划核实证明或其他规划手续；二是在乡、村庄规划区内的海域范围内，房屋等建筑物、构筑物建设工程符合规划的证明为县级以上人民政府规划机关核发的乡村建设规划许可证或其他规划手续；三是房屋等建筑物、构筑物不在城市、镇、乡、村庄规划区内的海域范围内，提交县级以上人民政府规划机关、省级人民政府赋予规划许可权的镇人民政府出具的房屋在城市、镇、乡、村庄规划区外的海域范围内的证明，以代替房屋等建筑物、构筑物建设工程符合规划的证明。

（3）房屋等建筑物、构筑物已经竣工的证明。

房屋等建筑物、构筑物已经竣工的证明主要指：一是建设工程质量管理部门出具的竣工验收备案表；二是建设单位组织相关部门对竣工房屋进行综合验收形成的建设工程质量竣工验收合格证；三是承建单位或个人（有资质的建筑工匠等）出具的房屋等建筑物、构筑物已经竣工的证明；四是权利人出具的房屋已经竣工的情况说明，或证明房屋等建筑物、构筑物已经竣工的照片及相关文字说明等。

（4）海域使用金缴纳凭证或减免凭证。

海域使用金缴纳凭证或减免凭证主要指权利人已经缴纳海域使用金的凭证，或批准使用海域的人民政府的财政机关和海洋行政主管机关出具的海域使用金减免凭证。海域使用金缴纳凭证上的数额应当与海域使用权出让合同上的数额一致。

（5）不动产权籍调查成果报告。

不动产权籍调查成果报告主要指有资质的专业机构按《不动产权籍调查技术方案（试行）》的规定出具的记载有宗海及海域内的房屋等定着物的坐落、界址、空间界限、面积、空间坐标、位置说明或者四至描述、附图等内容的材料，以从空间上、平面上特定一并申请海域使用权及海域内的房屋等定着物所有权首次登记的宗海及海域内的房屋等定着物。

如果申请人只申请海域使用权或海域内的房屋等定着物所有权首次登记的，则只提交相应的海域、房屋等定着物的不动产权籍调查成果报告。

三、登记簿上应当记载的首次登记的内容

登记簿上应当记载的海域使用权及海域内的房屋等定着物所有权首次登记的内容主要有：权利人——自然人的姓名（或法人、非法人组织的名称）；权利人的身份证明类型及号码；不动产类型——海域/房屋等定着物；宗海坐落；宗海坐标；宗海面积；宗海的不动产单元号码或宗海及其范围内的房屋等定着物的不动产单元号码；权利人类型——个人（或单位）；登记类型——首次登记；登记原因——批准使用、出让（招标或拍卖）取得/合法建造；权利类型——海域使用权/房屋等定着物所有权；权利性质——批准使用、出让（招标或拍卖）取得/合法建造；项目性质——公益性（或经营性）；等别；占用岸线；用海类型；用海方式（包括面积和用途）——批准使用文件、出让合同上载明的用途；房屋所在幢的总层数和房屋所在的层数；房屋结构——钢结构（或钢和钢筋混

第十九章　海域使用权及海域内的房屋等定着物所有权登记

凝土结构、钢筋混凝土结构、混合结构、砖木结构、其他结构等）；房屋规划用途；房屋建筑面积；海域使用期限；海域使用金缴纳情况；共有情况；载明海域使用权及海域内的房屋等定着物所有权的不动产权属证书号码等。

第二节　变更登记

海域使用权及海域内的房屋等定着物所有权变更登记，是指登记簿上记载的海域使用权及海域内的房屋等定着物权所有权的权利主体不变，但权利客体、权利内容等变更产生的不动产登记。

一、申请人申请海域使用权及海域内的房屋等定着物所有权变更登记的情形

在不动产登记实务中，按《不动产登记暂行条例实施细则》第五十六条规定，申请人申请海域使用权及海域内的房屋等定着物所有权变更登记的情形主要有：一是权利人姓名或名称变更；二是权利人的身份证明类型或身份证明号码变更；三是海域坐落的地名发生变更；四是海域使用位置、面积或海域内的房屋面积变更；五是海域使用权续期；六是海域或海域内的房屋用途变更；七是共有性质变更等。

1. 权利人姓名或名称变更

权利人姓名或名称变更主要指权利人依法变更其姓名或名称后与登记簿上的记载不一致的情形。

2. 权利人的身份证明类型或者身份证明号码变更

权利人的身份证明类型或者身份证明号码变更主要指权利人依法变更其身份证明类型或身份证明号码后与登记簿上的记载不一致的情形。

3. 海域坐落的地名发生变更

海域坐落的地名发生变更主要指因县级以上人民政府及其地名管

理、住房与城乡建设、交通运输、水利、气象等行政机关依法变更海域坐落地名后与登记簿上的记载不一致的情形。

4. 改变海域使用位置、面积、用途或者房屋面积、用途

改变海域使用位置、面积、用途或者房屋面积、用途主要指：一是基于海域使用权出让合同变更协议或重新签订的海域使用权出让合同变更出让的海域位置、面积、用途后与登记簿上的记载不一致的情形。二是权利人经原批准使用海域的人民政府同意，变更原来批准使用的海域的位置、面积、用途后与登记簿上的记载不一致的情形。三是城市、镇、乡、村庄规划区内的海域范围内，基于县级以上人民政府规划管理机关或省级人民政府赋予规划许可权的镇人民政府的许可手续，变更海域内的房屋的界址、面积、用途后与登记簿上的记载不一致的情形。城市、镇、乡、村庄规划区外的海域范围内的房屋的界址、面积、用途变更，无须取得规划许可手续。

5. 海域使用权续期

海域使用权续期主要指：一是经原批准使用海域的人民政府同意延长海域使用期限后与登记簿上的记载不一致的情形；二是基于海域使用权出让合同变更协议或重新签订的海域使用权出让合同延长海域使用期限后与登记簿上的记载不一致的情形。

6. 共有性质变更

共有性质变更主要指共有人将海域使用权及海域内的房屋等定着物所有权由共同共有变更为按份共有，或由按份共有变更为共同共有后与登记簿上的记载不一致的情形。

二、申请人、申请方式和登记申请材料

1. 申请人、申请方式

在不动产登记实务中，按《不动产登记操作规范（试行）》12.2.2条规定，一般情形下，海域使用权及海域内的房屋等定着物所有权变更

第十九章　海域使用权及海域内的房屋等定着物所有权登记

登记由登记簿上记载的权利人单方申请。共有的海域使用权及海域内的房屋等定着物所有权，因共有人的姓名、名称和身份证明类型、身份证明号码发生变更的，可以由发生变更的共有人单方申请；海域使用面积、用途等自然状况发生变化的，可以由共有人中的一人或多人申请。共有性质发生变更的，由全体共有人共同申请。

2. 登记申请材料

申请人申请海域使用权及海域内的房屋等定着物所有权变更登记时，应当提交的登记申请材料主要有：一是登记申请书；二是申请人的身份证明；三是载明海域使用权及海域内的房屋等定着物所有权的不动产权属证书；四是变更登记原因证明等。

根据前述申请人申请海域使用权及海域内的房屋等定着物所有权变更登记的情形，申请人应当提交的变更登记原因证明主要有：

（1）海域使用权人姓名或名称变更的证明。①海域使用权人为自然人的，提交由公安机关或其他身份证明（居民身份证、户口本、士兵证、护照等）颁发机关（机构）为其出具的姓名变更证明。②海域使用权人为法人、非法人组织的，提交由县级以上人民政府事业单位登记管理机关、市场监督管理机关、社会团体登记机关（机构）等身份证明（营业执照、事业单位法人证书、社会团体法人登记证书等）颁发机关为其出具的名称变更证明。③可以提交经过公证的姓名或名称变更事项公证书。其中，我国司法部委托的香港、澳门律师出具的公证书上须有中国法律服务（香港）有限公司、中国法律服务（澳门）有限公司的转递文书或转递章；台湾公证机构出具的公证书上须有该公证书使用地的省级公证协会的转递文书或转递章；外国公证机构制作的公证书上须有我国驻外使（领）馆的认证文书或认证章，并附该公证书的中文译本。海域使用权人姓名或名称变更的证明须载明权利人原来的姓名或名称和现在的姓名或名称。

（2）公安机关、市场监督管理机关（机构）等身份证明的颁发机关为权利人出具的变更后的身份证明类型或身份证明号码与登记簿上记载的身份证明类型或身份证明号码指向的对象是同一个主体的证明。也可以是经过公证的身份证明类型或身份证明号码变更事项公证书。其中，我国司法部委托的香港、澳门律师出具的公证书上须有中国法律服务（香港）有限公司、中国法律服务（澳门）有限公司的转递文书或转递章；台湾公证机构出具的公证书上须有该公证书使用地的省级公证协会的转递文书或转递章；外国公证机构制作的公证书上须有我国驻外使（领）馆的认证文书或认证章，并附该公证书的中文译本。

海域使用权人身份证明类型或身份证明号码变更的证明须载明权利人原来的身份证明类型或身份证明号码和现在的身份证明类型或身份证明号码。

（3）县级以上人民政府及其地名管理、住房和城乡建设、交通运输、水利、气象等行政机关依法出具的宗海坐落地名变更的证明，该证明应当载明该宗海原来的坐落地名和现在的坐落地名。

（4）海域使用位置、面积或者房屋面积、用途变更的证明。① 改变海域使用位置、面积的，应当提交有批准权的人民政府同意变更该海域原来位置、面积或者期限为现在的位置、面积或者期限的文件。或提交变更海域位置、面积、期限的海域使用权出让合同变更协议、重新签订的海域使用权出让合同。② 海域面积因自然灾害原因发生变更的，应当提交县级以上人民政府应急管理机关出具的海域面积因自然灾害发生变更的证明。③ 房屋面积增加、用途变更的：城市、镇、乡、村庄规划区内的海域范围内的，提交县级以上人民政府规划机关或省级人民政府赋予规划许可权的镇人民政府出具许可增加面积、变更用途的规划手续。城市、镇、乡、村庄规划区外的海域范围内的，提交县级以上人民政府规划机关或省级人民政府赋予规划许可权的镇人民政府出具的房屋不在城市、镇、乡、村庄规划区内的证明等。④ 海域位置、面积或海域内的房屋等定着物面积、用途变更的，还应当提交变更后的不动产权籍调查成果报告。

（5）批准使用海域的人民政府同意延长海域使用期限的文件，或延长使用期限的海域使用权出让合同变更协议、重新签订的海域使用权出让合同。

（6）海域使用权及海域内的房屋等定着物所有权的共有人签订的变更共同共有为按份共有，或变更按份共有为共同共有的合同、协议等。

三、登记簿上应当记载的变更登记的内容

登记簿上应当记载的海域使用权及海域内的房屋等定着物所有权变更登记的内容主要有：权利人；权利人的身份证明类型和号码；登记类型——变更登记；登记原因——权利人姓名或名称变更、海域位置变更、房屋用途变更等；不动产单元号码；变更的内容；载明变更登记内容的不动产权属证书号码等。

第三节 转移登记

海域使用权及海域内的房屋等定着物所有权转移登记，是指登记簿上记载的海域使用权及海域内的房屋等定着物所有权的权利主体变动，但权利客体、权利内容等不变产生的不动产登记。

一、申请人申请海域使用权及海域内的房屋等定着物所有权转移登记的情形

在不动产登记实务中，按《不动产登记暂行条例实施细则》第五十七条规定，申请人申请海域使用权及海域内的房屋等定着物所有权转移登记的情形主要有：一是因作为权利人的法人、非法人组织合并、分立导致的海域使用权及海域内的房屋等定着物所有权转移；二是因权利人与他人合资、合作经营、作价入股导致的海域使用权及海域内的房屋等定着物所有权转移；三是因依法转让、赠与、继承、受遗赠导致的海域使

用权及海域内的房屋等定着物所有权转移；四是因人民法院、仲裁机构生效的法律文书导致的海域使用权及海域内的房屋等定着物所有权转移等。

1. 因作为权利人的法人、非法人组织合并、分立导致的海域使用权及海域内的房屋等定着物所有权转移

（1）因作为权利人的法人、非法人组织合并导致的海域使用权转移。

因作为权利人的法人、非法人组织合并导致的海域使用权转移主要指享有海域使用权及海域内的房屋等定着物所有权的法人、非法人组织间签订合并协议，或共同作出合并决定，或其共同的上级组织作出合并决定，将原来的两个以上的法人、非法人组织合并成为一个法人、非法人组织，被合并的法人、非法人组织消灭，并在合并协议中约定，或在合并决定中载明法人、非法人组织合并前享有的海域使用权及海域内的房屋等定着物所有权归属的情形。

按《民法典》第六十七条、第一百零八条规定，法人、非法人组织合并的，其权利和义务由合并后的法人、非法人组织享有和承担。据此可知，作为权利人的法人、非法人组织合并时，合并协议、合并决定等材料中即使未载明其合并前享有的海域使用权及海域内的房屋等定着物所有权归属的，其合并前享有的海域使用权及海域内的房屋等定着物所有权归合并后的法人、非法人组织。

（2）因作为权利人的法人、非法人组织分立导致的海域使用权及海域内的房屋等定着物所有权转移。

因作为权利人的法人、非法人组织分立导致的海域使用权及海域内的房屋等定着物所有权转移主要指享有海域使用权及海域内的房屋等定着物所有权的法人、非法人组织签订分立协议，或共同作出分立决定，或其共同的上级组织作出分立决定，从原来的一个法人、非法人组织中分立出来再成立一个新的与原来的法人、非法人组织同时并存的法人、非法人组织，并在分立协议中约定，或在分立决定中载明法人、非法人组织分立前享有的海域使用权及海域内的房屋等定着物所有权归属的情形。

2. 因权利人（自然人、法人、非法人组织）与他人合资、合作经营、作价入股导致的海域使用权及海域内的房屋等定着物所有权转移

（1）合资。

合资主要指权利人与他人签订合资合同或协议，将登记在其名下的海域使用权及海域内的房屋等定着物所有权按现时的市场行情作价作为出资与该他人组建合资企业，海域使用权及海域内的房屋等定着物所有权作为作价出资资产转移给合资企业的情形。

（2）合作经营。

合作经营主要指权利人与他人签订合作合同或协议，将登记在其名下的海域使用权及海域内的房屋等定着物所有权按现时的市场行情作价作为出资与该他人组建合作企业，海域使用权及海域内的房屋等定着物所有权作为作价出资资产转移给合作企业的情形。

（3）投资入股。

投资入股主要指入股人与拟吸收股份的经济组织参照现时的市场价格，对登记在入股人名下的海域使用权及海域内的房屋等定着物所有权协商确定一个具体的价格，作为入股人在经济组织中享有股权，并据此行使权利和履行义务的民事法律行为，海域使用权及海域内的房屋等定着物所有权作为投资入股资产转移给吸收股份的经济组织的情形。

3. 因依法转让、赠与、继承、受遗赠导致的海域使用权及海域内的房屋等定着物所有权转移

（1）转让。

转让主要指转让人（权利人）通过与受让人签订转让合同的方式将登记在其名下的海域使用权及海域内的房屋等定着物所有权转移给受让人的情形。

（2）赠与。

赠与主要指权利人通过无偿给予的方式将登记在其名下的海域使用权及海域内的房屋等定着物所有权转移给他人，该他人也表示接受的情形。一般情形下，以赠与书或赠与合同的形式体现。

（3）继承、受遗赠。

① 继承，主要指继承人基于法定继承或遗嘱继承取得被继承人遗留的海域使用权及海域内的房屋等定着物所有权的情形。

② 受遗赠，主要指受遗赠人基于遗赠人生前所立遗嘱，或遗赠人生前与受遗赠人签订的遗赠扶养协议，取得遗赠人遗留的海域使用权及海域内的房屋等定着物所有权的情形。

4. 因人民法院、仲裁机构生效的法律文书导致海域使用权及海域内的房屋等定着物所有权转移

因人民法院、仲裁机构生效的法律文书导致海域使用权及海域内的房屋等定着物所有权转移主要指因人民法院、仲裁机构生效的判决书、裁定书、民事调解书、仲裁裁决书、仲裁调解书导致海域使用权及海域内的房屋等定着物所有权转移的情形。

二、申请人、申请方式和登记申请材料，嘱托人和嘱托登记材料

（一）申请人、申请方式和登记申请材料

1. 申请人、申请方式

因投资入股、转让、赠与等当事人合意的民事法律行为产生的转移登记由当事人共同申请，但作为权利人的法人或非法人组织因合并产生的转移登记由合并后的权利人单方申请。因继承、受遗赠、生效的确认权属的民事判决书等非当事人合意的民事法律行为产生的转移登记，由相关当事人单方申请。

2. 登记申请材料

申请人申请海域使用权及海域内的房屋等定着物所有权转移登记时，应当提交的登记申请材料主要有：一是登记申请书；二是申请人的身份证明；三是不动产权属证书或海域使用权及海域内的房屋等定着物所有权已经登记的证明；四是转移登记原因证明等。

第十九章 海域使用权及海域内的房屋等定着物所有权登记

（1）海域使用权及海域内的房屋等定着物所有权已经登记的证明。

海域使用权及海域内的房屋等定着物所有权已经登记的证明是指申请人申请基于继承、受遗赠等无须以不动产权属证书证明海域使用权及海域内的房屋等定着物所有权依法存在的非交易行为产生的转移登记时，因不动产权属证书遗失或毁损而无法提交的，可以提交登记簿打印件、复印（制）件或登记机构存档的登记申请材料等海域使用权及海域内的房屋等定着物所有权已经登记的证明代替应当提交的不动产权属证书。

（2）转移登记原因证明。

根据前述申请人申请海域使用权及海域内的房屋等定着物所有权转移登记的情形，申请人应当提交的转移登记原因证明主要有：一是法人、非法人组织间达成的合并或分立协议，或法人、非法人组织共同作出的合并、分立决定，或法人、非法人组织共同的上级组织作出的合并、分立决定等。法人、非法人组织分立的证明中没有载明海域使用权及海域内的房屋等定着物所有权归属的，还应当提交海域使用权及海域内的房屋等定着物所有权归属的证明。二是权利人与他人签订的合资经营协议、合作经营协议、投资入股合同。权利人与他人签订的转让合同、赠与合同或权利人出具的赠与书。原批准用海的人民政府准予转让（合资、合作、投资入股等）的批文，契税缴纳凭证。海域使用权是非出让取得的，还应当提交海域使用金补缴凭证或减免审批证明等。三是继承权公证书、放弃继承权声明、继承人与被继承人的亲属关系证明、遗产分割协议、继承遗嘱、被继承人的死亡证明等继承人基于继承取得被继承人遗留的海域使用权及海域内的房屋等定着物所有权的证明。遗赠公证书、遗赠扶养协议或遗赠协议、遗赠遗嘱、遗赠人的死亡证明等受遗赠人基于受遗赠取得遗赠人遗留的海域使用权及海域内的房屋等定着物所有权的证明。受遗赠的还应当提交契税缴纳凭证。四是生效的导致海域使用权及海域内的房屋等定着物所有权转移的民事判决书、裁定书、民事调解书和仲裁裁决书、仲裁调解书等。

（二）嘱托人和嘱托登记材料

1. 嘱托人

嘱托人是指向登记机构送达或发送嘱托登记文书，要求登记机构办理海域使用权及海域内的房屋等定着物所有权转移登记的人民法院、监察机关等有权的国家机关及其嘱托登记承办人员。

2. 嘱托登记材料

嘱托登记材料是指：一是嘱托登记文书和附随其送达的法律文书、监察文书、公证书、行政决定等相关文书；二是嘱托登记承办人员的工作身份证明等。

（1）嘱托登记文书和附随其送达的法律文书、监察文书、公证书、行政决定等相关文书。

① 人民法院的嘱托登记文书和附随其送达的相关文书，是指人民法院送达的要求登记机构办理转移登记的协助执行通知书及相关判决书、裁定书、民事调解书、仲裁裁决书、仲裁调解书、公证书等。

② 监察机关的嘱托登记文书和附随其送达的相关文书，是指监察机关送达的要求登记机构办理转移登记的协助执行通知书及监察文书（如因没收国家公职人员违纪取得的海域使用权及海域内的房屋等定着物所有权的监察文书）。

③ 其他国家机关的嘱托登记文书和附随其送达的相关文书，是指县级以上人民政府及其行政机关嘱托登记机构办理转移登记时，送达或发送的启动转移登记的文件可能不是协助执行通知书，而是该机关出具的通知、函和决定等公文和附随该公文送达的导致海域使用权及海域内的房屋等定着物所有权转移的相关文书（如税务机关因抵税导致的海域使用权及海域内的房屋等定着物所有权转移的决定）。

（2）嘱托登记承办人员的工作身份证明。

① 人民法院嘱托登记承办人员的工作身份证明，是指人民法院的执行员的工作证、执行公务证。

②监察机关嘱托登记承办人员的工作身份证明,是指监察机关嘱托登记承办人员的工作证。

③其他国家机关嘱托登记承办人员的工作身份证明,是指:一是指嘱托登记承办人员持有的行政执法证、工作证等;二是嘱托机关出具的指派或委托证明、工作介绍信或工作接洽函、受指派或受托人员自身的身份证明等。

三、登记簿上应当记载的转移登记的内容

登记簿上应当记载的海域使用权及海域内的房屋等定着物所有权转移登记的内容主要有:权利人(权利的取得方);权利人的身份证明类型及号码;登记类型——转移登记;登记原因——权利人合并或分立、转让、继承、司法裁决(或仲裁裁决)等;不动产单元号码;转移的内容;载明转移登记内容的不动产权属证书号码等。

第四节 注销登记

海域使用权及海域内的房屋等定着物所有权注销登记,是指登记簿上记载的海域使用权及海域内的房屋等定着物所有权,在使其消灭的法定情形产生或法定事由出现时,对其予以涂销使其失去法律效力的不动产登记。

一、申请人申请海域使用权及海域内的房屋等定着物所有权注销登记的情形

在不动产登记实务中,按《不动产登记暂行条例实施细则》第二十八条、第五十七条规定,申请人申请海域使用权及海域内的房屋等定着物所有权注销登记的情形主要有:一是海域及海域内的房屋等定着物灭失;二是权利人放弃海域使用权及海域内的房屋等定着物所有权;三是海域及海域内的房屋等定着物被依法征收,海域使用权被收回;四是因人民法院、仲裁机构生效的法律文书导致海域使用权及海域内的房屋等

定着物所有权消灭等。

1. 海域及海域内的房屋等定着物灭失

海域及海域内的房屋等定着物灭失主要指因自然原因（如地壳上升）或人为原因（如围海造地）致使海域及海域内的房屋实体消灭且不再恢复，从而导致海域使用权、海域内的房屋等定着物所有权消灭的情形。

2. 权利人放弃海域使用权及海域内的房屋等定着物所有权

权利人放弃海域使用权及海域内的房屋等定着物所有权主要指权利人依自己的意思表示以书面方式抛弃其依法享有的海域使用权及海域内的房屋等定着物所有权的情形。

3. 海域及海域内的房屋等定着物被征收

海域及海域内的房屋等定着物被征收主要指县级以上人民政府以生效的征收决定的方式对权利人依法享有的海域使用权及海域内的房屋等定着物所有权实施征收的情形。

4. 海域使用权被收回

海域使用权被收回主要指：一是经批准取得的海域使用权，海域使用权期限届满，原权利人未向原批准用海的人民政府申请续期使用，或者虽然申请了续期使用但未获批准导致的海域使用权被收回而终止的情形；二是经招标、拍卖取得的海域使用权，使用期限届满后，未获得继续使用资格而被收回终止的情形。

5. 因人民法院、仲裁机构生效的法律文书导致海域使用权及海域内的房屋等定着物所有权消灭

因人民法院、仲裁机构生效的法律文书导致海域使用权及海域内的房屋等定着物所有权消灭主要指人民法院生效的判决书、裁定书和仲裁机构生效的裁决书确认登记簿上记载的海域使用权及海域内的房屋等定着物所有权无效的情形。

第十九章 海域使用权及海域内的房屋等定着物所有权登记

二、申请人、申请方式和登记申请材料，嘱托机关和嘱托登记材料

（一）申请人、申请方式和登记申请材料

1. 申请人、申请方式

在不动产登记实务中，按《不动产登记操作规范（试行）》12.4.2条规定，一般情形下，海域使用权及海域内的房屋等定着物所有权注销登记，由权利人单方申请。因人民法院、仲裁机构生效的法律文书产生的注销登记，可以由相关当事人单方申请。

2. 登记申请材料

申请人申请海域使用权及海域内的房屋等定着物所有权注销登记时应当提交的登记申请材料主要有：一是登记申请书；二是申请人的身份证明；三是不动产权属证书或海域使用权及海域内的房屋等定着物所有权已经登记的证明；四是注销登记原因证明等。

（1）海域使用权及海域内的房屋等定着物所有权已经登记的证明。

海域使用权及海域内的房屋等定着物所有权的消灭，不是权利人须以不动产权属证书向他人表征权利合法存在的交易法律行为，因此，申请人据此申请注销登记时，因不动产权属证书遗失或毁损而无法提交的，可以提交登记簿打印件、复印（制）件或登记机构存档的登记申请材料等海域使用权及海域内的房屋等定着物所有权已经登记的证明代替应当提交的不动产权属证书。

（2）注销登记原因证明。

根据前述申请人申请海域使用权及海域内的房屋等定着物所有权注销登记的情形，申请人应当提交的注销登记原因证明主要有：一是海域及海域内的房屋等定着物实体已经灭失的证明，该证明应当根据灭失的原因，提交相应的主体出具的证明。如权利人自行拆除房屋的，可以是权利人出具的拆除房屋的说明或声明，也可以是房屋实体灭失的相片及相关文字说明等。房屋因火灾灭失的，可以是应急管理机关或其消防机构、地方政府、社区居民委员会或村民委员会出具的房屋因火灾灭失的证明等；海域因自然灾害灭失的，可以由县级以上人民政府应急管理机关出具海域因自然灾害已经灭失的证明。因填海造地导致海域灭失的，提交省级以上人民政府授予批准权的审批机关出具的填海造地工程批准文件和项目竣工证明等。二是权利人作出的放弃海域使用权及海域内的房屋等定着物所有权的说明、声明等。三是县级以上人民政府生效的征收决定，或原批准用海的人民政府收回海域使用权的文件等。四是确认登记簿上记载的海域使用权及海域内的房屋等定着物所有权无效的人民法院、仲裁机构生效的判决书、裁定书、裁决书等。

（二）嘱托人和嘱托登记材料

1. 嘱托人

嘱托人是指向登记机构送达或发送嘱托登记文书，要求登记机构办理海域使用权及海域内的房屋等定着物所有权注销登记的人民法院、监察机关等有权的国家机关及其嘱托登记承办人员。

2. 嘱托登记材料

嘱托登记材料是指：一是嘱托登记文书和附随其送达的相关文书；二是嘱托登记承办人员的工作身份证明等。

（1）嘱托登记文书和附随其送达的相关文书。

① 人民法院的嘱托登记文书和附随其送达的相关文书。

人民法院的嘱托登记文书和附随其送达的相关文书是指人民法院送达的要求登记机构办理注销登记的协助执行通知书及相关判决书、裁定书、仲裁裁决书。

② 监察机关的嘱托登记文书和附随其送达的相关文书。

监察机关的嘱托登记文书和附随其送达的相关文书是指监察机关送达的要求登记机构办理注销登记的协助执行通知书及监察文书。

③ 其他国家机关的嘱托登记文书和附随其送达的相关文书。

其他国家机关的嘱托登记文书和附随其送达的相关文书是指县级

以上人民政府及其行政机关嘱托登记机构办理注销登记时，送达或发送的启动注销登记的文件可能不是协助执行通知书，而是该机关出具的通知、函和决定等公文和附随该公文送达的导致海域使用权及海域内的房屋等定着物所有权消灭的相关文书。

（2）嘱托登记承办人员的工作身份证明。

① 人民法院嘱托登记承办人员的工作身份证明。

人民法院嘱托登记承办人员的工作身份证明是指人民法院的执行员的工作证、执行公务证。

② 监察机关嘱托登记承办人员的工作身份证明。

监察机关嘱托登记承办人员的工作身份证明是指监察机关嘱托登记承办人员的工作证。

③ 其他国家机关嘱托登记承办人员的工作身份证明。

其他国家机关嘱托登记承办人员的工作身份证明是指：一是嘱托登记承办人员持有的行政执法证、工作证等；二是嘱托机关出具的指派或委托证明、工作介绍信或工作接洽函、受指派或受托人员自身的身份证明等。

三、登记簿上应当记载的注销登记的内容

登记簿上应当记载的海域使用权及海域内的房屋等定着物所有权注销登记的内容主要有：权利人；权利人的身份证明类型和号码；登记类型——注销登记；登记原因——海域灭失、放弃权利、司法裁决（或仲裁裁决）等；不动产单元号码等。

第二十章　抵押权登记

第一节　首次登记

抵押权首次登记，是指为了担保债权的实现，抵押当事人新创设一个原来不存在的抵押权并第一次申请将该抵押权记载在登记簿上产生的不动产登记。在不动产登记实务中，抵押权首次登记包括一般抵押权首次登记、最高额抵押权首次登记和在建建筑物抵押权首次登记。在建建筑物抵押权首次登记又包括一般抵押权性质的在建建筑物抵押权首次登记和最高额抵押权性质的在建建筑物抵押权首次登记。申请人申请首次登记的在建建筑物抵押权具有一般抵押权性质时，遵守法律、法规、规章和政策关于一般抵押权首次登记的规定；申请人申请首次登记的在建建筑物抵押权具有最高额抵押权性质时，则遵守法律、法规、规章和政策关于最高额抵押权首次登记的规定。

一、申请人申请抵押权首次登记的情形

在不动产登记实务中，申请人申请抵押权首次登记的情形主要有：一是因借款抵押产生的首次登记；二是因货物供销、运输或承揽加工等抵押产生的首次登记；三是因买卖、典当、融资租赁、信托、保理等抵押产生的首次登记；四是因反担保抵押产生的首次登记等。

1. 因借款抵押产生的首次登记

因借款抵押产生的首次登记是指以不动产作抵押，担保基于借款合同或协议建立的借款债权实现产生的抵押权首次登记。

2. 因货物供销、运输或承揽加工等抵押产生的首次登记

因货物供销、运输或承揽加工等抵押产生的首次登记是指以不动产

作抵押，担保基于货物供销合同、货物运输合同或货物承揽加工合同建立的债权实现产生的抵押权首次登记。

3. 因买卖、典当、融资租赁、信托、保理等抵押产生的首次登记

因买卖、典当、融资租赁、信托、保理等抵押产生的首次登记是指以不动产作抵押，担保基于买卖合同或协议、当票或典当合同、融资租赁合同、信托合同、保理合同建立的债权实现产生的抵押权首次登记。

4. 因反担保抵押产生的首次登记

因反担保抵押产生的首次登记是指以不动产作抵押，担保基于保证函或保证合同、最高额保证合同建立的债权实现产生的抵押权首次登记。

二、申请人、申请方式和登记申请材料

1. 申请人、申请方式

按《不动产登记暂行条例》第一条第一款规定，抵押权首次登记由抵押权人和抵押人共同申请。

2. 登记申请材料

申请人申请抵押权首次登记时应当提交的登记申请材料主要有：一是登记申请书；二是申请人的身份证明；三是不动产权属证书；四是主债权合同；五是抵押合同等。

（1）申请人的身份证明。

申请人的身份证明是指抵押权人（债权人）和抵押人（被抵押不动产物权的权利人）的身份证明。

（2）不动产权属证书。

不动产权属证书是指载明作为抵押财产的国有建设用地使用权、土地经营权、房屋所有权、林木所有权等不动产物权的不动产权属证书。

（3）主债权合同。

主债权合同是指债权人（抵押权人）与债务人签订的建立被抵押权

担保的借款债权、货物供销债权、货物运输债权、货物承揽加工债权、典当债权、融资租赁债权、信托债权、保理债权、保证债权等主债权的合同，如贷款合同、货物运输合同、保证合同等。建立被最高额抵押权担保的主债权的合同载明的应当是在最高限额内且在一定期限内连续发生债权的合同，如循环借款合同、承兑协议、最高额保证合同等。

（4）抵押合同。

抵押合同是指抵押权人（债权人）与抵押人（被抵押不动产物权的权利人）约定以不动产作抵押设定抵押权的合同。设定最高额抵押权的应当是最高额抵押合同。抵押合同是主债权合同的从合同，其签订时间不得先于主债权合同的签订时间。

三、登记簿上应当记载的首次登记内容

1. 登记簿上应当记载的一般抵押权首次登记的内容

登记簿上应当记载的一般抵押权首次登记的内容主要有：抵押权人；抵押人；抵押权人的身份证明类型及号码；抵押不动产的类型——土地（或土地及地上房屋、林地和林木、海域及海域内的构筑物等）；抵押方式——一般抵押；登记类型——首次登记；登记原因——因合同设立（借款、货物供销、货物运输、货物承揽加工、反担保等）；被担保主债权的数额；债务履行期间；抵押范围；抵押不动产可否转让的约定；共有情况；载明一般抵押权内容的不动产权属证书号码等。

2. 登记簿上应当记载的最高额抵押权首次登记的内容

登记簿上应当记载的最高额抵押权首次登记的内容主要有：抵押权人；抵押人；抵押权人的身份证明类型及号码、抵押不动产的类型——土地（土地及地上房屋、林地及地上林木、海域及海域内的构筑物等）；抵押方式——最高额抵押；登记类型——首次登记；登记原因——因合同设立（借款、货物供销、货物运输、货物承揽加工、反担保等）；被担保的最高债权额；债权确定期间；抵押范围；抵押不动产可否转让的

约定；共有情况；载明最高额抵押权内容的不动产权属证书号码等。

3. 登记簿上应当记载的在建建筑物抵押权首次登记的内容

登记簿上应当记载的在建建筑物抵押权首次登记的内容主要有：抵押权人；抵押人；抵押权人的身份证明类型及号码；抵押不动产的类型——土地及地上在建建筑物；在建建筑物坐落；抵押方式——一般抵押（或最高额抵押）；登记类型——首次登记；登记原因——因合同设立（或借款、货物供销、货物运输、货物承揽加工、反担保等）；被担保的债权数额（或最高债权额）；债务履行期间（或债权确定期间）；抵押范围；抵押不动产可否转让的约定；共有情况；载明在建建筑物抵押权内容的不动产权属证书号码等。

第二节 变更登记

抵押权变更登记，是指登记簿上记载的抵押权权利主体不变，但权利客体、权利内容等变更产生的不动产登记。在不动产登记实务中，抵押权变更登记包括一般抵押权变更登记、最高额抵押权变更登记和在建建筑物抵押权变更登记。在建建筑物抵押权变更登记又包括一般抵押权性质的在建建筑物抵押权变更登记和最高额抵押权性质的在建建筑物抵押权变更登记。申请人申请变更登记的在建建筑物抵押权具有一般抵押权性质时，遵守法律、法规、规章和政策关于一般抵押权变更登记的规定；申请人申请变更登记的在建建筑物抵押权具有最高额抵押权性质时，则遵守法律、法规、规章和政策关于最高额抵押权变更登记的规定。

一、申请人申请抵押权变更登记的情形

在不动产登记实务中，根据《不动产登记操作规范（试行）》14.2.1条和其他法律、法规的相关规定，申请人申请抵押权变更登记的情形主要有：一是当事人的姓名或者名称变更；二是当事人的身份证明类型或身份证明号码变更；三是被担保的主债权数额变更；四是被担保的最高

债权额变更；五是担保范围变更；六是债务履行期间变更；七是债权确定期间变更；八是抵押权顺位变更；九是抵押不动产可否转让的约定变更；十是抵押权共有性质变更等。

1. 当事人的姓名或者名称变更

当事人的姓名或者名称变更主要指抵押权人、抵押人依法变更其姓名或名称后与登记簿上的记载不一致的情形。

2. 当事人的身份证明类型或身份证明号码变更

当事人的身份证明类型或身份证明号码变更主要指抵押权人、抵押人依法变更其身份证明类型或身份证明号码后与登记簿上的记载不一致的情形。

3. 被担保的主债权数额变更

被担保的主债权数额变更主要指抵押当事人约定，变更被担保的主债权数额后与登记簿上的记载不一致的情形。此情形适用于一般抵押权变更登记。

4. 被担保的最高债权额变更

被担保的最高债权额变更主要指抵押当事人约定变更被担保的主债权的最高限额后与登记簿上的记载不一致的情形。此情形适用于最高额抵押权变更登记。

5. 担保范围变更

担保范围变更主要指抵押当事人约定扩大或缩小担保范围后与登记簿上的记载不一致的情形。

6. 债务履行期间变更

债务履行期间变更主要指抵押当事人约定延长或缩短抵押合同上载明的债务履行期间后与登记簿上的记载不一致的情形。此情形适用于一般抵押权变更登记。

7. 债权确定期间变更

债权确定期间变更主要指抵押当事人约定提前或延迟最高额抵押合同上载明的债权确定期间后与登记簿上的记载不一致的情形。此情形适用于最高额抵押权变更登记。

8. 抵押权顺位变更

《民法典》第四百零九条第一款规定，抵押权人可以放弃抵押权或者抵押权的顺位。抵押权人与抵押人可以协议变更抵押权顺位以及被担保的债权数额等内容。但是，抵押权的变更未经其他抵押权人书面同意的，不得对其他抵押权人产生不利影响。据此可知，记载在登记簿上的抵押权的顺位可以依当事人的约定变更。因此，抵押权顺位变更，主要指抵押权人间约定交换彼此的抵押权顺位的情形。

9. 抵押不动产可否转让的约定变更

如前所述，按《民法典》第四百零六条第一款规定，抵押当事人可以约定抵押财产可否转让。在司法实务中，按《最高人民法院关于适用〈中华人民共和国民法典〉有关担保制度的解释》（法释〔2020〕28号）第四十三条规定，抵押当事人关于禁止或者限制转让抵押财产的约定记载在登记簿上后，可以警示受让人，是否受让抵押财产须慎重抉择。概言之，抵押不动产可否转让的约定可以是登记簿上记载的内容，也可以是产生抵押权变更登记的情形。因此，抵押不动产可否转让的约定变更，主要指抵押权人、抵押人依法变更抵押不动产可否转让的约定后与登记簿上的记载不一致的情形。

10. 抵押权共有性质变更

按《民法典》第三百一十条规定，两个以上单位、个人可以共同享有用益物权、担保物权。质言之，抵押权也可被两个以上的自然人、法人或非法人组织共有。因此，抵押权共有性质变更，主要指抵押权的共有人约定将抵押权由共同共有变更为按份共有，或将抵押权由按份共有变更为共同共有后与登记簿上的记载不一致的情形。

二、申请人、申请方式和登记申请材料

1. 申请人、申请方式

（1）因当事人的姓名或者名称变更、身份证明类型或身份证明号码变更等非当事人合意的民事法律行为产生的抵押权变更登记，由相关的当事人单方申请。

（2）因被担保的主债权数额变更、最高债权额变更、担保范围变更、债务履行期间变更、债权确定期间变更、抵押不动产可否转让的约定变更等当事人合意的民事法律行为产生的抵押权变更登记，由登记簿上记载的抵押权人、抵押人共同申请。

（3）因抵押权顺位变更产生的抵押权变更登记，由相互交换顺位的抵押权人共同申请。

（4）因抵押权共有性质变更产生的抵押权变更登记，由抵押权的全体共有人共同申请。

二、登记申请材料

申请人申请抵押权变更登记时，应当提交的登记申请材料主要有：一是登记申请书；二是申请人的身份证明；三是不动产权属证书或抵押权已经登记的证明；四是抵押权变更登记原因证明等。

（一）不动产权属证书

不动产权属证书是指载明一般抵押权、最高额抵押权或在建建筑物抵押权的不动产权属证书。提交不动产权属证书适用于抵押权人为变更登记申请人的情形。

（二）变更登记原因证明

1. 当事人的姓名或名称变更的证明

当事人的姓名或名称变更的证明是指：一是当事人为自然人的，提交由公安机关或其他身份证明（居民身份证、户口本、士兵证等）颁发

机关（机构）为其出具的姓名变更证明。二是当事人为法人、非法人组织的，提交由县级以上人民政府事业单位登记管理机关、市场监督管理机关、社会团体登记机关等身份证明（营业执照、事业单位法人证书、社会团体法人登记证书等）颁发机关（机构）为其出具的名称变更证明。三是可以提交经过公证的姓名或名称变更事项公证书。其中，我国司法部委托的香港、澳门律师出具的公证书上须有中国法律服务（香港）有限公司、中国法律服务（澳门）有限公司的转递文书或转递章；台湾公证机构出具的公证书上须有该公证书使用地的省级公证协会的转递文书或转递章；外国公证机构制作的公证书上须有我国驻外使（领）馆的认证文书或认证章，并附该公证书的中文译本。

抵押当事人姓名或名称变更的证明上须载明当事人原来的姓名或名称和现在的姓名或名称。

2. 抵押当事人的身份证明类型或身份证明号码发生变更的证明

抵押当事人的身份证明类型或身份证明号码发生变更的证明是指公安机关、市场监督管理机关等身份证明颁发机关（机构）为当事人出具的变更后的身份证明类型或身份证明号码与登记簿上记载的身份证明类型或身份证明号码指向的对象是同一个主体的证明。也可以提交经过公证的身份证明类型或身份证明号码变更事项公证书。其中，我国司法部委托的香港、澳门律师出具的公证书上须有中国法律服务（香港）有限公司、中国法律服务（澳门）有限公司的转递文书或转递章；台湾公证机构出具的公证书上须有该公证书使用地的省级公证协会的转递文书或转递章；外国公证机构制作的公证书上须有我国驻外使（领）馆的认证文书或认证章，并附该公证书的中文译本。

抵押当事人的身份证明类型或身份证明号码变更的证明上须载明其原来的身份证明类型或身份证明号码和现在的身份证明类型或身份证明号码。

3. 被担保的主债权额变更的证明

被担保的主债权数额变更的证明是指抵押当事人约定变更被担保的主债权数额的抵押权变更协议。

4. 被担保的最高债权额变更的证明

被担保的最高债权额变更的证明是指抵押当事人约定变更被担保的主债权最高限额的抵押权变更协议。

5. 担保范围变更的证明

担保范围变更的证明是指抵押当事人约定扩大或缩小担保范围的抵押权变更协议。

6. 债务履行期间变更的证明

债务履行期间变更的证明是指抵押当事人约定延长或缩短债务履行期间的抵押权变更协议。

7. 债权确定期间变更的证明

债权确定期间变更的证明是指抵押当事人约定延迟或提前债权确定期间的抵押权变更协议。

8. 抵押权顺位变更的证明

抵押权顺位变更的证明是指抵押权人间约定交换彼此的抵押权顺位的抵押权变更协议。

9. 变更抵押不动产可否转让的约定的证明

变更抵押不动产可否转让的约定的证明是指抵押权人、抵押人变更抵押财产可否转让的约定的抵押权变更协议或其他书面凭证。

10. 抵押权共有性质变更的证明

抵押权共有性质变更的证明是指抵押权的全体共有人签订的将抵押权由按份共有变更成共同共有，或将共同共有变更成按份共有的协议。

三、登记簿上应当记载的变更登记的内容

登记簿上应当记载的抵押权变更登记的内容主要有：抵押权人；抵押人；抵押权人的身份证明类型及号码；登记类型——变更登记；登记原因——当事人身份证明号码变更、债务履行期间变更、债权确定期间变更、担保范围变更、抵押权顺位变更等；变更的内容；载明抵押权变更登记内容的不动产权属证书号码等。

第三节　转移登记

抵押权转移登记，是指登记簿上记载的抵押权的权利主体变更，但权利客体、权利内容等不变产生的不动产登记。在不动产登记实务中，抵押权转移登记包括一般抵押权转移登记、最高额抵押权转移登记和在建建筑物抵押权转移登记。在建建筑物抵押权转移登记又包括一般抵押权性质的在建建筑物抵押权转移登记和最高额抵押权性质的在建建筑物抵押权转移登记。申请人申请转移登记的在建建筑物抵押权具有一般抵押权性质时，遵守法律、法规、规章和政策关于一般抵押权转移登记的规定；申请人申请转移登记的在建建筑物抵押权具有最高额抵押权性质时，则遵守法律、法规、规章和政策关于最高额抵押权转移登记的规定。

一、申请人申请抵押权转移登记的情形

在不动产登记实务中，申请人申请抵押权转移登记的情形主要有：一是抵押权随主债权转移而转移；二是因作为抵押权人的法人、非法人组织合并、分立导致的抵押权转移；三是因继承、受遗赠产生的抵押权转移等。

1. 抵押权随主债权转移而转移

抵押权随主债权转移而转移是指债权人将被抵押权担保的主债权转移给他人，作为从权利的抵押权随之转移给债权受让人的情形。

2. 因作为抵押权人的法人、非法人组织的合并、分立导致的抵押权转移

（1）因作为抵押权人的法人、非法人组织因合并导致的抵押权转移。

因作为抵押权人的法人、非法人组织因合并导致的抵押权转移主要指享有抵押权的法人、非法人组织间签订合并协议，或共同作出合并决定，或其共同的上级组织作出合并决定，将原来的两个以上的法人、非法人组织合并成为一个法人、非法人组织，被合并的法人、非法人组织消灭，并在合并协议中约定，或在合并决定中载明法人、非法人组织合并前享有的抵押权归属的情形。

按《民法典》第六十七条、第一百零八条规定，法人、非法人组织合并的，其权利和义务由合并后的法人、非法人组织享有和承担。据此可知，作为权利人的法人、非法人组织合并时，合并协议、合并决定等材料中即使未载明其合并前享有的抵押权归属的，其合并前享有的抵押权归合并后的法人、非法人组织。

（2）因作为抵押权人的法人、非法人组织分立导致的抵押权转移。

因作为抵押权人的法人、非法人组织分立导致的抵押权转移主要指享有抵押权的法人、非法人组织签订分立协议，或共同作出分立决定，或其共同的上级组织作出分立决定，从原来的一个法人、非法人组织中分立出来再成立一个新的与原来的法人、非法人组织同时并存的法人、非法人组织，并在分立协议中约定，或在分立决定中载明法人、非法人组织分立前享有的抵押权归属的情形。

3. 因继承、受遗赠产生的抵押权转移

因继承、受遗赠产生的抵押权转移是指作为抵押权人的自然人死亡，其依法享有的抵押权因继承、受遗赠转移给其继承人、受遗赠人的情形。

二、申请人、申请方式和登记申请材料

1. 申请人、申请方式

（1）抵押权因随主债权转移而转移、因抵押权人的分立产生的转移

登记，由当事人双方共同申请。

（2）抵押权因抵押权人的合并、因继承或受遗赠产生的转移登记，由权利取得人单方申请。

2. 登记申请材料

申请人申请抵押权转移登记时应当提交的登记申请材料主要有：一是登记申请书；二是申请人的身份证明；三是不动产权属证书或抵押权已登记的证明；四是转移登记原因证明等。

根据前述申请人申请抵押权转移登记的情形，申请人应当提交的转移登记原因证明主要有：一是债权转让合同或协议、债权人通知债务人的证明。二是作为抵押权人的法人、非法人组织间达成的合并或分立协议，或法人、非法人组织共同作出的合并、分立决定，或法人、非法人组织共同的上级组织作出的合并、分立决定等。法人、非法人组织分立的证明中没有载明抵押权归属的，还应当提交抵押权归属的证明。三是继承权公证书、放弃继承权声明、继承人与被继承人的亲属关系证明、遗产分割协议、继承遗嘱、被继承人的死亡证明等继承人基于继承取得被继承人遗留的抵押权的证明。遗赠公证书、遗赠扶养协议或遗赠协议、遗赠遗嘱、遗赠人的死亡证明等受遗赠人基于受遗赠取得遗赠人遗留的抵押权的证明。

三、最高额抵押权随部分债权的转让而转移

1. 最高额抵押权随部分债权的转让而转让的情形

最高额抵押权随部分债权的转让而转移的情形主要有：一是当事人约定原抵押权人与受让人共同享有最高额抵押权的，应当申请最高额抵押权转移登记。此情形，实质上是受让人受让原债权人（抵押权人）的债权份额后，与其共同享有该最高额抵押权。二是当事人约定受让人享有一般抵押权、原抵押权人就扣减已转移的债权数额后继续享有最高额抵押权的，应当一并申请一般抵押权首次登记以及最高额抵押权变更登

记。此情形下，一般抵押权首次登记系因受让被从最高额抵押权担保的债权中分离出来的一个明确、具体的债权产生的抵押权首次登记。最高额抵押权变更登记则是因转让部分债权导致被担保的债权额变更产生的最高额抵押权变更登记。三是当事人约定原抵押权人不再享有最高额抵押权的，应当一并申请最高额抵押权确定登记与一般抵押权转移登记。此情形下，登记机构应当先为当事人办理最高额抵押权确定登记后，再办理一般抵押权转移登记。

最高额抵押权担保的债权确定前，债权人转让部分债权的，除非当事人另有约定外，登记机构不得办理最高额抵押权转移登记。

2. 申请人申请最高额抵押权随部分债权的转让而转移产生的不动产登记时应当提交的申请材料

申请人申请最高额抵押权随部分债权的转让而转移产生的不动产登记时应当提交的申请材料主要有：一是登记申请书；二是申请人的身份证明；三是不动产权属证书或最高额抵押权已登记的证明；四是转移登记原因证明等。

根据前述最高额抵押权随部分债权的转让而转移的情形，申请人应当提交的转移登记原因证明主要有：一是只申请最高额抵押权转移登记的，提交原抵押权人与受让人约定共同享有最高额抵押权的合同或协议；二是一并申请一般抵押权首次登记和最高额抵押权变更登记的，提交当事人约定受让人享有一般抵押权、原抵押权人就扣减已转移的债权数额后继续享有最高额抵押权的合同或协议；三是一并申请最高额抵押权确定登记和一般抵押权转移登记的，提交当事人约定原抵押权人不再享有最高额抵押权且被转让的部分债权已确定的合同或协议等。

四、登记簿上应当记载的转移登记的内容

登记簿上应当记载的抵押权转移登记的内容主要有：抵押权人（抵押权的取得方）；抵押权人的身份证明类型及号码；登记类型——转移

登记；登记原因——随主债权转让、随部分主债权转让、抵押权人合并、继承等；转移的内容；载明抵押权转移登记内容的不动产权属证书号码等。

第四节　最高额抵押权确定登记

最高额抵押权确定登记，是指记载在登记簿上的最高额抵押权担保的最高限额内且于一定期间内连续发生的债权，因法定事由成就而确定产生的不动产登记。最高额抵押权担保的债权确定，也称"最高额抵押权担保的债权的特定"，是指最高额抵押权所担保的一定范围内的不特定债权，因一定事由的发生而归于具体特定[①]。最高额抵押权确定登记也包括具有最高额抵押权性质的在建建筑物抵押权确定登记。

一、申请人申请最高额抵押权确定登记的情形

《民法典》第四百二十三条规定："有下列情形之一的，抵押权人的债权确定：（一）约定的债权确定期间届满；（二）没有约定债权确定期间或者约定不明确，抵押权人或者抵押人自最高额抵押权设立之日起满二年后请求确定债权；（三）新的债权不可能发生；（四）抵押权人知道或者应当知道抵押财产被查封、扣押；（五）债务人、抵押人被宣告破产或者解散；（六）法律规定债权确定的其他情形。"据此可知，申请人申请最高额抵押权确定登记的情形主要有：一是约定的债权确定期间届满；二是没有约定债权确定期间或者约定不明确的，抵押权人或者抵押人自最高额抵押权设立之日起满二年后可以请求确定债权；三是新的债权不可能发生；四是抵押权人知道或者应当知道抵押财产被查封、扣押；五是债务人、抵押人被宣告破产或者解散等。

1. 约定的债权确定期间届满

约定的债权确定期间届满主要指抵押权人与抵押人约定的对最高

[①] 王利明、尹飞、程啸：《中国物权法教程》，人民法院出版社 2007 年版，第 501 页。

债权限额范围内且于一定期限内连续发生的债权进行清算使之确定的期间届满的情形。按《民法典》第四百二十三条规定，债权因抵押当事人约定的债权确定期间届满而确定，若抵押当事人没有约定债权确定期间或者约定不明确，抵押权人或者抵押人自最高额抵押权设立之日起满二年可以请求确定。其中，"抵押当事人约定的债权确定期间"和"自最高额抵押权设立之日起满二年"，都系法律关于债权确定的时间节点的规定，故笔者将此两种情形统称为债权确定期间届满。

2. 新的债权不可能发生

新的债权不可能发生主要指最高债权限额内且于一定期间内连续发生债权的基础法律关系消灭的情形，如循环合同终止等。

3. 抵押权人知道或应当知道抵押财产被查封

抵押权人知道或应当知道抵押财产被查封主要指人民法院向抵押权人送达查封抵押财产的法律文书，或人民法院告知抵押权人抵押财产被查封的事实的情形。

4. 债务人、抵押人被宣告破产或解散

债务人、抵押人被宣告破产或解散主要指：一是作为债务人、抵押人的法人、非法人组织被人民法院生效的法律文书宣告破产、解散；二是作为债务人、抵押人的法人、非法人组织被其行政主管部门生效的行政决定宣告解散；三是作为债务人、抵押人的法人、非法人组织自行解散等。

二、申请人、申请方式和登记申请材料

1. 申请人、申请方式

因债权确定期间届满等当事人合意的民事法律行为产生的最高额抵押权确定登记，由当事人双方共同申请。因抵押人、债务人被宣告破产等非当事人合意的民事法律行为产生的最高额抵押权确定登记，可以由相关当事人单方申请。

第二十章 抵押权登记

2. 登记申请材料

申请人申请最高额抵押权确定登记时应当提交的登记申请材料主要有：一是登记申请书；二是申请人的身份证明；三是不动产权属证书或最高额抵押权已登记的证明；四是确定登记原因证明。

根据前述申请人申请最高额抵押权确定登记的情形，申请人应当提交的确定登记原因证明主要有：一是约定的债权确定期间届满的证明，如载明债权确定期间的最高额抵押合同，或记载有债权确定期间的登记簿打印件、复印（制）件等；二是最高额抵押权设立之日起满二年的证明，如载明最高额抵押权登记时间的不动产权属证书，或载明最高额抵押权登记时间的登记簿打印件、复印（制）件等；三是新的债权不可能发生的证明，如人民法院或仲裁机构的解除连续发生的债权存在的基础法律关系（如循环借款合同、最高额度借款合同）的生效的判决书、裁定书、民事调解书、裁决书、仲裁调解书，或债权人和债务人签订的债权合同终止或终结协议，或债权人和债务人共同作出的有关债权合同终止或终结的声明、承诺等；四是抵押权人知道或者应当知道抵押财产被查封、扣押的证明，如人民法院告知抵押权人抵押财产已经被查封、扣押的证明，或人民法院向抵押权人送达查封、扣押抵押财产的法律文书等；五是人民法院制作的破产裁定书、人民法院生效的撤销企业的民事判决书、行政机关撤销企业的行政决定、抵押人或债务人作出的解散企业的决定等。

三、登记簿上应当记载的确定登记的内容

登记簿上应当记载的最高额抵押权确定登记的内容主要有：抵押权人；抵押人；抵押权人的身份证明类型和号码；登记类型——确定登记；登记原因——约定的债权确定期间届满、新的债权不可能发生、抵押人破产等；确定的内容；载明确定登记内容的不动产权属证书号码等。

第五节　注销登记

抵押权注销登记，是指记载在登记簿上的抵押权，在使其消灭的法定情形产生或法定事由成就时，对其予以涂销使其失去法律效力产生的不动产登记。在不动产登记实务中，抵押权注销登记包括一般抵押权注销登记、最高额抵押权注销登记和在建建筑物抵押权注销登记。

一、申请人申请抵押权注销登记的情形

在不动产登记实务中，申请人申请抵押权注销登记的情形主要有：一是主债权消灭；二是抵押权已经实现；三是抵押权人放弃抵押权；四是抵押物实体（物理）灭失；五是人民法院、仲裁机构生效的法律文书消灭抵押权。

1. 主债权消灭

主债权消灭主要指依附于主债权成立、存在的抵押权随主债权的消灭而消灭的情形。

2. 抵押权已经实现

抵押权已经实现主要指抵押当事人或人民法院以拍卖、变卖方式变现抵押不动产清偿债务或以抵押不动产折价抵债而导致抵押权消灭的情形。

3. 抵押权人放弃抵押权

抵押权人放弃抵押权主要指权利人基于自己的意思表示抛弃其享有的抵押权而使之消灭的情形。

4. 抵押物实体（物理）灭失

抵押物实体（物理）灭失主要指抵押不动产因自然原因、人为原因导致其实体（物理）灭失而使在其上设立的抵押权随之灭失的情形。

5. 人民法院、仲裁机构生效的法律文书消灭抵押权

人民法院、仲裁机构生效的法律文书消灭抵押权主要指人民法院、仲裁机构生效的判决书、裁定书、裁决书确认登记簿上记载的抵押权无效的情形。

二、申请人、申请方式和登记申请材料

1. 申请人、申请方式

因债务人依约定还本付息、抵押权实现等当事人合意的民事法律行为消灭债权、抵押权产生的注销登记，由当事人双方共同申请。因抵押权人放弃抵押权产生的注销登记，由抵押权人单方申请。因抵押物灭失产生的注销登记，可以由抵押权人或抵押人单方申请。因人民法院、仲裁机构生效的判决书、裁定书、裁决书确认登记簿上记载的抵押权无效等非当事人合意的民事法律行为产生的注销登记，可以由相关当事人单方申请。

2. 登记申请材料

申请人申请抵押权注销登记时应当提交的登记申请材料主要有：一是登记申请书；二是申请的身份证明；三是不动产权属证书或抵押权已登记的证明；四是注销登记原因证明。

根据前述申请人申请抵押权注销登记的情形，申请人应当提交的注销登记原因证明主要有：一是主债权已消灭的证明，主要指主债权因清偿、抵销、免除、混同和生效的法律文书等使其消灭的证明，如还款证明、抵销协议、债权人免除债务的声明或决定、生效的消灭主债权的判决书（裁定书、民事调解书、裁决书、仲裁调解书）。二是抵押权实现的证明，主要指抵押不动产已经被拍卖、被变卖清偿债务或者折价抵债的证明，如拍卖成交确认书、变卖合同、折价抵债协议等。三是抵押权人放弃抵押权的证明，主要指抵押权人放弃抵押权的说明、声明等。四是抵押不动产灭失的证明，指抵押不动产实体已经灭失的证明，该证明

根据不动产实体灭失的原因，由相应的主体出具。如房屋因火灾灭失的，可以是县级以上人民政府应急管理机关或其消防机构、地方政府或房屋所在地社区居民委员会、村民委员会出具的房屋因火灾已经灭失的证明等；房屋因拆迁灭失的，可以是拆迁补偿安置协议等。五是人民法院或仲裁机构生效的确认登记簿上记载的抵押权无效的判决书、裁定书、裁决书等。

三、登记簿上应当记载的注销登记的内容

登记簿上应当记载的抵押权注销登记的内容主要有：抵押权人；抵押人；抵押权人的身份证明类型和号码；登记类型——注销登记；登记原因——主债权消灭、抵押权实现、生效的法律文书等。

第二十一章　不动产预告登记

第一节　设立登记

不动产预告登记设立登记，是指基于不动产买卖合同、不动产抵押合同等处分不动产的合同建立的请求权申请的预先登记，旨在限制不动产物权的权利人再将该不动产以买卖、抵押等方式处分给他人，以保障预先登记的权利人实现合同目的，将来确定地取得该不动产物权的不动产登记。

一、申请人申请不动产预告登记设立登记的情形

在不动产登记实务中，按《不动产登记暂行条例实施细则》第八十五条规定，申请人申请不动产预告登记设立登记的情形主要有：一是不动产买卖；二是不动产抵押；三是预购商品房；四是预购商品房抵押等。

1. 不动产买卖预告登记设立登记

不动产买卖预告登记设立登记主要指当事人就记载在登记簿上并取得不动产权属证书的不动产物权签订买卖合同，但暂且不申请不动产物权转移登记，为保障买卖合同目的的实现，确保买受人将来取得该不动产物权，依买卖合同约定或其他约定申请预告登记设立登记的情形。

2. 不动产抵押预告登记设立登记

不动产抵押预告登记设立登记主要指当事人就记载在登记簿上并取得不动产权属证书的不动产物权签订抵押合同，但暂且不申请抵押权首次登记，为保障抵押合同目的的实现，确保抵押权人将来取得该不动产的抵押权，依抵押合同约定或其他约定申请预告登记设立登记的情形。

3. 预购商品房预告登记设立登记

预购商品房预告登记设立登记主要指商品房的卖方在取得预售许可证后，与买方签订商品房预售合同，但因不具备房屋所有权转移登记的条件，买卖双方为保障商品房预售合同目的实现，确保买受人将来取得该预售商品房的所有权，依商品房预售合同约定或其他约定申请预告登记设立登记的情形。

4. 预购商品房抵押预告登记设立登记

预购商品房抵押预告登记设立登记主要指购房人作为抵押人与抵押权人（债权人）签订抵押合同，将其预购的商品房抵押给抵押权人（债权人）作为获取后续购房资金贷款的担保，但因不具备申请抵押权登记的条件，抵押权人、抵押人为了保障抵押合同目的实现，确保抵押权人将来取得该预售商品房的房屋抵押权，依抵押合同约定或其他约定申请预告登记设立登记的情形。

5. 其他情形

《民法典》第二百二十一条第一款规定，当事人签订买卖房屋的协议或者签订其他不动产物权的协议，为保障将来实现物权，按照约定可以向登记机构申请预告登记。预告登记后，未经预告登记的权利人同意，处分该不动产的，不发生物权效力。质言之，预告登记，即为保全一项以将来发生不动产物权为目的的请求权的不动产登记。而且预告登记的本质特征是使被登记的请求权具有物权效力，纳入预告登记的请求权，对后来发生的与该项请求权内容相同的不动产物权的处分行为，具有排他的效力，以确保将来只发生该请求权所期待的法律效果。①换言之，当事人申请预告登记，旨在确保预告登记权利人实现请求权的目的而最终取得不动产物权，申言之，经过预告登记的请求权具有准物权的效力。笔者据此认为，拆迁还房协议、合作建房合同、约定不动产归属的离婚协议等以取得不动产物权为目的的协议或合同，属于《民法典》第二百

---

① 梁慧星《中国民法典草案建议稿附理由：物权编》，法律出版社 2004 版，第 38 页。

第二十一章 不动产预告登记

二十一条第一款规定的"其他不动产物权的协议"。为了保障基于这些合同或协议取得不动产物权的目的实现，当事人也可以按约定申请相关不动产预告登记设立登记。

二、申请人、申请方式和登记申请材料

1. 申请人、申请方式

按《不动产登记暂行条例》第十四条第一款规定，一般情形下，预告登记设立登记由当事人共同申请。但是，卖方（预售人）和买方（预购人）订立商品房预售合同后，卖方（预售人）未按照约定与买方（预购人）共同申请预告登记的，买方（预购人）可以单方申请预购商品房预告登记。

2. 登记申请材料

申请人申请不动产预告登记设立登记时应当提交的登记申请材料主要有：一是登记申请书；二是申请人的身份证明；三是预告登记设立登记原因证明；四是当事人关于办理预告登记的约定，此约定可以是预告登记设立登记原因证明中的办理预告登记的条款，也可以是当事人间产生的专门办理预告登记的约定材料。

根据前述申请人申请预告登记设立登记的情形，申请人应当提交的预告登记设立登记原因证明主要有：一是买卖、互换、作价入股等转移不动产物权的合同；二是不动产抵押合同；三是已备案的商品房预售合同；四是以预购商品作抵押的抵押合同；五是其他以取得不动产物权为目的的合同等。

三、登记簿上应当记载的不动产预告登记设立登记的内容

登记簿上应当记载的不动产预告登记设立登记的内容主要有：权利人——买方、抵押权人、预购人等；义务人——卖方、抵押人、预售人等；权利人和义务人的身份证明类型及号码；预告登记种类——不动产

买卖预告登记设立、不动产抵押预告登记设立、预购商品房预告登记设立、预购商品房抵押预告登记设立等；登记原因——买卖、抵押、商品房预购、预购商品房抵押；不动产坐落、预购商品房坐落；宗地权利人——卖方、抵押人、预售人；不动产用途、预购商品房规划用途；不动产性质——自建房、商品房等；所在层/总层数；被担保主债权数额；抵押物的范围或面积；载明不动产预告登记设立登记内容的不动产权属证书号码等。

第二节 变更登记

不动产预告登记变更登记，是指登记簿上记载的不动产预告登记的权利主体不变，但权利客体、权利内容等变更产生的不动产登记。

一、申请人申请不动产预告登记变更登记的情形

在不动产登记实务中，申请人申请不动产预告登记变更登记的情形主要有：一是预告登记当事人的姓名或名称变更；二是预告登记当事人的身份证明类型或身份证明号码变更；三是被担保的债权数额变更等。

二、申请人、申请方式和登记申请材料

1. 申请人、申请方式

因预告登记当事人的姓名或名称变更、身份证明类型或身份证明号码变更等非当事人合意的民事法律行为产生的变更登记，由相关当事人单方申请。因被担保的债权数额变更等当事人合意的民事法律行为产生的变更登记，由当事人双方共同申请。

2. 登记申请材料

申请人申请不动产预告登记变更登记时应当提交的登记申请材料主要有：一是登记申请书；二是申请人的身份证明；三是不动产权属证书或不动产预告登记已经登记的证明；四是变更登记原因证明。

第二十一章 不动产预告登记

根据前述申请人申请不动产预告登记变更登记的情形,申请人应当提交的变更登记原因证明主要有:

(1)预告登记当事人姓名或名称变更的证明:①预告登记当事人为自然人的,提交由公安机关或其他身份证明(居民身份证、户口本、士兵证等)颁发机关(机构)为其出具的姓名变更证明。②预告登记当事人为法人、非法人组织的,提交由县级以上人民政府事业单位登记管理机关、市场监督管理机关、社会团体登记机关等身份证明(营业执照、事业单位法人证书、社会团体法人登记证书等)颁发机关(机构)为其出具的名称变更证明。也可以提交经过公证的姓名或名称变更事项公证书。其中,我国司法部委托的香港、澳门律师出具的公证书上须有中国法律服务(香港)有限公司、中国法律服务(澳门)有限公司的转递文书或转递章;台湾公证机构出具的公证书上须有该公证书使用地的省级公证协会的转递文书或转递章;外国公证机构制作的公证书上须有我国驻外使(领)馆的认证文书或认证章,并附该公证书的中文译本。

预告登记当事人姓名或名称变更的证明须载明其原来的姓名或名称和现在的姓名或名称。

(2)预告登记当事人的身份证明类型或身份证明号码变更的,提交公安机关、市场监督管理机关等身份证明的颁发机关(机构)出具的变更后的身份证明类型或身份证明号码与登记簿上记载的身份证明类型或身份证明号码指向的对象是同一个主体的证明。也可以提交经过公证的身份证明类型或身份证明号码变更事项公证书。其中,我国司法部委托的香港、澳门律师出具的公证书上须有中国法律服务(香港)有限公司、中国法律服务(澳门)有限公司的转递文书或转递章;台湾公证机构出具的公证书上须有该公证书使用地的省级公证协会的转递文书或转递章;外国公证机构制作的公证书上须有我国驻外使(领)馆的认证文书或认证章,并附该公证书的中文译本。

预告登记当事人身份证明类型或身份证明号码变更的证明须载明其原来的身份证明类型或身份证明号码和现在的身份证明类型或身份

证明号码。

（3）抵押权人、抵押人签订的载明被担保的债权数额变更的抵押权变更协议等。

三、登记簿上应当记载的不动产预告登记变更登记的内容

登记簿上应当记载的不动产预告登记变更登记的内容主要有：权利人——买方、抵押权人、预购人；义务人——卖方、抵押人、预售人等；权利人、义务人的身份证明类型和号码；登记类型——不动产预告登记变更；登记原因——当事人姓名或名称变更、被担保的债权数额变更等；变更的内容；载明变更登记内容的不动产权属证书号码等。

第三节 转移登记

不动产预告登记转移登记，是指登记簿上记载的不动产预告登记的权利主体变动，但权利客体、权利内容等不变产生的不动产登记。

一、申请人申请不动产预告登记转移登记的情形

在不动产登记实务中，按《不动产登记操作规范（试行）》15.3.1条规定，申请人申请不动产预告登记转移登记的情形主要有：一是因作为预告登记权利人的法人、非法人组织合并或分立导致预告登记的权利转移；二是继承、受遗赠；三是因主债权转移导致预告登记的权利转移；四是因人民法院、仲裁机构生效的法律文书导致预告登记的权利转移。

二、申请人、申请方式和登记申请材料

1. 申请人、申请方式

因预告登记的权利人分立、主债权转移等当事人合意的民事法律行为产生的转移登记，由当事人共同申请，但因权利人合并产生的转移登记，由合并后的权利人单方申请。因继承、受遗赠、生效的法律文书等

非当事人合意的民事法律行为产生的转移登记,由相关当事人单方申请。

2. **登记申请材料**

申请人申请不动产预告登记转移登记时应当提交的登记申请材料主要有:一是登记申请书;二是申请人的身份证明;三是不动产权属证书或不动产预告登记已登记的证明;四是转移登记原因证明。

根据前述申请人申请不动产预告登记转移登记的情形,申请人应当提交的转移登记原因证明主要有:一是作为权利人的法人、非法人组织间达成的合并或分立协议,或法人、非法人组织共同作出的合并、分立决定,或法人、非法人组织共同的上级组织作出的合并、分立决定等。法人、非法人组织分立的证明中没有载明预告登记的权利归属的,还应当提交预告登记的权利归属的证明。二是继承权公证书、放弃继承权声明、继承人与被继承人的亲属关系证明、遗产分割协议、继承遗嘱、被继承人的死亡证明等继承人基于继承取得被继承人遗留的预告登记的权利的证明。遗赠公证书、遗赠扶养协议或遗赠协议、遗赠遗嘱、遗赠人的死亡证明等受遗赠人基于受遗赠取得遗赠人遗留的预告登记的权利的证明。三是主债权转让合同或协议。四是人民法院、仲裁机构生效的导致不动产预告登记的权利转移的判决书、裁定书、民事调解书、裁决书、仲裁调解书等。

三、登记簿上应当记载的不动产预告登记转移登记的内容

登记簿上应当记载的不动产预告登记转移登记的内容主要有:权利人(权利的取得方);权利人的身份证明类型和号码;登记类型——转移登记;登记原因——继承、权利人合并或分立、主债权转让、生效的法律文书;转移的内容;载明转移登记内容的不动产权属证书号码等。

第四节 注销登记

不动产预告登记注销登记,是指登记簿上记载的不动产预告登记,在使其消灭的法定情形产生或法定事由成就时,对其予以涂销使其失去

法律效力的不动产登记。

一、申请人申请不动产预告登记注销登记的情形

在不动产登记实务中，申请人申请不动产预告登记注销登记的情形主要有：一是以买卖、抵押等方式处分不动产的合同被解除、被撤销、被宣告无效等；二是被担保的主债权消灭，即债务人清结债务而终止主债权合同或主债权合同被解除、被撤销、被宣告无效等；三是预告登记的权利人放弃权利；四是人民法院、仲裁机构生效的导致不动产预告登记无效的法律文书。

二、申请人、申请方式和登记申请材料

1. 申请人、申请方式

因预告登记的权利人放弃权利、生效的法律文书撤销或解除处分不动产的合同等非当事人合意的民事法律行为产生的注销登记，由相关当事人单方申请。因当事人协商解除处分不动产的合同等当事人合意的民事法律行为产生的注销登记，由当事人共同申请。

2. 登记申请材料

申请人申请不动产预告登记注销登记时应当提交的登记申请材料主要有：一是登记申请书；二是申请人的身份证明；三是不动产权属证书或不动产预告登记已登记的证明；四是注销登记原因证明。

根据前述申请人申请不动产预告登记注销登记的情形，申请人应当提交的注销登记原因证明主要有：一是当事人协商解除处分不动产的合同或协议。人民法院、仲裁机构生效的解除、撤销处分不动产的合同或确认处分不动产的合同无效的判决书、裁定书、民事调解书、裁决书、仲裁调解书。二是债权人和债务人协商解除或终止主债权合同的协议，债务人清结债务的证明，人民法院、仲裁机构生效的解除主债权合同、撤

销主债权合同或确认主债权合同无效的判决书、裁定书、民事调解书、裁决书、仲裁调解书。三是预告登记的权利人放弃权利的说明、声明。四是人民法院、仲裁机构生效的确认登记簿上记载的不动产预告登记无效的判决书、裁定书、裁决书等。

三、登记簿上应当记载的不动产预告登记注销登记的内容

登记簿上应当记载的不动产预告登记注销登记的内容主要有：权利人；义务人；权利人、义务人的身份证明类型和号码；登记类型——注销登记；登记原因——处分不动产的合同被解除、权利人放弃权利等。

第二十二章　更正登记与异议登记

第一节　更正登记

更正登记，是指权利人、利害关系人认为登记簿上记载的内容错误而向登记机构申请的纠正该错误产生的不动产登记。

一、申请人申请更正登记的情形

申请人申请更正登记的前提是登记簿上现时记载的内容错误。登记簿上现时记载的内容错误的情形主要有：一是不动产物权主体错误；二是不动产物权客体错误；三是不动产物权内容错误；四是其他内容错误等。

二、申请人、申请方式和登记申请材料

1. 申请人、申请方式

更正登记由权利人或利害关系人单方申请，也可以由权利人和利害关系人共同申请。其中，权利人是指登记簿上现时记载的不动产物权的权利主体和其他法定事项的权利主体，利害关系人是指登记簿上现时记载的内容对其享有不动产物权或行使不动产物权有妨碍、有利害关系的人。

2. 登记申请材料

申请人申请更正登记时应当向登记机构提交的登记申请材料主要有：一是登记申请书；二是申请人的身份证明；三是不动产权属证书，该证书适用于权利人申请更正登记的情形；四是申请人与拟更正登记内容有利害关系的证明，该证明适用于利害关系人申请更正登记的情形；五是登记簿上记载的权利人同意更正的证明，该证明适用于利害关系人

申请更正登记的情形；六是登记簿上记载的内容错误的证明。

根据前述申请人申请更正登记的情形，申请人应当提交的登记簿上记载的内容错误的证明主要有：一是登记簿上记载的不动产物权的客体错误、物权内容错误或其他内容错误的证明，主要形式为能证明登记簿上的记载有错误的登记档案材料、有资质的机构出具的不动产权籍调查成果报告等；二是登记簿上记载的不动产物权主体错误和其他法定事项的权利主体错误的证明，主要形式为权利主体被记载于登记簿上之前产生的，能证明不动产物权和其他法定事项的真实权利主体资格的委托书、声明、承诺或协议等，如借用他人姓名购买商品房并申请房屋所有权登记的协议。

三、登记簿上应当记载的更正登记的内容

登记簿上应当记载的更正登记的内容主要有：申请人；申请人的身份证明类型和号码；登记类型——更正登记；登记原因——权利主体更正（或权利内容更正、其他法定事项更正等）；更正后的内容；载明更正登记内容的不动产权属证书号码等。

第二节　异议登记

异议登记，是利害关系人认为不动产登记簿上记载的内容错误且在办理更正登记不能的情形下向登记机构申请的对该内容提出异议的不动产登记。

一、申请人申请异议登记的情形

申请人申请异议登记的情形为登记簿上记载的内容错误且更正登记不能办理。

二、申请人、申请方式和登记申请材料

1. 申请人、申请方式

异议登记由利害关系人单方申请。此处的利害关系人是指登记簿上

现时记载的内容对其享有不动产物权或行使不动产物权有妨碍、有利害关系的人。

2. 登记申请材料

申请人申请异议登记时应当提交的登记申请材料主要有：一是登记申请书；二是申请人的身份证明；三是登记簿上记载的内容错误的证明；四是申请人办理更正登记不能的证明；五是申请人与申请异议登记的内容有利害关系的证明。

（1）申请人办理更正登记不能的证明。

申请人办理更正登记不能的证明是指权利人出具的不同意更正的材料、登记机构不予更正登记的告知书或回复等。

（2）申请人与申请异议登记的内容有利害关系的证明。

此证明应当区别个案确定，如甲认为登记簿上记载的因继承产生的房屋转移登记中，继承人漏掉了他，损害了他的权益，则甲应当提交其享有继承权的材料作为其与申请异议登记的内容有利害关系的证明等。

三、登记簿上应当记载的异议登记的内容

登记簿上应当记载的异议登记的内容主要有：申请人；申请人的身份证明类型和号码；登记类型——异议登记；异议事项；载明异议登记内容的不动产权属证书号码等。

四、异议登记注销登记

异议登记注销登记，是指登记簿上记载的异议登记，在使其消灭的法定情形产生或法定事由成就时，对其予以涂销使其失去法律效力的不动产登记。

（一）申请人申请异议登记注销登记的情形

在不动产登记实务中，申请人申请异议登记注销登记的情形主要有：一是异议登记申请人申请注销异议登记；二是异议登记失效，即异

议登记记载于登记簿上满十五日，且申请人没有向人民法院起诉、申请仲裁机构仲裁解决异议事项，或虽然向人民法院起诉、申请仲裁机构仲裁解决异议事项但未得到人民法院、仲裁机构支持。

（二）申请人、申请方式和登记申请材料

1. 申请人、申请方式

异议登记注销登记可以由异议登记申请人或登记簿上记载的不动产物权和其他法定事项的权利人单方申请。

2. 登记申请材料

申请人申请异议登记注销登记时应当提交的登记申请材料主要有：一是登记申请书；二是申请人的身份证明；三是不动产权属证书或异议登记已登记的证明，该证书适用于异议登记申请人申请异议登记注销登记的情形；四是异议登记注销登记原因证明，此证明适用于登记簿上记载的不动产物权和其他法定事项的权利人申请异议登记注销登记的情形。

根据前述申请人申请异议登记注销登记的情形，申请人应当提交的异议登记注销登记原因证明主要有：一是异议登记申请人同意注销异议登记的证明；二是异议登记期限届满，异议登记申请人未起诉或未申请仲裁的证明，如人民法院出具的无异议登记申请人就异议事项起诉的立案记录等；三是人民法院、仲裁机构对异议登记申请人的起诉、仲裁申请作出的不予立案或不予受理的证明；四是人民法院、仲裁机构生效的不支持异议登记申请人的请求的判决书、裁定书、裁决书等。

（三）登记簿上应当记载的异议登记注销登记的内容

登记簿上应当记载的异议登记注销登记的内容主要有：申请人；申请人的身份证明类型和号码；登记类型——注销登记；登记原因——申请人申请注销、异议登记期满未起诉、仲裁机构不支持异议事项等。

第二十三章　查封登记与预查封登记

查封登记与预查封登记，是指登记机构根据人民法院、监察机关、税务机关等实施查封的国家机关送达或发送的协助执行通知书、协助执行函等嘱托登记文书要求，将查封事项、预查封事项记载在登记簿上产生的不动产登记。

一、查封登记与预查封登记的对象

1. 查封登记的对象

登记机构为实施查封的国家机关办理查封登记的对象是登记簿上记载的不动产物权。

2. 预查封登记的对象

登记机构为实施预查封的国家机关办理预查封登记的对象主要有：一是当事人（被执行人）合法的在建建筑物；二是作为当事人（被执行人）的房地产开发企业已经办理商品房预售许可证但尚未出售的房屋；三是当事人（被执行人）的已经办理商品房预售合同登记备案手续或预购商品房预告登记的房屋。

（1）当事人（被执行人）合法的在建建筑物。

当事人（被执行人）合法的在建建筑物主要指拟被预查封的标的物是当事人（被执行人）合法的正在建造中的建筑物的已完工部分。城市、镇、乡、村庄规划区范围内的在建建筑物，用地、规划手续齐全、有效方为合法。城市、镇、乡、村规划区范围外的在建建筑物，用地手续齐全、有效即合法。

（2）当事人（被执行人）已经办理商品房预售许可证但尚未出售的房屋。

当事人（被执行人）已经办理商品房预售许可证但尚未出售的房屋主要指作为当事人（被执行人）的房地产开发企业正在建造且已经取得商品房预售许可证但尚未与预购人签订商品房预售合同的房屋。

（3）当事人（被执行人）已经办理商品房预售合同登记备案手续或预购商品房预告登记的房屋。

当事人（被执行人）已经办理商品房预售合同登记备案手续或预购商品房预告登记的房屋主要指当事人（被执行人）与房地产开发企业签订商品房预售合同后，已经在商品房预售管理机关办理商品房预售合同登记备案手续，或登记簿上记载的预购商品房预告登记的权利人是当事人（被执行人）的情形。

二、查封登记与预查封登记程序的启动及登记材料

1. 查封登记与预查封登记程序的启动

查封登记与预查封登记程序的启动，不由当事人申请启动，也不由登记机构依职权（径为）启动，而是由人民法院、监察机关、税务机关等有权实施查封、预查封的国家机关向登记机构送达或发送协助执行通知书、协助执行函等嘱托登记文书启动。一般情形下，有权的国家机关送达或发送给登记机构的都是查封文书，很少有国家机关送达或发送专门的预查封文书。

为保证查封登记、预查封登记的准确性，实施查封的国家机关事前应当向登记机构查询被查封对象、预查封对象的权属登记情况。国家机关查询不动产权属登记情况时应当向登记机构提交查询人员的工作身份证明和协助查询公文。

有多个国家机关对同一不动产实施查封、预查封时，登记机构按签收执行文书的先后顺序办理查封登记、轮候查封登记或预查封登记、轮候预查封登记。

2. 登记材料

人民法院、监察机关、税务机关等有权实施查封、预查封的国家机关要求登记机构办理查封登记、预查封登记时，应当向登记机构送达或发送的登记材料主要有：一是要求协助办理查封登记、预查封登记的嘱托登记文书及附随送达或发送的与查封不动产相关的其他文件；二是查封登记、预查封登记承办人员的工作身份证明。

（1）要求协助办理查封登记、预查封登记的嘱托登记文书及附随该嘱托登记文书送达或发送的与查封不动产相关的其他文件。

人民法院、监察机关等国家机关向登记机构送达或发送的办理查封登记、预查封登记的嘱托登记文书是协助执行通知书，附随协助通知书送达查封裁定书、实施查封的监察文书等。检察院、税务机关等国家机关向登记机构送达或发送的办理查封登记、预查封登记的嘱托登记文书可能不是协助执行通知书，而是查封通知、查封函或查封决定等公文，附随送达或发送查封决定书、查封决定书副本等。概言之，只要是有权的国家机关送达或发送的载明要求办理查封登记、预查封登记的嘱托登记文书，就可以作为登记机构办理查封登记、预查封登记的有效的证据材料。

（2）查封登记、预查封登记承办人员的工作身份证明。

人民法院的查封登记承办人员的工作身份证明是其执行员的执行公务证和工作证。其他国家机关查封登记承办人员的工作身份证明主要有警官证、行政执法证、工作身份介绍信等。

三、登记簿上应当记载的查封登记、预查封登记的内容

登记簿上应当记载的查封登记、预查封登记的内容主要有：查封机关——人民法院、监察机关、税务机关等；查封类型——查封、轮候查封，预查封、轮候预查封等；查封文件、预查封文件——协助执行通知书、协助查封函等；查封文号——协助执行通知书、协助查封函等查封文件的公文号；查封期限；查封范围等。

四、查封登记注销登记、预查封登记注销登记

（一）查封登记注销登记、预查封登记注销登记产生的情形

查封登记注销登记、预查封登记注销登记产生的情形为实施查封的国家机关解除查封。

（二）查封登记注销登记、预查封登记注销登记的启动及登记材料

1. 查封登记注销登记、预查封登记注销登记的启动

查封登记注销登记与预查封登记注销登记程序的启动，不由当事人申请启动，也不由登记机构依职权（径为）启动，而是由人民法院、监察机关、税务机关等实施查封、预查封的国家机关向登记机构送达或发送协助执行通知书、协助执行函等嘱托登记文书启动。

2. 登记材料

人民法院、监察机关、税务机关等实施查封、预查封的国家机关要求登记机构办理查封登记注销登记、预查封登记注销登记时，应当向登记机构送达或发送的登记材料主要有：一是协助办理解除查封、预查封的嘱托登记文书及附随送达或发送的与解除查封、预查封相关的其他文件，如解除查封裁定书、解除查封决定书等；二是查封登记注销登记、预查封登记注销登记承办人员的工作身份证明。

（三）登记簿上应当记载的查封登记注销登记、预查封登记注销登记的内容

登记簿上应当记载的查封登记注销登记、预查封登记注销登记的内容主要有：解封机关——人民法院、监察机关、税务机关等；解封文件——协助执行通知书、协助执行函等嘱托登记文书；解封文号——协助执行通知书、协助执行函等嘱托登记文书号码等。

参考文献

[1] 陈华彬. 物权法[M]. 北京：法律出版社，2004.

[2] 王连昌，马怀德. 行政法学[M]. 北京：中国政法大学出版社，2002.

[3] 马怀德. 行政法学[M]. 北京：中国政法大学出版社，2007.

[4] 叶必丰. 行政法学[M]. 武汉：武汉大学出版社，2003.

[5] 程啸. 不动产登记法研究[M]. 北京：法律出版社，2011.

[6] 李昊，常鹏翱，叶金强，等. 不动产登记程序的制度建构[M]. 北京：北京大学出版社，2005.

[7] 王旭军. 不动产登记司法审查[M]. 北京：法律出版社，2010.